80 Menschen – 80 Storys

Marie-Luise Kissler

80 Menschen – 80 Storys

Inspirierende Berufswege mit Denkanstößen und Tipps – nicht nur für junge Frauen

Marie-Luise Kissler
Hamm, Deutschland

ISBN 978-3-658-37904-9   ISBN 978-3-658-37905-6 (eBook)
https://doi.org/10.1007/978-3-658-37905-6

Die Deutsche Nationalbibliothek verzeichnet diese Publikation in der Deutschen Nationalbibliografie; detaillierte bibliografische Daten sind im Internet über http://dnb.d-nb.de abrufbar.

Springer
© Der/die Herausgeber bzw. der/die Autor(en), exklusiv lizenziert an Springer Fachmedien Wiesbaden GmbH, ein Teil von Springer Nature 2023
Das Werk einschließlich aller seiner Teile ist urheberrechtlich geschützt. Jede Verwertung, die nicht ausdrücklich vom Urheberrechtsgesetz zugelassen ist, bedarf der vorherigen Zustimmung des Verlags. Das gilt insbesondere für Vervielfältigungen, Bearbeitungen, Übersetzungen, Mikroverfilmungen und die Einspeicherung und Verarbeitung in elektronischen Systemen.
Die Wiedergabe von allgemein beschreibenden Bezeichnungen, Marken, Unternehmensnamen etc. in diesem Werk bedeutet nicht, dass diese frei durch jedermann benutzt werden dürfen. Die Berechtigung zur Benutzung unterliegt, auch ohne gesonderten Hinweis hierzu, den Regeln des Markenrechts. Die Rechte des jeweiligen Zeicheninhabers sind zu beachten.
Der Verlag, die Autoren und die Herausgeber gehen davon aus, dass die Angaben und Informationen in diesem Werk zum Zeitpunkt der Veröffentlichung vollständig und korrekt sind. Weder der Verlag, noch die Autoren oder die Herausgeber übernehmen, ausdrücklich oder implizit, Gewähr für den Inhalt des Werkes, etwaige Fehler oder Äußerungen. Der Verlag bleibt im Hinblick auf geografische Zuordnungen und Gebietsbezeichnungen in veröffentlichten Karten und Institutionsadressen neutral.

Titelfoto: studioline Photostudios GmbH, Hamm

Lektorat/Planung: Irene Buttkus
Springer ist ein Imprint der eingetragenen Gesellschaft Springer Fachmedien Wiesbaden GmbH und ist ein Teil von Springer Nature.
Die Anschrift der Gesellschaft ist: Abraham-Lincoln-Str. 46, 65189 Wiesbaden, Germany

Vorwort

„Was willst du eigentlich beruflich machen?" Mit dieser Frage bin ich häufig konfrontiert worden. Karriere war in meiner Erfahrung immer ein zentrales Thema bei Abschlussfeiern, Treffen mit Freunden, am Esstisch mit der Familie und natürlich in Vorstellungsgesprächen. Vor einigen Monaten begegnete mir die Frage erneut, doch aller Gewohnheit zum Trotz, geriet ich bei meiner Antwort ins Stocken.

Es gibt so viele Möglichkeiten meine berufliche Laufbahn zu gestalten. Sich bei dieser Auswahl auf eine Sache festzulegen, erschien mir utopisch. Daher gelang es mir nicht immer, meine beruflichen Träume, Erwartungen und Ziele in einen selbstbewussten Satz zu packen und dann für Andere laut auszusprechen. Viele Male fragte ich mich im Nachhinein, ob meine Antwort gut genug war oder ob sie meine Gegenüber langweilte, enttäuschte oder belustigte. Doch meine Antwort muss eigentlich nur eine Person zufrieden stellen: Mich.

Mit meinen 30 Jahren blicke ich bereits auf einige Stationen zurück. Nach dem Abitur begann ich zu studieren, absolvierte vier Praktika und erlangte als erstes Kind und einzige Tochter meiner Nicht-Akademikerfamilie aus dem Ruhrgebiet einen akademischen Abschluss. Es folgten einige Jahre Berufserfahrung in Beratungsunternehmen, ein Masterstudium in Irland sowie ehrenamtliches Engagement.

Was mir fehlte, war Inspiration. Also begann ich mich intensiver mit dem Thema Beruf, Karriere und Vorbilder auseinanderzusetzen. Dabei führte ich einerseits unzählige Gespräche mit meiner Familie, meinen Freunden und Bekannten, andererseits stieß ich auf großartige Studien, Bücher, Organisationen und Initiativen, die sich diesem Thema in irgendeiner Form widmen. Mir wurde bewusst, dass ich mit meiner Unsicherheit nicht allein war. Besonders als junge Frau, scheint es einige Hürden in der Gesellschaft sowie in meinem Kopf zu geben, die es zu überwinden gilt.

So kam mir die Idee zu diesem Buch. Um Inspiration und Orientierung für die eigene Karriere zu erhalten, sollen junge Menschen Zugriff auf die beruflichen Erfahrungen von Menschen aus vielen verschiedenen Berufen und Branchen erhalten. Motiviert und mit einem Fragenkatalog bewaffnet, fragte ich über 80 Persönlichkeiten, die mich beeindruckten, nach einem Interview.

Schließlich kann ich sagen, dass die größtenteils positive Resonanz nicht nur berauschend war, sondern mich jedes einzelne Gespräch aufs Neue beruflich sowie persönlich hat wachsen lassen. Diese Erfahrung soll durch dieses Buch auch dir zu Teil werden.

Mit allen guten Wünschen für deine berufliche Zukunft.

Hamm, Deutschland Marie-Luise Kissler
Sommer 2022

Anmerkung

Für die Interviews haben die Role Models in diesem Buch aus einem Katalog von 30 Fragen selbst die Fragen frei ausgewählt, die sie daraufhin beantwortet haben. Die Antworten wurden von der Autorin qualitativ analysiert und auf Basis von Gemeinsamkeiten in Themenkomplexe gegliedert. Diese Analyse und Gliederung bilden die Grundlage für Teil I des Buches. Teil II enthält die 80 Interviews alphabetisch sortiert.

Dieses Buch ist eine Sammlung von Themen, Portraits und Interviews zum Thema Beruf und Karriere. Der Inhalt dieses Buches soll grundsätzlich berufliche Orientierung und Inspiration bieten, wie der eigene berufliche Lebensweg gestaltet werden kann. Für detailliertere Informationen zu bestimmten Themen oder bei spezifischen Fragen, zum Beispiel zu den Themen Finanzen, Familie und Beruf, Vorstellungsgespräche, Chancengleichheit und Self-Care wird empfohlen, auf spezifischere Lektüren, Videos, Podcasts oder andere Angebote zurückzugreifen.

Danksagung

Ich danke meiner Familie, den Interviewpartnerinnen und -partnern sowie dem Verlag für das Vertrauen, die Unterstützung und die hervorragende Zusammenarbeit.

Inhaltsverzeichnis

1	**Einleitung: Die kommenden Jahre**	1
	Literatur	3

Teil I

2	**Der eigene Weg: Über Zeiten und Optionen**	7
	Zeit nehmen	8
	Stärken finden und ausprobieren	9
	Karriere ist Bereicherung	11
	Literatur	12
3	**Gleiches Recht und gleicher Anspruch: Über Chancengleichheit**	13
	Die juristische Perspektive	13
	Die wissenschaftliche Perspektive	15
	Literatur	16

4 Ziele anvisieren: Über Pläne und Veränderungen — 19
Einen Plan haben — 19
Keinen Plan haben — 20
Bauchgefühl und Veränderung — 21

5 Das Ergebnis: Über Erfolg und Eigenschaften — 25
Materieller Erfolg — 26
Immaterieller Erfolg — 26
Komfortzonen, Fragen und Antworten — 27
Durchhaltevermögen und Optimismus — 29

6 Der Faktor Mensch: Über Herkunft, Vorbilder und Zweifel — 31
Heimat, Wohnort und Ausland — 32
Partnerwahl und Familiengründung — 35
Vorbilder und Mentoren — 37
Netzwerke — 40
Ratschläge, Zweifel und Scheitern — 41
Literatur — 44

Teil II

7 Trixi Bannert: Sommelière — 49

8 Claudia Bechstein: Moderatorin und Wirtschaftspsychologin — 53

9 Sandra Berndt: Moderatorin und Medientrainerin — 57

10 Marco Boos: Auswanderer, Supply Chain und Operations Experte — 61

11	Sylvia Borcherding: Organisationsentwicklerin mit Hand und Herz	67
	Was ich noch sagen möchte … (Eine persönliche Widmung von Sylvia Borcherding)	72
12	Katja Borghaus: Personalchefin und Juristin	75
13	Julia Börs: Expertin für Logistik – beruflich und privat	81
14	Julia Bösch: Gründerin	85
15	Andrea Bruckner: Wirtschaftsprüferin, Steuerberaterin, Vorstand	89
16	Ilka Brühl: Autorin und Illustratorin	93
17	Linda Burchhart: Innovationstreiberin in der Pharmabranche	97
18	Frank Buschmann: Sportreporter und Fernsehmoderator	103
19	Valentina Daiber: Interdisziplinäre Juristin im Vorstand	107
20	Angela De Giacomo: Vermögensberaterin in Indien	111
21	Vanessa Didam: Schornsteinfegermeisterin	117
22	Sabine U. Dietrich: Aufsichtsrätin und Expertin für Transformation and Sustainability	121
23	Özlem Doger-Herter: Gründerin und Data Science Ambassador der Stanford University	125

24	Anja Dorny: Portraitfotografin und Psychologiestudentin	131
25	Julia Dorny: MMA-Weltmeisterin und Journalistin	137
26	Katharina Fankidejski: Floristin und Dekorateurin	141
27	Emilia Fehse: Tattoo Artist	147
28	Bettina Fetzer: Kommunikations- und Marketingchefin in der Automobilindustrie	151
29	Nicolette Fountaris: Dozentin, Comédienne und Autorin	155
30	Dr. Marie-Christine Ghanbari: Lehrerin, Dozentin und Wissenschaftlerin	161
31	Kirsten Heike Giering: Interkulturelle Strategin	167
32	Saskia Stella Gleitsmann: Unternehmerin, Angel Investorin, Beirätin und Buchautorin	173
33	Prof. Dr. Laura Große: Professorin und Psychotherapeutin	179
34	Laura Halfas: Expertin für organisatorische Transformationen und Veränderungsmanagement	181
35	Ilka Hartmann: Chefin der britischen Handelskammer	185
36	Caitlin Hennen: Junge Geschäftsfrau und Feminist:in	189
37	Josephine Henning: Künstlerin und ehemalige Fußball-Nationalspielerin	193

38	Verena Herb: Journalistin, Pressesprecherin – und jetzt Führungskraft im Öffentlichen Dienst	197
39	Ulrike Hiller: Beraterin, Netzwerkerin und Vizevorsitzende des Aufsichtsrats beim SV Werder Bremen	201
40	Nicole Hölscher: Kreativer Kopf in der Werbebranche	205
41	PD Dr. Elke Holst: Erste Forschungsdirektorin für Gender Studies in einem führenden deutschen Wirtschaftsforschungsinstitut	211
42	Bettina Hueske: Landwirtin aus Leidenschaft	215
43	Petra Justenhoven: Wirtschaftsprüferin aus Überzeugung und mit Leidenschaft	219
44	Lise-Christine Kobla Mendama: Sängerin, Aktivistin und Model	223
45	Hatice Koca: Gesundheits- und Krankenpflegerin	227
46	Dr. Carmen Köhler: Frisörin, Gründerin und Analog-Astronautin	231
47	Anne Kozlowski: Tiny House Architektin	235
48	Dirk Kreuter: Speaker, Autor und Europas bekanntester Verkaufstrainer	241
49	Toma Kubiliute: Gehörlose Aktivistin, Vloggerin und Globetrotterin	247

50	Kevin Kugel: Der Deutsche Chocolatier Meister	249
51	Ricarda Lang: Politikerin	251
52	Meriem Lebdiri: Modedesignerin	255
53	Monika Maria Lehmann: Expertin für Transformations-Prozesse	259
54	Elisabeth Lepique: Anwältin in der Großkanzlei	263
55	Prof. Dr. Susanne Liebermann: Expertin für Betriebliches Gesundheitsmanagement und Personalführung in diversen Teams	269
56	Chenchao Liu: Experte im Bereich Gesundheitswesen und China	273
57	Dubravka Maljevic: Expertin für Medizintechnik mit Leidenschaft für Management und Innovation	279
58	Thomas Mickeleit: Kommunikationsexperte	283
59	Lan Anh Nguyen: Souffleuse der Medien und Expertin für Fashion & Finanzen	287
60	Dr. Martina Niemann: Finanzchefin im Güterverkehr	291
61	Laura Nolte: Bob-Olympiasiegerin und Studentin	295
62	Bettina Pauck: Top-Expertin für Customer Operations	299

63	Dr. iur. Susanne Pfab: Expertin für Medien und Medienpolitik	303
64	Astrid Quentell: Ärztin, Produzentin und Geschäftsführerin	307
65	Angelique Renkhoff-Mücke: Möglichmacherin	311
66	Johanna Röh: Tischlermeisterin und Gründerin	315
67	Colette Rückert-Hennen: Businessfrau und Familienmensch	319
	Was ich noch sagen möchte … (Eine persönliche Widmung von Colette Rückert-Hennen)	321
68	Dr. Nicole Schilling: Generalarzt	325
69	Sabine Schmittroth: Bankkauffrau, Coach, Vorständin und Führungskraft aus Leidenschaft	329
70	Laura Schönberger: Konditormeisterin, Gründerin und Mama	333
71	Gabriele Sons: Rechtsanwältin und Aufsichtsrätin	339
72	Britta Steffen: Doppel-Olympiasiegerin im Schwimmen, Gründerin und Heilpraktikerin	345
73	Julian F. M. Stoeckel: Entertainer, Designer und Schauspieler	349
74	Sarah Süß: Bürgermeisterin	357

75	Martyna Trajdos: Olympiasiegerin und Europameisterin im Judo	363
76	Marie-Christine Trappen: Mutter, Feuerwehrfrau und reise-liebende Abenteurerin	367
77	Anastasia Umrik: Expertin für Krisen und Neubeginne	369
78	Lisa Unruh: Bogenschützin	373
79	Katja van Doren: Frau(en) für die Energiewende	377
80	Linda van Rennings: Expertin für digitale Kommunikation und Moderatorin	381
81	Christina Virzí: Headhunterin für Chefetagen	385
82	Univ.-Prof. Dr. Marion A. Weissenberger-Eibl: Innovations- und Zukunftsforscherin aus Leidenschaft	389
83	Hiltrud Dorothea Werner: Vorständin und Aufsichtsrätin in der Automobilbranche	399
84	Alina Wichmann: Sängerin und Songschreiberin	405
85	Nicola Winter: Kampfjetpilotin, Ingenieurin, Mama, Strickkünstlerin	409
86	Laura Zieger: Hutmacherin	415

1

Einleitung: Die kommenden Jahre

Wie stellst du dir dein berufliches Leben in den nächsten Jahren vor? Eine Antwort auf diese Frage zu finden ist nicht leicht, denn es gibt heutzutage unzählige Möglichkeiten. Darüber hinaus mögen deine beruflichen Träume und Vorstellungen vielleicht sehr speziell sein, dich rastlos machen, dich verunsichern oder sich sogar verändert haben. Vielleicht hast du sogar das Gefühl, keine Kontrolle zu haben.

Statistisch gesehen liegt deine Lebensarbeitszeit in Deutschland insgesamt bei ungefähr 39 Jahren (Statista 2021). Arbeit spielt in deinem Leben also unweigerlich eine wesentliche Rolle. Zusätzlich spielt sich, parallel zu deinen beruflichen Herausforderungen, auch noch dein privates Leben mit all seinen Höhen und Tiefen ab. Du machst also eine Vielzahl individueller Erfahrungen, die deinen Charakter prägen. Kein Wunder also, dass die Wahl und der Verlauf deiner Karriere für dich einschüchternd sein können. Wie möchtest du diesen großen Teil deines Lebens nutzen?

Für die Gestaltung deines beruflichen Weges benötigst du Mut und Selbstreflexion, betont Colette Rückert-Hennen (Kap. 67). Beides könnte dich dabei unterstützen, deinen eigenen Weg zu finden. Natürlich mag der Schritt aus der Komfortzone beängstigend sein und der Blick in den Spiegel möglicherweise eine ungeschönte Wahrheit aufdecken. Wenn du diese Veränderung aber als eine Reise betrachtest, die dir neue Perspektiven schenkt und dich über dich hinauswachsen lässt, erscheint es dir vielleicht weniger bedrohlich.

Für junge Frauen kann das besonders herausfordernd sein. Die Rolle der Frau befindet sich seit Jahrzehnten im Wandel. Heutzutage werden Slogans wie zum Beispiel *female empowerment* oder *girl boss* prominent genutzt und die Sichtbarkeit von beruflich erfolgreichen Frauen steigt unter anderem durch die Nutzung der sozialen Medien. Schließlich fällt es dir als junger Mensch möglicherweise schwer, dich zwischen traditionellen Erwartungen, Diskussionen zum Thema Feminismus, Diversität, Karriere und persönlicher Entfaltung zurechtzufinden. Das ist okay, denn da du ein Teil der Gesellschaft bist, bist auch du Teil des Wandels. Sylvia Borcherding (Kap. 11) empfiehlt, sich mit all diesen Phänomenen zu beschäftigen, um deine eigene Strategie zu finden. Denn du, als junge Frau, sollst selbstbewusst und selbstbestimmt über dein Leben bestimmen dürfen. Colette Rückert-Hennen (Kap. 67) ergänzt, dass hierbei die Sichtbarkeit unterschiedlicher Lebenswege, Berufspfade und Karrieren von Frauen wesentliche Stellschraube ist:

„Denn Frauen können alles, was Männer auch können. Wir müssen dieses Schubladendenken überwinden und die Vorstellung, dass es nur den einen oder zumindest wenige *richtige* Wege gibt".

Möglicherweise fehlt es dir nur noch an der richtigen Inspiration oder Unterstützung. Dieses Buch soll dir diese geben. Der erste Teil des Buches liefert dir einen Überblick über Themenblöcke, die während der Interviews gefallen sind, inklusive ausgewählter Zitate, Zahlen und Fakten. Im zweiten Teil des Buches findest du die Portraits und Interviews von 80 Persönlichkeiten, den Role Models. Diese kommen aus verschiedenen Berufsfeldern, Branchen und Generationen und sind hauptsächlich, aber nicht ausschließlich, weiblich. Die zentrale Frage in allen Interviews ist: Was möchtest du deiner Tochter beziehungsweise jungen Frauen für den beruflichen Lebensweg raten? In diesem Zusammenhang berichten sie unter anderem über ihre ursprünglichen Berufswünsche, ihre eigenen Vorbilder und Mentoren sowie ihren Umgang mit negativen Erlebnissen.

Obwohl sich dieses Buch vorwiegend an junge Frauen richtet, sind die Inhalte für alle Geschlechter und Generationen interessant. Denn durch einen offenen Dialog können wir beim Thema Diversität Mauern einreißen, Brücken bauen und als Individuum sowie als Gesellschaft wachsen. Dieses Buch verfolgt den Gedanken, dass jedes Geschlecht und jedes Alter die gleichen Chancen auf berufliche Möglichkeiten haben können. Valentina Daiber (Kap. 19) erwähnt in ihrem Interview passend: „Ich möchte gar nicht mehr zwischen Tochter, Sohn, junger Frau und jungem Mann unterscheiden müssen. Es muss unser Ziel werden, dass wir nicht mehr zwischen Geschlechtern unterscheiden, wenn wir von Lebensmodellen und Karrieren sprechen".

Vielleicht fällt dir der nächste Schritt auf deinem beruflichen Lebensweg nicht mehr so schwer, wenn du merkst, dass du mit deinen Fragen und Unsicherheiten nicht allein bist. Es ist menschlich und ganz normal, sich erst einmal zu orientieren und etwas auszuprobieren, bevor du weißt, ob es der richtige Weg für dich ist oder nicht. Daher nehmen dir die nächsten Seiten hoffentlich den Druck und schenken dir den Mut, deinen eigenen Weg zu finden.

Literatur

Statista (2021) *Lebensarbeitszeit in Deutschland nach Geschlecht bis 2020.* https://de.statista.com/statistik/daten/studie/827899/umfrage/lebensarbeitszeit-in-deutschland-nach-geschlecht/ am 05 Juli 2022

Teil I

2

Der eigene Weg: Über Zeiten und Optionen

Wenn es um deinen beruflichen Lebensweg geht, kommst du an einem Wort nicht vorbei: *Karriere*. Umgangssprachlich verbinden viele Menschen diesen Begriff mit einem steilen beruflichen Aufstieg, viel Geld, viel Einfluss oder viel Arbeit. Dabei bedeutet *Karriere* übersetzt sinngemäß einfach nur „Fahrstraße" (lateinisch carrus „Wagen"). Durch die Assoziation im heutigen beruflichen Kontext wird dieser Begriff häufig inflationär und ohne tiefere Bedeutung genutzt. Dadurch wurde das Wort für Einige emotionalisiert und hat an Neutralität verloren.

Sobald du fährst, das heißt dich vorwärtsbewegst, machst du also Karriere. Das trifft sich gut, denn unsere Welt ist privat sowie beruflich im stetigen Wandel. Dabei startet dein beruflicher Weg üblicherweise in einem Arbeitnehmerverhältnis, während du bei einer Firma oder im öffentlichen Dienst angestellt bist. Hier arbeitest du dich in der Hierarchie nach oben, spezialisierst dich auf ein bestimmtes Fachgebiet und erhältst gegebenenfalls Führungsverantwortung. Oder du gründest dein eigenes Unternehmen und wirst dadurch selbstständig oder Arbeitgeber:in.

Es gibt viele verschiedene Berufe und Branchen, die du ansteuern kannst. Einige sind dir geläufig, wie zum Beispiel Polizeidienst, Medizin oder Erziehungswissenschaft. Andere lassen dir Raum für Interpretationen, wie zum Beispiel Key Account Manager, Data Analyst oder Consultant. Außerdem stecken hinter jedem Produkt, das du siehst, und jeder Dienstleistung, die du in Anspruch nimmst, ein Beruf und eine Branche.

Um dir deinen Weg zu einem bestimmten Beruf oder einer Branche zu bahnen, gibt es in der Regel viele verschiedene praxisorientierte (klassische Berufsausbildung), akademische (Studium) oder hybride (duales Studium) Ausbildungen. Welcher Weg für dich nun der richtige ist, hängt von deinem Ziel ab. Grundsätzlich hat jede dieser Möglichkeiten individuelle Vorteile und kann eine hervorragende Wahl sein. Vanessa Didam (Kap. 21) möchte in diesem Zusammenhang betonen, dass man „mit einer Ausbildung genauso erfolgreich sein und seinen Weg gehen kann, wie mit einem Studium".

Geradlinigkeit ist für deinen Lebenslauf kein Muss. Du hast deine eigene Route, dein eigenes Tempo und dein eigenes Ziel. Dein Weg kann mehrere Stationen haben, geradeaus oder um die Kurve gehen, über Berge und Täler führen, mit Gegen- oder Rückenwind. Besonders Abbiegen findet Frank Buschmann (Kap. 18) richtig und wichtig, um Möglichkeiten und Chancen zu entdecken. Martyna Trajdos (Kap. 75) bestätigt das und erinnert sich: „Genau diese Umwege haben meine Persönlichkeit gestärkt und geformt". Grundsätzlich rät dir Hiltrud Dorothea Werner (Kap. 83) zur Gelassenheit, sollte sich ein Weg auch mal als Sackgasse erweisen. Du hast ja einen Rückwärtsgang oder ein Lenkrad zum Korrigieren.

Zeit nehmen

Es ist in Ordnung, wenn du dir Zeit nimmst, um herauszufinden, was du wirklich willst. Das Gute an deinen vorher erwähnten voraussichtlich 39 Jahren in der Arbeitswelt (Statista 2021) ist, dass du genug Zeit zum Gestalten hast.

Du kannst und darfst dich in jeder Lebensphase neu erfinden. „Das Alter ist nur eine Zahl", stellt Monika Maria Lehmann (Kap. 53) fest. „Was zählt, ist Motivation und Wille", ergänzt Sylvia Borcherding

(Kap. 11) und stellt fest, dass die Frage nach der Erstausbildung oder dem Zeitpunkt gar nicht mehr so relevant sei, da du immer Fachkenntnisse lernen kannst. Laura Zieger (Kap. 86) bestätigt das und sagt, dass später keiner mehr fragt, wann du mit etwas begonnen hast.

Täglich begegnen dir neue Dinge und du lernst mehr dazu. Ilka Brühl (Kap. 16) erinnert sich: „Mich haben auch unzählige andere Sachen begeistert, von denen es immer pauschal hieß, dass man davon nicht leben könne. Doch ich kannte viele Möglichkeiten schlichtweg gar nicht". Auch Dirk Kreuter (Kap. 48) stellt fest: „Ich wusste, bis ich 25 war, nicht mal, dass es diesen Beruf gibt". Passend dazu erzählt Trixie Bannert (Kap. 7): „Im zweiten Semester bekam ich einen Job an der Champagnerbar und merkte sehr schnell, dass Wein etwas war, was mich total begeisterte". Diese Begeisterung führte zu, einem Studienabbruch und einer aufstrebenden „Karriere im Wein".

Falls es dir also schwerfällt, dich auf einen Beruf oder eine Branche festzulegen, möchte dich Linda van Rennings (Kap. 80) beruhigen: „Das muss man meiner Meinung nach heute aber auch gar nicht mehr machen". Sie weist darauf hin, dass sich unsere Arbeitswelt unter anderem durch die Digitalisierung und den demografischen Wandel kontinuierlich verändert und es daher viele Jobtitel und Aufgabenbereiche heute möglicherweise auch noch gar nicht gibt.

Stärken finden und ausprobieren

Was dich treibt und was dich wirklich interessiert, ist eins der schwierigsten Dinge, die du in deinem Leben herauskriegen musst. Das findet auch Ulrike Hiller (Kap. 39) und hat einen entscheidenden Hinweis für dich: „Das geht häufig nicht über den Kopf, sondern übers ausprobieren. Das lohnt sich total". Auch Gabriele Sons (Kap. 71) erinnert sich: „Im Laufe der Jahre und mit mehr Erfahrungen wusste ich immer besser, was zu mir passt und wo ich hinwill".

Es kann sein, dass du dir über deine Stärken und Schwächen schon bewusst bist. „Das ist von Vorteil", meint Marco Boos (Kap. 10) und weist darauf hin, dass auch dieses Bewusstsein etwas Zeit benötigt, um zu reifen. Dabei solltest du beachten, dass es einen Unterschied zwischen *etwas gut können* und *etwas gerne ausüben* gibt. Chenchao Liu (Kap. 56) teilt hier einen wichtigen Gedanken mit dir: „Nur weil du etwas gut kannst, heißt das nicht, dass du das zwangsläufig beruflich machen musst". Linda Burchhart (Kap. 17) schließt sich an und betont, es sei für deinen beruflichen Weg bedeutender, etwas zu finden, das du wirklich gerne ausübst. „Du musst dein Hobby nicht in eine Karriere umwandeln", schlussfolgert sie. Aber was du gut kannst, tust du in der Regel gern. Und was du gern tust, verbesserst du wie von selbst.

„Ich hatte keine Ahnung, was meine tatsächlichen Stärken und Schwächen sind oder was mir im Leben wirklich Freude bereitet", führt Linda Burchhart (Kap. 17) fort. Ausprobieren und Selbstreflexion haben ihr geholfen, ihren Weg zu finden. Viele Role Models aus diesem Buch stimmen mit ein und raten dir dazu, Dinge einfach zu versuchen. Denn woher willst du wissen, ob du etwas kannst, wenn du es nicht wenigstens versucht hast?

„Viele Jobs und deren Arbeitsalltag kann man sich nur schwer vorstellen", erkennt Dr. Carmen Köhler (Kap. 46). Ein Praktikum sei daher ein wichtiges und häufig genutztes Mittel, um die Bestätigung der richtigen Arbeitswahl zu erhalten oder sich umzuentscheiden. Marco Boos (Kap. 10) sieht ein Praktikum als eine neutrale Chance vor deinem Berufsstart, etwas zu bereisen, versuchen oder zu hinterfragen. Auch Sandra Berndt (Kap. 9) rät dir zu „Praktika, Praktika, Praktika", um den Weg in deinen ersten Job zu ebnen. Parallele Bewerbungen und Hartnäckigkeit zahlten sich dabei aus.

Du kannst auch über das Ausschlussprinzip einen Schritt näher an deinen Berufswunsch gelangen. „Ich wollte das mal ausprobieren. Doch schon nach drei Monaten hatte ich das Gefühl, das passt nicht", erzählt Laura Halfas (Kap. 34). Auch Nicole Hölscher (Kap. 40) zieht nach zwei Praktika Bilanz: „Ich wurde darin bestätigt, dass das nicht meine Berufe sind und ich an meiner eigentlichen Idee festhalten soll – auch wenn es ein schwierigerer Weg war". Zu wissen, was du nicht willst, ist also auch schon ein Gewinn.

Darüber hinaus sind Sport und Kreativität mehr als nur ein Zeitvertreib. Möglicherweise hast du eine poetische Ader und eine Leidenschaft für Musik, wie Alina Wichmann (Kap. 84). Du übst dich in Teamarbeit, spielst in einer Band und machst rhythmische Sportgymnastik, wie Sabine Schmittroth (Kap. 69). Oder du erprobst deine ersten Führungsqualitäten als Schiedsrichterin im Schwimmverein, wie Ilka Hartmann (Kap. 35). Körperliche Bewegung und kreative Tätigkeiten haben nicht nur eine stimulierende Wirkung auf dein persönliches Wohlbefinden, sondern können dir dabei behilflich sein herauszufinden, was dir liegt und Spaß macht.

Karriere als Bereicherung

Möglicherweise steht das Thema Beruf und Karriere für dich momentan nicht an erster Stelle. Vielleicht bist du zufrieden mit deiner beruflichen Situation und hast kein Bedürfnis nach Veränderung. Oder dein Fokus liegt gegebenenfalls derzeit eher auf anderen Dingen, wie zum Beispiel Familie, Freundschaft, finanzieller Sicherheit oder körperliche sowie mentale Gesundheit. Das ist in Ordnung und Nicola Winter (Kap. 85) möchte dich an etwas erinnern:

„Das Leben ist schön! Genieß es und nimm nur die ganz essenziellen Dinge ernst".

Auch Chenchao Liu (Kap. 56) ergänzt: „Karriere ist nicht die einzige Erfüllung in deinem Leben". Es ist dein Leben und du bestimmst, was für dich in diesem Moment *essenziell* ist und dich erfüllt.

Beruf und Karriere können aber auch sehr belebende und spannende Themen sein, die dein Leben bereichern. „Ich liebe meinen Job. Ich freue mich jeden Tag auf die Arbeit und darauf, etwas Neues zu kreieren", strahlt Katharina Fankidejski (Kap. 26). Auch Dirk Kreuter (Kap. 48) schwärmt: „90 % meines Berufes liebe ich! Es macht mich glücklich und es ist etwas, bei dem ich die Zeit vergesse". Karriere kann also auch bedeuten, dass du eine Arbeit findest, mit der du dich identifizieren kannst und die dich glücklich macht. Natürlich kann nicht alles immer Spaß machen, aber solltest du eine Arbeit und ein Umfeld gefunden haben, die sich für dich richtig anfühlen, dann strahlst du das auch aus. Sicherlich hast auch du auch ein Thema im Kopf, das in dir Begeisterung weckt und deine Mundwinkel nach oben gleiten lässt. Es lohnt sich, diese Leidenschaft beruflich zu hinterfragen und Möglichkeiten in Betracht zu ziehen, wie du diese ausleben könntest. „Und wenn du jetzt denkst, *Ja, aber …* ", betont Anne Kozlowski (Kap. 47) „dann mach so lange, bis das *Ja, aber* verschwindet. Gehe die ersten, noch so kleinen, Schritte. Vergiss nicht, der Weg ist das Ziel".

Literatur

Statista (2021) Lebensarbeitszeit in Deutschland nach Geschlecht bis 2020. https://de.statista.com/statistik/daten/studie/827899/umfrage/lebensarbeitszeit-in-deutschland-nach-geschlecht/. Zugegriffen am 05.07.2022.

3

Gleiches Recht und gleicher Anspruch: Über Chancengleichheit

Damit du deine berufliche Laufbahn nach deinem Belieben gestalten kannst, müssen natürlich auch die juristischen und gesellschaftlichen Weichen gestellt sein. Häufig wird in diesem Zusammenhang von Chancengleichheit gesprochen. In unserem Kontext bedeutet Chancengleichheit der Zustand, in dem jede Person in unserer Gesellschaft, unabhängig vom Geschlecht, das gleiche Recht und den gleichen Anspruch auf berufliche Möglichkeiten hat.

Die juristische Perspektive

Grundsätzlich steht dir offen, welchen beruflichen Weg du einschlägst. So, wie jeder andere deutsche Bürger auch, darfst du als junge Frau selbst bestimmen, welchen Beruf du ausüben und welchen Lebensweg du bestreiten willst. Auch deine Finanzen gehören dir und du bestimmst, für was du es ausgeben willst und welchen Stellenwert es für dich hat.

Das war nicht immer so. Tatsächlich sind das die Erfolge zahlreicher Proteste und Debatten über die Rechte der Frauen, Emanzipation und Feminismus in Deutschland. Gemäß Grundgesetz sind Mann und Frau in Deutschland seit dem Jahr 1949 gleichberechtigt (Artikel 3 Absatz 2 GG). Bis heute wird offensichtlich an dieser Gleichberechtigung gefeilt, denn täglich hören wir in den Nachrichten und sozialen Medien Diskussionen über die Diskriminierung von Frauen.

Die Erwartungen an Frauen scheinen im Allgemeinen häufig andere zu sein als die an Männer und umgekehrt. Diese Ungewissheit, ob du mit deiner beruflichen Entscheidung nun die Hoffnung, der Stolz oder die Enttäuschung der Gesellschaft bist, kann hemmend sein. Emilia Fehse (Kap. 27) rät dir aber, dich von diesem gesellschaftlichen Druck nicht einnehmen zu lassen.

Die letzten 72 Jahre wurden von vielen Politiker:innen, Wissenschaftler:innen und Aktivist:innen geprägt, die akribisch für eine geschlechtergerechte Zukunft kämpften – mit einigen Erfolgen (Tab. 3.1). Wer hätte zum Beispiel damals in einem geteilten Deutschland gedacht, dass eine ostdeutsche Frau 16 Jahre lang dieses Land regieren wird? Immerhin war es vor 50 Jahren Frauen in Westdeutschland gerade mal erlaubt berufstätig zu sein, sofern das mit ihren Pflichten in Ehe und Familie vereinbar war.

Dr. Marie-Christine Ghanbari (Kap. 30) liefert in diesem Zusammenhang einen interessanten Gedanken:

„Das, was wir heute unseren Kindern beibringen, wirkt sich auf unsere zukünftige Gesellschaft und unser Wertesystem aus".

In der Tat steuern heutzutage viele junge Frauen weltweit zum gesellschaftlichen Geschehen bei. Diese Aktivistinnen machen täglich auf Missstände aufmerksam und rufen Bewegungen ins Leben. Eine davon ist Lise-Christine Kobla Mendama (Kap. 44), die sich klar positioniert und findet: „Man sollte Reichweite und Plattformen stets für gute Zwecke nutzen". Solch ein Engagement steigert nicht nur die mediale Aufmerksamkeit für Themen wie zum Beispiel Diversität, Klimawandel und Menschenrechte, sondern auch deren wirtschaftliche sowie politisch Relevanz.

Tab. 3.1 Gesetzliche Regelungen seit 1949 zur Gleichberechtigung der Frau in Deutschland

Jahr	Beschreibung
1952	Der Mutterschutz gilt fortan in ganz Deutschland. Er ermöglicht Schwangeren das befristete Beschäftigungsverbot bei vollem Lohnausgleich. (Gekeler 2019)
1958	Frauen dürfen ein eigenes Vermögen verwalten. Das heißt sie können ein Bankkonto eröffnen und über die Verwendung ihres Geldes selbst entscheiden. (Gekeler 2019)
1977	Frauen dürfen in ganz Deutschland ohne die Zustimmung ihres Ehemannes arbeiten. (Gekeler 2019)
1994	Stellenausschreibungen müssen sich fortan auch an Frauen richten, z. B. durch das Kürzel (m/w). (Kamppeter und Miesen 2019)
2015	Das Gesetz für die gleichberechtigte Teilhabe von Männern und Frauen in Führungspositionen (FüPoG I) tritt in Kraft. Es regelt u. a. eine Geschlechterquote von mindestens 30 Prozent Diversität für Aufsichtsräte deutscher DAX-Unternehmen. (Bundesministerium für Familie, Senioren, Frauen und Jugend 2017)
2018	Das Entgelttransparenzgesetz tritt in Kraft, welches den sogenannten Gender Pay Gap (unterschiedliches Gehalt von Mann und Frau bei gleicher Arbeit) verhindern soll. (Gekeler 2019)
2019	Stellenausschreibungen müssen fortan gendergerecht sein, z. B. durch das Kürzel (m/w/d). (Kamppeter und Miesen 2019)
2021	Das zweite Gesetz für die gleichberechtigte Teilhabe von Männern und Frauen in Führungspositionen (FüPoG II) tritt in Kraft. Es regelt eine Geschlechterquote von mindestens 30 Prozent Diversität für Vorstände deutsche DAX-Unternehmen. (Bundesministerium für Familie, Senioren, Frauen und Jugend 2021)

Die wissenschaftliche Perspektive

Eine Studie zeigt, dass sich die Berufswünsche von Frauen und Männern in Deutschland im Alter von 15 bis 16 Jahren voneinander unterscheiden (Mann et al. 2020). Junge Frauen sehen sich demnach zukünftig in Positionen wie Lehrerin, Ärztin, Erzieherin, Psychologin, Krankenpflegerin, Architektin, Polizistin, Büroangestellte, Designerin und Anwältin. Junge Männer sehen sich als zukünftige Informatiker, Maschinenbauer, Kfz-Mechatroniker, Polizisten, Lehrer, Wissenschaftler, Ärzte, Ingenieure, Architekten und Profisportler.

Tab. 3.2 Diversitätsrate in ausgewählten Branchen und Berufsfeldern

	Der Frauenanteil in MINT-Berufen in Deutschland liegt bei ungefähr 15,4 Prozent. (Statistik der Bundeagentur für Arbeit 2019)
	Der Frauenanteil in der Wissenschaft in Deutschland liegt bei ungefähr 28 Prozent, einer der niedrigsten Werte in der EU. (UNESCO 2016)
	Der Männeranteil bei pädagogischen Fachkräften in Kindertagesstätten in Deutschland liegt bei ungefähr 2,4 Prozent. (Bundesministerium für Familie, Senioren, Frauen und Jugend 2015)
	Nur 17,9 Prozent der Neugründungen in Deutschland werden von Frauen durchgeführt. (Vereinigung Baden-Württembergische Wertpapierbörse e.V. 2021)
	Unter den 100 bestbezahlten Sportler:innen der Welt sind nur zwei Frauen. (Knight et al. 2022)

Wie diese Unterschiede zustande kommen, hängt von vielen Faktoren ab. Die Vermutung liegt nahe, dass die mangelnde Sichtbarkeit von verschiedenen Geschlechtern in bestimmten Berufsfeldern durchaus einen Einfluss auf Berufswünsche haben könnten – bewusst oder unbewusst. Dabei existieren nicht nur männer- sondern auch frauendominierte Berufsfelder, womit klar sein sollte, dass Chancengleichheit keine Einbahnstraße, sondern für alle Geschlechter interessant und essenziell ist (Tab. 3.2).

Im Laufe der letzten Jahrzehnte haben Frauen bewiesen, dass sie können, was ihnen vorher nur Wenige zugetraut haben. Positionen wie Bundeskanzlerin, Premierministerin oder EZB-Chefin einzunehmen sind realistische Ziele geworden. „Frauen dirigieren Orchester. Frauen spielen Fußball. Frauen reparieren Motoren. Frauen fliegen Flugzeuge und brechen an Bord von Raketen zu Weltraumexpeditionen auf", stellt Petra Justenhoven (Kap. 43) klar. Sarah Süß (Kap. 74) ergänzt: „Das Frausein darf niemals Hindernis sein für die Umsetzung der eigenen Ziele und Pläne".

Literatur

Artikel 3 Absatz 2 GG

Mann, A., Denis V., Schleicher, A., Ekhtiari, H., Forsyth, T., Liu, E., and Chambers, N. (2020). Dream Jobs? Teenagers' Career Aspirations and the Future of Work. Organisation for Economic Co-operation and Development.

https://www.oecd.org/berlin/publikationen/dream-jobs-teenagers-career-aspirations-and-the-future-of-work.htm. Zugegriffen am 05.07.2022.

Bundesministerium für Familie, Senioren, Frauen und Jugendliche (2015). Männliche Fachkräfte in Kindertagesstätten. https://www.bmfsfj.de/resource/blob/94268/a974404ff4a9f51a20136bfc8a1e2047/maennliche-fachkraefte-kitas-data.pdf. Zugegriffen am 05.07.2022.

Bundesministerium für Familie, Senioren, Frauen und Jugendliche (2017). Gesetz für die gleichberechtigte Teilhabe von Frauen und Männern an Führungspositionen in der Privatwirtschaft und im öffentlichen Dienst. https://www.bmfsfj.de/bmfsfj/service/gesetze/gesetz-fuer-die-gleichberechtigte-teilhabe-von-frauen-und-maennern-an-fuehrungspositionen-in-der-privatwirtschaft-und-im-oeffentlichen-dienst-119350. Zugegriffen am 05.07.2022.

Bundesministerium für Familie, Senioren, Frauen und Jugendliche (2021). Zweites Führungspositionen-Gesetz - FüPoG II. https://www.bmfsfj.de/bmfsfj/service/gesetze/zweites-fuehrungspositionengesetz-fuepog-2-164226. Zugegriffen am 05.07.2022.

Gekeler, S. (2019). Diese Rechte haben Frauen in den letzten 100 Jahren errungen. Human Resources Manager. https://www.humanresourcesmanager.de/arbeitsrecht/diese-rechte-haben-frauen-in-den-letzten-100-jahren-errungen/. Zugegriffen am 05.07.2022.

Kamppeter, C. und Miesen E. (2019). AGG: Das dritte Geschlecht in Stellenausschreibungen. Human Resources Manager. https://www.humanresourcesmanager.de/arbeitsrecht/agg-das-dritte-geschlecht-in-stellenausschreibungen/. Zugegriffen am 05.07.2022.

Knight, B., Birnbaum, J. und Craig, M. (2022), HIGHEST-PAID ATHLETES: The Top 50 Sports Stars Combined To Make Nearly $3 Billion In A Year, Crushing The Record. Forbes Media LLC. https://www.forbes.com/athletes/. Zugegriffen am 05.07.2022.

Statistik der Bundesagentur für Arbeit (2019), *Berichte: Blickpunkt Arbeitsmarkt – MINT - Berufe*, Nürnberg

Vereinigung Baden-Württembergische Wertpapierbörse e.V. (2021). Female Founders Report 2021: Frauen in der deutschen Start-up Szene: Antiquierte Rollenbilder oder neuer Schwung? Startbase. https://www.startbase.de/downloads/female-founder-report/2021/female-founder-report.min.pdf. Zugegriffen am 05.07.2022.

UNESCO (2016). Frauen in der Wissenschaft, Deutsche UNESCO Kommission. https://www.unesco.de/wissen/wissenschaft/frauen-der-wissenschaft#:~:text=In%20Europa%20haben%202016%20nur,knapp%20vor%20dem%20Schlusslicht%20Niederlande. Zugegriffen am 05.07.2022.

4

Ziele anvisieren: Über Pläne und Veränderungen

Du verfolgst schon dein ganzes Leben lang Ziele – bewusst oder unbewusst. Als Baby schreist du mit dem Ziel, gefüttert zu werden. Als Kind spielst du mit dem Ziel, die Welt kennenzulernen. Heute bist du erwachsener, kannst deine Ziele selbst definieren und deinen beruflichen Weg gestalten. Wo es hingehen soll, ist nicht immer klar und auch ein *richtig* oder *falsch* gibt es nicht. „Manchmal wirst du wissen, was du willst, und manchmal eben auch nicht. Das ist nicht schlimm", sagt Julia Bösch (Kap. 14). Sylvia Borcherding (Kap. 11) beschreibt diesen Zustand als Lernprozess, der durchaus eine Weile andauern kann. Ilka Brühl (Kap. 16) bestätigt das und erinnert sich: „Dieser Prozess hat sich aber über drei, vier Jahre gezogen".

Einen Plan haben

Um den Fokus auf dein Ziel nicht zu verlieren, kann es helfen, dir einen Plan zu machen. Trixie Bannert (Kap. 7) rät zu einem Fünf-Jahres-Plan und fügt hinzu: „Sprich ihn laut aus und geh ihn wirklich an". Diese populäre Methode scheint im unternehmerischen sowie im privaten Bereich vielen Menschen zu helfen, ihre Pläne zu entwickeln. Andrea Bruckner (Kap. 15) weist in diesem Zusammenhang darauf hin, dass jeder für sich selbst verantwortlich ist. Daher solltest du auch bereit sein, diesen Plan selbst an mühsamen Tagen konsequent zu verfolgen, denn diese Verantwortung kann dir niemand abnehmen.

Zudem gibt es kreative Methoden, die dich dabei unterstützen, dein Ziel anzuvisieren. „Ich habe sogar mal ein Mood-Board gemacht", erklärt Katharina Fankidejski (Kap. 26). Dabei macht auch sie darauf aufmerksam, dass es immer Sachen geben wird, die nicht erfüllt werden. „Das ist normal und nicht schlimm", beruhigt sie. Prof. Dr. Laura Große (Kap. 33) stimmt zu und ermutigt, sich davon nicht abschrecken zu lassen: „Ich persönlich bin immer zufriedener damit, wenn ich etwas versucht habe, als wenn ich etwas nicht versucht habe".

Deine Pläne können sich also verändern oder auch schiefgehen. „Man kann nicht alles vorher planen und durchdenken", betont Julia Börs (Kap. 13). Daher ist es nie verkehrt, einen Plan B in der Hinterhand zu haben, schlussfolgert Anja Dorny (Kap. 24). Natürlich kannst du dich nicht für alle Eventualitäten wappnen. Im Falle einer Katastrophe könnte dich ein Plan B jedoch beruhigen und dir dabei helfen, nicht in Panik zu geraten oder in ein Loch zu fallen, erinnert sich Dirk Kreuter (Kap. 48).

Keinen Plan haben

Es ist jedoch kein Muss, einen Plan zu haben. Es gibt viele Menschen, die davon überzeugt sind, dass auch eine ungeplante Karriere funktioniert. Bettina Pauck (Kap. 62) spricht davon, dass gerade ihre Flexibilität ihr geholfen hat „die Chancen zu nutzen, die sich geboten haben". Dr. Nicole Schilling (Kap. 68) geht sogar weiter und beschreibt es als Reiz, überhaupt nicht zu wissen, was sie „in fünf Jahren genau tun werde".

Anstelle eines ausgefeilten Plans hast du also vielleicht eher eine grobe Ahnung davon, wo du hinwillst oder wie du dort hinkommst. Das geht vielen so. Einige Role Models vertrauen dabei bis heute auf ihre Intuition. Auch Josephine Henning (Kap. 37) erinnert sich: „Ich wusste vielleicht nicht, wie und in welcher Reihenfolge, aber ich wusste, warum".

4 Ziele anvisieren: Über Pläne und Veränderungen

Um dein individuelles *Warum* herauszufinden, schlägt dir Kirsten Heike Giering (Kap. 31) vor, deine „persönlichen Werte klar und deutlich zu bestimmen, zu formulieren und zu Papier zu bringen".
Nicola Winter (Kap. 85) betont, dass ihre Abenteuerlust sie bei Ihrer Berufswahl leitet und sagt: „Wenn es mir irgendwann keine Freude mehr macht, ziehe ich wieder weiter". Claudia Bechstein (Kap. 8) greift diese Gedanken auf und spricht von der Leidenschaft, die dir wie ein „Segel im Wind" die Richtung weisen kann. „Leidenschaft erzeugst du, wenn du für etwas hart arbeitest, was du liebst", erklärt Anja Dorny (Kap. 24). Auch Colette Rückert-Hennen (Kap. 67) ermutigt dich: „Mit Leidenschaft und Neugier wirst du deinen Weg finden". Bei Julia Bösch (Kap. 14) entwickelte sich diese Neugier sogar zu einer Vision und schließlich zur Gründung eines eigenen Unternehmens.

Weniger erklärbare Phänomene könnten ebenso deinen Weg beeinflussen. Anne Kozlowski (Kap. 47) wirft beispielsweise eine neue Kraft in den Raum und stellt fest: „Ich habe nichts geplant, aber das Universum hat abgeliefert". Auch Dr. Marie-Christine Ghanbari (Kap. 30) erwähnt den Glauben, der Berge versetzen kann und Monika Maria Lehmann (Kap. 53) spricht von einer unendlichen Intelligenz des Lebens, wenn etwas glücklicherweise nicht läuft, wie geplant.

Bauchgefühl und Veränderung

„Eigentlich hätte es jetzt perfekt sein müssen", erinnert sich Ilka Brühl (Kap. 16) und berichtet, dass sie ihren Berufswunsch zwar realisierte, aber schnell bemerkte, dass ihr Herz nicht bei der Sache war. Saskia Stella Gleitsmann (Kap. 32) nennt dieses Phänomen dein *Bauchgefühl*, auf das du bei Karriereentscheidungen hören solltest, wenn du dich beispielsweise in deinem Umfeld nicht mehr richtig aufgehoben fühlst. Christina Virzí (Kap. 81) stimmt mit ein und schlussfolgert: „Wenn sich etwas falsch anfühlt, ist es falsch".

Veränderung beginnt im Kopf, das ist allgemein bekannt. Es gibt viele Dinge, die du eigenständig verändern kannst. Das bedeutet auch, dass du ein gewisses Maß an Flexibilität bei deiner Karriereplanung mitbringen solltest. Ilka Brühl (Kap. 16) warnt dich in diesem Zusammenhang vor falschem Stolz und rät dir dazu, deinen Traum anzupassen, wenn sich deine Interessen verändern: „Deine bisherigen Schritte waren in keinem Fall umsonst. Du nimmst immer etwas mit, was du daraus lernen konntest", ermutigt sie. Auch Kevin Kugel (Kap. 50) erinnert sich, dass er seine Liebe zur Patisserie und Schokolade nach seiner zweiten Ausbildung entdeckte und dann sein Ziel anpasste: „Insofern wurde mein Traum vom eigenen Restaurant zur eigenen Chocolaterie".

Etwas zu verändern, und damit neugierig und offen für Neues zu sein, bedeutet auch, gelegentlich über den eigenen Schatten zu springen. „Meistens ist das ein erster Schritt hin zur Veränderung", sagt Prof. Dr. Susanne Liebermann (Kap. 55). Meriem Lebdiri (Kap. 52) bringt es auf den Punkt:

> „Die ganz großen Meilensteine passieren nicht einfach so. Wir erschaffen und formen sie, indem wir über unseren Schatten springen".

Auch Nicole Hölscher (Kap. 40) stimmt zu und rät dazu, dich auf Veränderungen einzulassen.

Eine Möglichkeit, um etwas zu verändern, ist Abstand zu gewinnen. Das kann erleichtern, findet Claudia Bechstein (Kap. 8) und erinnert sich: „Das war die beste Entscheidung meines Lebens". Ein längerer Urlaub oder ein Sabbatical können dir beispielsweise die Chance geben, mit einem erholten Gemüt auf rückliegende Arbeitssituationen zu blicken, sie zu bewerten und deine Motivation zu finden. Und wenn der Abstand nicht reicht, dann rät dir Angelique Renkhoff-Mücke (Kap. 65): „Wenn du mit etwas unzufrieden bist, verändere es. Wenn du es nicht verändern kannst und es nicht akzeptieren kannst, dann gehe".

Eine neue Richtung einzuschlagen oder sogar einen neuen Beruf zu erlernen kann deine Mitmenschen irritieren. Astrid Quentell (Kap. 64) erinnert sich, dass viele Menschen anfangs nicht verstanden haben, warum sie ihren renommierten Arztberuf nach einigen Jahren ruhen ließ. Dennoch habe sie ihre Entscheidung „keinen Tag bereut". Auch Dirk Kreuter (Kap. 48) berichtet davon, dass einige Menschen nicht wollten, dass er sich verändere und erklärt: „Wenn ich mich verändere, dann muss mein Umfeld sich auch verändern und darauf haben die wenigsten Menschen Lust".

4 Ziele anvisieren: Über Pläne und Veränderungen

Es wird wahrscheinlich Menschen geben, die deine Entscheidung nicht verstehen, sie belächeln oder schlecht reden. Ulrike Hiller (Kap. 39) rät dir daher, negativen Menschen nicht zu viel Aufmerksamkeit und Energie zu widmen. Solltest du spüren, dass dich jemand nicht unterstützt, sich nicht mit dir auseinandersetzt oder du nichts mehr lernen kannst oder klein gehalten wirst, dann sei mutig und verändere dich. Vanessa Didam (Kap. 21) ergänzt diesen Gedanken und erklärt: „Am Ende deines Lebens fragt niemand mehr, ob du alles so gemacht hast, wie andere es von dir erwarteten. Da zählt nur noch, ob du das getan hat, was du dir gewünscht hast".

5

Das Ergebnis: Über Erfolg und Eigenschaften

Laut Duden ist Erfolg das positive Ergebnis deiner Bemühungen. Wenn du dein Ziel erreichst, bist du also erfolgreich. Über die Zeit wird sich dein Verständnis für Erfolg vermutlich verändern. Die persönliche Lebenssituation und die Lebensphase, in der du dich befindest, spielen dabei eine große Rolle.

Dubravka Maljevic (Kap. 57) betont, dass Erfolg für jeden Menschen eine unterschiedliche Bedeutung hat. Wo die einen Erfolg in guten schulischen Leistungen sehen, sehen andere ihn in finanzieller Sicherheit, einem Eigenheim oder einer glücklichen Familie. Anja Dorny (Kap. 24) findet, dass du dich nicht ausschließlich über deinen Beruf und deine Erfolge definierst und erklärt: „Die Punkte auf deinem Lebenslauf sollten nicht der Erklärungsversuch für deine Identität sein". Lisa Unruh (Kap. 78) rundet diesen Gedanken passend ab: „Es kommt auf dich und deinen Charakter als Menschen an, nicht auf die Medaillen in deinem Schrank".

Materieller Erfolg

Insbesondere zu Beginn deiner beruflichen Laufbahn könnten deine Entscheidungen von einer anderen Variablen mitbestimmt werden: dem Geld. Das ergibt auch Sinn, denn als junge Erwachsene wirst du in der Regel mit finanziellen Verpflichtungen konfrontiert. Dem Elternhaus entflogen, musst du deine Existenz selbstständig sichern können: Miete für die erste eigene Wohnung, Versicherungen, Rückzahlung von Krediten etc. Das sind Kosten, die du erst einmal verwalten und stemmen musst.

Außerdem ermöglicht Geld natürlich auch das eigene Vergnügen. Das äußert sich heutzutage nicht nur in klassischen Statussymbolen, wie einem Eigenheim oder Auto, sondern in Reisen um die Welt, Kunstgenuss, Designer-Objekten und sozialen Aktivitäten. Mit einem entsprechenden Budget hast du unter anderem auch das Privileg, aus mehreren Optionen wählen zu können, zum Beispiel bei Verkehrsmitteln, in der Freizeitgestaltung oder bei Konsumgütern.

Ricarda Lang (Kap. 51) und Andrea Bruckner (Kap. 15) machen in ihren Interviews auf etwas Wichtiges aufmerksam: Nicht immer steht nur das eigene Wohlergehen im Vordergrund. Verpflichtungen wie zum Beispiel die Versorgung eines Kindes oder Familienmitglieds können die ersten Schritte des Erwachsenwerdens stark beeinflussen. Finanzielle Sicherheit kann zum Beispiel für junge oder alleinerziehende Mütter ein ausschlaggebendes Kriterium für die Berufswahl sein. Daher sollte man den beruflichen Lebensweg anderer Menschen nicht beurteilen. „Du weißt nie, was der andere gerade durchmacht", schlussfolgert Dr. Marie-Christine Ghanbari (Kap. 30).

Immaterieller Erfolg

Erfolg äußert sich nicht zwangsläufig materiell, so Ilka Hartmann (Kap. 35). Sie weist darauf hin, dass die Höhe des Gehaltsschecks nicht immer mit dem Erfolg und der persönlichen Zufriedenheit korreliert. Auch Lisa Unruh (Kap. 78) beschreibt Erfolg mit dem Gefühl, sich selbst gerecht zu werden und über sich hinaus zu wachsen. Toma Kubiliute (Kap. 49) schlägt dir vor: „Betrachte es nicht als Sieg, sondern als Entwicklung hin zu der Person, die du werden oder sein willst."

Deine persönliche Weiterentwicklung kann also ausschlaggebend für deine Zielsetzung im Leben sein. Du kannst deinen Erfolg zum Beispiel darin finden, dich mit inhaltsstarken Themen zu beschäftigen, die dich berühren und inspirieren, so Özlem Doger-Herter (Kap. 23). Viele Role Models beschreiben es als erstrebenswert, den eigenen Horizont durch Tanz, Reisen, Kulturen, Sprachen und soziales Engagement zu erweitern.

Wertschätzung könnte für dich ebenso wesentlich sein. Dabei sind Beförderungen, Auszeichnungen, Medaillen oder Zertifikate häufig nicht nur mit finanziellen Anreizen verbunden, sondern bestätigen deine erbrachte Leistung nach außen und belohnen deine Mühen. Nicht selten dienen Positionen und Titel daher als Identitätsmerkmale und Aushängeschilder, die dir gegebenenfalls sogar den Eintritt in die nächste Liga ermöglichen.

Letztendlich kommen alle Role Models in diesem Buch zum selben Schluss: Es ist wichtig, den eigenen Traum zu verfolgen, sich selbst treu zu bleiben, sich nicht zu verstellen, glücklich zu sein und die eigene Gesundheit zu priorisieren und sich zu, „Wir verbringen viel zu viel Zeit in der Arbeit, um etwas zu machen, das uns keine Freude bringt", so fasst Linda Burchhart (Kap. 17) zusammen. Laura Nolte (Kap. 61) bestätigt diesen Gedanken. Sie erklärt, dass es schön sei, am Ende auf Medaillen zurückzublicken, aber noch schöner, auf eine glückliche Zeit zurückzuschauen. Die Erfahrungen und Erinnerungen, die du auf deinem Weg sammeln wirst, sind unbezahlbar und ein Erfolg an sich. Vergiss nicht, diese gebührend zu feiern – für dich selbst oder im Team.

Komfortzonen, Fragen und Antworten

Etwas auszuprobieren bedeutet, etwas Neues und Unbekanntes zu wagen. „Tue Dinge, die dir etwas Angst machen", ermutigt dich Anne Kozlwoski (Kap. 47). Dies sei ein guter Weg, um Erfahrungen zu sammeln und zu lernen, dass du mit allen Herausforderungen des Lebens umgehen kannst.

Gabriele Sons (Kap. 71) kennt das Gefühl, anfangs etwas nervös zu sein: „Ich verfluche mich für meine Zusage. Ist es aber geschafft, ist der Stress schnell vergessen und es ist ein gutes Gefühl, meine Ängste erfolgreich überwunden zu haben". Auch Katja Borghaus (Kap. 12) möchte dich beruhigen: „Es gibt für alles ein erstes Mal". Also habe Mut und traue dir etwas zu.

Lan Anh Nguyen (Kap. 59) beschreibt das Verlassen deiner eigenen Komfortzone sogar als Startschuss deiner Persönlichkeitsentwicklung. Auch Caitlin Hennen (Kap. 36) erinnert sich daran, ihre frühere Komfortzone verlassen zu haben: „Für mich ist es immer wieder schön zurückzuschauen und zu sehen, wie viele Aufgaben für mich vor einigen Jahren noch undenkbar gewesen wären". „Das Gefühl, wenn man etwas *Besonderes* geschafft hat, ist unbeschreiblich", fasst Kirsten Heike Giering (Kap. 31) zusammen, die einst mit einem One-Way-Ticket und ohne berufliche Gewissheit in ein anderes Land flog, um dort zu leben.

Ein erster Schritt aus deiner Komfortzone ist: Traue dich, Fragen zu stellen. „Das ist der Anfang", findet Ulrike Hiller (Kap. 39). Denn es beweist, dass du bei der Sache bist, mitdenkst und am Thema interessiert bist. Auch Linda van Rennings (Kap. 80) möchte dich ermutigen:

> „Egal, ob im Job oder privat: Stelle Fragen, wenn du etwas nicht verstanden hast und bitte um Hilfe, wenn du sie brauchst".

Die Angst vor einer Blamage hält dich vom Wachsen ab. Habe also den Mut zuzugeben, dass du etwas *noch* nicht weißt oder *noch* nicht verstanden hast. Denn jede:r Meister:in war einmal ein:e Azubi, jede:r Ärzt:in war einmal ein Student:in und jede:r Olympiasieger:in war einmal im Jugend-Sportverein um die Ecke.

Darüber hinaus ist eine Frage keine Einbahnstraße, sondern eine Äußerung, die eine Antwort herausfordert. Das bedeutet, dass dein Gegenüber dir auch eine angebrachte Antwort schuldig ist. Sollte dir eine Frage gestellt werden, auf die du keine Antwort parat hast, hat Sabine U. Dietrich (Kap. 22) eine Idee für dich: „Wenn du mal etwas nicht weißt, dann kannst du immer anbieten, das zu recherchieren und nachzureichen". Hatice Koca (Kap. 45) schließt sich dieser Methode an und erläutert: „Du kannst nicht alles wissen, du musst nur wissen, wo du es nachlesen kannst. Wenn du dir deiner Antwort nicht sicher bist, kannst du versuchen zu antworten. Das Worstcase-Szenario ist, dass du falsch liegst. Aber lieber liegst du falsch und bekommst eine Korrektur, als grundsätzlich falsch zu liegen".

Durchhaltevermögen und Optimismus

Ein starker Wille, Ausdauer und Durchhaltevermögen sind die Eigenschaften, die häufig in den Interviews dieses Buches genannt werden. Dabei stellt das beharrliche Verfolgen deiner Ziele deinen Willen auf die Probe und erfordert gegebenenfalls auch das Manövrieren durch unangenehme Situationen. Deine Motivation und Selbstsicherheit dauerhaft hochzuhalten kann durchaus herausfordernd sein. Aber Johanna Röh (Kap. 66) weiß: „Das Durchhalten hat sich gelohnt, da ich jetzt da bin, wo ich sein wollte".

Es kann natürlich vorkommen, dass es mal nicht so läuft, wie du möchtest. „Das sollte dich nicht stoppen", findet Lise-Christine Kobla Medama (Kap. 44). Hatice Koca (Kap. 45) erinnert sich beispielsweise an ihre Bewerbungsphase für eine bestimmte Stelle: „Ich habe mich fünf Jahre lang in zwei verschiedenen Städten beworben. Es hat einfach nicht funktioniert". Doch dank ihrer Hartnäckigkeit und Flexibilität, klappte es doch. In diesem Sinne rät dir auch PD Dr. Elke Holst (Kap. 41): „Bleib dran. Gib nicht auf, wenn der Wind mal kalt von vorne bläst". Auch Martyna Trajdos (Kap. 75) gibt dir Hoffnung:

> „Wenn du nach dem vierten Mal aufhörst, wirst du nie wissen, ob du beim fünften Mal erfolgreich gewesen wärst".

Das Visualisieren deiner Wünsche und Träume kann dir dabei helfen, sie in deinem Kopf zu fixieren und dann mit Biss zu verfolgen, weiß Nicolette Fountaris (Kap. 29). „Das ist unglaublich wichtig", sagt sie, beschreibt es als Benzin für ihren Motor und ergänzt: „Wenn ich etwas wirklich möchte, dann kann man mir den Namen Schwester Konsequenta geben". Auch Julian F. M. Stoeckel (Kap. 73) verweist auf die konsequente Verfolgung der eigenen Ziele, beschreibt Erfolg als Resultat von Disziplin und erzählt von der Erkenntnis, dass Leistung unweigerlich zum Erfolg dazu gehört: „Wenn man nichts leistet, dann kann man auch nichts ernten".

Schließlich kann Optimismus eine hilfreiche Eigenschaft sein, um berufliche Probleme zu überwinden. Ein erster Schritt ist es, „Probleme als Herausforderungen zu betrachten und dadurch nicht negativ zu bewerten", findet Julia Dorny (Kap. 25). Denn Herausforderungen seien Aufgaben, die das Universum dir schicke, um daran zu wachsen. Auch Verena Herb (Kap. 38) plädiert für eine positive Einstellung und berichtet: „Generell gehe ich optimistisch an die Dinge heran und denke: Kriegen wir schon hin". Sollte dich dein Optimismus momentan verlassen haben und es dir dadurch schwerfallen, hoffnungsvoll in deine berufliche Zukunft zu blicken: auch solche Phasen gehören dazu und solche Empfindungen sind menschlich. Julia Bösch (Kap. 14) möchte dich daher ermutigen, dich „für Optimismus" zu entscheiden. Denn bewusst gewählter Optimismus half ihr immer dabei, Herausforderungen anzunehmen und das Beste daraus zu machen.

6
Der Faktor Mensch: Über Herkunft, Vorbilder und Zweifel

Laut des statistischen Umweltbundesamtes (2018) werden Menschen täglich von ihrer Umwelt beeinflusst und umgekehrt. Den Grad deiner Gesundheit, Lebenskraft und Zufriedenheit beeinflussen dabei mehrere Faktoren, wie zum Beispiel deine sozialen Verhältnisse und Kontakte sowie dein Aufenthalt im Freien oder in Gebäuden und Transportmitteln.

Im beruflichen Kontext kannst du das als den Faktor *Mensch* zusammenfassen. Einerseits gibt es möglicherweise Menschen, mit denen du während deiner beruflichen Schritte in Kontakt kommst, die Spuren in deinem Denken und/oder Leben hinterlassen, andererseits gibt es deine eigenen Gedanken. Die Kombination kann unterschiedliche Emotionen in dir wecken – je nach Situation und Lebensphase mal Begeisterung, mal Überforderung – und somit den Grad deiner Gesundheit, Lebenskraft und Zufriedenheit stark beeinflussen.

Empathie wird von vielen Role Models in diesem Buch als eine grundlegende Eigenschaft für den Faktor *Mensch* beschrieben. Dr. Marie-Christine Ghanbari (Kap. 30) betont etwas sehr wichtiges: „Du weißt nie, was dein Gegenüber gerade durchmacht". Sie bittet daher unter anderem darum zu bedenken, dass jeder Mensch anders groß geworden ist, andere Dinge erlebt hat und plädiert deshalb darauf Dialoge zu pflegen und sich mit gegenseitigem Verständnis zu begegnen. Auf den ersten Blick siehst du vielleicht die Schülersprecher:in, Einser-Student:in, Tischlermeister:in, Doktor:in oder Olympionik:in. Erst auf den zweiten Blick erkennst du die individuellen Startvoraussetzungen, emotionalen Beweggründe, finanziellen oder mentalen Höhen und Tiefen. Du solltest andere also nach Möglichkeit nicht mit dem gleichen Erwartungsmaßstab messen, den du für dich selbst nimmst.

Dein Bewusstsein über den Faktor *Mensch* zu stärken, kann somit dein persönlicher Beitrag für eine tolerante und unterstützende Gesellschaft sein. Julia Dorny (Kap. 25) findet hier passende Worte:

> „Das Leben in ist schön und vor allem dann, wenn wir uns in Akzeptanz und Toleranz gegenüber Andersartigkeit üben".

Ob Wohnort, der Familie, Freunde, Vorbilder, Vereine, Gefühle, Sorgen und Zweifel – Deine (Rück-) Sicht auf das äußere und innere Umfeld deiner Mitmenschen und deiner selbst kann dich bei der Ausrichtung deiner beruflichen Wünsche unterstützen.

Heimat, Wohnort und Ausland

In jungen Jahren wächst du eher zufällig in einer Region und in Verhältnissen auf, die du nicht oder nur bedingt selbst beeinflussen kannst (Tab. 6.1). Rein objektiv prägt dich zum Beispiel dein Wohnort beruflich bereits früh durch regionale Besonderheiten in Natur und Architektur. Wo du in Bayern die Berge und Skilehrer:innen findest, findest du in Hamburg die Häfen und Reeder:innen, in Würzburg die Weinreben und Winzer:innen, in Frankfurt am Main die Bürotürme und Bänker:innen, im Ruhrgebiet die Fördergerüste und Grubenchef:innen, in Erfurt die Krämerbrücke und Handwerker:innen, in Dresden die Barockgebäude und Historiker:innen, in Berlin die Siegessäule und Politiker:innen und viele weitere stark vereinfachte Beispiele. Aber ab einem gewissen Punkt in deinem Leben wird es dir möglich sein, deine äußeren Einflüsse zumindest teilweise durch eigene Entscheidungen zu beeinflussen und die-

Tab. 6.1 Exemplarische Einflussfaktoren auf Bildung und berufliche Ausrichtung

Thema	Beschreibung
Finanzielle Mittel der Schulen	Die staatlichen Ausgaben an allgemeinen und beruflichen Schulen lagen im Jahr 2020 in Berlin bei 12.300 Euro pro Schüler:in. In Nordrhein-Westfalen lagen diese nur bei 7500 Euro pro Schüler:in. (Statistisches Bundesamt 2022)
Finanzielle Mittel der Familie	Kinder aus sozial benachteiligten Familien und/oder mit Migrationshintergrund verfügen seltener über einen eigenen Computer als andere Kinder und haben dadurch beim Homeschooling-Nachteil (Institut der deutschen Wirtschaft 2021a)
Wechsel des Wohnortes	Die Wahrscheinlichkeit, dass ein:e 18- bis 34-Jährige:r den Wohnort wechselt, ist bei Akademikern etwa dreimal höher als bei Personen mit einem beruflichen Bildungsabschluss. (Institut der deutschen Wirtschaft 2021b)
Anzahl Auszubildende	In Deutschland lag die Anzahl der Auszubildenden im Jahr 2020 bei 1,29 Millionen Tendenz fallend. (Statista 2022) Von 511.000 gemeldeten Berufsausbildungsstellen, wurden im Jahr 2020/21 nur 434.000 besetzt. Sowohl die Anzahl der Ausbildungsstellen als auch die der Bewerber ist im Vergleich zum Vorjahr gesunken. (Bundesagentur für Arbeit 2021)
Anzahl Studierende	In Deutschland lag die Anzahl der Studierenden im Wintersemester 2020/2021 bei knapp 3 Millionen (Institut der deutschen Wirtschaft 2021c). Von 100 Schüler:innen aus Nicht-Akademikerfamilien beginnen nur 27 ein Studium. Bei Schüler:innen aus Akademikerfamilien sind es 79 (Stifterverband für die Deutsche Wissenschaft e.V. 2022).
Auswahl des Studienfaches	Bei einer Auswahl von insgesamt 21.000 angebotenen Studiengängen gibt es deutliche Favoriten. So belegen beispielsweise mehr als 240.000 Studierende das Fach BWL, 100.000 Maschinenbau und 69.000 Germanistik. Nur 18 Studierende belegen dagegen Rhythmik, vier Niederdeutsch und zwei Kaukasistik (Institut der deutschen Wirtschaft 2021c).

sem *Zufall* entgegenzuwirken. Dazu gehören zum Beispiel die Wahl deiner Schulfächer, Freundeskreise, Freizeitaktivitäten, deines Medienkonsums, Ausbildungs- oder auch Studienortes.

Ein Ortswechsel kann für deine berufliche Orientierung und Verwirklichung nützlich sein. Johanna Röh (Kap. 66) berichtet, wie sie früher extra die Stadt und Schule wechselte, um parallel zum Abitur eine

Ausbildung machen zu können. Der Umzug war in ihrem Fall ihre Chance, einen Blick in praktisches und akademisches Arbeiten zu erlangen. „Ich hätte mich zu dem Zeitpunkt nicht festlegen wollen", erinnert sich die heutige Tischlermeisterin. Auch Angela De Giacomo (Kap. 20) berichtet über ihren Umzug nach Berlin, der ihr berufliches Gemüt positiv beeinflusst. Dort angekommen wusste sie, dass sie „in der richtigen Stadt, mit der richtigen Lebensweise und Einstellung" ist.

Ein Umzug ist selbstverständlich nicht immer notwendig. Möglicherweise bietet nämlich auch deine Heimat berufliche Möglichkeiten sowie mentalen oder finanziellen Rückhalt. Für Dr. Marie-Christine Ghanbari (Kap. 30) steht zum Beispiel fest, dass die Rückkehr in ihre Heimatstadt Münster Erleichterung und große Freude bedeutete. „In dieser Stadt fühlte ich mich wohl, stark und selbstbewusst", fasst sie zusammen und findet hier ihre berufliche Bestimmung. Dieses heimische Gefühl kann sich auch entwickeln, wenn zum Beispiel berufliches und privates zueinander finden. So war es bei Sarah Süß (Kap. 74), die heute anerkennend von ihrer „Wahlheimat Steinhagen" spricht.

Eine weitere Möglichkeit, um deinen beruflichen Wünschen näher zu kommen, sind Auslandsaufenthalte – temporär oder sogar dauerhaft. Viele Role Models in diesem Buch erinnern sich, wie zum Beispiel Lan Ahn Nguyen (Kap. 59) an den Schüleraustausch in die USA, Johanna Röh (Kap. 66) an die Wanderschaft in Japan und Neuseeland, Sylvia Borcherding (Kap. 11) an die Zeit in Syrien, Katja Borghaus (Kap. 12) an die Wahlstation in Südafrika, Emilia Fehse (Kap. 27) an die Freiwilligenarbeit in Santiago de Chile und Dr. Carmen Köhler (Kap. 46) an die simulierte Mars Mission.

Deine Auslandserfahrungen werden dich ein Leben lang begleiten. So berichtet Angela De Giacomo (Kap. 20) über ihre Zeit in Indien:

„Diese Reise in das sehr exotische Land veränderte mich und den Kurs, den mein Leben nahm; auch in beruflicher Hinsicht".

Auch Laura Zieger (Kap. 86) erzählt, dass sie viele Arbeitsweisen und Techniken aus dem Ausland mitgenommen hat. Martyna Trajdos (Kap. 75) stellt sogar fest: „Ich kam nie als gleicher Mensch zurück". Jede Auslandsreise habe sie selbstständiger, selbstbewusster, neugieriger und weltoffener gemacht. Hiltrud Dorothea Werner (Kap. 83) ergänzt, dass diese Erkenntnisse auch einen Einfluss auf deine Mitmenschen haben. „Die ganze Familie ist damit weltoffener geworden", sagt sie.

Sollte es aus persönlichen oder betrieblichen Gründen nicht möglich sein physisch einen anderen Ort zu bereisen, hat Laura Schönberger (Kap. 70) eine hilfreiche Idee für dich: Weiterbildungen. Das Angebot an und der Zugang zu Weiterbildungskursen ist heutzutage, dank Digitalisierung, so breit und simpel wie noch nie. Sie spricht aus Erfahrung: „Ich mache viele Weiterbildungen auf Englisch, um mein Fachenglisch zu stärken". Vielleicht findest auch du eine Option, die sich gut in deinen Alltag integrieren lässt und dich persönlich weiterwachsen lässt.

Möglicherweise hast du keine Reisebegleitung parat oder allein Reisen kann für dich eine mentale Herausforderung darstellen. Sarah Süß (Kap. 74) versteht das und möchte dich ermutigen: „Einmal ein paar Tage ganz allein zu verreisen hat mir die Möglichkeit gegeben, mich selbst besser kennenzulernen und mir selbst und meiner eigenen Orientierung mehr Vertrauen zu geben". Valentina Daiber (Kap. 19) macht in diesem Zusammenhang auf das „lebenslange Lernen" aufmerksam und beschreibt die Erfahrungen im In- und Ausland als Bereicherung, vor der du keine Angst haben musst.

Partnerwahl und Familiengründung

Grundsätzlich ist zu beachten, dass die Familienplanung ein sehr privates und intimes Thema ist – für dich sowie für andere Menschen. Niemand sollte sich für die eigene Entscheidung oder die körperlichen Möglichkeiten vor anderen rechtfertigen müssen. Dirk Kreuter (Kap. 48) ermutigt dich dazu, Rechtfertigungen nach außen grundsätzlich zu vermeiden und dich von deinem möglichen schlechten Gewissen zu lösen: „Die Erwartungen der anderen sind die Erwartungen der anderen". Schließlich sind beim Thema Familienplanung zu jeder Zeit Respekt, Sensibilität und eine Portion *an die eigene Nase fassen* notwendig, um einen rücksichtsvollen Umgang miteinander zu wahren und verletzende Kommentare zu vermeiden.

Die Partnerwahl wird in vielen Interviews als Startschuss für diese Thematik angeführt. „Es gibt zwei wesentliche Entscheidungen für dein Leben: Welchen Beruf du wählst und für welchen Partner du dich entscheidest", fasst Sabine Schmittroth (Kap. 69) zusammen. Auch Bettina Pauck (Kap. 62) rät: „Such dir einen Mann als Partner aus, der mit dir auf Augenhöhe leben und arbeiten möchte". Nur dann sei es realistisch, Kinder und Karriere unter einen Hut zu bekommen. Solltest du dich dazu entscheiden, mit jemandem gemeinsam durchs Leben zu gehen, dann sollte dich diese Entscheidung idealerweise nicht beschweren, sondern beflügeln.

Im Falle einer Schwangerschaft sehen sich insbesondere Frauen häufig mit der Frage konfrontiert, ob Familie und Beruf vereinbar sind. Eine *working mom* – berufstätig und gleichzeitig Mutter sein – scheint für einige Menschen nicht zusammenpassen. Christina Virzí (Kap. 81) rät dir dazu, deine grundlegenden Entscheidungen nicht zu viel mit anderen zu diskutieren und findet: „Der Zeitpunkt für Kinder ist immer richtig". Um Unverständnis und Vorwürfen entgegenzuwirken, findet Colette-Rückert Hennen (Kap. 67) eines besonders wichtig: Unterstützung. In Ihrem Fall war es die Unterstützung ihrer Familie und Freunde, die sie über so manchen Kommentaren drüber stehen ließ. Vor allem einer Person ist sie sehr dankbar: „Mein Mann hat mich in solchen Fällen immer in Schutz genommen". Diesen Zusammenhalt in der Partnerschaft beschreibt auch Bettina Fetzer (Kap. 28) und erklärt:

> „Ich sehe mich nicht in der Rolle einer working mom, vielmehr sehen wir uns als working parents".

Valentina Daiber (Kap. 19) hält es sogar für möglich, dass die Verfolgung ihrer Karrierepläne den Zusammenhalt innerhalb der Familie und im Freundeskreis gestärkt hat, „auch, wenn es nicht an jedem einzelnen Tag so aussah".

Katharina Fankidejski (Kap. 26) kann sich vorstellen, dass Kinder von der Begeisterung der Eltern für die Arbeit auch profitieren können. „Ich möchte, dass meine Kinder auch damit aufwachsen und diese schönen Dinge sehen", sagt die Floristin. Auch Dr. iur. Susanne Pfab (Kap. 63) vertraut darauf eine gute Mutter sein, gerade weil sie ihre beruflichen Ambitionen nicht fallen lässt – selbst alleinerziehend – und erinnert sich: „Dank Familie, Freund:innen und einem guten Arbeitsumfeld ist mir dies auch gelungen". Ricarda Lang (Kap. 51) kann sich diesem Gedanken aus eigener Erfahrung anschließen und lobt den beruflichen Einsatz ihrer Mutter als Sozialarbeiterin: „Schon als Kind war ich stolz darauf, dass sie einer so wichtigen Arbeit nachging".

Vorbilder und Mentoren

Die Menschen, mit denen du dich umgibst, beeinflussen deine Art zu Denken und zu Handeln. Daher raten dir viele Role Models in diesem Buch vor allem eines: Umgib dich mit Menschen, die dich inspirieren und dir auf deinem Weg helfen.

Ein Vorbild ist laut Duden als eine Person oder eine Sache definiert, die für dich ein idealisiertes Musterbeispiel darstellt, nach dem du dich richtest. Das können zum Beispiel Menschen aus deinem näheren Umfeld sein, bekannte oder historische Persönlichkeiten oder sogar fiktive Charaktere. Nicolette Fountaris (Kap. 29) erklärt sogar, dass sie ihre Träume als Vorbild genommen hat. Du kannst dir dein Vorbild also frei wählen und benötigst dafür in der Regel keine Zustimmung eines Gegenparts. Dr. Martina Niemann (Kap. 60) findet, dass es nicht darauf ankommt, besonders *prominente* Vorbilder zu wählen. „Wichtig ist nur, dass man für sich gute Beispiele für Verhaltensweisen findet, die man auch selbst einsetzen kann". Außerdem findet sie, dass du deine Vorbilder über die Zeit wechseln kannst – je nachdem, was deine individuelle Lebenslage gerade erfordert. Darüber hinaus ist es wesentlich zu verstehen, dass Vorbilder trotz einer häufig zugesprochenen Verantwortung nicht perfekt sein müssen. Auch hier hat Nicolette Fountaris (Kap. 29) klare Worte: „Jemand, der zu 100 Prozent perfekt ist? Das gibt es nicht, das sind ja alles Menschen." Colette Rückert-Hennen (Kap. 67) schließt sich diesem Gedanken an und schlussfolgert:

> „Es geht nicht darum, alles richtig zu machen – das tut keine:r. Es geht um die Orientierung, die ein Role Model geben kann."

Ein:e Mentor:in ist als Fürsprecher:in, Förder:in oder erfahrene:r Berater:in definiert. Das bedeutet, dass diese Person dich aktiv auf deinem Lebensabschnitt begleitet und ein persönlicher Austausch zwischen euch stattfindet. Das Mentor:in-Mentee-Verhältnis ist grundsätzlich beidseitig, da diese Person dir mit Rat und Tat zur Seite steht. Diese können zum Beispiel Familienmitglieder, Vorgesetze oder unabhängige Dritte sein.

Die Frequenz und Intensivität eures Austausches ist nicht vorgeschrieben und sollte auch idealerweise nicht erzwungen werden, sondern sich natürlich ergeben. Sarah Süß (Kap. 74) weist darauf hin, dass es manchmal vielleicht sogar reicht zu wissen, dass es jemanden gibt, den du um Rat fragen kannst, wenn du nicht mehr weiterweißt. Mentoren können in einigen Fällen selbstverständlich auch Vorbilder sein und umgekehrt.

Deine Eltern können Persönlichkeiten sein, die deinen beruflichen Werdegang prägen. So berichtet zum Beispiel Dubravka Maljevic (Kap. 57),

> „dass ihre Eltern sie gelehrt haben, an sich selbst zu glauben und wie wichtig es sei trotz widrigster Umstände menschlich zu bleiben und den Mut nicht zu verlieren".

Auch Frank Buschmann (Kap. 18) verweist auf seine Eltern, die ihm durch Erziehung und Vermittlung von Werten das „wichtigste Rüstzeug" für die Art und Weise, wie er seinen Job macht, mitgaben.

Bei Emilia Fehse (Kap. 27) war es die Mutter, die ihre Fähigkeiten erkannte und ihr den entscheidenden Tipp gab, Tätowiererin zu werden „noch bevor ich mir dessen sicher war". Meriem Lebdiri (Kap. 52) erinnert sich an eine bestimmte Situation in den Schulferien, in der sie als Kind mit ihrer Mutter die ersten Entwürfe nähte und dabei feststellte: „Ich wollte nie wieder damit aufhören". Petra Justenhoven (Kap. 43) berichtet über ein Geschenk ihrer Mutter, ein Seidentuch, das ihr bereits früh vermittelte durchzuatmen und ihren Weg selbst zu gehen. Ilka Hartmann (Kap. 35) berichtet von einer *Zauberdose*, die sie ihrer Tochter schenkte. „Ich habe ihr versprochen, dass sie bei großen und kleinen Problemen im Leben, einfach diese Dose öffnen muss, um die Lösung zu finden", erzählt sie. Der Spiegel im Inneren bedeute, dass die Lösung in ihr selbst liegt. Darüber hinaus können dich natürlich auch andere Personen aus dem familiären Umfeld inspirieren und begleiten. So empfand Elisabeth Lepique (Kap. 54) ihre Geschwister als „guten Spiegel", um sozialen Kompetenzen zu entdecken. Auch Saskia Stella Gleitsmann (Kap. 32) verweist ebenso auf ihre Schwester, die ihr vorlebte, dass sich Lebensglück und Beruf miteinander vereinen lassen.

„Man kann sicherlich auch Karriere machen, ohne Mentoren oder Role Models zu haben, aber es ist einfacher, wenn man diese hat", findet Colette Rückert-Hennen (Kap. 67). Ein Vorbild oder ein:e Mentor:in zu haben kann helfen, „ist aber nicht zwingend notwendig", findet auch Elisabeth Lepique (Kap. 54). Solltest du aber auf der Suche nach jemandem sein, der dich als Mentor:in begleiten soll, rät dir Katja van Doren (Kap. 79) dazu, aktiv zu werden: „Wenn keiner auf Dich zukommt, musst Du selbst den ersten Schritt machen" Ilka Hartmann (Kap. 35) schließt sich diesem Gedanken an und ergänzt:

> „Fragt jemanden, den ihr als Vorbild sehr schätz, ob er euch zur Seite steht".

Angelique Renkhoff-Mücke (Kap. 65) betont, dass es wichtig ist Mentoren und Unterstützer zu haben, die an dich glauben. „Gerade Mentoren, die das Potenzial von einem erkennen und einen fördern, sind wichtig", findet Colette Rückert-Hennen (Kap. 67) in diesem Zusammenhang wichtig. Nicole Hölscher (Kap. 40) bringt es mit ihrer Erinnerung auf den Punkt: „Meine Mentoren haben mir Dinge zugetraut, die ich in mir selbst so nicht gesehen habe. Sie haben mich ermutigt und mir in entscheidenden Momenten mit Rat und Tat zur Seite gestanden. Sie haben mich manchmal kritisch hinterfragt und mir so Sichtweisen und Perspektiven eröffnet, die ich selbst nicht gesehen hätte". Auch Dr. iur. Susanne Pfab (Kap. 63) findet einen Mentor hilfreich bei der Stärkung des Selbstvertrauens und bei der Öffnung von Türen doch weist darauf hin: „Durch die Tür gehen, musst du selbst". Dieses Vertrauensverhältnis ermöglicht im idealfall ebenso, auch mal negatives Feedback anzunehmen und zu verarbeiten. „Du brauchst jemand der dir auch mal kontra gibt. Kritik ist so wichtig und nur so wird man wirklich besser", betont Laura Schönberger (Kap. 70).

Andere Menschen auf deren Weg zum Beispiel als Mentor unterstützen zu dürfen, ist ein Erfolg, findet Britta Steffen (Kap. 72). Von anderen als Vorbild oder Mentor:in wahrgenommen zu werden geht allerdings auch mit einer gewissen Verantwortung einher. Julian F.M. Stoeckel (Kap. 73) erinnert sich diesbezüglich an einen Ratschlag seiner Großmutter, zu jedem Zeitpunkt demütig zu sein: „Schlag nicht auf die Menschen unten – denn die Menschen unten tragen den Thron, auf dem du sitzen willst. Du trägst deinen Thron nicht selbst". Solltest du bereits selbst jemanden begleiten, findet Katja van Doren (Kap. 79) es besonders wichtig gut zuzuhören, nicht zu verurteilen und ehrliches Interesse an der Weiterentwicklung des Mentees zu haben – aber auch der eigenen.

Netzwerke

Freude ist bekanntlich schöner, wenn du sie teilst – egal in welcher Größenordnung. Teilen spielt bereits früh eine wesentliche Rolle im Leben. Vermutlich hast auch du in deinem Leben schon vieles geteilt: Bilder in den Sozialen Medien, Witze mit Freund:innen, Hausaufgaben mit Klassenkamerad:innen, beruflichen Rat mit Kolleg:innen oder dein Hab und Gut mit Bedürftigen. Wenn du Geschwister hast, kennst du eventuell die elterliche Aufforderung *Nimm deine Schwester/deinen Bruder mit*, auf den in der Regel Skepsis unter den Geschwistern aufkam, ob das eine gute Idee sei. Dabei könnte man diese Aufforderung als frühes Netzwerken bezeichnen. Es ist die Ermutigung, Erfahrungen gemeinsam zu erleben. Am Ende ist alles meistens gar nicht so schlimm, wie anfänglich vermutet. Und es sind möglicherweise genau diese alltäglichen Gesten, wie das reichen einer Hand, die uns als Gesellschaft gemeinsam wachsen lassen.

Neue Perspektiven einzunehmen oder die eigenen zu teilen ist dir daher vermutlich nicht unbekannt. Aber dich in weniger bekannte Personen- oder Themenkreise zu bewegen, kann natürlich Überwindung kosten und erfordert unweigerlich den Schritt aus deiner Komfortzone. Dieser Schritt ist unglaublich wichtig, um persönlich und professionell zu wachsen, findet Linda Burchhart (Kap. 17). Sie weist insbesondere darauf hin, dich regelmäßig mit Menschen auszutauschen, die einen ganz anderen Lebensweg oder andere Meinung haben und betont: „Es ist ganz einfach, sich nur mit seinen direkten Mitmenschen auszutauschen, die einem immer nur zustimmen. So wächst man aber nicht". Auch Dr. Nicole Schilling (Kap. 68) betont, dass Diversität – fachlich sowie haltungsmäßig eine Rolle im beruflichen Kontext spielen und sagt:

> „Die eigene Filterblase, in der man lebt und sich wohlfühlt, ist kein Netzwerk".

Es gibt zahlreiche Netzwerke – online sowie offline. Neben den eigenen Bekannten- und Freundeskreisen gibt es viele berufliche und ehrenamtliche Vereine, in denen sich Menschen mit ähnlichen Interessen zusammensetzen. „Wo man sich seine Netzwerke schafft und wo man Bühnen findet, ist beinahe egal", findet Thomas Mickeleit (Kap. 58). Er betont, dass es für deine Karriere aber sehr nützlich sein kann, viele Menschen zu kennen und zu lernen, wie du auf andere wirkst und mit deiner Persönlichkeit überzeugst. Bettina Hueske (Kap. 42) geht einen Schritt weiter und berichtet, wie sie sogar ihre persönliche Passion zum Bloggen durch ihre ehrenamtliche Tätigkeit in landwirtschaftlichen Vereinen entdeckt hat. Der ehrenamtliche Charakter gefällt ihr besonders gut: „Außerdem finde ich es wichtig, anderen etwas durch ehrenamtliches Engagement zurückzugeben".

Effektives Netzwerken in Zeiten einer Ausnahmesituation wie der Corona-Pandemie ist natürlich nicht einfach. In solchen Situationen hat Univ.-Prof. Dr. Marion A. Weissenberger-Eibl (Kap. 82) mit Interaktionen auf digitalen Plattformen wie LinkedIn gute Erfahrungen gemacht hat. „Nicht selten haben sich daraus interessante Gespräche, spannende Projekte oder eine konkrete Zusammenarbeit ergeben", berichtet sie. Daher rät sie dir, die Gelegenheiten zu erkennen, dich über deine vertrauten Branchen- und Abteilungsgrenzen hinweg auszutauschen – nur das ermöglicht ein gemeinsames *neues Denken*. Welche Netzwerke für dich zielführend sind, ist ein Lernprozess und kann sich auch je nach Lebensphase verändern.

Ratschläge, Zweifel und Scheitern

Stelle dich darauf ein, dass du im Laufe deiner beruflichen Laufbahn viele allgemeine Ratschläge und direktes Feedback erhalten wirst – gefragt oder ungefragt. Einiges davon wird dich motivieren, anderes wird dich verärgern. Die vorherigen Kapitel sollten bewiesen haben, dass viele Menschen gerne bereit sind, ihre Erfahrungen zu teilen und anderen Menschen weiterzuhelfen. „Mein Erfolg ist dein Erfolg", so fasst es Kirsten Heike Giering (Kap. 31) passend zusammen, die heute ihren eigenen Erfolg unter anderem daran misst, wie Menschen, die sich ihr anvertrauen, ihre nächsten beruflichen Schritte planen.

Nach Hilfe zu fragen und sie anzunehmen ist keine Schande, sondern ein Lösungsweg. Wenn dir also jemand Hilfe anbietet, solltest du sie nicht allzu oft ausschlagen, findet Lisa Unruh (Kap. 78). Britta Steffen (Kap. 72) schließt sich dem an, hält maßvolles Zweifeln als gesund und sagt: „Jeder hat Stärken und Schwächen, aber Hilfe anzunehmen, kann große Stärke beweisen, also bitte nicht verzweifeln, aber auch nicht jederzeit zweifelsfrei unterwegs sein". Sandra Berndt (Kap. 9) rät dir, keine Einzelkämpferin zu sein. „Auch, wenn du dich manchmal allein fühlst – es gibt immer Kolleginnen und Kollegen, die sich auskennen und die dir gerne beim Einstieg, beim Ankommen im Job helfen. Wenn du um Rat fragst, bekommst du am Ende sogar viel mehr: du schaffst dir Verbündete. Und im Team geht's einfach immer besser", erklärt sie. Darüber hinaus rufen viele der Role Models zur Solidarität statt Konkurrenz unter Frauen auf. So tut es auch Ricarda Lang (Kap. 51) und rät dir, nicht die Ellenbogen auszufahren, sondern dich einzuhaken – denn es ist *genug vom Kuchen* da, solange wir es gerecht aufteilen. Sie schlussfolgert:

> „Dein Leben wird so viel einfacher und schöner, wenn du andere Frauen als Verbündete und nicht als Gegnerinnen siehst".

An irgendeinem Punkt deiner Karriere wird es sicher Kritik geben, die dir nicht gefällt. Reflexion ist hier das A und O: Was steckt dahinter? Die Intention deines Gegenübers ist nicht immer nur gut oder nur böse – Ein Blick hinter die Kulissen lohnt sich. Dubravka Maljevic (Kap. 57) fasst es gut zusammen: „Rückblickend kann ich nicht sagen, dass je ein Ratschlag schlecht war. Manche waren doof und haben mich wütend gemacht, ja. Aber ich habe aber auch schnell dadurch gelernt, dass diese Ratschläge ihre Grenzen zeigen und nicht meine eigenen Grenzen".

Außerdem wird es einige Menschen geben, die deine Träume belächeln und nicht an dich glauben. Anastasia Umrik (Kap. 77) kennt das und findet hier einen wichtigen Erklärungsansatz: „Menschen lachen dich aus, weil ihnen die Phantasie fehlt". Inzwischen weiß sie, dass, je mehr sie belächelt wird, desto besser ihre Idee ist. Auch Nicolette Fountaris (Kap. 29) berichtet, dass sie viel früher hätte lernen müssen, auf sich selbst zu hören: „Ich habe viele Jahre damit vergeudet, im Sandkasten der anderen zu buddeln", beschreibt sie und erzählt, dass sie zufrieden und glücklich wurde, als sie anfing, nur noch *ihr* Ding zu machen.

Darüber hinaus wird es auf deinem Weg Steine geben, die dir in den Weg gelegt werden. Davon solltest du dich nicht entmutigen lassen, da sind sich alle Role Models aus diesem Buch einig. Marie-Christine Trappen (Kap. 76) erzählt in ihrem Interview, wie sie aus Steinen Straßen baut und Berge erklimmt – das hilft gegen Langeweile und dabei, sich stetig weiterzuentwickeln. Sie findet, am Ende wartet die Belohnung: „Habe ich mal einen dieser Berge erklommen, schaue ich stolz auf das zurück, was ich erreicht habe und blicke voller Zuversicht nach vorne, um meine Ziele niemals aus dem Blick zu verlieren".

Der Umgang mit Kritik kann überwältigend sein. „Ich habe gelernt, in solchen Fällen einfach einmal durchzuatmen. Nichts zu tun – auch wenn es schwerfällt – und eine Nacht darüber zu schlafen", berichtet Ilka Hartmann (Kap. 35). Auch Ilka Brühl (Kap. 16) findet:

> „Erstmal einen Schritt zurückgehen und eine Pause einlegen hilft bei kleinen Überforderungen schon weiter".

Sie verweist darauf zu überprüfen, ob du gegebenenfalls gerade in einem *negativen Gedankenzirkel* feststeckst, den du durchbrechen kannst. Sollte das nicht helfen, rät sie, dich zu fragen: Wofür machst du das alles? Wo möchtest du am Ende deines Lebens stehen? Julia Dorny (Kap. 25) hilft es in solchen Fällen, sich Menschen anzuvertrauen, denen sie vertraut. Deine Gedanken einmal laut auszusprechen kann dabei helfen, sie zu ordnen.

Eine kurze Ruhepause bei Reizüberflutung ist übrigens nicht egoistisch, sondern völlig legitim. „Wer brennt, der brennt aus", findet auch Özlem Doger-Herter (Kap. 23) und berichtet, dass sie heute weiß, wie sie ihre Energiequellen auflädt. Astrid Quentell (Kap. 64) nimmt sich dafür zum Beispiel Zeit im Garten oder mit einem guten Buch, Kirsten Heike Giering (Kap. 31) macht Yoga oder musiziert, Anastasia Umrik (Kap. 77) hört Musik, zündet eine Duftkerze an und lackiert sich die Nägel. „Es macht keinen Sinn, gegen die Überforderung anzuarbeiten", fasst sie passend zusammen.

Solltest du mal an etwas Scheitern, solltest du versuchen, dich nicht aus der Bahn werfen zu lassen. „Scheitern gehört zum Leben dazu – es ist nicht gesund, wenn alles immer schön und toll und rosig ist. Es müssen auch mal Dornen wachsen", findet Julian F.M. Stoeckel (Kap. 73) und möchte dich ermutigen nicht aufzugeben. Auch Angela De Giacomo (Kap. 20) beschreibt das Scheitern ebenso als normales Ereignis, wenn man sich Ziele setzt. Sie rät dir dazu, deine Aktivitäten als Fluss zu betrachten und den *Moment des Scheiterns* nie als Endpunkt, sondern als *Meilenstein* auf dem Weg zum Ziel zu sehen.

„Es ist demnach nur wichtig, dass du nicht aufgibst und weitermachst", sagt sie. Alina Wichmann (Kap. 84) hat das Thema Scheitern sogar in ihrem Song *Titan* verarbeitet. „Darin beschreibe ich, dass es eigentlich nur darum geht nach einer Niederlage wieder aufzustehen. Manchmal denke ich auch, das Leben prüft einen in der Sache, die man am meisten will, am härtesten." Dr. iur. Susanne Pfab (Kap. 63) findet dazu ergänzende Worte:

> „Verlerne nicht, die kleinen Momente des Glücks zu sehen und zu nehmen. Hin und wieder kann man sie noch fassen, die Sorglosigkeit aus Kindertagen".

Grundsätzlich solltest du den Glauben an dich selbst und deine Fähigkeiten NIEMALS Verlieren. Astrid Quentell (Kap. 64) hat hier die richtigen Worte: „In dir steckt also mehr, als du denkst. Unterschätze dich nicht. Du bist hier, weil du gut genug bist. Warte nicht, bis Dinge zu dir kommen, gehe aktiv los und streng dich an, deine Ziele zu erreichen". Kommuniziere deine beruflichen Erfolge, zeige Initiative und verstehe, wie deine berufliche Performance gemessen wird. Überlege dir, was dir auf deinem Weg nützlich sein könnte und betrachte Schulabschluss, Ausbildungs- und Studienkredite, Zertifikate, Netzwerke etc. als Eintrittskarten, Stützräder und Sprungbretter für deine Karriere.

Abschließen möchte ich diesen Teil des Buches mit der folgenden Botschaft von Nicolette Fountaris (Kap. 29), die die Kernbotschaft aller Interviews dieses Buches nicht besser hätte zusammenfassen können:

> „Egal was du vorhast, mach dein Ding."

Literatur

Bundesagentur für Arbeit (2021). Ausbildungsmarkt – Die aktuellen Entwicklungen im Berichtsjahr 2020/2021 in Kürze. https://statistik.arbeitsagentur.de/DE/Navigation/Statistiken/Fachstatistiken/Ausbildungsmarkt/Aktuelle-Eckwerte-Nav.html;jsessionid=A25CAB3C6F0F4658F71F5C36A06C8FE1. Zugegriffen am 05.06.2022.

6 Der Faktor Mensch: Über Herkunft, Vorbilder und Zweifel 45

Institut der deutschen Wirtschaft (2021a). Gleiche Bildungschancen für alle Kinder. https://www.iwd.de/artikel/gleiche-bildungschancen-fuer-alle-kinder-498265/. Zugegriffen am 05.06.2022.

Institut der deutschen Wirtschaft (2021b), Akademiker zieht es in die Metropolen, auf https://www.iwd.de/artikel/akademiker-zieht-es-in-die-metropolen-496824/. Zugegriffen am 05.06.2022.

Institut der deutschen Wirtschaft (2021c). Die beliebtesten Studienfächer. https://www.iwd.de/artikel/die-beliebtesten-studienfaecher-528563/. Zugegriffen am 05.06.2022.

Statista (2022). Anzahl der Auszubildenden in Deutschland von 1950 bis 2020. https://de.statista.com/statistik/daten/studie/156916/umfrage/anzahl-der-auszubildenden-in-deutschland-seit-1950/. Zugegriffen am 05.06.2022.

Statistisches Bundesamt (2022). Ausgaben für öffentliche Schulen 2020 bei 8 500 Euro je Schülerin und Schüler. https://www.destatis.de/DE/Presse/Pressemitteilungen/2022/02/PD22_047_217.html. Zugegriffen am 05.06.2022.

Meyer-Guckel, V., Klier, J., Kirchherr, J. und Suessenbach, F. (2022), Vom Arbeiterkind zum Doktor. Stifterverband für die Deutsche Wissenschaft e.V. https://www.stifterverband.org/medien/vom_arbeiterkind_zum_doktor. Zugegriffen am 05.06.2022.

Umweltbundesamt (2018). Umwelteinflüsse auf den Menschen. https://www.umweltbundesamt.de/themen/gesundheit/umwelteinfluesse-auf-den-menschen. Zugegriffen am 05.06.2022.

Teil II

7

Sommelière: Trixi Bannert

„Habe keine Angst vor dem Scheitern."

Inhaberin des Weingroß- und Einzelhandel Trixi Bannert in Münster/Westfalen; Betreiberin einer Kochschule und Eventagentur

Foto: Trixi Bannert

Trixi Bannert ist Sommelière mit dem Motto: Ich verbinde Menschen. Seit 2003 ist sie selbstständig und hat heute einen außerordentlich spannenden Weinhandel mit unzähligen Moderationen und Events im Süden Münsters.

Während ihres Studiums fing sie an, an der Champagner-Bar des neu eröffneten Schlemmerlandes bei Karstadt zu arbeiten. Hier entdeckte sie ihre

Leidenschaft für Wein aus der ganzen Welt. Bald wurde sie Geschäftsführung von Jaques' Weindepot, dann Verkaufsleitung beim Weinkontor Freund über das Hotel Krautkrämer und machte ihren Abschluss zur Sommelière an der IHK.

Fragen und Antworten

Was bedeutet Erfolg für dich? Hat sich das über die Zeit verändert?
Erfolg hat sich in der Tat verändert: War eine gute Abi- Note als Abschluss zur Schulzeit das wichtigste, so wurden Erfolge nach und nach nicht mehr nach Noten, sondern nach positiven Erfahrungen ersetzt. Die Erkenntnis, das gute Noten nicht der Schlüssel zum Erfolg, sondern Taten dieses waren, ist eine Sache der Erfahrung.

Wusstest du schon immer, was du werden willst?
Ich wusste eigentlich immer, dass ich in irgendeiner Weise führen wollte: Klassensprecherin, erste Bundeskanzlerin, Journalistin. Alle Beispiele zeigen mein Selbstvertrauen, das ich immer schon hatte. Warum hatte ich das? Weil meine Eltern größtes Vertrauen in mich hatten und mich laufen ließen, wie ich es brauchte. Sie haben mir geholfen, wenn ich es brauchte, sonst durfte ich meinen Weg selbstständig gehen.

Hattest du früher Zweifel, ob du den richtigen Weg eingeschlagen hast?
Mein Studium war klasse, Kunstgeschichte, Politik, Germanistik. Im zweiten Semester bekam ich einen Job an der Champagnerbar bei Karstadt und merkte sehr schnell, dass Wein etwas war, was mich total begeisterte. Nach zehn Semestern habe ich, kurz vor der Prüfung, das Studium beendet und eine Umschulung zur Hotelkauffrau begonnen im besten Hotel mit bester Weinkarte der Umgebung. Diese habe ich in kürzester Lehrzeit gut beendet. Dazwischen war ich, während des Studiums noch, Geschäftsführerin eines bekannten Weinhandels. Danach war jeglicher Zweifel besiegt, ob die Entscheidung richtig war, das Studium zugunsten einer Karriere im Wein zu beenden.

Gibt es eine Sache, die du rückblickend grundlegend anders machen würdest?
Nein.

Welche deiner Eigenschaften hat Dir geholfen auf eigenen Beinen zu stehen?
Neugier, Wissen, Kraft, Selbstbewusstsein.

Musstest du als junger Mensch mal über deinen Schatten springen?
Nein, ich kann sehr ehrlich sagen, dass ich immer Glück hatte und extrem positiv auf Veränderungen reagiert habe.

Wie hast du in jungen Jahren dein Talent bzw. deine Stärken herausgefunden?
Learning by doing: Ausprobieren, auf die Nase fallen, aufstehen, stark werden

Wer oder was war für dich damals besonders charakterprägend?
Meine Mutter hat ungeheuren Einfluss auf meine Selbstständigkeit: Es gibt keine Mauern, die man nicht überwinden kann, das hat sie mir mitgegeben. Außerdem haben sie und mein Vater, neben Kinderfrauen) auf meine Kinder aufgepasst, so dass ich arbeiten konnte.

Wenn du dich überrumpelt oder überfordert fühlst, was tust du dagegen?
Ruhe bewahren und ganz ruhig bis zehn zählen! Und dann vielleicht das Pensum runterfahren, gut Essen, ein Wein hilft auch zum Relaxen. Jedes Problem kann gelöst werden!

Hast du eine bestimmte Methode mit negativen Erlebnissen umzugehen?
Negative Erlebnisse können einen Menschen weiterbringen, solange sie nicht zu persönlich formuliert sind. Ruhig Nachfragen, worin das Problem oder die Meinung besteht und dann eine gemeinsame Lösung suchen – das klappt (fast) immer.

Gab es Leute, die deine Ideen oder Karriereentscheidungen belächelt haben?
Nein, ich bin immer bestärkt worden.

Warst du damals besorgt, dass du Karriere, Familie und Freunde nicht kombinieren kannst?
Ich hatte meine Familie hinter mir und selbst größte Lust auf die Selbstständigkeit. Es war schwierig, wahrscheinlich wie für viele Frauen, da mein Mann Ernährer war (wie man so schön sagt) und es selbstverständlich war, dass ich zuhause bleiben musste. Hätte ich meine Eltern nicht an meiner Seite gehabt, wäre es nicht gegangen ...

Hast du schon einmal ein Netzwerk genutzt?
Ich bin eine extreme Netzwerkerin: Ich bin Mitglied bei der Vinissima Wein & Frauen e.V., in der 550 Frauen aus der Weinszene sind und sich gegenseitig befruchten. Außerdem bin ich Mitglied des Frauen u(U)nternehmen Münster e.V., dazu in der IHK-Vollversammlung, dem IHK-Regionalausschuss und dem Handelsausschuss. Da, wo es keine passenden Netzwerke gibt, baue ich sie selbst.

Was möchtest du deiner Tochter bzw. jungen Frauen raten?
Ich halte Netzwerke für extrem wichtig, gerade für Frauen! Verbinde dich, suche dir Allianzen und Mentoren, damit du nicht allein an deine Probleme gehen musst. Lass dich beraten, suche neue Wege und hab keine Angst vorm Scheitern. Mein wichtigster Rat: Mach dir einen Fünf-Jahres-Plan, sprich ihn laut aus und geh ihn wirklich an. Dann wird er funktionieren!

8

Moderatorin und Wirtschaftspsychologin: Claudia Bechstein

„Das Leben ist ein riesengroßer Spielplatz: Sei authentisch, geh Risiken ein und spring so weit wie du kannst!"

Wirtschaftsmoderatorin, Wirtschaftspsychologin (M.Sc.)

Foto: Christine Rogge

Claudia Bechstein ist Moderatorin und Wirtschaftspsychologin aus Berlin. Nach zehn Jahren im Angestelltenverhältnis ging sie mit Ende 20 in die Selbstständigkeit als Model. Leidenschaft, der Wille zur Selbstverwirklichung und Disziplin halfen ihr dabei, eine erfolgreiche Karriere als Wirtschaftsmoderatorin zu beginnen. Neben ihrem Masterstudium in Berlin und San Diego in Wirtschaftspsychologie hat sie Ihre Kompetenzen als Moderatorin weiter ausgebaut.

Heute leitet sie international Fachkonferenzen für DAX-Konzerne und Ministerien. Claudia ist Botschafterin für diverse Brands wie Oliveda und impfungzuhause.de, dreht als Precision Driver Spots für Porsche, Audi und Mercedes und liebt Spaziergänge und Work-Outs in der Natur.

Fragen und Antworten

Was bedeutet Erfolg für dich und hat sich das über die Zeit verändert?
Erfolg bedeutet für mich gut zu sein in dem, was ich tue. Ich kann jedoch nur erfolgreich sein oder werden in etwas, was ich wirklich liebe. Erfolg ist für mich Anerkennung von Kunden, Wertschätzung von Kollegen, eine angemessene Gage und die Möglichkeit, mich an meinem Erfolg zu messen und mich weiterzuentwickeln.

Wusstest du schon immer, was du werden willst?
Ich wusste nie was ich werden wollte. Dies ist meine größte Schwäche, bis heute. Ich habe mich immer von Gelegenheiten treiben und von Menschen beeinflussen lassen. Es hat am Ende funktioniert und ich bin sehr glücklich mit dem, was ich tue. Wenn man jedoch eine klare Vision hat, ist es viel einfacher darauf hinzuarbeiten

Hattest du früher Zweifel, ob du den richtigen Weg eingeschlagen hast?
Ja. Ich habe acht Jahre lang etwas getan, was ich nicht gemocht habe. Ich war unzufrieden, gelangweilt, unglücklich und hatte das Gefühl, dass ich ständig versage. Ich habe gekündigt, um mir etwas Luft zu verschaffen. Ich hatte vor, danach wieder in eine Festanstellung zu gehen. Dies war die beste Entscheidung meines Lebens, denn erst mit Abstand auf mein Leben und meine Arbeit habe ich erkannt, dass ich dies definitiv nicht weitermachen möchte. Ich habe mich treiben lassen. In eine neue Richtung und dieser Weg ist nun mein Weg.

Gibt es eine Sache, die du rückblickend grundlegend anders machen würdest?
Rückblickend würde ich mich niemals mehr von niemanden beeinflussen lassen. Das waren Entscheidungen, die ich heute noch bereue. Ich hatte Ideen, verrückte Träume. Ich weiß heute, dass ich sie hätte realisieren können. Menschen in meinem Umfeld haben mir damals abgeraten. Konservative Menschen, die in ihren eigenen Mustern nicht glücklich sind und Angst vor Veränderung haben. Dies habe ich später erkannt.

8 Moderatorin und Wirtschaftspsychologin: Claudia Bechstein

Welche deiner Eigenschaften hat Dir geholfen auf eigenen Beinen zu stehen?
Lebenslust, Neugier und die unstillbare Lust auf Abenteuer.

Wenn du dich überrumpelt oder überfordert fühlst, was tust du dagegen?
Wenn alles zu viel wird, dann versuche ich den Kopf freizubekommen. Für mich hilft Sport und Reisen. Bewusst gehe ich nicht in Hotels, sondern miete mir gerne ein Auto, fahre herum und versuche mich in einem neuen Land zu orientieren. Nichts gibt mir mehr Inspiration.

Hast du eine bestimmte Methode mit negativen Erlebnissen umzugehen?
Bei negativen Erlebnissen ist es wichtig Familie und echte Freunde um sich herum zu haben. Menschen, die objektiv auf das Erlebnis schauen und mir zur Seite stehen aber auch freundlich und behutsam Kritik geben, wenn sie angebracht ist. Ein gutes Netzwerk finde ich sehr, sehr wichtig.

Gab es Leute, die deine Ideen oder Karriereentscheidungen belächelt haben?
Als ich jung war und meine Ideen und Tätigkeitswünsche geäußert habe, wurde ich nicht ernst genommen. Aussagen wie „das schaffst du sowieso nicht" „damit kann man doch kein Geld verdienen" haben es mir schwergemacht, meinen Weg gleich am Anfang durchzusetzen. Ich bin der festen Überzeugung, dass wenn man etwas unbedingt will, dies auch schafft. Menschen sind oft ängstlich, neidisch oder in anderen Denkmustern unterwegs, sodass sie uns vom Weg abbringen möchten. Oftmals nicht böse gemeint im Ursprung, aber desaströs für einen jungen Menschen der Ziele und Leidenschaft hat. Mein Tipp: Einfach machen!

Wieso hast du dich damals für dein Studium entschieden und würdest du dich wieder so entscheiden?
Ich habe mich sehr spät dazu entschlossen ein Studium zu beginnen. Ich bin anfangs einen sehr einfachen und konservativen Weg gegangen. Erst mit Ende 20 habe ich mich freigeschwommen, meinen Job gekündigt, mich selbstständig gemacht und ein Studium angefangen. Ich habe es keine Sekunde bereut. Ein Studium macht auch Sinn, wenn man älter ist. Man weiß vor allem was einen interessiert.

Was war der schlechteste Ratschlag, den du in jungen Jahren erhalten hast?
Der schlechteste Ratschlag den ich je bekommen habe. Geh bloß kein Risiko ein. Doch! Gehe Risiken ein! Unbedingt!

Hast du schon einmal ein Netzwerk genutzt?
Ein gutes Netzwerk ist so wichtig, für jegliche Lebenslagen. Sei es privat oder im Job. Es ist sehr wichtig, dass man sich langsam ein Netzwerk aufbaut, vor allem, wenn man jung ist. Diese Menschen können in späteren Jahren unglaublich wichtig sein, man hat ein tiefes Vertrauen, es können sich Kooperationen entwickeln oder Unterstützung. Ich pflege und baue mein Netzwerk stetig aus. Nichts hat für mich mehr Bedeutung.

Was würdest du anders machen, wenn du nochmal beginnen könntest?
Ich würde von Anfang an viel mehr ausprobieren, mich nicht unter Zeitdruck setzen. Reisen, verschiedene Ausbildungen, Branchen oder auch Studienrichtungen ausprobieren. Die wenigsten wissen von Anfang an, was sie werden wollen. Ich bin der Meinung, dass Reisen, Ausprobieren und über den eignen Schatten zu springen die Stärken und die eigene Berufung zeigen.

Hast du einen Teil deines Studiums im Ausland gemacht?
Ich habe einen Teil meines Studiums in San Diego absolviert und dies war eine großartige Erfahrung. Ich habe so viel gelernt, vor allem wie andere Kulturen an bestimmte Problematiken herangehen. Ich würde jedem empfehlen für mindestens drei Monate im Ausland zu leben, zu arbeiten oder zu studieren.

Wie hast du versucht, einen guten ersten Eindruck im Vorstellungsgespräch zu hinterlassen?
Die Kleiderwahl beim Vorstellungsgespräch hängt davon ab, wo man sich bewirbt. Heute sind viele Branchen nicht mehr so konservativ, am wichtigsten finde ich einen respektvollen Umgang. Dieser sollte sich angemessen in der Kleidung, aber auch im Verhalten von Bewerber und Unternehmen finden.

Was möchtest du deiner Tochter bzw. jungen Frauen raten?
Verfolge deine Träume! Lass dir von niemanden sagen, dass du das nicht kannst, dass du nicht gut genug dafür bist, nicht schön genug oder dass du kein Talent hast. Alles was du brauchst ist deine Leidenschaft und die wird dich automatisch antreiben wie ein Segel im Wind. Sie wird dir die richtige Richtung weisen und sie wird dich über Niederlagen tragen. Glaub an dich!

9

Moderatorin und Medientrainerin: Sandra Berndt

„Im Team geht alles besser!"

Gründerin und Unternehmerin
Foto: Deniz Saylan

Sandra Berndt ist Diplom-Kommunikationswirtin und eine erfahrene Fernsehmoderatorin. Seit 2000 arbeitet sie als Moderatorin für Veranstaltungen und seit 2017 als Moderations- und Medientrainerin. Mittlerweile hat sie ihr eigenes Unternehmen gegründet.

Nach Studium und Volontariat hat sie ihre Karriere im öffentlich-rechtlichen TV-Programm der DW begonnen, dem deutschen Auslandssender: 13 Jahre lang war sie das Gesicht der Wirtschaftsnachrichten, hat außerdem das wöchentliche Wirtschaftsmagazin "Made in Germany" präsentiert. Danach folgten Stationen als TV-Moderatorin beim MDR und als Sprecherin im Bundeslandwirtschaftsministerium.

Fragen und Antworten

Welche deiner Eigenschaften hat Dir geholfen auf eigenen Beinen zu stehen?
Wilde Entschlossenheit. Der beste Weg in den Journalismus? Praktika, Praktika, Praktika, so der Rat. Gefolgt vom entmutigenden Hinweis, wie schwierig es sei, bei der großen Konkurrenz überhaupt einen Platz zu ergattern. Doch den habe ich dank meiner Hartnäckigkeit ergattert, nicht nur ein- oder zweimal. Von der BILD über Viva bis zu Sat.1 – ich bin die klassische Vertreterin der Generation Praktikum. Doch wie klappt danach der Sprung in den Beruf? Ein abgeschlossenes Studium und ein Volontariat sind gute Voraussetzungen, heißt es in den Redaktionen. Aber gerade die Volo-Plätze sind heiß begehrt. Nach mehreren parallelen Bewerbungen mit Videokommentar, Reportagen und Assessment Center hat es dann in der ems geklappt, der Electronic Media School des rbb. Damit war der Weg geebnet in meinen ersten Job: Meine Sprecherzieherin hat mir erzählt, dass DW-TV, das deutsche Auslandsfernsehen der ARD, Moderatoren für die Nachtausgabe der Wirtschaftsnachrichten sucht. Ich habe mich beworben, bin zum Casting eingeladen worden, habe eine zweite Probesendung gemacht und bekam dann den Anruf: Könntest Du am 16. Mai 2005 anfangen? Ich: Klar! In der Nachtschicht? Nein, tagsüber! Das war der Startschuss für 13 aufregende Jahre als Moderatorin der Wirtschaft bei DW-TV.

Musstest du als junger Mensch mal über deinen Schatten springen?
Ich bin kurz nach meinem Abitur bei einem Vorsprechen im Schauspielhaus Hannover gelandet. Der Regisseur hat für ein Stück von Woody Allen drei junge Mädchen gesucht, winzig kleine Sprechrollen. Hunderte haben das Foyer bevölkert – ein Andrang wie später bei den Castingshows. Dann stand ich vor der Auswahlkommission, musste spielen, improvisieren, aus mir herausgehen. Das war wie ein Rausch! Plötzlich bin ich in einer Raumkapsel zum Mond geflogen, habe als Forscherin neue Inseln entdeckt und das Publikum am Broadway begeistert. Offenbar so überzeugend, dass ich die Rolle bekommen habe. Daraus habe ich gelernt, dass ich gut bin, wenn ich einfach mache und nicht zu viel nachdenke. Denn sonst kommen Zweifel

und Unsicherheiten. Machen und vertrauen, dann klappt das schon. Diese Erfahrung, dieser Erfolg hat mir den Rücken gestärkt. Zwar nicht, um es bei einer Schauspielschule zu versuchen – dafür war mir das Theaterleben dann doch zu speziell – aber als entscheidender Anschub, um als Moderatorin die Bühne zu betreten.

Hast du eine bestimmte Methode mit negativen Erlebnissen umzugehen?
Das war tatsächlich ein steiniger Weg für mich. Gerade als Moderatorin ist es schwer, Kritik nicht persönlich zu nehmen. Schließlich ist sie oft an die Person geknüpft. Und die Kritik kommt, darauf kann man sich verlassen. Es ist ein bisschen wie beim Fußball mit den Millionen Bundestrainern: jeder in der Redaktion fühlt sich berufen, zu kommentieren. Besonders frustrierend: selten geht es dabei um Inhaltliches. Da feilst du ausgiebig an Formulierungen, bereitest akribisch das Interview mit dem Daimler-Chef vor, und was hat die Kollegin anzumerken? „Also, dieses rosa Jacket, das macht dich so blass, das solltest Du nicht mehr tragen." Willkommen in der schönen, oberflächlichen Fernsehwelt. Sich darüber zu ärgern, bringt nichts, das habe ich gelernt. Stattdessen habe ich mir die schönsten Zuschauerzuschriften aufgehoben. Unvergessen der Heiratsantrag aus dem Iran, handgeschrieben, verziert mit Blümchenaufklebern und einem Foto meines potenziellen Bräutigams. Das erlebt man nur bei der Deutschen Welle mit ihrem internationalen Publikum. Großartig!

Was möchtest du deiner Tochter bzw. jungen Frauen raten?
Verschwende nicht zu viel Zeit auf Dein Aussehen. Schluss mit dem ewigen, aber längst überholten Glaubenssatz, dass Mädchen immer gefallen müssen. Jungs hat man sowas noch nie beigebracht. Mach stattdessen, was Dich begeistert, wofür Dein Herz schlägt. Um den Rest kümmern sich, zumindest, wenn Du beim Fernsehen arbeitest, die großartigen Kolleginnen in der Maske.

Sei keine Einzelkämpferin. Auch wenn Du Dich manchmal allein fühlst – es gibt immer Kolleginnen und Kollegen, die sich auskennen und die Dir gerne beim Einstieg, beim Ankommen im Job helfen. Wenn Du um Rat fragst, bekommst Du am Ende sogar viel mehr: Du schaffst Dir Verbündete. Und im Team geht's einfach immer besser.

Glaub an Dich. Wenn Du es nicht machst, dann tut es keiner. Das klingt nach Glückskeks-Botschaft, ist aber tatsächlich das Wichtigste überhaupt. Nörgler und Neider wird es immer geben. Leute, die Dich zu jung, zu frech, nicht glaubwürdig genug finden. Das gehört dazu, ist das Hintergrundrauschen des Erfolgs. Lass es durchrauschen. Setz Dich stattdessen für das ein, was Du willst. Du wirst es schaffen! Und ich verspreche Dir: auf mich kannst Du dabei immer zählen.

10

Auswanderer, Supply Chain und Operations Experte: Marco Boos

„Aus Fehlern lernt man. Habe keine Angst vor dem Hinfallen und stehe immer wieder auf."

President bei e2log Inc.
Foto: Weatherford Inc.

Marco Boos ist eine erfahrene Führungskraft in den Bereichen Global Operations, Fertigung, Lieferkette, Logistik und Transformation. Entgegen der Erwartung seiner Verwandtschaft wurde er Elektroingenieur und zog für seinen Beruf unter anderem nach Südost Asien. Heute hat er über 29 Jahren Erfahrung und berät Unternehmen, die künstliche Intelligenz (KI) in der Fertigung, im Betrieb und in der Digitalisierung der Lieferkette im Energiesektor einsetzen und nutzen.

Zudem ist er gern gesehener Gast in Diskussionsrunden zum Thema Supply Value Chain Management, Logistics Value Chain Management und Rationalisierung von mehrstufigen Geschäftsabläufen durch Anwendung digitaler Transformationstechnologie. Er lebt mit seiner Familie in den USA, reist gerne und erkundet dabei abgelegene und ruhige Orte.

Fragen und Antworten

Was bedeutet Erfolg für dich? Hat sich das über die Zeit verändert?
Erfolg ist für mich etwas sehr ‚Relatives'. Es geht dabei nicht um ein gut gefülltes Bankkonto, das größte Haus an der Ecke zu haben oder das teuerste Auto zu haben. Nicht zu gewinnen kann auch Erfolg sein – klingt verrückt – ist aber so! Erfolg sollte immer im Einklang mit der Umgebung und Umfeld sein und mit zunehmendem Alter und Erfahrung kommen kleine Dinge vielmehr zum Tragen wie zum Beispiel:

- Etwas mehr Zeit am Tag für sich selbst zu haben.
- Anderen Menschen helfen zu können, sich weiterzuentwickeln.
- Einem wildfremden Menschen ein Lächeln ins Gesicht zu zaubern.
- Einfach Spaß am Leben zu haben.

Welche deiner Eigenschaften hat Dir geholfen auf eigenen Beinen zu stehen?
Selbstbewusstsein und einen Großteil meiner Stärken und Schwächen zu kennen. Ich war in einer Spezialeinheit beim Militär, von daher wurden diese Stärken und Schwächen gezielt angegangen. Kann man mit einem guten und erfahrenen Mentor auch angehen – siehe Erläuterungen in späteren Kapiteln.

Wer oder was war für dich damals besonders charakterprägend?
Ich habe aktiv 16 Jahre Handball in den oberen Ligen gespielt, von daher musste ich sehr früh mit Niederlagen und Siegen umgehen können. Es hat meine Persönlichkeit, Selbstwertgefühl und Grenzerfahrung geprägt von der ich heute noch partizipiere – im Guten wie im Schlechten.

Ich würde jedem jungen Menschen ans Herz legen sich in Mannschaftssportarten zu betätigen aber auch zu quälen. Das fördert die Teamintegrität aber auch die Teammitglieder mit ihren Stärken und Schwächen zu erkennen und gezielt einzusetzen. Das ist sehr hilfreich im Beruf und speziell in Führungsaufgaben.

Hast du eine bestimmte Methode mit negativen Erlebnissen umzugehen?
Reflektieren, Konsequenzen ziehen und ganz wichtig – an einem Punkt – abhaken! Nach vorne schauen und gleichen Fehler oder das negative Erlebnis nicht wiederholen!

Gab es Leute, die deine Ideen oder Karriereentscheidungen belächelt haben?
Ja, absolut. Ich war der erste Spross in unserer erweiterten Familie, der nicht Forscher (Dr.) Finanzer oder Personaler wurde – viel schlimmer! Ich wurde Elektroingenieur mit zusätzlichem Aufbaustudium in International Business and Marketing. Nach meinem Studium habe ich den ersten Job im Ausland angenommen – weit weg von den Familiennörglern und Besserwissern! Erste Jobs in Südost-Asien, danach das erste Mal in Deutschland.

Mach dich ‚Rar' und du bist interessant und gehst jedem dummen Kommentar automatisch aus dem Weg. Tatsächlich war ich der beliebteste und erfolgreichste Spross in der Familie, weil man mich in den ersten Jahren ja nur an speziellen Festtagen zu Gesicht bekam und es mir anscheinend richtig gut ging. Das war im Ausland nicht immer der Fall, aber es hat mein Wissen, Selbstwertgefühl und meine Motivation enorm gestärkt.

Warst du damals besorgt, dass du Karriere, Familie und Freunde nicht kombinieren kannst?
Nein – meistens erledigt die Situation beziehungsweise die Natur das Problem. Man darf sich von anderen kein Problem einreden lassen.

Was macht aus deiner Sicht einen guten Mentor aus?
Ein Mentor ist mehr als nur ein Vorbild und sollte recht früh im jungen Berufsleben gefunden werden. Er sollte als dein *sounding board* fungieren und dir dabei helfen, dich zurechtzufinden sowie dich aktiv bei deiner Entwicklung und der Priorisierung deiner Ziele unterstützen.

Ein Mentor sollte andere Akzente, Ansichten und Erfahrungen einfließen lassen. So kannst du dich als Mensch privat und professionell weiterentwickeln. Daher rate ich von einem Mentor ab, der aus dem gleichen Fachbereich oder Umfeld kommt.

Feedback anzunehmen kann hart sein, gerade wenn man noch jung ist. Ein Mentor sollte aber auch unschöne bzw. unangenehme Themen ansprechen zu dürfen, ohne dass die Person, die das Feedback erhält, sich beleidigt oder gekränkt fühlt. Bedanke, dass die Objektivität beeinflusst sein könnte, wenn dein Mentor aus der eigenen Familie oder dem engsten Freundeskreis kommt.

Was war der beste Ratschlag, den du in jungen Jahren erhalten hast?
Gib niemals auf und verfolge dein Ziel!

Wenn du ein Ziel auserkoren hast, hast du dir bestimmte Gedanken gemacht und teilweise Vor- und Nachteile in gewissem Umfang abgewogen. Es ist gut, sich Ratschläge von anderen einzuholen. Es ist ein Muss, Gedanken und Vorstellungen auszutauschen – auch wenn diese womöglich nicht immer mit deinem Ziel im Einklang sind. Wenn du abweichende Ansichten und Erwartungen hast, kannst nur du für dich entscheiden, ob du dein Ziel weiterverfolgst oder ob es angepasst werden muss.

Wenn du ein Ziel verfolgst, solltest du immer einen Plan haben, der auch negative Erfahrungen enthält und berücksichtigt. Das minimiert dein Risiko völlig aus der Bahn zu geraten, falls mal ein negatives Event eintritt. Mit der Zeit lässt sich so auch deine Zielerreichung und dein Erfolg messen, was sehr wichtig ist.

Was war der schlechteste Ratschlag, den du in jungen Jahren erhalten hast?
„Wenn du etwas nicht hinbekommst, lass es besser sein, du tust dir und deinem Umfeld einen großen Gefallen". Nicht darauf hören! Aus Fehlern lernt man und entwickelt sich. Als Kind bist du während deiner ersten Schritte auch immer hingefallen. Das Hinfallen hat eine Erfahrung und einen Lerneffekt bei dir ausgelöst und heute kannst du über eisglatte Straßen laufen, ohne hinzufallen. So ist es fast mit allen negativen Erfahrungen – du stehts auf und bewältigst sie mit der Zeit mit Bravour – manche schneller, manche langsamer!

Hast du schon einmal ein Netzwerk genutzt?
Fang so früh wie möglich damit an, dir ein gutes Netzwerk zu erstellen! Netzwerke sind das A und O im privaten, aber umso wichtiger im professionellen Leben. Jeder Mensch kommt mal an einen Punkt, an dem es ohne einen kleinen Schubs nicht weitergeht. Die Gründe hierfür sind vielfältig und oftmals dem Betroffen verborgen. Ein Netzwerk steht für den Zusammenhalt und auch für die Absprungplattform in deinem beruflichen Weiterkommen. Also baue dir ein Netzwerk auf und pflege es, am besten im Zusammenhang mit dem Mentor.

Hast du mal ein Praktikum gemacht?
Baue auf jeden Fall ein berufsbezogenes Semester ein, auch wenn nicht jedes Studium diese Möglichkeit anbietet. Bestehe drauf und mach es trotzdem! Das bringt dir folgende Vorteile:

- Absolvent:innen einer Universität, neigen dazu unrealistische Erwartungen an den zukünftigen Job zu haben – was ganz normal ist. Das liegt daran, dass die theoretische Ausbildung detailliert und gut ist, aber im Zweifel wenig mit der Realität zu tun hat. Im Berufsleben angekommen wirst du erkennen, dass es noch andere Faktoren gibt, die deine Karriere beeinflussen.

- Ein Praxissemester ist deine letzte neutrale Chance, dein Studium und anvisiertes Ziel unverbindlich und ohne Konsequenzen in Frage zu stellen. Sobald du erst einmal im professionellen Leben angekommen bist, ist das nicht mehr so einfach. Also nimm dir 4-6 Monate für ein Praktikum Zeit. Dabei wirst du nicht nur einen Einblick hinter die Kulissen erhalten, sondern auch dein professionelles Netzwerk aufbauen können. So kannst du für dich herausfinden, ob diese Richtung für dich die Richtige nach dem Studium ist.

Wie hast du versucht, einen guten ersten Eindruck im Vorstellungsgespräch zu hinterlassen?
Besonders wichtig sind ein fester Händedruck sowie Augenkontakt bei der Begrüßung! Du solltest deinem Gegenüber immer auf Augenhöhe begegnen und niemals zur Seite oder nach Unten schauen. Du darfst auch gerne zugeben, wenn du aufgeregt bist und sagen, dass du dich auf das Gespräch freust. Das zeigt, dass du eine Erwartungshaltung hast.

Zur Kleidung: Nicht zu viel, nicht zu wenig. Ein schön geschnittener Anzug, ein Blaser mit professionellem knielangem Rock, saubere und gepflegte Schuhe, es können flache Schuhe als auch High Heels getragen werden. Fühl dich wohl!

Was möchtest du deiner Tochter bzw. jungen Frauen raten?
Be yourself, pursue your dream and you will be successful! Aber nimm Umwege in Kauf.

Als Frau in der Berufswelt hat man es nicht immer einfach, da diese häufig noch von Männern dominiert wird. In den letzten Jahren hat sich hier aber endlich etwas getan und wir befinden uns in einer Zeit der Veränderung. Ich finde es besonders wichtig zu betonen, dass sich keine Frau in irgendeiner Weise nötig hat, Männern in höheren beruflichen Positionen persönliche Gefallen entgegenzubringen, um damit die Karriere voranzutreiben! Ich empfehle, sich mit dem Film „BombShell" auseinanderzusetzen, der sich kritisch und zeitnah mit dem Thema und den Geschehnissen bei dem Medienunternehmen ‚FOX News' auseinandersetzt!

11

Organisationsentwicklerin mit Hand und Herz: Sylvia Borcherding

„Richte Dich immer nach Deinem inneren Kompass, dann hat Erfolg den besten Nährboden."

Geschäftsführerin Personal & Corporate Governance, 50Hertz Transmission GmbH

Foto: Jan Pauls

Sylvia Borcherding ist seit Januar 2019 Arbeitsdirektorin bei 50Hertz und verantwortet in ihrem Ressort die Bereiche Personal und Corporate Governance. Der Schwerpunkt ihrer Tätigkeit liegt auf der Transformation, Organisations- und Kulturentwicklung des Unternehmens, das sich in einem von der Energiewende geprägten, international dynamischen und gleichzeitig hoch regulierten

Umfeld bewegt. Sie setzt sich dabei für die Modernisierung und Weiterentwicklung der Arbeitsrahmenbedingungen und eine Unternehmenskultur ein, die auf Vertrauen und Befähigung basiert. Vor ihrem Wechsel zu 50Hertz war Sylvia Borcherding in leitenden Positionen bei mittelständischen Unternehmen sowie in großen Konzernen tätig. Nach ihrem Studium Business Coaching und Change Management (M.A.) hat sie darüber hinaus freiberuflich Transformationsprojekte umgesetzt.

Fragen und Antworten

Was bedeutet Erfolg für dich? Hat sich das über die Zeit verändert?
Erfolg bedeutet für mich die Möglichkeit zu haben, durch Macht Einfluss innerhalb von Unternehmen und Netzwerken zu nehmen und diese im Sinne der Wertschöpfung, der Werte und der kulturellen Weiterentwicklung zu nutzen. Je erfolgreicher ich bin, desto mehr kann ich unternehmerische und gesellschaftliche Entscheidungen beeinflussen. Und ja, es hat sich im Laufe der Zeit verändert. Zu Beginn meiner beruflichen Laufbahn hat Erfolg vor allem Status und Gehalt bedeutet. Das ist mittlerweile anders. Jetzt geht es mir vor allem um Sinnstiftung.

Wusstest du schon immer, was du werden willst?
Nein, das wusste ich nicht. Meine Vita ist aber auch nicht gerade gradlinig. Ich habe mit 19 das erste Mal geheiratet, einen südamerikanischen Diplomaten, und schnell festgestellt, dass mir das nicht genügt. Ich brauchte eine eigene Agenda. Und dann habe ich mich von Station zu Station mentoren lassen. Es hat eine Weile gedauert, bis mir klar war, dass ich meine Karriere und Vita selbst planen und gestalten kann.

Hattest du früher Zweifel, ob du den richtigen Weg eingeschlagen hast?
Zweifel hatte ich nur in Bezug darauf, ob ich mir immer selbst genug Gehör verschafft habe. Und ob ich mir genug Möglichkeiten gegeben habe, zu entdecken, wofür ich brenne. Ansonsten denke ich, dass gerade Zweifel erfolgreiche Menschen besonders erfolgreich machen, weil sie Reflexion provozieren, und das ist nun mal der Schlüssel zur Persönlichkeitsentwicklung.

Gibt es eine Sache, die du rückblickend grundlegend anders machen würdest?
SB: Ja, definitiv. Nicht zu viel auf andere und deren Erwartungen hören, sondern mehr meiner Intuition und meinen Gefühlen folgen. Das ist der richtige Weg. Die Erwartung anderer zu erfüllen, führt zu einem angepassten Leben, dass durchaus erfolgreich sein kann, aber es führt nicht zu einem glücklichen Leben.

Welche deiner Eigenschaften hat Dir geholfen auf eigenen Beinen zu stehen?
Ein Plan, Ehrgeiz, der Wille erfolgreich zu sein und der tief verankerte Wille und Glauben, auf dem richtigen Weg zu sein. Es gibt unglaublich viele Menschen, die einem sagen, was man alles falsch macht, besser machen könnte, nicht der Norm entspricht, blablabla. Bitte nicht darauf hören, sondern der inneren Stimme folgen. Unbedingt!

Musstest du als junger Mensch mal über deinen Schatten springen?
Hm, was bedeutet „über den Schatten springen"? Ich hatte viele Situationen, in denen mir Erwachsenen andere Dinge geraten haben, denen ich letztlich nicht gefolgt bin. Ich habe gelernt, nicht zu wollen, den Erwartungen Anderer zu entsprechen, sondern auf mich und meine Intuition zu hören.

Wie hast du in jungen Jahren dein Talent bzw. deine Stärken herausgefunden?
Ich habe das gar nicht bewusst herausgefunden, sondern aus einem Überlebensinstinkt heraus gelernt. Wenn du wenige Unterstützer hast, dann ist relevant, was du selbst für dich tun kannst und du lernst aus schrittweisen Erfolgen. Der größte Schritt ist, wenn Du das erste Mal merkst, das du einer Empfehlung nicht gefolgt bist und dein Weg erfolgreicher war.

Wer oder was war für dich damals besonders charakterprägend?
Leider aus heutiger Sicht veraltet, aber meine Alten-Weißen-Männer-Mentoren haben damals schon viele Weichen für mich gestellt. Ohne die Unterstützung meiner ehemaligen Chefs, die die gläserne Decke höher gehängt haben wäre es noch schwerer gewesen.

Wenn du dich überrumpelt oder überfordert fühlst, was tust du dagegen?
Ich frage mich immer, was ist für meine Gegenüber relevant und wichtig und warum bin ich gerade in dieser Situation. Und dann versuche ich liebevoll umzulenken, was mir meist gelingt. Allerdings muss man dazu sagen, dass ich zwei Business Coaching Ausbildungen habe und systemische Zusammenhänge gelernt habe.

Hast du eine bestimmte Methode mit negativen Erlebnissen umzugehen?
Yes, Yoga, Meditation und viel Aufenthalt in der Natur. Besonders schwierige Situationen bespreche ich mit meiner Coach. Und immer wieder die Fragen: Was ist mir wichtig? Wofür stehe ich? Wo will ich hin? Das hilft für den Fokus.

Gab es Leute, die deine Ideen oder Karriereentscheidungen belächelt haben?
Es gab unglaublich viele, weil ich zu meiner Zeit viele gesellschaftliche Rahmenbedingungen gesprengt habe. Für mich war relativ frühzeitig klar, dass die Meinung der Masse in meinem Umfeld nicht mein Ratgeber ist und

ich mich eher an meinen persönlichen Zielen orientiert habe. Das macht manchmal einsam, aber auch sehr zufrieden, wenn es klappt.

Wurden dir mal Steine in den Weg gelegt?
Viele Steine und viele gläserne Decken. Ich habe gelernt, die Sprache des Erfolgs zu sprechen, d. h. mir sehr konkret anzueignen, mit welchem Vorgehen ich meine Ziele erreiche. Das ist der Weg, wie man heute immer noch Karriere macht, zu wissen, wie man die eigenen Ziele erreicht und dazu muss man die Wirkmechanismen des Systems kennen. Dann funktioniert es.

Bist du in jungen Jahren mal an etwas gescheitert?
Na klar, ich habe mir Ziele vorgenommen, die ich nicht erreicht habe. Und ich habe mich auf Stellen beworben, die ich nicht bekommen habe. Den Glauben nicht verlieren und weiter!

Warst du damals besorgt, dass du Karriere, Familie und Freunde nicht kombinieren kannst?
Mir war schon relativ früh klar, dass ich in der klassischen Rollenverteilung nicht gut aufgehoben gewesen wäre. Und daher, Augen auf bei der Partnerwahl. Wenn die Rollenverteilung passt, passt auch die Karrieremöglichkeit. Aber Fakt ist auch, mit zwei Vollzeitarbeitenden ist die Familienharmonie eine schwere Aufgabe.

Wieso hast du dich damals für dein Studium/deine Ausbildung entschieden und würdest du dich wieder so entscheiden?
Ich glaube, dass die Frage der Erstausbildung heute gar nicht mehr so relevant ist. Es zählen Motivation und der Wille, etwas zu erreichen. Fachkenntnisse kann man jederzeit erlernen.

Wer oder was hat dir damals maßgeblich bei der Orientierung geholfen, deinen eigenen Weg zu gehen?
Der unbändige Willen etwas zu erreichen und der ungetrübte Glaube, dass die Intuition die richtigen Wegweiser aufzeigt.

Wer war dein damaliges Vorbild?
Mein erster Chef, mein zweiter Chef und dann nur noch prominente und erfolgreiche Frauen. Leider niemand aus meinem persönlichen Umfeld.

Hast bzw. hattest du damals einen Mentor?
Mein erster Chef, den ich bewundert habe. Seine Souveränität, sein Verhandlungsgeschick und seine Füchsichkeit. Er hat mich bis heute geprägt.

Was macht aus deiner Sicht einen guten Mentor bzw. ein gutes Vorbild aus?
Erfolg, Einfluss, Erfahrung und Coaching-Kompetenzen. Ja, das hilft auf jeden Fall. Aber viel wichtiger als ein Mentor ist ein passendes Netzwerk!

Was war der beste Ratschlag, den du in jungen Jahren erhalten hast?
Keiner!

Was war der schlechteste Ratschlag, den du in jungen Jahren erhalten hast?
Meine Oma hat immer gesagt: „Wenn Du so weitermachst, landest du noch in der Gosse"! Das muss man aushalten und ignorieren. ☺

Hast du schon einmal ein Netzwerk genutzt?
Ich bin ein großer Fan von Netzwerken und glaube daran, sich gegenseitig zu unterstützen. Das hilft für viele Situation im beruflichen und Privaten, wenn zusätzliche Perspektiven und Kompetenzen gefragt sind.

Was würdest du anders machen, wenn du nochmal beginnen könntest?
Nichts!

Was war hat deinen Charakter oder den Verhalten nachhaltig geprägt?
Lerne, wie das Leben funktioniert. Für mich selbst Balance zu definieren und darauf zu achten, dass ich diese irgendwie hinbekomme.

Hast du dich an Ehrenämtern oder Initiativen beteiligt?
Nein. Würde ich aber heute anders machen.

Hast du einen Teil deines Studiums im Ausland gemacht?
Ich habe in Syrien und in Kenia gelebt, nicht im Rahmen meiner Ausbildung, sondern als Ehefrau eines Diplomaten (Heirat mit 19, freiwillig ☺). Das hat mich extrem beeinflusst und ich habe heute noch eine große Demut in Bezug auf den Wohlstand in Deutschland.

Hast du mal ein Praktikum gemacht?
Nein.

Was hat dir während der Ausbildung/Studium gefehlt?
Zu lange her, um diese Frage noch beantworten zu können.

Wie hast du versucht, einen guten ersten Eindruck im Vorstellungsgespräch zu hinterlassen?
Dafür gibt es professionelle Ratgeber.

Was möchtest du deiner Tochter bzw. jungen Frauen raten?
Hört auf Euch. Macht, was Ihr für richtig haltet. Habt einen Plan und verliert nicht den Fokus. Hört nicht auf andere. Ihr seid stark. Helft euch gegenseitig.

Eine persönliche Widmung von Sylvia Borcherding

Als Marie-Luise Kissler mit ihrem Buchprojekt auf mich zugekommen ist, war ich sofort dabei. In den langen Jahren als Führungskraft sowohl in Konzernen als auch im Mittelstand habe ich unterschiedlichste Widrigkeiten bei weiblichen Karrieren kennengelernt.

Phänomene wie die gläserne Decke oder die gläserne Klippe verhindern auch heute oftmals noch, dass Frauen adäquate Positionen angeboten werden, obwohl sie die entsprechenden Ausbildungen mitbringen und oftmals auch persönlich alle notwendigen Kompetenzen haben.

Sind wir dann trotz allem einmal in den (noch) elitären männlichen Kreisen angekommen, sollten wir schnell die Spielregeln lernen, besser noch vorher. Die Kommunikation nach Rangordnung und die Ausrichtung an dem Ranghöchsten sind wesentliche Mechanismen, nach denen diese Mikro-Kosmen immer noch funktionieren. Und niemals, wirklich niemals solltet ihr auf die Idee kommen, freiwillig Kaffee zu kochen oder Protokoll zu führen. Und sollte in Meetings mal jemand eure Beiträge in eigenen Worten als eigenen Vorschlag verpacken, sollte eure Reaktion sein: „Es freut mich sehr, dass mein Vorschlag dir so gut gefällt." Lasst euch nicht unterbrechen und zeigt unmissverständlich die Grenzen auf, wenn diese überschritten werden. Es ist nicht der Fleiß und die Angepasstheit, die euch erfolgreich machen, sondern die Übernahme von Verantwortung und Selbstbehauptung.

Es hilft auch, die Möglichkeiten der euch zugestandenen Statussymbole auszuschöpfen, um ernst genommen zu werden. Das klingt in Zeiten, in denen wir über Nachhaltigkeit sprechen, nicht mehr sehr angemessen, ist aber ein wichtiger Aspekt auf dem Weg zum Ziel.

Schmiedet Allianzen, vernetzt euch mit Menschen, die für eure Themen stehen, die ihr interessant findet und die guten Impulse setzen. Ich persönlich bin ein großer Fan von Netzwerken. Auf diesem Weg habe ich Zugang zu Menschen, Veranstaltungen und Impulsen gewonnen, die mir sonst nicht zugänglich gewesen wären. Und nutzt diese Gelegenheiten auch, euch bekannt zu machen. Nutzt die sozialen Netzwerke, um eure Botschaft und eure Schwerpunkte optimal zu platzieren. Personalberater schauen sich sehr genau an, wer zu welchem Thema im Kandidatinnen-Markt unterwegs ist.

Und noch etwas Privates. Der richtige Partner an eurer Seite wird maßgeblich für euren Erfolg sein. Erst wenn auch die arbeitsteiligen Rahmenbedingungen stimmen, kann eine gute Vereinbarkeit und Balance hergestellt werden. Das bedeutet auch die geteilte Verantwortung für die Familie und die Alltagsorganisation.

Setzt euch Ziele, haltet den Fokus, reflektiert und beschäftigt euch aktiv mit eurer Karriereplanung und äußert klar und deutlich an den richtigen Stellen, was ihr erreichen möchtet. Mentoren und Coaches können helfen, Umwege zu vermeiden. Das Ziel und die Umsetzung liegen in euren Händen. Macht es euch dennoch leicht, in dem ihr optimale Rahmenbedingungen schafft. Vor allem soll Karriere auch Spaß machen. Seht die Widrigkeiten als nächste Stufen, die ihr spielerisch erklimmt. Behaltet euren Humor und nutzt diesen, um auch in frustrierenden Situationen das Beste daraus zu machen. Es lohnt sich bestimmt. Denn wer viel Einfluss hat, kann diesen nutzen, um Rahmenbedingungen im Sinne der eigenen Werte zu verbessern.

Ich sehe es jetzt als selbstverständlich an, die Erfahrungen, die ich gemacht habe - und vor allem auch die Erfolgsfaktoren, die bei mir gewirkt haben – an nachfolgende Generationen weiterzugeben, damit unsere berufliche Welt möglichst bald viel bunter und diverser und somit erfolgreicher wird!

Ich möchte Euch als Empfehlung noch mit auf den Weg geben, sich unbedingt mit all diesen Phänomenen zu beschäftigen, denn dann könnt Ihr auch Strategien entwickeln, diese mit Gelassenheit und Leichtigkeit zu meistern. Ich wünsche Euch eine erfolgreiche Karriereplanung und viel Erfolg bei der Erreichung Eurer beruflichen und privaten Ziele.

12

Personalchefin und Juristin: Katja Borghaus

„Wenn der Karrierebus vorbeifährt, seid selbstbewusst und steigt ein."

Chief Human Resources Officer der Lanxes AG
Foto: Lanxes AG

Mein Name ist Katja Borghaus. Ich bin Personalerin mit Herzblut. Nach meinem Jurastudium und zwei Jahren Tätigkeit als Arbeitsrechtlerin in einer Anwaltskanzlei startete ich meine Karriere im Bereich Human Ressources. Ich bin als HR Generalistin tätig mit ständig wachsendem Verantwortungsbereich, immer größer werdender Führungsspanne und Internationalität. Mittlerweile habe ich in vier verschiedenen Industrien vier verschiedene, weltweit tätige, große Unternehmen kennengelernt. Zurzeit arbeite ich als CHRO bei der Lanxess AG mit einem Team von 280 Mitarbeitern in 33 Ländern.

Fragen und Antworten

Was bedeutet Erfolg für dich? Hat sich das über die Zeit verändert?
Erfolg bedeutet für mich mittlerweile, dass ich etwas bewirken kann. Anders gesagt Fußspuren hinterlassen habe. Erfolg zeigt sich für mich auch darin, dass es uns finanziell gut geht und wir uns ein schönes Leben leisten können.

Früher bedeutete Erfolg glaube ich eher, dass man seine Ziele sehr gut erreicht: Gute Schulnoten, Gute Noten im Studium, guter Abschluss, Berufsstart in der Position, die man sich ausgesucht hat usw. Wobei die Zielerreichung heute auch noch ein wichtiger Erfolgsfaktor ist.

Wusstest du schon immer, was du werden willst?
Nein. Ich habe mich nach dem Abitur entschieden Jura zu studieren, weil es meiner Persönlichkeitsstruktur und meinen Stärken nahekam: Logisches Denken, strukturierte Herangehensweise, Kommunikationsstärke, Gerechtigkeitsgefühl usw. Maßgeblicher Faktor für diese Entscheidung war aber auch, dass man als Jurist vielfältige Karrieremöglichkeiten einschlagen kann.

Während des Studiums habe ich schnell gemerkt, dass ich Anwältin werden will, wenn möglich im arbeitsrechtlichen Bereich. Anwältin, weil ich gerne mit Menschen zu tun habe und Arbeitsrecht eher familiär bedingt, weil mein Vater selbstständig war.

Als ich dann als Anwältin im arbeitsrechtlichen Dezernat einer mittelständischen Anwaltskanzlei tätig war, habe ich realisiert, dass die Karrieremöglichkeiten begrenzt sind, wenn man weiter im Kanzleiumfeld tätig ist. Dann wurde ich von einem Headhunter auf eine HR Traineeposition angesprochen. Damals suchte man bevorzugt Arbeitsrechtler für HR Positionen. Das war eigentlich die Initialzündung für eine strukturierte Karriereplanung mit dem Ziel Personalleiterin mit internationaler Verantwortung. Ich absolvierte zunächst vorbereitend für eine Bewerbung als Personalreferentin einen Kurs zur Entwicklung zur Personalfachkauffrau. Des Weiteren besuchte ich Lehrgänge für den Fachanwalt Arbeitsrecht und Sozialrecht.

12 Personalchefin und Juristin: Katja Borghaus 77

Gut gerüstet nahm ich dann eine Doppel Position als Personalreferentin und Legal Counsel Arbeitsrecht für Deutschland bei einer amerikanischen Diagnostikfirma an. Die Entwicklung in Personalleitungsfunktionen mit steigender Führungs- und internationaler Verantwortung war dann vorprogrammiert.

Hattest du früher Zweifel, ob du den richtigen Weg eingeschlagen hast?
Nein, nie. Alles hat sich genauso entwickelt, wie ich es geplant hatte.

Gibt es eine Sache, die du rückblickend grundlegend anders machen würdest?
Nein.

Welche deiner Eigenschaften hat Dir geholfen auf eigenen Beinen zu stehen?
Ehrgeiz, Zielstrebigkeit, Ergebnisorientierung, Durchhaltevermögen und vieles mehr.

Musstest du als junger Mensch mal über deinen Schatten springen?
KB: Es gibt für Alles ein erstes Mal: Der erste Fall vor Gericht, Präsentieren vor einer größeren Gruppe in Deutsch, dann in Englisch, Video-Drehs, Interviews mit der Presse, Antritt einer neuen Position. Aber über meinen Schatten springen musste ich dabei nie. Ich kann nur empfehlen, sich immer intensiv vorzubereiten.

Wie hast du in jungen Jahren dein Talent bzw. deine Stärken herausgefunden?
Ich habe schon in der Schulzeit gemerkt, dass ich sehr ehrgeizig bin und gute Noten erreichen möchte. In dieser Zeit habe ich auch gemerkt, dass ich gerne strukturiert lerne, aber auch schnell Themen verinnerliche, dass ich gerne vor der Klasse spreche und einfach Freundschaften knüpfe.

Also ich war schon damals ergebnisorientiert, strukturiert, kommunikationsstark, hatte eine sehr gute Auffassungsgabe und Empathie.

Diese Stärken haben mir bei meiner Karriere extrem geholfen. Wir sich später bei verschiedenen Persönlichkeitstests herausstellte sind Menschen mit diesen Eigenschaften gut geeignet für Führungspositionen.

Wer oder was war für dich damals besonders charakterprägend?
Zunächst war mein Vater prägend. Er hat mir mitgegeben, dass es wichtig für eine Frau ist, auf eigenen Füßen zu stehen und hat mich immer in meinen Zielen unterstützt.

Dann habe ich mich entschieden Leistungssport zu betreiben. Das hat mir geholfen, hart zu arbeiten und mit dem Wettkampfdruck und Konkurrenz umzugehen.

Wenn du dich überrumpelt oder überfordert fühlst, was tust du dagegen?
Passiert eher selten. Aber dann bin ich eher der Typ, der angreift und sich der Herausforderung stellt. Ich bin in meiner Karriere so oft ins kalte Wasser geschmissen worden. Im Nachhinein bin ich in diesen Situationen am stärksten gewachsen.

Hast du eine bestimmte Methode mit negativen Erlebnissen umzugehen?
Ich bin leider jemand, dem es eher schwerfällt mit Kritik umzugehen. Das liegt daran, dass ich immer 1000 % gebe und ein perfektes Ergebnis erzielen möchte. Im Laufe der Jahre habe ich gelernt, dass es mir bessergeht, wenn ich mit einigen Vertrauten über die Kritik spreche. Das hilft, aus der emotionalen Phase herauszukommen und sich inhaltlich mit der Kritik auseinanderzusetzten. Denn das ist notwendig, um weiterzukommen und sich zu verbessern.

Gab es Leute, die deine Ideen oder Karriereentscheidungen belächelt haben?
Ich wurde oft von männlichen Kollegen belächelt und kritisiert, weil ich meine Kinder bereits nach dem Mutterschutz in eine Betreuung gegeben habe. „Wofür setzt man denn Kinder in die Welt, wenn man sich nicht um Sie kümmert", „wer passt denn auf die Kinder auf, wenn Du auf Dienstreise bist" usw. Ich habe diese Kommentare freundlich beantwortet und inhaltlich ignoriert, weil ich mir sicher war, dass wir für unsere Familie den richtigen Weg gefunden haben. Und ich hatte recht: Wir haben tolle Kinder und das wird uns auch von allen Seiten widergespiegelt, selbst von Freundinnen, die früher eher skeptisch waren.

Wurden dir mal Steine in den Weg gelegt?
Das passiert leider das ein oder andere Mal: schlechte Vorgesetzte, mit Mitarbeitern oder Kollegen stimmt die Chemie nicht, Widerstand bei Themen, die man unbedingt vorantreiben möchte, gesetzliche Regelungen, Themen, die nicht passen werden durch die Konzernmutter übergebügelt usw.

Bei unterschiedlichen Hindernissen muss man auch unterschiedlich reagieren. Aber wichtig ist immer professionell bleiben, Fakten sprechen lassen, dranbleiben und vorantreiben, nicht aufgeben, Kompromisse eingehen usw.

Bist du in jungen Jahren mal an etwas gescheitert?
Nein.

Warst du damals besorgt, dass du Karriere, Familie und Freunde nicht kombinieren kannst?
Eher Karriere und Familie. Für Freunde war immer Platz. Hier hat mir geholfen, dass mein Mann mich immer zu 100 % unterstützt hat. Er fand und findet es toll, dass ich Karriere gemacht habe und hat mich in all meinen Entscheidungen bekräftigt.

12 Personalchefin und Juristin: Katja Borghaus

Wieso hast du dich damals für dein Studium/deine Ausbildung entschieden und würdest du dich wieder so entscheiden?
Ich habe mich nach dem Abitur entschieden Jura zu studieren, weil es meiner Persönlichkeitsstruktur und meinen Stärken nahekam: Logisches Denken, strukturierte Herangehensweise, Kommunikationsstärke, Gerechtigkeitsgefühl etc. Maßgeblicher Faktor für diese Entscheidung war aber auch, dass man als Jurist vielfältige Karrieremöglichkeiten einschlagen kann.

Wer oder was hat dir damals maßgeblich bei der Orientierung geholfen, deinen eigenen Weg zu gehen?
Auf jeden Fall nicht das Arbeitsamt. Bei dem Test kam wohl eher meine kreative Ader durch und man schlug mir Landschaftsgärtnerin vor. Mir hat geholfen abzugleichen, was meine Stärken sind und ob diese zu den Anforderungen des Studiengangs passen.

Wer war dein damaliges Vorbild?
Keiner.

Hast bzw. hattest du damals einen Mentor?
Nein.

Was macht aus deiner Sicht einen guten Mentor bzw. ein gutes Vorbild aus?
Ein guter Mentor berät und leitet, ohne Einfluss zu nehmen. Ich finde, wenn man stark genug ist, kann man auch aus eigener Kraft erfolgreich sein.

Was war der beste Ratschlag, den du in jungen Jahren erhalten hast?
Mein Vater hat mir mal gesagt: Du brauchst keine Anerkennung von anderen. Es ist Anerkennung genug, wenn Du mit Dir und Deinen Leistungen zufrieden bist.

Was war der schlechteste Ratschlag, den du in jungen Jahren erhalten hast?
Ich kann mich an keinen schlechten Ratschlag erinnern. Außerdem bin ich auch nicht jemand, der blind Ratschlägen folgt. Ich bilde mir lieber meine eigene Meinung.

Hast du schon einmal ein Netzwerk genutzt?
Ich bin ehrlich gesagt kein großer Netzwerker, außer, dass ich in den Unternehmen, in den ich arbeite sehr gut vernetzt bin. Für berufliche Netzwerke außerhalb der Firma fehlte immer die Zeit. Alles, was ich an Zeit neben dem Beruf übrig habe, geht in die Familie und meine Work-Life-Balance.

Was würdest du anders machen, wenn du nochmal beginnen könntest?
Nichts.

Was war hat deinen Charakter oder den Verhalten nachhaltig geprägt?
Ich habe erfahren, dass hartes Arbeiten meistens belohnt wird. Deshalb habe ich immer hart gearbeitet.

Außerdem, dass arbeiten im Team nicht nur Spaß macht, sondern bessere Erfolge erzielt. Deshalb ist es für mich sehr wichtig, kompetente Mitarbeiter einzustellen und diese zu motivieren, zu binden und weiterzuentwickeln.

Und, dass Spaß und Freude zu haben wichtig ist neben harter Arbeit. Deshalb sorge ich immer für ein gutes Klima und Erfolgen müssen auf jeden Fall gefeiert werden.

Hast du dich an Ehrenämtern oder Initiativen beteiligt?
Ich war Klassensprecher. Also hatte ich wohl schon damals Lust auf Führung.

Hast du einen Teil deines Studiums im Ausland gemacht?
Ja, ich war drei Monate bei einer Anwaltskanzlei in Südafrika (sogenannte Wahlstation). Das hat mir gezeigt, dass es klug war fachspezifische Fremdsprachen, in dem Fall Englisch mit zu studieren. Es hat mich auch darin bestärkt, dass es mir Spaß macht mit anderen Kulturen zu arbeiten. Deshalb habe ich meine Karriere international ausgerichtet.

Hast du mal ein Praktikum gemacht?
Nein, ich habe aber neben dem Studium bei C&A als Kassiererin gearbeitet. Das war meinen Eltern und mir wichtig und hat mir gezeigt, wie es ist Verantwortung zu übernehmen und mit Geld umzugehen. Während der gesamten Referendarzeit habe ich nebenbei in einer Anwaltskanzlei gearbeitet. Das hat mir geholfen den Anwaltsberuf, den ich nach dem Studium anstrebte, besser zu verstehen.

Was hat dir während der Ausbildung/Studium gefehlt?
Dass die Noten vor dem Examen ins Examen einfließen. So war der Notendurchschnitt im Examen abhängig von zehn Klausuren und Alles, was man vorher erreicht hat, war bedeutungslos. Mehr Praktische Erfahrungen.

Wie hast du versucht, einen guten ersten Eindruck im Vorstellungsgespräch zu hinterlassen?
Ich finde, man muss sich so anziehen, dass es zum potenziellen Job passt, aber authentisch und nicht verkleidet wirkt. Bei mir waren, dass eher immer Business Outfits. Aber da ich mich privat sehr modisch kleide, hatten meine Outfits immer einen modischen pepp und wenn es nur eine gemusterte Bluse oder nicht ganz so klassische Pumps waren.

Was möchtest du deiner Tochter bzw. jungen Frauen raten?
Karriere und Familie sind absolut vereinbar. Aber man muss sich darüber im Klaren sein, dass es anstrengend wird und, dass man nicht Alles haben kann, sondern in allen Bereichen (Familie, Beruf und bezogen auf die eigene Person) Kompromisse machen muss.

Sei selbstbewusster und geh nicht so hart mit dir ins Gericht. Wenn der Karrierebus vorbeifährt, springt auf. Ich kenne zu viele Frauen, die ihn vorbeifahren lassen.

Die meisten Unternehmen suchen weibliche Führungskräfte, dass ist deine Chance!

13

Expertin für Logistik – beruflich und privat: Julia Börs

„Du hast immer die Chance etwas zu verändern."

Geschäftsführerin bei Arvato Supply Chain Solutions
Foto: Ansichtssache

Julia Börs ist als Geschäftsführerin bei Arvato Supply Chain Solutions (ein Tochterunternehmen der Bertelsmann SE& Co. KGaA) tätig. Direkt nach dem Abitur startete sie ihre berufliche Laufbahn bei Bertelsmann mit einem dualen Wirtschaftsstudium, gefolgt von Masterstudiengängen in den USA und Australien. Beruflich blieb Julia im Bertelsmann Konzern und übernahm in der Folge unterschiedliche Rollen und Führungspositionen. Sie spezialisierte sich im Bereich Supply Chain Solutions mit Schwerpunkt auf der eCommerce Konsumgüter Branche. Neben ihrer Tätigkeit als Geschäftsführerin gilt Julias volle Aufmerksamkeit und Leidenschaft ihrer Familie und vor allem ihren Kindern.

Fragen und Antworten

Was bedeutet Erfolg für dich? Hat sich das über die Zeit verändert?
Erfolg interpretiert sicher jeder für sich anders. Hier spielt die Lebenssituation auch eine große Rolle. Die einen finden Erfolg in guten schulischen Leistungen, andere in sportlichen Erfolgserlebnissen oder einer glücklichen Partnerschaft. Im Berufsleben richtet sich Erfolg oft nach Punkten wie Umsatz- oder Mitarbeiterverantwortung, Gehalt oder Titel.

In meinen unterschiedlichen Lebensphasen hat sich oft verändert, was Erfolg für mich persönlich bedeutet. Sicherlich waren in der Schule und Studienzeit Noten sehr relevant, später ging es oft darum, wie schnell man wie viel Verantwortung beruflich dazubekommen hat, welche Projekte erfolgreich abgeschlossen wurden und wie schnell man die Karriereleiter nach oben geklettert ist.

Manche dieser Indikatoren sind natürlich immer noch relevant für meine persönliche Zufriedenheit und das Schaffen von Erfolgserlebnissen. Dennoch sind für mich aktuell auch viele andere Punkte sehr wichtig: eine glückliche und vor allem gesunde Familie, eine Balance zwischen Familie und Beruf, erfüllende und abwechslungsreiche Aufgaben und Herausforderungen im Job, Spaß bei der Arbeit und ein tolles Team.

Wusstest du schon immer, was du werden willst?
Meine Berufswünsche und Zukunftspläne haben sich im Laufe meiner Jugend und Schulzeit oft verändert und es gab immer wieder mehr als eine berufliche Richtung, die mich interessierte. So schwankte ich noch in meinen letzten Abiturjahren zwischen einem Studium der Medizin und der Wirtschaftswissenschaften – zwei Richtungen, die unterschiedlicher nicht sein können.

Bei der Entscheidungsfindung haben mir praktische Erfahrungen wie beispielsweise ein freiwilliges Praktikum in den Sommerferien in einem Krankenhaus und konkrete Gespräche mit Unternehmen zu deren Studienprogrammen geholfen.

13 Expertin für Logistik – beruflich und privat: Julia Börs

Hattest du früher Zweifel, ob du den richtigen Weg eingeschlagen hast?
Am Ende habe ich mich für ein berufsbegleitendes Studium bei dem Unternehmen Bertelsmann entschieden und habe diesen Schritt auch bis heute nicht bereut. Sehr positiv an diesem und ähnlichen Programmen hervorzuheben, ist die enge Verzahnung von praktischen Einsätzen und Studieninhalten. Durch die beruflichen Erfahrungen hatte ich die Möglichkeit früh herauszufinden, in welche Richtung ich mich innerhalb eines Unternehmens entwickeln möchte, wo meine Interessen und Stärken liegen und bereits ein Netzwerk für die weitere berufliche Karriere aufzubauen.

Warst du damals besorgt, dass du Karriere, Familie und Freunde nicht kombinieren kannst?
Während meines Studiums und den ersten beruflichen Jahren habe ich mir so gut wie gar keine Gedanken zu der Vereinbarkeit meines Berufs mit Familie und Freunden gemacht. Dieses Thema kam erst deutlich später in meinen Fokus, als ich mich tatsächlich mit dem Thema Familienplanung beschäftigt habe und diese konkret bevorstand.

Sicherlich gibt es Berufszweige, in denen die Vereinbarkeit von Familie und Beruf deutlich besser gegeben ist als bei mir in einem großen Unternehmen mit internationalen Kunden- und Mitarbeiterverantwortung. Rückblickend nach den ersten vier Jahren mit sowohl Nachwuchs als auch einem herausfordernden Job kann ich aber sagen, dass es möglich ist. Es erfordert viel Organisation und Planung sowohl beruflich wie privat, viel Unterstützung aus der Familie und dem näheren Umfeld und auch eine gewisse Flexibilität hinsichtlich der Arbeitszeiten im Job. Ich arbeite Vollzeit, nehme mir aber durchaus öfters eine Pause am späten Nachmittag/frühen Abend und fange dann wieder an zu arbeiten, wenn der Nachwuchs schläft.

Daher möchte ich an dieser Stelle alle Frauen, die sowohl den Wunsch haben eine Familie zu gründen als auch die berufliche Karriere voranzutreiben, dazu ermutigen. Es ist möglich und ich habe viele Bekannte und Freunde in unterschiedlichen beruflichen Bereichen, die es ebenfalls schaffen. Es ist ein Stretch und bringt einen öfter auch mal an seine persönlichen Grenzen (dazu kommt es aber auch ohne Karriere), aber es ist möglich, ohne auf das eine oder anderer zu verzichten und schafft aus meiner Sicht auch eine größere persönliche Ausgeglichenheit, Zufriedenheit und Balance.

Was war der beste Ratschlag, den du in jungen Jahren erhalten hast?
Während der Studienzeit und gerade in den ersten beruflichen Jahren habe ich mir (und dies beobachte ich auch bei einigen jungen Kollegen) viele Gedanken gemacht, welche nächsten Schritte die richtigen sind und welche Zusatzqualifikationen helfen würden.

Mir hat damals der Ratschlag eines Vorgesetzten sehr geholfen, dass man nicht alles vorher Planen und Durchdenken muss, sondern dass auch viele Möglichkeiten und Entwicklungsschritte sich im Laufe des beruflichen

Werdegangs ergeben. So findet man durch unterschiedliche Positionen und Projekte heraus, in welchen Bereichen die persönlichen Stärken liegen und wo man sich weiterentwickeln möchte. Und auch ein guter Arbeitgeber und Vorgesetzter sieht dies und fördert einen in diesen Feldern.

In meiner beruflichen Laufbahn haben sich dadurch viele Schritte von selbst ergeben und Perspektiven aufgetan, die ich sehr spannend fand und gerne angenommen habe.

Hast du einen Teil deines Studiums im Ausland gemacht?
Während meines Bachelorstudiums habe ich sowohl einen Teil des Studiums als auch ein Praktikum in den USA absolviert. Meinen Master habe ich zu einem etwas späteren Zeitpunkt komplett in Australien verbracht.

In Summe blicke ich sehr gerne auf diese Zeiten in meinem Leben zurück. Sie haben mir sowohl beruflich als auch privat sehr geholfen mich weiterzuentwickeln: Einblick in die Berufswelt und Lehrweisen im Ausland, natürlich die Verbesserung der Sprachkenntnisse, das Kennenlernen von ganz vielen interessanten Menschen aus unterschiedlichsten Ecken der Erde aber auch vor allem eine tolle private Zeit mit viel Reisen, Freizeit, guten Freunden und genießen des Lebens. Durch den immer früher werdenden Start ins Studium und die Arbeitswelt liegt meistens ein langes Berufsleben vor uns allen. Da kann man sich gerade am Anfang noch mal den einen oder anderen tollen Auslandsaufenthalt oder Einblicke in ganz andere Bereiche erlauben.

Was möchtest du deiner Tochter bzw. jungen Frauen raten?
Überdenke nicht alles bis ins letzte Detail, sondern lass die eine oder andere Entwicklung auch einfach auf Dich zukommen. Selbst wenn Du mal eine „falsche" Entscheidung triffst oder einen beruflichen Weg einschlägst, der sich hinterher als nicht optimal herausgestellt hat, ist dies kein großes Problem und Du hast immer die Chance etwas zu verändern.

14

Gründerin: Julia Bösch

„Durchhaltevermögen und Optimismus sind deine wichtigsten Stärken."

Mitgründerin und CEO von OUTFITTERY
Foto: Outfittery

Julia Bösch zählt zu Deutschlands erfolgreichsten und bekanntesten Gründer:innen und hat eines der innovativsten E-Commerce-Unternehmen in

Europa aufgebaut. Die 37-jährige ist CEO und Mitgründerin von OUTFITTERY, Europas führender Personal Shopping Service für Frauen und Männer, und beschäftigt heute 350 Mitarbeiter:innen unterschiedlichster Nationen.

Sie studierte Technology Management und BWL an der Ludwig-Maximilians-Universität, der Technischen Universität in München sowie der Columbia Business School in New York. Ihre berufliche Karriere startete sie 2009 bei Zalando. Begeistert vom E-Commerce und seinen technologischen Möglichkeiten, gründete sie 2012 schließlich gemeinsam mit Anna Alex OUTFITTERY. Die ersten Styling-Boxen packte Julia noch selbst im eigenen Wohnzimmer. Diversität, Innovationsgeist und Weiterentwicklung sind Julia besonders wichtig.

Fragen und Antworten

Welche deiner Eigenschaften hat Dir geholfen auf eigenen Beinen zu stehen?
Ich bin sehr neugierig und optimistisch. Meine Neugier treibt mich an, immer neue Dinge auszuprobieren, zu entdecken und Grenzen zu verschieben. Meine Neugier hat mich auch dazu gebracht mit 27 mein eigenes Unternehmen zu gründen. Meine Mitgründerin und ich hatten die Vision das Online Shopping Erlebnis für Mode komplett zu revolutionieren. Heute dürfen wir bei Outfittery eine Millionen Kund:innen in ganz Europa bei der Entwicklung ihrer Garderobe unterstützen.

Ich stecke mir sehr ambitionierte Ziele und das beschert mir dann auch oft große Herausforderungen. Mein Optimismus hilft mir Herausforderungen, egal wie unnötig sie mir in dem Moment erschienen, anzunehmen und das Beste daraus zu machen. Nicht jeder ist ein Born Optimist wie ich, aber aus meiner Sicht kann man sich für Optimismus auch entscheiden.

Durchhaltevermögen und Optimismus sind wohl die wichtigsten Stärken für Unternehmer:innen. Wenn ich ein wirklich großes, nachhaltiges Business aufbauen will, dann dauert das im Zweifel auch mal zehn Jahre.

Gab es Leute, die deine Ideen oder Karriereentscheidungen belächelt haben?
Es gab auch jeden Fall Menschen, die sich Sorgen um mich gemacht haben. Als ich meiner Familie erzählt habe, dass ich ein Unternehmen gründen und Investoren an Bord nehmen werde, hat sich mein Onkel vor lauter Schreck erst mal einen Schnaps bestellt. Er hatte keine Erfahrung mit Start-ups und somit große Sorge, dass ich ins Gefängnis kommen könnte, falls das Unternehmen scheitert. Diese Sorge war natürlich unberechtigt und zum Glück hatte ich auch damals den Optimismus und das Selbstbewusstsein, dass mich das nicht beunruhigt hat. Heute ist er großer Outfittery Fan. Ich denke, wer mutig ist und etwas Neues baut wird immer auf Zweifler stoßen.

Hast du einen Teil deines Studiums im Ausland gemacht?
Ich habe ein Auslandssemester in NYC und eines in Madrid gemacht. Das hat mein Leben absolut beeinflusst. Das Leben im Ausland hat mich aus meiner Komfortzone gebracht, ich habe Freunde fürs Leben kennengelernt und vor allem NYC hat auch meinen Weg zum Unternehmertum geprägt. Dort habe ich live gesehen, dass alles möglich ist und dieses Gefühl hat mich das Selbstbewusstsein gegeben selbst zu gründen.

Was möchtest du deiner Tochter bzw. jungen Frauen raten?
Du bist toll, wie du bist. Vertrau auf dich und folge deinen Träumen. Manchmal wirst du wissen was du willst und manchmal eben auch nicht. Das ist nicht schlimm, probier dich einfach aus und du wirst deinen Weg finden.

Und denk daran: Wenn du mit 80 auf dein Leben zurückblickst, wirst du nicht die Dinge bereuen, die du probiert hast, aber die nicht geklappt haben. Du wirst die Dinge bereuen, die du nicht ausprobiert hast, die Erfahrungen, die du nicht gemacht hast.

15

Wirtschaftsprüferin, Steuerberaterin, Vorstand: Andrea Bruckner

„Auch, wenn es sich nicht immer so anfühlte, war jede berufliche oder persönliche Entwicklung rückblickend positiv."

Mitglied des Vorstands der BDO AG Wirtschaftsprüfungsgesellschaft; Vorsitzende des Verwaltungsrats des Instituts der Wirtschaftsprüfer in Deutschland e.V. (IDW); Mitglied im Beirat der Wirtschaftsprüferkammer
  Foto: BDO AG WPG (Felix Feller)

Geboren und aufgewachsen im Ruhrgebiet, startete Andrea Bruckner ihre Karriere mit einer Ausbildung zur Steuerfachgehilfin. Nach dem erfolgreichen Abschluss zog es sie ins bayrische Schwaben, nach Augsburg, um Wirtschafts- und Sozialwissenschaften zu studieren. Danach stieg sie bei einer mittelständischen Wirtschaftsprüfungsgesellschaft in München ein, erlangte das

Steuerberater- und Wirtschaftsprüferexamen und stieg schließlich zur Gesellschafterin und Geschäftsführerin dieser Firma auf, welche heute zur Wirtschaftsprüfungsgesellschaft BDO gehört.

Heute ist Andrea Bruckner nicht nur Mitglied des Vorstands von BDO, sondern bekleidet auch wichtige Positionen in anderen Organisationen. Sie war beim Institut der Wirtschaftsprüfer in Deutschland e.V. (IDW) die erste weibliche Vorsitzende des Vorstandes und ist derzeit die Vorsitzende des Verwaltungsrats. Bei der Wirtschaftsprüferkammer KöR (WPK) ist sie Mitglied des Beirats.

Fragen und Antworten

Was bedeutet Erfolg für dich? Hat sich das über die Zeit verändert?
Erfolg hat nicht nur die bekannten Dimensionen im Hinblick auf Karriere, Positionierung und Gehalt, sondern auch etwas mit Durchsetzungsvermögen zu tun. Etwas realisieren zu können, was einem wichtig ist, was einem etwas bedeutet, ist ebenfalls Teil des Erfolges.

Wusstest du schon immer, was du werden willst?
Nein, ich wusste, was ich nicht wollte: Nicht ins Büro, nichts in einem reglementierten Beruf. Die Idee war, einen Beruf zu ergreifen, der meinen vielfältigen Interessen entsprach.

Heute erfolgt die Berufswahl häufig nach den Kriterien, wie kann ich erfolgreich (im klassischen Sinne) sein. Was sind angesehen und geachtete Berufe ist das relevante Kriterium. Die Auswahl erfolgt (noch mehr als früher) nach dem „Nutzen" für Gesellschaft. Orchideen-Fächer (Kultur-/Geisteswissenschaften) gelten als früher als sinnlos und brotlos.

Hattest du früher Zweifel, ob du den richtigen Weg eingeschlagen hast?
Da ich den „vernünftigen" Weg einer Ausbildung eingeschlagen habe, war das zweckdienlich und somit nicht zu hinterfragen. Letztendlich hat sich dann alles Weitere kontinuierlich aus dem Vorhergehenden ergeben – Zeit zum Nachdenken und Hinterfragen ist nicht geblieben.

Gibt es eine Sache, die du rückblickend grundlegend anders machen würdest?
Ja, ins Ausland gehen.

Welche deiner Eigenschaften hat Dir geholfen auf eigenen Beinen zu stehen?
Konsequenz und Ausdauer.

Musstest du als junger Mensch mal über deinen Schatten springen?
Mehr als einmal ... aber nur so weit, dass „man sich selbst noch im Spiegel ansehen kann!"

15 Wirtschaftsprüferin, Steuerberaterin, Vorstand: ...

Wie hast du in jungen Jahren dein Talent bzw. deine Stärken herausgefunden?
Learning by doing. Ich habe am meisten über mich gelernt, in dem ich etwas probiert habe.

Wer oder was war für dich damals besonders charakterprägend?
Allein ohne Unterstützung zu sein.

Hast du eine bestimmte Methode mit negativen Erlebnissen umzugehen?
Im Laufe des Lebens habe ich gelernt, dass spontanes Reagieren nicht immer hilfreich ist. Erst mal nachdenken und ggf. Nahestehende fragen, dann handeln.

Wurden dir mal Steine in den Weg gelegt?
Viele Steine, aber Konstanz und Ausdauer helfen.

Warst du damals besorgt, dass du Karriere, Familie und Freunde nicht kombinieren kannst?
Daran habe ich nie gedacht. Die Meinung zur Familie hat sich auch erst später geändert. Zuerst war das kein Thema, als es ein Thema wurde, musste ich „gas geben" und die beruflichen und privaten Schritte aufeinander abstimmen und passend machen. Was auch funktioniert hat. Meine Erfahrung ist, sich auch selber den Freiraum geben, seine Pläne zu ändern und anzupassen – und das, ohne Wenn und Aber.

Wieso hast du dich damals für dein Studium/deine Ausbildung entschieden und würdest du dich wieder so entscheiden?
Aus der Not heraus mich selber zu finanzieren – Angebote des Arbeitsamts.

Was macht aus deiner Sicht einen guten Mentor bzw. ein gutes Vorbild aus?
Ein guter Mentor hilft, auch wenn ich keinen Mentor hatte, so versuche ich doch gerade jungen Frauen als Vorbild zu dienen.

Hast du schon einmal ein Netzwerk genutzt?
Leider habe ich das Thema „Netzwerken" erst sehr spät als wichtig erkannt. Heute pflege ich – soweit mir die Zeit bleibt – zumindest berufliche Netzwerke.

Was würdest du anders machen, wenn du nochmal beginnen könntest?
Ein Auslandsstudium auf jeden Fall einplanen und durchziehen.

Was war hat deinen Charakter oder den Verhalten nachhaltig geprägt?
Für meinen Beruf hilfreich ist strukturiertes und systematisches Arbeiten – etwas, was zu mir passt und mir daher immer geholfen hat.

Hast du mal ein Praktikum gemacht?
Da ich als ausgebildete Steuerfachgehilfin mein gesamtes Studium durch nebenberufliche Arbeit finanziert habe, war das „Praktikum" genug.

Wie hast du versucht, einen guten ersten Eindruck im Vorstellungsgespräch zu hinterlassen?
Ich habe mir gar keine großen Gedanken gemacht, etwas Seriöses, was verfügbar war.

Was möchtest du deiner Tochter bzw. jungen Frauen raten?
Eigene Pläne und Ziele entwickeln und diese dann konsequent verfolgen. Leider sind viele junge Menschen nicht bereit einen Weg konsequent weiterzugehen, wenn es etwas mühsamer wird. Jeder ist für sich verantwortlich – diese Verantwortung kann einem niemand abnehmen.

16

Autorin und Illustratorin: Ilka Brühl

„Gib' alles! Dein Traum braucht nur einen Plan, Durchhaltevermögen und eine Prise Glück."

Selbständige Illustratorin
  Foto: Ilka Brühl
  Als junges Mädchen schrieb ich „Inschänieurin" als Berufswunsch ich in die Freundschaftsbücher. Nach der Schule startete ich ein Chemiestudium, wech-

selte zu Maschinenbau, wurde tatsächlich Ingenieurin und arbeitete in der Automobilindustrie. Ein Sechser im Lotto, könnte man meinen. Doch das erfüllte mich nicht.

Ich beschloss, meinem kreativen Herzen zu folgen und zu illustrieren. Also erstellte ich mein eigenes Bilderbuch und finanzierte es über Crowdfunding. Mit Erfolg! Heute arbeite ich als selbstständige Autorin und Illustratorin für Verlage und eigene Projekte. Darüber hinaus habe ich in meinem Buch „Anders schön" über Selbstliebe trotz Anderssein geschrieben und führe den Podcast „Du bist wunderbar" zu Thema Vielfalt und individuelles Glück.

Fragen und Antworten

Wusstest du schon immer, was du werden willst?
Schon in den ersten Freundschaftsbucheinträgen steht, dass ich Ingenieurin werden wollte, was ich auch relativ früh verfolgt habe. So bin ich beispielsweise ab der elften Klasse auf ein technisches Gymnasium gewechselt.

Hattest du früher Zweifel, ob du den richtigen Weg eingeschlagen hast?
Zweifel hatte ich komischerweise nie, bis ich auf dem technischen Gymnasium eine so motivierende Chemielehrerin hatte, dass ich erstmal zwei Semester Chemie studiert habe. Doch das gefiel mir letztlich doch nicht und so habe ich mich für ein duales Maschinenbaustudium beworben und den Platz auch bekommen. Eigentlich hätte es jetzt perfekt sein müssen, das war schließlich viele Jahre der Plan. Doch ich merkte schnell, dass mein Herz wieder nicht bei der Sache war.

Gibt es eine Sache, die du rückblickend grundlegend anders machen würdest?
Ich habe mich häufig gefragt, warum ich nicht gründlicher über meine Berufswahl nachgedacht habe. Ingenieurin wollte ich werden, weil schon mein Vater und Großvater das gemacht haben und mich Technik interessiert. Aber mich haben auch unzählige andere Sachen begeistert, von denen es immer pauschal hieß, dass man davon nicht leben könne. Doch ich kannte viele Möglichkeiten schlichtweg gar nicht, um als mit Kreativität Geld zu verdienen. Hier hätte eine Recherche mir sehr geholfen.

Musstest du als junger Mensch mal über deinen Schatten springen?
Oh ja, sehr oft. Einerseits privat, weil ich ein sehr schlechtes Selbstbild hatte und irgendwann beschlossen habe, etwas daran zu ändern. Aber auch beruflich. Denn ich habe meinen sicheren, gut bezahlten Job als Ingenieurin gegen eine kreative Selbstständigkeit mit unregelmäßigem Einkommen getauscht und es nie bereut.

Wenn du dich überrumpelt oder überfordert fühlst, was tust du dagegen?
Erstmal einen Schritt zurückgehen und eine Pause einlegen hilft bei kleinen Überforderungen schon weiter. Vielleicht stecke ich einfach in einem negativen Gedankenzirkel fest, den ich so durchbrechen kann. Bleibt die Verunsicherung aber, rufe ich mir mein Ziel vor Augen. Wofür mache ich das alles? Wo möchte ich am Ende meines Lebens stehen? Dann durchströmt mich wieder frische Motivation, die ich mir dadurch erhalte, dass ich meine große Vision in viele kleine Zwischenschritte zerlege, die mich nicht mehr überfordern.

Hast du eine bestimmte Methode mit negativen Erlebnissen umzugehen?
Bei negativen Kommentaren, die gegen meine Person gerichtet sind, versuche ich mir immer wieder vor Augen zu halten, dass man es nie allen recht machen kann und dieser Mensch wahrscheinlich seine eigenen Probleme auf mich projiziert. Bei sachlicher Kritik kann ich den Nutzen sehen, auch wenn es trotzdem weh tut und nehme sie deshalb dankbar an. Sollten mich unsachliche Kritik oder negative Erfahrungen doch mal hart treffen, hilft mir Bewegung. Das kann ein langer Spaziergang sein, aber auch eine auspowernde Sporteinheit – Hauptsache der Kopf wird frei.

Gab es Leute, die deine Ideen oder Karriereentscheidungen belächelt haben?
Der Wechsel in die kreative Ecke wurde anfangs oft belächelt. Doch das war mir komplett egal, da ich wusste, dass ich nur mir selbst Rechenschaft schuldig bin. Jeder Mensch macht aus seinem Leben, was er für das Beste hält. Außerdem hat mich das nur noch mehr angespornt, den Weg erfolgreich zu gehen, um es den Zweiflerinnen und Zweiflern zu zeigen.

Wer oder was hat dir damals maßgeblich bei der Orientierung geholfen, deinen eigenen Weg zu gehen?
Als ich merkte, dass ich nicht so glücklich mit meiner Berufswahl bin, habe ich unzählige Podcasts aus den verschiedensten Richtungen gehört und mich in der Freizeit viel ausprobiert. So konnte ich einige Dinge finden, die mir zwar als Hobby Spaß machen, die ich aber nicht beruflich verfolgen möchte, wie beispielsweise zu fotografieren. Durch konstantes Ausschließen wurde der Weg zur Autorin und Illustratorin immer klarer. Bis die Vision so leuchtend war, dass ich ihr folgen musste, weil mich nichts mehr ablenkte. Dieser Prozess hat sich aber über drei, vier Jahre gezogen.

Hast bzw. hattest du damals einen Mentor?
Die vielen Podcasts waren sicherlich alle kleine Mentorinnen und Mentoren für mich. Zusätzlich habe ich früh begonnen, in Coaches, Netzwerke und Mitgliedschaften zu investieren, die mir helfen können, den Weg zu gehen. Manche haben dabei besser zu mir gepasst und andere etwas weniger, doch bereuen tue ich nichts. Aus all diesen Erfahrungen habe ich gelernt.

Was war hat deinen Charakter oder den Verhalten nachhaltig geprägt?
Durch das duale Studium, bei dem man Ausbildung und Studium parallel macht, hatten ich früh eine feste Struktur, die sich bei mir so eingebrannt hat, dass ich meine Ziele diszipliniert verfolge. Auch wenn ich alle Freiheit für einen flexiblen Tagesablauf hätte, stehe ich um sieben auf und arbeite in der Regel acht Stunden am Tag. Außerdem strukturiere ich die Projekte genau, um den Fortschritt zu tracken und am Ball zu bleiben.

Was möchtest du deiner Tochter bzw. jungen Frauen raten?
Meiner Meinung nach ist es eine der schwierigsten Aufgaben im Leben, einen guten Kompromiss zwischen Träumerei und Vernunft zu finden. Ich möchte Dich auf jeden Fall darin bestärken, groß zu denken und nichts auszuschließen. Wenn Du einen Traum hast, lasse Dich nicht von Menschen abbringen, die in dieser Richtung überhaupt keine Erfahrung gemacht haben. Informiere Dich sorgfältig und vernetze Dich mit Menschen, die bereits da sind, wo du hinwillst. Wenn du merkst, dass Dein Traum mit einem gründlichen Plan, Durchhaltevermögen und vielleicht auch einer Prise Glück umsetzbar ist, dann gib alles dafür. Setze dir kleine schaffbare Unterziele, damit du nicht die Motivation verlierst, und sei nicht zu stolz, den Traum anzupassen, wenn Du merkst, dass sich Deine Interessen verändern. Deine bisherigen Schritte sind in keinem Fall umsonst, Du nimmst immer etwas mit, was Du daraus lernen konntest. Ich wünsche Dir von Herzen ganz viel Erfolg.

17

Innovationstreiberin in der Pharmabranche: Linda Burchhart

„Es ist OK sich nicht immer 100 % sicher zu sein"

R&D External Innovation Director bei GSK
Foto: Linda Burchhart

Linda Burchhart ist in Österreich geboren und hat ihre Kindheit und Jugend in Amerika, China und Malaysia verbracht. Im Anschluss hat sie ihre Universitäts-Ausbildung in England abgeschlossen. Ihre berufliche Karriere hat Linda bei GSK in London begonnen und sich in jungen Jahren erfolgreich zur Position einer Direktorin hinaufgearbeitet. Ihre Begeisterung für ‚human-centric' Design Lösungen im Gesundheitsbereich und in weiterer Folge dieses Wissen in Firmenbeziehungen umzusetzen prägt ihren beruflichen Erfolg. In ihrer Freizeit ist sie sportlich aktiv und liebt es ihre Familie und Freunde überall auf der Welt zu besuchen!

Fragen und Antworten

Was bedeutet Erfolg für dich? Hat sich das über die Zeit verändert?
Ganz simple, „do what you love, and love what you do". Das heißt nicht unbedingt, dass du dein Hobby in eine Karriere umwandeln kannst und/oder sollst (Das schaffen wirklich wenige und das sollte nicht dein Ausgangsziel sein!). Viel mehr bedeutet es etwas zu finden, das man wirklich gerne ausübt. Für mich bedeutet Erfolg im Privat- oder auch Arbeitsleben, etwas zu finden, woran man Freude hat und seinen persönlichen Beitrag leisten kann. Wir verbringen viel zu viel Zeit in der Arbeit, um etwas zu machen, womit man keine Freude hat. Natürlich ist es anstrengend und an bestimmten Tagen fällt es einem wirklich schwer, aber ich persönlich empfinde es als Erfolg, solange ich an dem was ich tue Spaß habe. Mit anderen diesen Erfolg teilen zu können ist für mich essenziell. Sei das, indem man selbst von jemanden lernt, oder sein eigenes Wissen und Erlerntes mit anderen teilen kann und Leute damit motiviert. Erfolg und Freude ist ansteckend, also sei DU dein eigenes Vorbild.

Wusstest du schon immer, was du werden willst?
Absolut nicht! Wenn ich an all das was ich jemals werden wollte, zurückdenke und nun sehe welchen Job ich tatsächlich ausübe, hätte das für mich nie wirklich Sinn gemacht. Ich glaube mein heutiger Job ist eine Kombination aus meinen Eigeninteressen sowie meinen damaligen Lebensvorstellungen.

Wie viele junge Leute, habe ich mir Gedanken über verschiedenste Berufswege gemacht – von einem Studium zur Tierärztin als junges Mädchen bis hin zur einer Fashion Ausbildung. Und wie viele andere habe ich mich schlussendlich für einen Weg entschieden basierend auf den Schulfächern, die mir am besten gefallen haben. In erster Linie wegen der Lehrer:innen). In meinen Fall war das Biologie, weshalb ich mich dann ent-

17 Innovationstreiberin in der Pharmabranche: Linda Burchhart

schlossen habe Bio-Medizin in England zu studieren. Damals habe ich in Schanghai (China) mit meiner Familie gelebt. Ich war zuvor noch nie in England und habe damals die Entscheidung getroffen die nächsten drei Jahre meines Lebens dort zu verbringen, und somit fast 8,000 km entfernt von meinen Eltern. Ich hätte natürlich in meine Heimat Österreich zurückkehren können, aber mein Ehrgeiz und meine Lebenslust hat mich motiviert etwas Neues auszuprobieren.

Mit derselben Einstellung, viel harter Arbeit und etwas Glücke habe ich nach dem Studium in Durham einen Job bei GlaxoSmithKline in London bekommen. Ich wusste bereits damals, dass ich eine Karriere im Pharmazie/HealthCare Bereich verfolgen wollte, jedoch nicht welche ‚Skills' ich dafür tatsächlich benötigen würde. Damals wurde mir eine Möglichkeit im Einkaufsbereich der Firma geboten, wo ich schließlich wirklich tolle Erfahrungen sammeln und mir Verhandlungswissen aneignen konnte. Zudem habe ich gelernt Partnerschaften zu knüpfen und Verträge abzuwickeln. Nach ein paar Jahren habe ich jedoch gemerkt, dass ich einen anderen Pfad einschlagen wollte. Mir war es wichtige über meine persönliche Weiterentwicklung selbst zu bestimmen und somit habe ich mich für eine Weiterbildung am Imperial College in London entschieden. Hier absolvierte ich mein Masterstudium in HealthCare Design and Innovation. Das war eine unglaubliche und äußerst bereichernde Erfahrung für mich! Nicht nur habe ich wahnsinnig interessante Erfahrungen gesammelt und neue Perspektiven kennengelernt, sondern auch eine Gruppe von Menschen getroffen, die genauso bestrebt waren, den Gesundheitssektor positiv zu beeinflussen. In jenem Job, in dem ich mich jetzt befinde, fünf Jahre, nachdem ich meine Karriere offiziell gestartet habe, kann ich das Gelernte und meine Leidenschaft nutzen, um mit externen Unternehmen Partnerschaften zu gründen und somit unsere Forschung weiterentwickeln. Zum ersten Mal denke ich nicht schon darüber nach, welchen Job ich als Nächstes haben möchte, sondern viel mehr darüber, wie sehr ich mich in diesem Job weiterentwickeln kann. Ich habe Lust bekommen, wirklich gut zu werden in dem was ich mache.

Ich glaube nicht an einen „Fünf-Jahresplan". Oft wird man gefragt „wo willst du in x Jahren sein" und ich habe früher oft versucht eine intelligente und spannende Antwort zu formulieren. Aber in den letzten Jahren fiel es mir immer leichter, ehrlich mit mir selbst zu sein. Für mich ist es immer der Weg selbst, den ich genießen möchte und nicht nur das Endziel, denn wer weiß was sich bis dahin alles entwickeln wird und zu welcher Art Mensch man selbst wird. Den Wunsch neue Ideen zu entwickeln, Motivation zu finden und Bekanntschaften zu machen, darf nicht verloren gehen. Ich kann selbst heute noch nicht sagen, wo genau ich in fünf Jahren sein will, aber ich bin mir sicher welcher Mensch ich sein möchte und was für einen Einfluss ich auf andere in den nächsten Jahren haben will.

Was macht aus deiner Sicht einen guten Mentor bzw. ein gutes Vorbild aus?
Dieses Thema finde ich persönlich super interessant, da es für mich nicht nur in Bezug auf die Karriere sein muss sondern auch zu seinem persönlichen Erfolg oder Freude. Wenn man an das Wort ‚Mentor' denkt, kommen oft Gedanken von einer sehr erfahrenen, erfolgreichen Person, bei der es scheint, dass sie alles im Griff hat. Reality Check: niemand hat alles im Griff, egal wie es von außen scheint. Aber ich glaube fest daran, dass „Mentor Persönlichkeiten" einen immer begleiten. Die Eltern und der Lebenspartner, Freundschaften, die man formt, und sogar fremde Personen, denen man über den Weg läuft und merkt was für eine Energie sie haben. Man kann so viel von den Menschen und (sogar Tieren) um uns lernen. Natürlich entwickeln sich ein paar dieser Beziehungen traditioneller zu einem Mentor – aber habe nie den falschen Glauben, dass man nur von einem Mentor wirklich lernen kann.

Als ich meine Karriere anfing, habe ich oft den Rat bekommen, dass ich diese eine Person als meinen Ratgeber aussuchen soll, da sie/er sehr viel Anerkennung und Erfolg hat in der Firma. Nur von einer einzigen Person kam die Empfehlung eine natürliche Beziehung zu jemanden aufzubauen, mit dem man sich gut versteht und vertraut. Schlussendlich musst nur du, nicht die ganze Organisation, diese Person und deren Qualitäten bewundernswert finden. Ich schaue oft wie Leute mit anderen umgehen, wie viel Respekt und Geduld sie anderen gegenüber zeigen, oder wie man sich in der Gegenwart einer Person fühlt. In meinem ersten Mentor habe ich total viele Qualitäten erkannt, die ich in mir selbst nicht fand, von denen ich mir jedoch wünschte, dass andere sie an mir erkennen würden.

Wir sind alle ganz verschieden – Gott sei Dank – ansonsten würden wir alle nur mit einer Person klicken. Aber so kann man sich aussuchen, mit wem man sich gut versteht und diese schließlich Beziehung aufbauen und Vertrauen gewinnen. Wie gesagt, meiner Meinung nach braucht man nicht unbedingt einen „Mentor", solange man die Einstellung hat, dass man von Menschen um sich viel lernen und gleichgesinnte Gespräche führen kann. Nimm dir Zeit diese Beziehungen aufzubauen, mit zwar mit jenen Menschen, die DU persönlich interessant und inspirierend findest.

Hast du schon einmal ein Netzwerk genutzt?
Ich glaube fest daran, dass man von einem Netzwerk sehr profitieren kann. Dies soll jedoch ein ehrliches und vertrauensvolles Netzwerk sein und sich aus Leuten zusammensetzen, die du persönlich interessant findest. Es soll nie gekünstelt sein. Sei ehrlich mit dir selbst und den Mitmenschen um dich. Es ist OK um Hilfe zu fragen, wie man sich z. B. am besten auf ein Interview vorbereitet oder ob jemand in deinem Umkreis jemanden kennt der in einer Industrie arbeitet, zu welcher man sich persönlich hingezogen fühlt. Aber vergiss nie, dass für diese Tipps, Gespräche und weitere Connections

dankbar sein solltest und dies dem Gegenüber auch zeigst. Und am aller wichtigsten: zeige es auf deine Art und Weise. Egal ob es ein kurzer Anruf oder eine Nachricht ist, in der du der Person mitteilst, wie viel dir das geholfen hat. So etwas geht nie verloren.

Ich bin in einem sehr internationalen und privilegierten Umfeld aufgewachsen, in dem viele meiner Freunde nun interessante und erfolgreiche Karrieren überall auf der Welt ausüben. Ich weiß, dass ich z. B. eine Freundin in Brasilien jederzeit anrufen, besuchen oder sie um einen Gefallen bitten kann. Diese Beziehungen habe ich aber auch Jahre lang gepflegt, ob das eine kurze Sprachnachricht auf WhatsApp ist oder Blumen zum Geburtstag – mir macht es Freude in Kontakt zu bleiben und das kann man hoffentlich an meinen Freundschaften erkennen.

Worüber man sich aber sehr bewusst sein muss, und ich mich selbst auch oft erinnere, ist das 99 % meines Netzwerks so ist wie ich. Wir sind in ähnlichen Kreisen aufgewachsen, haben ähnliche Erfahrungen und ähnliche Chancen bekommen. Das ist eine ganz kleine ‚Bubble' der ganzen Bevölkerung. Um persönlich und professionell zu wachsen, ist es unglaublich wichtig aus dieser Komfortzone rauszukommen und sich regelmäßig mit Leuten, die einen ganz anderen Lebensweg oder andere Meinung haben, zu unterhalten. Es ist ganz einfach, sich nur mit seinen direkten Mitmenschen auszutauschen, die einem immer nur zustimmen. So wächst man aber nicht. Ergreife Initiative diverse Perspektiven kennenzulernen, um dir deine eigene Meinung zu bilden und Qualitäten zu entwickeln.

Zusammengefasst glaube ich absolut daran, dass es wichtig ist ein Netzwerk zu verwenden, um dir und anderen weiterzuhelfen. Das sind Beziehungen, die du dir selbst erarbeitest, hast und für die du umgekehrt hoffentlich auch einen Wertbeitrag leistest. Aber sei dir bewusst, dass du mit großer Wahrscheinlichkeit sehr ähnliche Mitmenschen in deinem Netzwerk hast. Engagiere dich, um dein Netzwerk auszubauen und unterschiedliche Perspektiven in deinen Kreis inkludierst, sodass du persönlich und auch im Arbeitsumfeld wachsen kannst.

Was möchtest du deiner Tochter bzw. jungen Frauen raten?
Es ist okay, sich nicht immer 100 % sicher zu sein oder zu wissen was man mal machen will. Ich hatte letztens ein Gespräch mit meiner Chefin, die Mitte 30 und sehr erfolgreich ist, und sie sagte ‚ich weiß noch immer nicht was ich werden will „wenn ich erwachsen bin". Diese Worte hatten sehr viel Bedeutung, da ich sie als Vorbild sehe und mir immer gedacht habe, dass sie genau weiß, was sie will und dass sie auf einen sehr erfolgreichen Weg ist. Aber schlussendlich, haben ganz, ganz wenige alles bis ins letzte Detail durchgeplant und das ist auch vollkommen OK. Ich habe mir damals so viele Gedanken gemacht den richtigen Job zu finden, hatte aber gleichzeitig keine Ahnung was dieser Job sein überhaupt mit sich bringen muss. Wir

müssen nicht alles mit 15, 18 oder sogar 35 Jahren bereits wissen. Ich glaube fest daran, dass wenn man hart arbeitet, Ehrgeiz und Motivation zeigt, Mitmenschen es dir ansehen und dir somit Möglichkeiten geboten werden, an die du zuvor nie gedacht hättest. Das Leben ist dazu da, kontinuierlich zu lernen, über sich selbst hinauszuwachsen, sich selbst dabei besser kennenzulernen und damit herauszufinden, welchen Eindruck man auf andere hinterlassen will. Und am aller wichtigsten finde ich es dabei, ehrlich zu seinen Mitmenschen zu sein. Deine Freundlichkeit und Ehrlichkeit wird so nicht verloren gehen.

18

Sportreporter und Fernsehmoderator: Frank Buschmann

„Du bist frei, deinen eigenen Weg zu finden."

Sportreporter und Fernsehmoderator bei RTL und Sky

Foto: Sportsfreude

Seit 30 Jahren lebe ich meinen Traum. Ich darf machen, worauf ich Lust habe. Ob als Fußballkommentator, Moderator bei Formaten wie Ninja Warrior Germany oder dem Sport-Podcast Lauschangriff – es gab und gibt viele spannende Projekte. Das ist ein großes Gut und ich werde das nie vergessen – demütig und dankbar.

Am 24. November 1964 wurde ich in Bottrop, Nordrhein-Westfalen, geboren. Mitten im Pott! Nach dem Abitur studierte ich Medien und Kommunikation an der Deutschen Sporthochschule Köln und schloss als Diplom-Sportwissenschaftler ab. Währenddessen war ich Basketballspieler in der zweiten Bundesliga und begann meine journalistische Tätigkeit. Seit über 20 Jahren bin ich nun Wahl-Münchner und lebe dort als Ehemann und Vater zweier wunderbarer Töchter. Ich liebe das Schöne im Leben. Für mich sind das neben der Familie und dem Sport, vor allem die Berge und das Meer.

Fragen und Antworten

Was bedeutet Erfolg für dich? Hat sich das über die Zeit verändert?
Für mich bedeutet Erfolg, mir treu zu bleiben und dabei in meinem Leben stets mit Haltung und Aufrichtigkeit voranzugehen. wenn ich damit anderen Menschen helfen und sie begleiten kann, dann ist das der Erfolg. Beruflich definiere ich Erfolg nicht durch Quoten, Geld oder Beifall. Hier ist mein größter Erfolg, dass ich über mehr als 25 Jahre schon meinen Traum leben kann und darf und mich dafür nie verstellen musste!

Wusstest du schon immer, was du werden willst?
Ich wusste sehr früh, dass ich etwas mit Sport machen möchte und dass ich andere begeistern kann. Daher war der Weg fast logisch. Was sich dann im Laufe der Jahre entwickelte, hätte ich nie für möglich gehalten. Ich war aber immer offen für Veränderungen und Neues. So wurde ganz viel Verrücktes für mich im Job möglich.

Hattest du früher Zweifel, ob du den richtigen Weg eingeschlagen hast?
Ich glaube, jeder Mensch zweifelt mal auf seinem Weg. Und ich finde richtig und wichtig, auch mal abzubiegen. Wer weiß, was um die Ecke mal für Möglichkeiten und Chancen warten. Auf die Hauptstraße zurück findet man immer noch ...

Gibt es eine Sache, die du rückblickend grundlegend anders machen würdest?
Nein, ich finde, dass auch Fehler zu einem Leben dazu gehören. Da ich aber nie mein Leben oder meinen Erfolg auf dem Rücken anderer aufgebaut habe, bin ich sicher, dass ich keine unverzeihlichen Fehler gemacht habe.

18 Sportreporter und Fernsehmoderator: Frank Buschmann

Welche deiner Eigenschaften hat Dir geholfen auf eigenen Beinen zu stehen?
Es war ganz sicher das Selbstvertrauen, das mir der Sport und die eigene Laufbahn gegeben haben. Außerdem habe ich immer geliebt, was ich da mache. Das hat ganz sicher extrem geholfen.

Musstest du als junger Mensch mal über deinen Schatten springen?
Ich habe früh gelernt, mich für Fehler zu entschuldigen. Das ist am Anfang nicht immer ganz einfach. Aber die Reaktionen auf das Eingestehen von Fehlern waren fast immer positiv. Das hilft natürlich.

Wie hast du in jungen Jahren dein Talent bzw. deine Stärken herausgefunden?
Im Leistungssport lernt man das ganz von selbst!

Wenn du dich überrumpelt oder überfordert fühlst, was tust du dagegen?
Tatsächlich lasse ich mich nicht überrumpeln und überfordern. Ich habe gelernt, mir Zeit zu nehmen und keine Dinge anzunehmen, die ich mir nicht zutraue.

Hast du eine bestimmte Methode mit negativen Erlebnissen umzugehen?
Ich habe über die Jahre ein dickes Fell bekommen. Echte und faire Kritik ist richtig und wichtig. Damit setze ich mich auseinander. Dämliche Pöbeleien blende ich aus und mache lieber ne Radtour ...

Gab es Leute, die deine Ideen oder Karriereentscheidungen belächelt haben?
Als ich neben dem Sport auch Unterhaltung im TV begonnen habe, sagten fast alle Kollegen, ich sei als akzeptierter Sportreporter erledigt. Es ist ganz anders gekommen ...

Wurden dir mal Steine in den Weg gelegt?
Da kann ich keine Beispiele nennen. Ich habe immer mit Herzblut meinen Job gemacht. Ob ich dann als Nr. 1, 2, 3 oder 4 galt, das war mir egal. Ich wollte es vor allem gut und mit Freude machen.

Bist du in jungen Jahren mal an etwas gescheitert?
Nein!

Warst du damals besorgt, dass du Karriere, Familie und Freunde nicht kombinieren kannst?
Nein!

Wieso hast du dich damals für dein Studium/deine Ausbildung entschieden und würdest du dich wieder so entscheiden?
Als Basketballspieler, Sportfreak und Großmaul lag das Sportstudium mit Schwerpunkt Medien auf der Hand.

Wer oder was hat dir damals maßgeblich bei der Orientierung geholfen, deinen eigenen Weg zu gehen?
Meine Überzeugung.

Wer war dein damaliges Vorbild?
Ich hatte nie Vorbilder im Job. Das wichtigste Rüstzeug für die Art, wie ich meinen Job mache, haben mir meine Eltern durch die Erziehung und Vermittlung von Werten mitgegeben.

Hast bzw. hattest du damals einen Mentor?
Nein!

Was macht aus deiner Sicht einen guten Mentor bzw. ein gutes Vorbild aus?
Es muss jemand sein, der vor allem hilft, wenn es nicht so gut läuft. wenn man zweifelt, Gegenwind erfährt und nicht weiß, was man machen soll. Dann braucht man Hilfe.

Was war der beste Ratschlag, den du in jungen Jahren erhalten hast?
„Im Erfolg macht man die größten Fehler" Es ist das Zitat, das ich oft im Kopf habe. Es bedeutet einfach, dass man demütig bleibt und nicht durchdreht!

Was war der schlechteste Ratschlag, den du in jungen Jahren erhalten hast?
Davon gab es zu viele …

Hast du schon einmal ein Netzwerk genutzt?
Ich habe social Media komplett durchgespielt. Es hat mir viele Follower und Fans, mit der Zeit auch immer mehr Hater eingebracht. Ich befinde mich auf dem Rückzug, da die Gesamtentwicklung im Netz nicht meinen Werten und meinem Umgang entspricht.

Was würdest du anders machen, wenn du nochmal beginnen könntest?
Nix!

Was möchtest du deiner Tochter bzw. jungen Frauen raten?
Ich versuche meinen beiden Töchtern in erster Linie zu vermitteln, dass sie frei sind, ihren eigenen Weg zu finden. Sie sollen in erster Linie selbst glücklich werden. Das steht über allem! Der Weg dahin ist ihr eigener. Wenn sie uns brauchen, sind wir da. Das wissen sie. Wenn darüber hinaus noch gelingt, dass die beiden keine egoistischen Menschen werden, sich also für andere einsetzen, gegen Ungerechtigkeiten auch mal die Klappe aufmachen und jede Menge Spaß im Leben haben, dann ist alles erreicht. Ich bin da guter Dinge!

Was ich noch sagen möchte
Wenn etwas im Leben mal nicht funktioniert, können durchaus mal andere Schuld haben, wenn es immer die anderen sind, dann stimmt etwas nicht …

19

Interdisziplinäre Juristin im Vorstand: Valentina Daiber

„Gerade Frauen können zu den Gewinnerinnen der Digitalisierung werden."

Vorständin Recht und Corporate Affairs von Telefónica Deutschland/O2
Foto: Telefónica Deutschland

Valentina Daiber ist seit August 2017 Vorständin Recht & Corporate Affairs bei Telefónica Deutschland/O2. In dieser Funktion verantwortet sie die Bereiche Recht, Compliance, Corporate Security und Datenschutz, Regulierung und Corporate Responsibility. Ihr Zuständigkeitsbereich ist genauso abwechslungsreich wie ihr Werdegang. Denn seit ihrem Einstieg in den agilen Digitalkonzern im Jahr 1999 hat die Juristin in einem bewegten Marktumfeld die verschiedensten Aufgaben und Positionen übernommen. Über eine längere Periode auch in Teilzeit. Interdisziplinarität und lebenslanges Lernen sind für sie ein Muss und gleichzeitig eine Bereicherung, vor der man keine Angst haben muss.

Fragen und Antworten

Warst du damals besorgt, dass du Karriere, Familie und Freunde nicht kombinieren kannst?
Ängste und Sorgen sind immer schlechte Ratgeber. Aber selbstverständlich hat mich die Frage der Work-Life-Balance damals beschäftigt. Was heute für viele Arbeitnehmer ein Muss ist drang in der 1990er-Jahren, als ich die Weichen für mein Leben, meine Familie und meine Karriere stellte, gerade erst in das gesellschaftliche Bewusstsein.

Ich hatte eine klare Meinung zur Vereinbarkeit von Beruflichem und Privatem und habe mich für meinen eigenen Weg entschieden: Ich wollte beides unter einen Hut bekommen, bin dies souverän mit einer positiven Grundhaltung angegangen und habe in der Familie und im Unternehmen Unterstützer gefunden. 1999 startete ich als Referentin meine Laufbahn bei Telefónica, damals noch Viag Interkom. 2001 nahm ich ein Jahr Elternzeit in Anspruch und habe danach lange in Teilzeit – erst 20 Stunden, später 30 Stunden – meine Karriere weiterverfolgt. Knapp 18 Jahre nach meinem Start im Unternehmen war ich dann im Vorstand. Auch wenn es nicht an jedem einzelnen Tag so aussah, hat die Verfolgung meiner Karrierepläne letztlich auch den Zusammenhalt in der Familie und im Freundeskreis gestärkt. Klar, erforderte das viel Planung, Achtsamkeit und Abstimmung der unterschiedlichen Bedürfnisse. Ehemann, Sohn, erweiterte Familie, Freunde und nicht zuletzt meine eigenen Wünsche sollten möglichst nicht zu kurz kommen. Gleichzeitig musste und konnte ich meine Vorgesetzten davon überzeugen, dass ich auch in schwierigen Situationen trotz 20 Stunden Woche flexibel verfügbar war und angepackt habe. Sie konnten sich auf mich verlassen. Das hat auch im Unternehmensumfeld das Vertrauen und die Zusammenarbeit weiter gestärkt. Diese Win-Win-Win-Situation für Family & Friends, das Unternehmen und mich persönlich macht mich heute sehr glücklich. Ich bin eine unabhängige Frau inmitten vieler ebenfalls souveräner Menschen. Dies bedeutet ein Zulassen von unterschiedlichen Lebensstilen, Meinungen und Herangehensweise, was mir eine riesige Freude bereitet. Wir müssen uns nicht zwischen Familie, Freunden und Job entscheiden. Wenn man es will, dann kann man das alles haben.

Ich möchte daher auch jede junge Frau ermuntern, den Weg beherzt einzuschlagen, für den sie sich selbst entscheidet. Für jeden sieht die individuelle Work-Life-Balance anders aus. Macht Euch klar, was für Euch wichtig ist. Sammelt die Erfahrungen und Meinungen anderer Menschen, aber trefft Eure eigenen Entscheidungen. Bleibt flexibel, wenn das Leben mit Euch oder Ihr mit dem Leben einen Richtungswechsel vornehmt. Denn an Möglichkeiten mangelt es nicht. So werden Unternehmen beispielsweise immer familienfreundlicher und experimentierfreudiger. Sie unterstützen Lebenskonzepte jenseits der Vollzeitstelle. Auch die Einstellungen der Führungskräfte zu beispielsweise Karrieren in Teilzeit ändern sich. Das ist aus meiner Sicht besonders wichtig. Denn es wäre zermürbend, wenn das Unternehmen Teilzeitkarrieren fördert, der direkte Vorgesetzte damit aber schlecht umgehen kann. Und dank Digitalisierung haben wir jetzt ganz andere Möglichkeiten Arbeitsort und Arbeitszeit flexibel zu gestalten. Denn wir können auch aus dem Home Office arbeiten und an wichtigen Meetings virtuell teilnehmen. Das schafft Flexibilität, unterstützt Diversität, gibt neue Beteiligungsmöglichkeiten und ermöglicht eine Vielzahl von Lebensmodellen. Gerade Frauen werden so unabhängiger und können zu den Gewinnerinnen der Digitalisierung werden.

Hast bzw. hattest du damals einen Mentor?
Mein bester Mentor war meine Mutter. Sie hat mir immer wieder eingeprägt: „Sei eine unabhängige Frau. Mach ein gutes Abi und absolviere eine gute Ausbildung. Bilde dir deine Meinungen und treffe deine eigenen Entscheidungen. Du trägst die Verantwortung für dich und dein Leben." Das ist für mich zur stärksten treibenden Kraft geworden. Zu meinem Mantra, wenn man so will. Das hat mir geholfen, mir meinen Wunsch nach Familie und Karriere zu erfüllen. Damit wurde es zur Selbstverständlichkeit, das für mich spannende Jurastudium zu durchlaufen, eine Karriere im Unternehmen anzugehen und nach der Geburt meines Sohnes schnell wieder in meinen Job einzusteigen. Meine Unabhängigkeit als Frau bereichert mein Familienleben, gibt mir die Freiheit, Freundschaften zu pflegen und erlaubt mir als Vorständin einen Beitrag zum Erfolg meines Unternehmens zu leisten sowie mich gemeinsam mit Kolleginnen und Kollegen weiterzuentwickeln.

Hast du dich an Ehrenämtern oder Initiativen beteiligt?
Ehrenämter und gesellschaftliche Initiativen können uns in jedem Lebensabschnitt prägen. Ich sehe aber auch, dass junge Menschen manchmal versuchen, alles in ihren Lebenslauf zu packen, weil sie glauben, dass man dies

heute für einen guten Berufsstart so machen muss. Da kommt mit dem Ehrenamt, dem Vereinssport, dem Praktikum, der Nachbarschaftshilfe etc. so einiges zusammen. Alles hat seine Zeit. Wer als junger Mensch eine wichtige Initiative gefunden hat, die ihm oder ihr am Herzen liegt, der sollte diese unabhängig von den Erwartungen anderer angehen. Also weniger, weil das gut für die Karriere ist, sondern weil es die Initiative weiterbringt und gleichzeitig das eigene Leben bereichert. Heute engagiere ich mich beispielsweise in den Vorständen verschiedener Organisationen, die sich mit dem Ausbau, der Nutzung und den Auswirkungen der Digitalisierung auf die Gesellschaft beschäftigen. Für mich ist das genau der richtige Zeitpunkt, weil ich mit meinem Wissen und meinen Erfahrungen einen wertvollen Beitrag zur Verbandsarbeit leisten kann. Gleichzeitig hilft meine Unternehmensposition, mir Gehör zu verschaffen sowie gesellschaftlich und politisch etwas zu bewegen. Dabei liegt es mir besonders am Herzen, die Digitalisierung unserer Gesellschaft voranzutreiben und dabei niemanden zurückzulassen. Deshalb mache ich mich gerne für den chancengleichen, erschwinglichen, sicheren und schnellen Zugang aller Menschen zu digitalen Technologien stark. Und das ist letztlich auch wieder wichtig für junge Frauen, denen ich sagen möchte: Habt keine Berührungsängste, wenn es um das Digitale geht. Engagiert Euch bei der Weiterentwicklung der Digitalisierung, wenn Euch das liegt und Freude bereitet. Macht die Digitalisierung aber auf jeden Fall zu Eurem Mittel, um Euer Lebensmodell und Eure Ziele umzusetzen: mit und ohne Familie, in Teilzeit oder Vollzeit, angestellt oder selbstständig, zuhause oder im Ausland.

Was möchtest du deiner Tochter bzw. jungen Frauen raten?
Jede Generation bekommt neue Chancen und Herausforderungen, die sie bewegen. In diesem Jahrzehnt sind dies vor allem die Digitalisierung und die Frage, was diese mit unserer Gesellschaft und unserer Umwelt macht. Nutzt das Gute, das für Euch – für Euer Lebensmodell, Euer Wohlbefinden und Eure Umwelt – in dieser Entwicklung liegt, und macht Euch gegen das Schlechte stark. Bildet Eure eigene Meinung und trefft Eure eigenen Entscheidungen. Denn unabhängige Frauen können alles erreichen. Das erfordert Mut. Für mich hat sich dieser Mut ausgezahlt. Ich bin mir sicher, dass wird für Euch ganz genau so sein.

Was ich noch sagen möchte
Ich habe jetzt viel über die Tochter gesprochen, die ich doch gar nicht habe. Ich habe einen Sohn, der jetzt nach dem Abitur durchstartet. Ihm gebe ich ähnliche Ratschläge wie die, die ich in diesem Beitrag an junge Frauen richte. Ich möchte nämlich auch gar nicht mehr zwischen Tochter und Sohn oder junge Frau und junger Mann unterscheiden müssen. Es muss unser Ziel werden, dass wir nicht mehr zwischen Geschlechtern unterscheiden, wenn wir von Lebensmodellen und Karrieren sprechen.

20

Vermögensberaterin in Indien: Angela De Giacomo

„Es ist Zufall, in welche Umstände wir geboren werden. Aber wir können beeinflussen, wie wir damit umgehen."

Geschäftsführerin der WunderNova GmbH, Beirätin, Board Member
Foto: Markus Rack

Angela De Giacomo hat ihr Berufsziel erfüllt: Die Steuerberaterin aus Frankfurt wurde zur Vermögensberaterin in Indien. Nach Ihrem BWL-Studium arbeitet sie zunächst bei der Wirtschaftsprüfungsgesellschaft KPMG, bis sie sich 2013 ihren Jugendtraum verwirklicht und nach Indien zieht. Dort hat sie, bis Juni 2021, als FamilyOfficerin eine vermögende indisch-amerikanische Unternehmerfamilie beraten. Heute ist sie die Geschäftsführerin der WunderNova GmbH, sitzt in zwei Start-up Boards und ist seit 2018 Beirätin bei der Christoph Kroschke GmbH. Sie ist die Co-Initiatorin von GINSEP, einer deutsch-indischen Start-up-Brücke sowie des WunderNova Frauen Sommer- und Thinkfestes. CAPITAL hat sie in die ‚Top 40 unter 40' gewählt und Focus im Jahr 2020 zu den 100 Frauen des Jahres.

Fragen und Antworten

Was bedeutet Erfolg für dich? Hat sich das über die Zeit verändert?
Für mich bedeutet ein Erfolg, dass meine Gedanken und meine Ideen Wirklichkeit werden.

Als ich vor ein paar Jahren nach Berlin gezogen bin, da habe ich die ersten Tage damit verbracht die neue Stadt zu erkunden. Bei einer dieser Erkundungstouren entdeckte ich eine orangefarbene Hausfassade, von der mich ein lachendes Smiley-Gesicht ansah. Darunter stand in großen, weißen Buchstaben „Thoughts become Things". In dem Moment wusste ich, dass ich in der richtigen Stadt, mit der richtigen Lebensweise und Einstellung, angekommen bin. In Berlin können Gedanken zu Dingen werden. Wahrscheinlich zieht diese Stadt auch deshalb so viele kreative und unternehmerische Menschen an.

Jedes gesetzte Ziel, das erreicht wird, ist ein Erfolg. Um es zu erreichen ist nicht immer nur Können erforderlich, sondern auch Wollen. Wollen allein jedoch genügt auch nicht. Idealerweise kommen Wollen und Können zusammen.

Wichtig ist mir Erfolg deshalb, weil es sich gut anfühlt Dinge zu verwirklichen und es motiviert mich weiterzumachen und neues auszutesten. Erfolg führt zu mehr Selbstvertrauen und hilft mir dabei mich an Dinge heranzuwagen, die komplexer sind und außerhalb meiner Komfortzone liegen. Darin liegt für mich ein besonderer Reiz.

20 Vermögensberaterin in Indien: Angela De Giacomo

Welche deiner Eigenschaften hat Dir geholfen auf eigenen Beinen zu stehen?
Was sich bei mir schon sehr früh abgezeichnet hat, war der Umstand, dass ich mich mi bestimmten Gegebenheiten nicht einfach zufriedengeben wollte. Als Teenager war mein Taschengeld begrenzt und für die Wünsche, die ich hatte, reichte es nicht. Das wollte ich nicht hinnehmen. Als Folge dessen fing ich an zu jobben und mir etwas dazuzuverdienen. Finanziert habe ich mir damit vorwiegend meine ersten innerdeutschen und innereuropäischen Reisen.

Die Eigenschaften, die mich bereits als Jugendliche charakterisieren würden, sind die Folgenden:

- Der Wunsch unabhängig zu sein.
- Der Drang selbstbestimmt zu sein und
- Eigenverantwortung zu übernehmen.

Die Tatsache, dass ich schon früh begonnen habe zu jobben und mir meine Reisen finanzieren konnte – das hat mich wichtige Lektionen gelehrt. Neben dem Umgang mit Geld habe ich in meinen Jobs bereits praktische Dinge der Arbeitswelt kennengelernt. Zudem hat es mich gelehrt, dass man sich nicht mit den gegebenen Umständen abgeben muss und Tatkraft sich auszahlt. Außerdem habe ich viel auf den Reisen gelernt, die ich mit dem erarbeiteten Geld antreten konnte.

Ich erinnere mich noch sehr genau an meine erste Reise nach Italien, die ich allein angetreten habe. Ich machte mich mit dem Zug auf den Weg nach Genua. Dort übernachtete ich in der Jugendherberge und abends stand ich auf deren Terrasse, blickte aufs Meer und war sehr stolz auf mich. Am nächsten Tag machte ich einen langen Spaziergang. Ein Schulfreund hatte mir eine bestimmte Route empfohlen. Sie hieß „La passegiata di Nervi" und war ein schöner Abschnitt am Meer. Auf diesem Weg hatte man einen wunderschönen Blick auf das Meer und die Ferne und konnte seine Gedanken schweifen lassen, über Ziele nachdenken und darüber, wie man sie erreichen wollte. Das war sehr aufregend.

Jede meiner Reisen hat mein Selbstvertrauen gestärkt. Ich vergaß dabei aber nie, mich, wie verabredet, bei meinen Eltern zu melden und weil ich so verlässlich war und keinen Unsinn machte, gestatteten sie mir im Jahr 1998 meine erste Reise nach Indien. Diese Reise in das sehr exotische Land veränderte mich und den Kurs, den mein Leben nahm; auch in beruflicher Hinsicht.

Für meine berufliche Laufbahn waren diese Erlebnisse insoweit wichtig, als ich schon früh erkannt habe, dass ein rein theoretisches Studium für mich nicht infrage kommen würde. Daher fiel meine Wahl auf ein duales Hochschulstudium. Außerdem war mir klar, dass ich nach dem Abitur weitere Reisen vornehmen wollte, ehe ich durch ein Studium sesshafter werden würde.

Nach meinem Studium in Stuttgart wollte ich aber unbedingt in einem internationalen Kontext arbeiten. Deshalb bewarb ich mich bei der renommierten Wirtschaftsprüfungsgesellschaft KPMG in Frankfurt am Main und trat dort meinen ersten Arbeitsplatz im Jahr 2005 an. Im Jahr 2008 wurde ich Steuerberaterin und im Jahr 2013 zog es mich dann beruflich nach Indien, wo ich Family Officerin wurde. Es fügte sich bis dato also alles wunderbar.

Bist du in jungen Jahren mal an etwas gescheitert?
Natürlich. Scheitern ist doch ein normales Ereignis, wenn man sich Ziele setzt.

Es gehört dazu, dass nicht alle Ziele auf Anhieb erreicht werden und das etwas schiefgeht. Das sind dann die Momente, in denen ich kurz innehalte und mich frage: wie kam es dazu? Was war mein Beitrag hierzu und was kann ich aus der Situation lernen und beim nächsten Mal anders machen? Ohne das Scheitern hätte ich viele wichtigen Erkenntnisse nicht gehabt.

Es hat mich auch nie lange heruntergezogen, weil ich die Dinge als im Fluss befindlich betrachte. Damit wird der Moment des Scheiterns nie zum Endpunkt, sondern zu einem Meilenstein auf dem Weg zum Ziel. Es ist demnach nur wichtig, dass man nicht aufgibt und weiter macht.

Was möchtest du deiner Tochter bzw. jungen Frauen raten?
An dieser Stelle möchte ich Voltaire zitieren: „Ich bin wahrhaftig nicht Ihrer Meinung. Aber ich werde mich bis zuletzt dafür schlagen, dass Sie sie vertreten können."

Ich verwende dieses Zitat, weil ich denke, dass wir in Zukunft viel vernetzter arbeiten werden, obwohl wir möglicherweise räumlich nicht nah beieinander sein werden. Dabei werden wir häufig Menschen begegnen, die sehr wahrscheinlich anders denken und fühlen als wir.

Herauszufinden warum man unterschiedlicher Auffassung ist, kann außerdem sehr spannend sein. Oft erfährt man viel mehr von seinen Mitmenschen und kann davon nur lernen, selbst dann, wenn sich die eigene Auffassung dadurch nicht ändert oder sogar festigt. Ein Grund für eine unterschiedliche Auffassung kann sein, dass man in verschiedenen Ländern geboren wurde und in denen andere Haltungen zu bestimmten Themen vorherrschen. Dabei sollte man sich bewusst machen, dass es ein Zufall ist, in welche Familie man hineingeboren wird, an welchem Ort und unter welchen Bedingungen. Diese Umstände lassen sich nicht ändern. Aber wir können darauf Einfluss, wie wir damit umgehen. Ob wir anständig und offen miteinander umgehen, das liegt in unserem Einflussbereich.

Aus meiner Sicht ist es daher notwendig, dass wir lernen Menschlichkeit zu kultivieren und uns als Weltbürger zu betrachten. Unterschiedliche Auffassungen zu haben ist wichtig, ebenso wie konstruktiv zu streiten und zu argumentieren. Dabei sollte man dem anderen Menschen keine böse Absicht unterstellen, denn das verleitet einen oft dazu Dinge zu persönlich zu nehmen, sich angegriffen zu fühlen und unnötig wütend zu werden. Menschlichkeit bedeutet, dass wir eine positive Einstellung gegenüber unseren Mitmenschen haben und ihnen mit Einfühlungsvermögen, Rücksicht, Toleranz und Respekt begegnen. Dafür ist es wichtig, dass wir unsere Mitmenschen verstehen und wenn wir das nicht tun, dann zumindest einen Versuch unternehmen das zu ändern.

21

Schornsteinfegermeisterin: Vanessa Didam

„Glaub an dich und deinen Weg, egal wie verrückt oder ungewöhnliche er in anderen Augen auch wirken mag."

Schornsteinfegermeisterin und Energieberaterin im Handwerk bei Firma Achim Dreiner

Foto: Vanessa Didam

Schon zu Schulzeiten stand für mich fest: Ich werde Handwerkerin! Praktika sowie Veranstaltungen wie der Girls' Day haben mich motiviert, den Werdegang zum Schornsteinfegermeister zu bestreiten. So startete mein beruflicher Weg direkt nach dem Realschussabschluss mit 16 Jahren. In der dreijährigen Ausbildung haben sich vieler meiner Charaktereigenschaften geprägt: eine offene Weltanschauung, Empathie, eine positive Grundeinstellung und der Wille sich selbst und das Leben nicht zu ernst zu nehmen.

Fragen und Antworten

Was bedeutet Erfolg für dich? Hat sich das über die Zeit verändert?
Früher war meine Vorstellung von Erfolg immer an den Verdienst von möglichst viel Geld gemessen. Ich dachte, dass das Geld der essenziellste Indikator sei um den beruflichen Erfolg eines Menschen oder eines Unternehmens widerzuspiegeln.

Heute definiert sich Erfolg für mich persönlich viel mehr über Leidenschaft und Erfüllung als über einen hohen Verdienst. Natürlich ist die Liquidität wichtig, aber der Gewinn durch die Freude an meiner Arbeit und die Wertschätzung anderer, dass ich diese mit Leidenschaft und Qualität ausführe, ist ein viel größerer und konstanterer Erfolg.

Gibt es eine Sache, die du rückblickend grundlegend anders machen würdest?
Ich würde weniger auf die Meinung und das Ansehen andere geben und viel mehr für mich und meine Wünsche einstehen. Ich würde mich weniger verunsichern lassen und mir selbst mehr Vertrauen schenken.

Gab es Leute, die deine Ideen oder Karriereentscheidungen belächelt haben?
Der Großteil meiner Klassenkameraden hat meinen Wunsch und die daraus resultierende Entscheidung den Beruf des Schornsteinfegers zu erlernen belächelt. Vielen waren der Meinung, dass ich nicht taff genug sei, um in so einer rauen Männerdomäne standzuhalten und die Ausbildung durchzuziehen. Ihr Spott hat mich anfangs verunsichert, doch je mehr sie meine Entscheidung belächelten und anzweifelten, desto größer wurde mein Wille und meine Motivation allen das Gegenteil zu beweisen.

Wieso hast du dich damals für dein Studium/deine Ausbildung entschieden und würdest du dich wieder so entscheiden?
Tatsächlich habe ich mich nicht explizit für eine Ausbildung und gegen ein Studium entschieden, sondern es war der Beruf und somit einhergehend der Weg dorthin, für den ich mich entschieden habe. Mich verärgert es, dass ein Studium ein so viel höheres Ansehen in der Gesellschaft genießt und uns somit immer mehr fähiger Nachwuchs in Handwerk genommen wird. Ich denke, dass man mit einer Ausbildung genauso erfolgreich sein und seinen Weg gehen kann wie auch mit einem Studium. Für viele Berufe ist eine praxisorientierte Ausbildung die bessere Grundlage, für viele andere Berufe ist ein Studium der bessere Weg und essenziell. So oder so bringt beides seine Vor- und Nachteile mit sich.

21 Schornsteinfegermeisterin: Vanessa Didam

Was möchtest du deiner Tochter bzw. jungen Frauen raten?
Ich möchte jungen Frauen raten an sich und ihren Weg zu glauben, egal wie verrückt oder ungewöhnliche er in anderen Augen auch wirken mag. Es ist egal wie das gesellschaftliche Ansehen oder die Meinung anderer über seinen Weg ist. Wichtig ist nur, was man selbst will und was einen selbst erfüllt und glücklich macht. Am Ende jenes Lebens fragt niemand mehr, ob man alles so gemacht hat wie andere es von einem erwarteten, da zählt nur noch ob man das getan hat, was man sich gewünscht hat.

22

Aufsichtsrätin und Expertin für Transformation and Sustainability: Sabine U. Dietrich

„The sky is the limit."

Aufsichtsrätin und Vorsitz des Digitalisierungsausschusses, Commerzbank AG; Aufsichtsräten MVV Energy AG sowie H&R Gruppe; Beraterin eines Londoner

Private Equity Unternehmens; Mentorin und Lecturer der LeadershipNext Academy; Beirätin der BeyondGenderAgenda

Foto: Sabine U. Dietrich

Sabine U. Dietrich absolvierte eine Ausbildung zur Kauffrau, schloss ihr Abitur auf dem zweiten Bildungsweg auf einer selbstverwalteten Schule in Berlin (SfE) ab und studierte Ingenieurswissenschaften. Danach war sie 25 Jahre (16 davon im Ausland) in verschiedenen Rollen beim Mineralölkonzern BP tätig, wo sie als erste Frau und erster Ingenieur in den Vorstand der BP Europa SE aufstieg. Ihre Leidenschaft für Innovation und Transformation wurde Mitte 2000 für die Umwandlung einer Industriebrache in Wales, in Zusammenarbeit mit Prince Charles, mit sechs Innovationspreisen in Großbritannien belohnt.

Heute ist sie Multi-Aufsichtsrätin, Vorsitzende des Ausschusses für digitale Transformation einer großen Bank und setzt sich ehrenamtlich im beschlussfassenden Gremium für die „Deutsche Gesellschaft zur Rettung Schiffbrüchiger" ein. Sie war in ihrer Jugend Sprecherin beim Bayerischen Rundfunk und aktive Schwimmerin, und fährt seit ihrem 18. Geburtstag leidenschaftlich Motorrad und Oldtimer.

Fragen und Antworten

Was bedeutet Erfolg für dich? Hat sich das über die Zeit verändert?
Am Anfang meiner Karriere in den 80ern hätte ich dies sicherlich nicht so deutlich formuliert, der Begriff „Macht" war damals noch sehr negativ besetzt. Heute sage ich „Erfolg bedeutet für mich Macht zu haben". Die Macht, und damit die Möglichkeit, unternehmerische Entscheidungen zu treffen, die im meinem Wertesystem kalibriert wurden, zum Wohl des Unternehmens und im Sinne der gesetzten Strategie.

Welche deiner Eigenschaften hat Dir geholfen auf eigenen Beinen zu stehen?
Für mich gibt es nicht die eine, entscheidende Eigenschaft, die meine Karriere unterstützt hat. Rückblickend würde ich fünf Eigenschaften für mich in Anspruch nehmen.

- **Neugierde:** Ich mache gerne neue Erfahrungen, lerne gerne neue Menschen kennen und arbeite gerne in diversen Umfeldern. Ich versuche Dinge zu verstehen, weil ich Einfluss nehmen möchte. Verschiedene Auslandsaufenthalte haben mich und meinem Mann persönlich sehr be-

reichert. Durch meine internationalen Rollen konnte ich viele Dinge beeinflussen, Geschäftsfelder aufbauen, Mitarbeiter fördern, Innovationen anschieben – und dass ist es, was mich morgens immer noch aus dem Bett treibt.
- **Can Do Attitude:** Ich habe wenig Furcht, dass etwas wirklich schiefgeht, man kann ja die richtigen Leute ins Boot holen. Natürlich hatte auch ich am Anfang meiner Karriere Lampenfieber, wenn ich vor dem Senior Management präsentiert habe. Aber gute Vorbereitung und Übung hilft. Und wenn man mal etwas nicht Weiß, dann kann man immer anbieten, das zu recherchieren und nachzureichen.
- **Ehrgeiz:** Als Kind habe ich Hochleistungssport gemacht und gleich nach meinem Eintritt in einen Schwimmverein die Vereinsmeisterschaft gewonnen. Das hat mich stark geprägt. Ich liebe es Herausforderungen anzunehmen und zu einem positiven Ergebnis zu führen.
- **Realistische Selbsteinschätzung:** Niemand ist perfekt, und es gibt immer wieder Situationen, in denen man nicht ideal reagiert. Im Englischen gibt es hier das positiv besetzte Wort „humble", dass beschreibt, dass man verletzbar bleiben soll. Ich übersetze das mit: Es ist wichtig zu wissen, wo man seine Schwachstellen hat, daran zu arbeiten und dadurch immer weiter lernen.
- **Durchsetzungsvermögen, Teamfähigkeit und Kommunikationsstärke:** Die gehen Hand in Hand – ohne gutes und motiviertes Team keine Umsetzung der Ziele, keine Erfolgserlebnisse, kein Fortschreiten.

Was macht aus deiner Sicht einen guten Mentor bzw. ein gutes Vorbild aus?
Ich habe den Vorteil, dass ich mein Berufsleben gut von meinem Privatleben trennen kann. Das habe ich in einem Managementkurs gelernt. Ich hatte einen englischen Vorgesetzten der – so empfand ich das – chauvinistische Sprüche geklopft hat. Das hat mich persönlich sehr getroffen und ich habe fast alles, was er gesagt hat, in diese Schublade gepackt. Auf einem kurz danach stattfindenden Executive Kurs habe ich gelernt, dass die klare Trennung von Fakten und Interpretation sehr hilfreich sein kann und erlaubt, sich (wieder) auf das Geschäft zu konzentrieren. Das ist sicherlich auch in der heutigen Zeit noch ein hilfreicher Tipp.

23

Gründerin und Data Science Ambassador der Stanford University: Özlem Doger-Herter

„Nimm dir bewusst Zeit für Ruhe, Kreativität und Kraftorte. Denn dort entstehen innovative Ideen und positive Energien für neue Wege."

CEO ASK-A-WOMAN.COM; Ambassador der Stanford University; Head of Communication der Scopevisio Group AG und der Invite Group

Foto: Özlem Doger-Herter

Daten, Technologie und Kommunikation – das sind Özlems berufliche Leidenschaften. Sie startete nach ihrem Abitur in Bad Neuenahr zunächst eine kaufmännische Ausbildung als Fremdsprachen-Assistentin und studierte am Institut für Mehrsprachige Kommunikation and der TH Köln. Die Diplom Übersetzerin spricht fünf Sprachen. Beruflich stieg sie erst in der Finanzbranche im Corporate & Investment Banking ein und wechselte dann, ihrer Kommunikationsstärke bewusst, zu den Radiosendern bigFM & RPR1, wo sie den Standort am Bonner Bogen aufbaute.

Inspiriert durch die Start-Up-Szene am Digital Hub Bonn gründete sie 2018 nicht nur ihr eigenes Unternehmen, sondern wurde auch zum Ambassador der renommierten Stanford University für die Konferenz ‚WOMEN IN DATA SCIENCE'. Außerdem ist sie Autorin und berät Unternehmen in der Tech-Branche bei der Neuausrichtung ihrer Kommunikationstrategie.

Fragen und Antworten

Was bedeutet Erfolg für dich? Hat sich das über die Zeit verändert?
Erfolg bedeutet für mich, alle Lebensbereiche in Balance und Ausgeglichenheit mit positiven Energien zu meistern. Und dabei die eigenen Bedürfnisse nicht zu vergessen. Die wichtigsten Säulen in meinem Leben sind: Familie und deren Glück, Gesundheit, persönliche Entfaltung durch inhaltsstarke Themen, die mich berühren beziehungsweise wofür ich mich berufen fühle, sowie inspirierende Themenbereiche wie Tanz, Kulturen/Sprachen und Charity/Support.

Wusstest du schon immer, was du werden willst?
Ich wusste schon als kleines Kind, dass ich etwas mit Kulturen/Sprachen machen wollte. Inspiriert durch meine Tante, die sechs Sprachen sprach. Das hat sich erweitert, indem ich neue Themenbereiche wie Diversity kennenlernen durfte, die ich heute in der Technologie-Branche erweitern konnte.

Diese Entwicklung ist eher im ‚Flow' entstanden, indem sich neue Türen geöffnet haben und ich Einblicke in neue Perspektiven bekommen durfte. Deshalb finde ich es so wichtig, Vorbilder und Role Models zu haben. Sie inspirieren, sie zeigen Möglichkeiten und begleiten in neue Blickwinkel.

Hattest du früher Zweifel, ob du den richtigen Weg eingeschlagen hast?
Ja, es gab immer Menschen, die besser und weiter waren. Gerade im Sprachenbereich/im Studium hatte man keine Chance gegenüber Muttersprachlern. Sie waren immer besser – egal, wie sehr man sich angestrengt hat. Doch immer wieder drauf zu schauen, seinen Traum erfüllt zu haben hat geholfen. Insbesondere den Perfektionismus abzuschalten. Heute fragt niemand mehr, ob und inwieweit andere besser/schlechter waren. Es bleibt der Weg, den man gegangen ist – komprimiert in einem Diplom.

Gibt es eine Sache, die du rückblickend grundlegend anders machen würdest?
Nein. Ich habe das Gefühl, alles im Rahmen meiner Möglichkeiten geschafft/genutzt zu haben. Verbessern hätte man sicher einiges, aber mehr als man kann, kann man eben nicht ohne dabei die Ruhe zu verlieren.

Welche deiner Eigenschaften hat Dir geholfen auf eigenen Beinen zu stehen?
Die innere Antriebskraft und die Motivation, in den Bereichen wo ich mich talentiert gefühlt habe, weiterzukommen. Und: immer wieder Ruhepausen einzubauen. Ich bin der festen Überzeugung: wer zu viel brennt, brennt aus.

Musstest du als junger Mensch mal über deinen Schatten springen?
Ja, als Kind mit Migrationshintergrund und ohne im Kindergarten die deutsche Sprache zu verstehen musste ich schon früh über meinen eigenen Schatten springen und es irgendwie schaffen zu kommunizieren. Vor allem, weil ich früher eher introvertiert und zurückhaltend war.

Wie hast du in jungen Jahren dein Talent bzw. deine Stärken herausgefunden?
Durch Inspiration und Bestätigung.

Wer oder was war für dich damals besonders charakterprägend?
Meine Eltern haben mir immer vorgelebt, dass man vieles schafft, wenn man fleißig und durchhaltend ist. So konnten Sie erst ihre Existenz in Deutschland aufbauen. Prägend war also das Learning, durchzuhalten und nicht aufzugeben – egal wie schwer die Dinge erscheinen.

Wenn du dich überrumpelt oder überfordert fühlst, was tust du dagegen?
Überforderung ist für mich Reizüberflutung. Und die beste Medizin dagegen ist, die Reize soweit es geht zu minimieren und Ich-Zeit einzubauen. Früher hätte ich das als egoistisch empfunden. Heute weiß ich, dass ich ganz bewusst mit meinen Energiequellen umgehen muss. Das gilt auch für meine Tochter (13). Wenn sie aus der Schule nach Hause kommt, gibt es bei

uns zuerst einmal Hausaufgaben- und Lernverbot. Also Zeit für Ruhe, Kreativität und Tanz. Erst danach ‚darf' wieder gelernt werden.

Wieso hast du dich damals für dein Studium/deine Ausbildung entschieden und würdest du dich wieder so entscheiden?
Von Anfang an hatten mich Sprachen/Kulturen inspiriert. Allerdings habe ich es mir zunächst nicht zugetraut an der Technischen Hochschule in Köln zu studieren. Erst durch die Motivation meines Bruders, starte ich an der Hochschule, am Institut für Translation und Mehrsprachige Kommunikation mit den Hauptfächern Wirtschaft, Recht und Technik (Englisch und Spanisch) und war beflügelt von allem, was ich dort lernen durfte. Ich würde mich immer wieder für diesen Fachbereich entscheiden.

Was war der beste Ratschlag, den du in jungen Jahren erhalten hast?
Wenn es nicht funktioniert, kann man immer noch umdenken und etwas anderes machen.

Was war der schlechteste Ratschlag, den du in jungen Jahren erhalten hast?
Dass Mädchen/Frauen bestimmte Dinge nicht dürfen/sollen. Es hat mich schon als Kind geärgert, sinnlose Kommentare hinzunehmen. Wenn man die Energie jedoch umdreht und etwas daraus ‚kreiert' kann Wiederrum etwas Nützliches entstehen.

Das war jedenfalls mein Antrieb, ASK-A-WOMAN.COM zu gründen. Auf der Plattform geht es insbesondere darauf mehr Diversität in die Technologie-Branche zu bringen (da Frauen immer noch in dem Bereich unterrepräsentiert bzw. nicht sichtbar sind). Und somit mehr Blickwinkel. Und gleichzeitig Role Models für Mädchen junge Frauen in der Branche.

Hast du dich an Ehrenämtern oder Initiativen beteiligt?
Ja, wir haben seitdem ich denken kann Familien in türkischen Dörfern unterstützt, die Kleidung, Schulsachen oder sonstige Unterstützung benötigt haben. Mit meinem Startup nutzten wir einen Teil unseres Unternehmensgewinns, um Flüchtlingsprojekte und u. a. UN Women zu unterstützen.

Was möchtest du deiner Tochter bzw. jungen Frauen raten?
Zunächst finde ich es wichtig, die eigenen Talente kennenzulernen und zu entdecken. Dabei ist es hilfreich zu schauen:

- Was inspiriert mich im privaten Umfeld und ‚nährt meine Seele'? (bei mir ist das eindeutig der Tanz und ehrenamtliche Unterstützung von Kindern)

- Was inspiriert mich inhaltlich/im fachlichen Umfeld? (bei mir ist das Technologie-Branche kombiniert mit Diversity)

In beiden Bereichen kann später der Beruf ausgeübt werden. Das eine schließt das Andere nicht aus. Aber der Blick auf: ‚Was kann ich gut' und ‚Was kann ich nicht so gut' gibt schon eine Menge Antworten darauf, welche Richtung eingeschlagen werden kann und worin man sich auch später wohl fühlt.

Egal welchen Weg man einschlägt oder wohin der Flow führt: Ich wünsche meiner Tochter, ihre ‚Coolness' zu bewahren und sich nicht aus der Bahn werfen zu lassen durch Stress und Druck. Den wird es immer geben. Der Umgang mit allen Herausforderungen ist wichtig. Das Urvertrauen, Dinge zu schaffen, wenn man sie will. Auch wenn Umwege eingebaut werden müssen.

24

Portraitfotografin und Psychologiestudentin: Anja Dorny

„Du verlierst nichts aus den Augen, was dir wirklich wichtig ist."

Inhaberin eines Fotostudios in Berlin
Foto: Anja Dorny Fotografie

Ich bin Portraitfotografin in Berlin mit einer Passion für Psychologie. Mein Ziel ist es, die Fotografie mit der Psychologie zu verbinden, um Menschen mit dieser Therapiefacette aus einer Diagnose zu helfen (z. B. Depression). Um das zu erreichen, startete ich während der Pandemie nebenberuflich ein Psychologiestudium an der FernUni Hagen.

Ich liebe es, mich Widerständen zu stellen und versuche so bewusst erwachsen zu werden. In meiner Jugend besuchte ich ein Sportinternat und war im Kader der Jugend Nationalmannschaft der DDR. Mit 18 Jahren, während meines Fotojournalismus Studiums, bekam ich mein erstes Kind und bin heute Mutter von drei Kindern. Nach der Trennung von meinem Freud nach 20 Jahren wurde aus der romantischen Idealistin, eine bewusst handelnde erwachsene Frau – mit Lust auf das Leben, mit mehr Achtsamkeit.

Fragen und Antworten

Was bedeutet Erfolg für dich? Hat sich das über die Zeit verändert?
Wir glauben immer Erwartungen, Wünsche und Forderungen anderer Menschen erfüllen zu müssen, weil die meisten von uns das als Kinder eingeübt haben. Erfolg bedeutet auch dir zu sagen, ab heute höre ich auf mein Herz und schenke mir zunächst einmal selbst, was ich von anderen erwartet habe

Wusstest du schon immer, was du werden willst?
Ja, das wusste ich, konnte es mir aber aufgrund der politischen Situation in der DDR nicht direkt erfüllen und bin erst einmal Mutter geworden. Über die Zeit und Umwege bin ich am Ende doch da, wo ich immer sein wollte. Auf dem Weg dorthin habe ich jedoch noch viel mehr vom Leben an Erfahrung mitnehmen können.

Und genau das ist das Ding: Du verlierst nichts aus den Augen, was dir wichtig ist. Falls doch, dann ist etwas anderes stärker. Ich glaube es geht im Leben darum, Erfahrungen zu machen, daran zu wachsen, um sich wiederum neuen Aufgaben zu stellen. Das Ziel ist oft ernüchternd, der Weg eine fantastische Illusion.

Hattest du früher Zweifel, ob du den richtigen Weg eingeschlagen hast?
Ich glaube, es gibt kein richtig oder falsch. Das was ist, kann immer angepasst werden – Wir sind selbst Schöpfer unseres Lebens und haben immer die Wahl.

Gibt es eine Sache, die du rückblickend grundlegend anders machen würdest?
Die Möglichkeit besteht eher nicht, denn Zeit kann man nicht zurückholen. Je älter ich aber werde, umso achtsamer werde ich auch. Ich habe gelernt auf mein Herz zu hören und bin auch geduldiger und entspannter geworden. Unter Druck erhöht sich die Wahrscheinlichkeit Fehler zu machen, deshalb ist es manchmal besser bestimmte Dinge wirken zu lassen, vor allem dann, wenn Emotionen damit verbunden sind.

Welche deiner Eigenschaften hat Dir geholfen auf eigenen Beinen zu stehen?
Ehrgeiz, Wille und Selbstdisziplin. Ich würde behaupten, dass ich mit diesen Dispositionen bereits auf die Welt gekommen bin, diese aber durch meine Zeit auf der Sportschule im Besonderen ausgeprägt wurden.

Musstest du als junger Mensch mal über deinen Schatten springen?
Ich muss nicht über ihn springen, denn ich habe ihn ständig bei mir, vor allem wenn die Sonne scheint. ☺
Wir haben immer beides – Licht und Schatten. Durch Menschen, die mir sehr nahe stehen und zu denen ich eine emotionale Beziehung habe, bin in der Lage mich durch den Schatten wieder ins Licht zu führen und komme im besten Fall durch mich durch bei mir an.

Wie hast du in jungen Jahren dein Talent bzw. deine Stärken herausgefunden?
Mein Großvater war Kunstmaler und Musiker. Es kann sein, dass ich dadurch eine Affinität für Kunst entwickelte. Für das Malen fehlte mir allerdings oft die Geduld. Aber als ich einen Fotoapparat geschenkt bekam, machte ich damit meine Bilder.
Darüber hinaus fand ich Gesichter und Interaktionen zwischen Menschen schon immer sehr faszinierend. Schon früh versuchte ich Menschen anhand ihrer Mimik und Gestik zu lesen.

Wenn du dich überrumpelt oder überfordert fühlst, was tust du dagegen?
Ich mache Atemübungen und fokussiere mich auf meine Innenwelt. Oft schreibe ich meine Gefühle und Gedanken auf, um sie für den Moment aus dem Kopf zu bekommen, trainiere oder gehe in den Park und versuche mich auf das Jetzt und Hier zu fokussieren. Es geht einfach darum, bei sich zu bleiben.

Hast du eine bestimmte Methode mit negativen Erlebnissen umzugehen?
Negative Kommentare gehen mir am Arsch vorbei. Ich weiß wer ich bin und was mich ausmacht. Alles ist immer auch subjektiv, jeder denkt, was er denken will und was in seine Welt am besten passt. Anders ist es mit konspira-

tiver Kritik. Ich bin schon sehr reflektiert und empathisch aber eben auch ein Mensch, daher ist das natürlich auch nie völlig objektiv.

Gab es Leute, die deine Ideen oder Karriereentscheidungen belächelt haben?
Ja, natürlich. „Mit Fotografie kannst du doch kein Geld verdienen, mach mal etwas vernünftiges" etc. Es ist nicht gelogen, denn durch die Digitalisierung ist dieser Markt stark selektiert. Ich bin also dabei mich neu zu strukturieren, um weiterhin meine Kosten bezahlen zu können und meiner großen Leidenschaft weiter nachzugehen. Es ist aber trotzdem immer schlau einen Plan B zu haben.

Wurden dir mal Steine in den Weg gelegt?
Steine? Ich bin eine Hürdenläuferin! ☺

Warst du damals besorgt, dass du Karriere, Familie und Freunde nicht kombinieren kannst?
Ich bin nicht der Typ, der sein Lebensglück von einer Führungsposition, materiellen Besitztümern oder gesellschaftlicher Anerkennung abhängig macht. Was bedeutet eigentlich Karriere? Ist es nicht eher ein oberflächlicher aber gesellschaftlich akzeptierter Erklärungsversuch, sich eine Identität zu schaffen, ohne eine zu haben? Mein Motto ist eher, wenn ich das, was ich bin, mit dem, was ich mache, in Einklang bringe, mache ich Karriere. Wenn du also für etwas hart arbeitest, dass du nicht liebst, erzeugt das Stress. Leidenschaft erzeugst du, wenn du für etwas hart arbeitest, was du liebst.

Wie hast du versucht, einen guten ersten Eindruck im Vorstellungsgespräch zu hinterlassen?
Meine Maxime ist Authentizität. Ein teurer Anzug ist oftmals auch ein Blender. Ich wollte mich nie verkleiden, sondern wegen meiner Selbst zählen. Der einzige Weg ist für mich tatsächlich der Diskurs mit dem Gegenüber, denn auch ich z. B. als zukünftige:r Arbeitnehmer:in möchte mir ein Bild machen. Schließlich sollte das keine Einbahnstraße sein. Jemand der Wert auf Äußerlichkeit legt, teilt nicht meine Maxime. Natürlich kannst du zum Gespräch nicht in Lumpen gehen, denn du willst deinem Gegenüber ja auch Respekt zeugen, aber verkleiden wollte ich mich nie.

Was möchtest du deiner Tochter bzw. jungen Frauen raten?
Es gibt keine Probleme, nur Herausforderungen. Die Perspektive, aus der du schaust, beeinflusst deine Gedanken, Gefühle und dein Handeln. Also versuche positiv zu schauen!

> *„Ich danke allen Menschen. Halt dich fest an den Menschen, die dich halten und dich lieben, es wird immer welche geben, die dich hassen und bekriegen. Lass sie einfach links liegen, du musst nicht alle lieben. Also bleib stark und respektvoll."* (Xavier Naidoo)

24 Portraitfotografin und Psychologiestudentin: Anja Dorny

„Es gibt keine Arschlöcher, sondern lediglich Arschengel" (Robert Betz, Psychologe). Sie helfen dabei, uns besser kennenzulernen, indem sie unsere wunden Punkte triggern, die uns aufzeigen, woran wir noch zu arbeiten haben.

Jemandem, der es dir versucht schwer zu machen, begegnest du nicht mit Gegenwehr, sondern Mitgefühl, denn er weiß es noch nicht besser. Es geht immer darum gute Energie in sich zu haben. Schlechte Energie (Hass, Wut, Groll) sind nicht gut fürs Karma. ☺ Solange wir im Kleinen diesen Krieg führen, werden wir auch im Großen Krieg führen.

Was ich noch sagen möchte
Das Leben in ist schön und vor allem dann, wenn wir uns in Akzeptanz und Toleranz gegenüber Andersartigkeit üben. Diversität ist Bereicherung. Außerdem hasse ich Massentierhaltung und Umweltverschmutzung, denn wir sind alle eins und bedingen einander.

25

MMA-Weltmeisterin und Journalistin: Julia Dorny

„Es ist ein unglaubliches Gefühl, Teil einer guten Sache zu sein."

MMA World- und European Champion, Multiple World Games und National Champion; REV-Reporterin, Moderatorin, Redakteurin; Sportredaktion Deutsche Welle

Foto: Anja Dorny Fotografie

Geboren und aufgewachsen in Ost-Berlin, ist Julia Dorny seit ihrem siebten Lebensjahr begeisterte Kampfsportlerin. Sie ist bis heute (Stand 2021) ungeschlagen die erste deutsche weibliche MMA-Europameisterin und MMA-

Weltmeisterin im Federgewicht bei den Amateuren der IMMAF. Außerdem ist sie die einzige Sportlerin der Welt, die als Judoka, Mixed-Martial-Arts-Kämpferin, Sumō-Ringerin und Grapplerin Medaillien auf Welt- und Europameisterschaften gewonnen hat.

Neben ihrer sportlichen Karriere ist Julia auch Medienwissenschaftlerin, Journalistin und TV-Moderatorin. So interviewt sie unter anderem in ihrem Podcast „WOMEN HIT HARDER" regelmäßig interessante Persönlichkeiten und ist Sportredakteurin für die Deutsche Welle. Ihr Bachelorstudium in Journalism and Corporate Communication hat sie an der HMKW und ihr Masterstudium in Medienwissenschaft an der Humbolt-Universität zu Berlin absolviert. Zudem setzt sie sich ehrenamtlich für den Kinderschutz und gegen sexualisierte Gewalt ein.

Fragen und Antworten

Was bedeutet Erfolg für dich? Hat sich das über die Zeit verändert?
Erfolg kann so unterschiedlich definiert werden. Er kann uns innerlich erfüllen oder in Form von Status für alle sichtbar werden. Mir persönlich ist die innere Erfüllung wichtig. Natürlich leugne ich nicht, dass ich froh bin, gutes Geld zu verdienen, um meine Rechnungen zu bezahlen und mir nebenbei Wünsche oder Reisen zu ermöglichen, auf die ich Lust habe.

Aber Erfolg ist definitiv auch zu erkennen, dass man an Widerständen wachsen kann. Paradigmen zu wechseln ist dabei ein wichtiger Begleiter sowie „Probleme" als Herausforderung zu sehen und nicht negativ zu bewerten: „Ah, das Universum schickt mir wieder eine Aufgabe!" Aber letztlich ist es schön ganz für sich allein „Erfolg" in welcher Form auch immer zu zelebrieren.

Hattest du früher Zweifel, ob du den richtigen Weg eingeschlagen hast?
Ich glaube, es gibt kein richtig oder falsch. Es muss sich nur grundsätzlich gut anfühlen. Wenn es das nicht tut, kann man ja etwas ändern. Denn, das was ist, kann immer angepasst werden – Wir sind selbst Schöpfer und haben eigentlich fast immer die Wahl.

Gibt es eine Sache, die du rückblickend grundlegend anders machen würdest?
Nein! Alles sollte so sein, alles ist so gekommen, wie es das Leben für mich vorgesehen hat, ich bin dankbar für jede Erfahrung, auch, wenn manche echt schmerzhaft waren – körperlich wie seelisch – aber sie haben einen ja auch stärker gemacht. Wenn es Momente gab, in denen ich dachte: F**k, wieso passiert das jetzt, konnte ich oft im späteren Verlauf sagen: „Oh man, deswegen habe ich mir jetzt so einen Kopf gemacht oder dachte meine Welt geht unter!?"

Je älter ich aber werde, umso achtsamer werde ich auch. Ich habe gelernt besser auf mein Herz (Körper) zu hören, nicht mehr ganz so viel nur auf meinen Verstand zu setzen – und bin dahingehend etwas entspannter geworden.

Welche deiner Eigenschaften hat Dir geholfen auf eigenen Beinen zu stehen?
Ehrgeiz, Selbstdisziplin und Perfektionismus. Ich hatte Visionen (Träume, Ziele), welche ich unbedingt erreichen wollte. Also habe ich so lange darauf hingearbeitet, bis ich es erreicht habe.

Musstest du als junger Mensch mal über deinen Schatten springen?
Ich muss nicht über ihn springen, denn ich habe ihn ständig bei mir, vor allem wenn die Sonne scheint ;-) Wir haben immer beides – Licht und Schatten!

Wie hast du in jungen Jahren dein Talent bzw. deine Stärken herausgefunden?
Schon in der Schule war frühzeitig klar, dass ich ein starkes Potenzial im rhetorischen und eine große Affinität zur Gerechtigkeit habe. Ich wollte aufräumen, ein Sprachrohr werden für Menschen, die sozusagen keine Stimme haben (Lobby) und Ungerechtigkeit „bekämpfen". Vielleicht auch gerade deshalb, weil ich in den ersten Jahren meiner Grundschulzeit gemobbt wurde. Dieses Gefühl war für ich damals schrecklich. Um meinen Körper und meinen Selbstwert zu stärken, fing ich damals an Kampfsport zu betreiben. Es wirkte sofort ...

Wenn du dich überrumpelt oder überfordert fühlst, was tust du dagegen?
Aufschreiben, aussprechen, versuchen auszudrücken – in klare Worte fassen, was genau mich gerade überrumpelt oder mich überfordert bzw. traurig macht. Und oft hilft es dann, die Dinge zu lesen oder sie auszusprechen, weil es sich dann schnell relativiert. Gute Gespräche mit Menschen, den man vertraut, ist auch schön und eine wichtige Maßnahme für mich. Ich habe es auch schon mal in ein Diagramm zusammengefasst, das hat mir sehr geholfen. Da erkennt man, wie viele Facetten einen ausmachen und wo es möglicherweise gerade „brennt"! Natürlich hilft Sport/Training mir auch sehr. (Sport hilft immer, den Kopf freizubekommen.)

Gab es Leute, die deine Ideen oder Karriereentscheidungen belächelt haben?
Ich habe einen starken und sehr herzlichen Familienzusammenhalt in dem wir uns gegenseitig supporten, aber natürlich auch „kritisieren" (subjektiv), das heißt Bedenken äußern können. Bezüglich meines Sportes ist es für die ganze Familie nicht so einfach. Für mich ist das eine krasse kognitive Herausforderung. Dieser Sport verlangt alles von dir ab, vor allem geistige und physische Schnelligkeit ... Es ist ein bisschen wie Schach spielen.

Warst du damals besorgt, dass du Karriere, Familie und Freunde nicht kombinieren kannst?
Es ist tatsächlich schwierig, all das unter einen Hut zu bekommen, aber wenn man etwas wirklich will, bekommt man das schon hin. Tatsächlich finde ich es viel schwieriger, neben Karriere, Leistungssport, Freunden und Familie mir auch „Me-Time" einzugestehen! Das mache ich leider viel zu selten und leider schlafe ich viel zu wenig. Daran muss ich unbedingt arbeiten.

Hast du dich an Ehrenämtern oder Initiativen beteiligt?
Ja! Das mache ich schon sehr lange. Mir war es immer wichtig, etwas zurückzugeben. Und ich finde, es ist einfach ein unglaubliches und erfüllendes Gefühl in lächelnde Kindergesichter zu sehen oder zu wissen, dass man Teil einer guten Sache ist. Wie das meine Karriere beeinflusst hat, kann ich nicht sagen. Ich freue mich einfach nur, dass ich es tue.

Was möchtest du deiner Tochter bzw. jungen Frauen raten?
Genieße jeden einzelnen Moment. Mach, wonach dir ist. Lass dir von niemandem sagen, das geht nicht. Glaube an die Dinge, die niemand sieht, außer dir. Leben ist einzigartig, jeder Tag ist einzigartig- die guten und die schlechten! Sie machen uns!

Lass dich nicht unterkriegen, auch wenn es mal unangenehm ist oder wehtut. All das macht uns stärker. Es gibt keine Probleme, nur Herausforderungen. Die Perspektive, aus der du schaust, beeinflusst deine Gedanken, Gefühle und dein Handeln. Also schaue positiv!

Robert Betz: „Es gibt keine Arschlöcher, sondern Arschengel". Sie helfen uns, uns selbst besser kennenzulernen, indem sie unsere wunden Punkte triggern.

Jemandem, der es dir versucht schwer zu machen, begegnest du nicht mit Gegenwehr, sondern Mitgefühl, denn er weiß es noch nicht besser. Es geht immer darum gute Energie in sich zu haben. Schlechte Energie (Hass, Wut, Groll) sind nicht gut für das Karma. :-)

Was ich noch sagen möchte
Das Leben in ist schön und vor allem dann, wenn wir uns in Akzeptanz und Toleranz gegenüber Andersartigkeit üben. Ich hasse Massentierhaltung und Umweltverschmutzung, denn wir sind alle eins und bedingen einander. Ohne Natur, kein Leben ...

26

Floristin und Dekorateurin: Katharina Fankidejski

„Verfolge dein Ziel. Du brauchst dafür Kreativität, Stilempfinden, Know-how und eine Prise Verrücktheit."

Gründerin von ECHTZEIT Floristik und Dekoration; Gründerin von BrightNight

Foto: Katharina Fankidejski

Nimm dir echt Zeit für die schönen Dinge im Leben, das ist mein Motto. Ich bin Katharina und erschaffe als Flowerdesignerin aus Blumen, Blättern und Bändern wahre Kunstwerke – individuell, qualitativ hochwertig und echt. Ich liebe es, den Menschen durch mein florales Handwerk ein Lächeln ins Gesicht zu zaubern.

Nach meinem Schulabschluss wollte ich etwas Kreatives machen und habe eine Ausbildung zur Floristin absolviert. Nun bin ich 31 Jahre alt, seit zehn Jahren selbstständig und habe mir mit der Gründung meines eigenen Unternehmens ECHTZEIT Floristik und Dekoration meinen Kindheitstraum erfüllt. Außerdem gründete ich kürzlich gemeinsam mit meiner besten Freundin eine Eventagentur für Brautpartys und Flower Workshops.

Fragen und Antworten

Wusstest du schon immer, was du werden willst?
Ich wusste schon von klein auf, dass ich Floristin werden und einen eigenen Laden haben möchte. Es ist ein tolles Gefühl schöne Dinge zu gestalten und den Menschen mit meiner Kreativität ein Lächeln ins Gesicht zu zaubern. Früher habe ich zum Beispiel ehrenamtlich in Kindergärten und Pflegeheimen die Dekoration für die für die Fenster der Bewohner gemacht, damit sie es schön hatten. Als ich 16 Jahre alt war sagte der Leiter eines Altenheims zu mir: „Sie müssten sich selbstständig machen." Das hat mir gezeigt, dass ich auf dem richtigen Weg bin und an meinem Traum festhalte. Ich habe immer dran geglaubt, dass ich irgendwann einen eigenen Laden haben werde und mich hat auch nichts von meinem Vorhaben abgehalten.

Welche deiner Eigenschaften hat Dir geholfen auf eigenen Beinen zu stehen?
Es toll, sich weiterzuentwickeln. Man sollte nie stehen bleiben, egal in welchem Alter man ist. Außerdem ist es schön, sein Wissen auch weiterzugeben. Zusätzlich zu meinem Online-Business bin ich noch Regionalleiterin bei einer holländischen Blumenkette und betreue dort zehn Blumenläden. Neben den normalen Managementtätigkeiten unterstütze ich dort unter anderem auch die älteren Generationen dabei, die neuen Ideen und Trends zum Leben zu erwecken. Viele freuen sich, etwas Neues zu sehen und zu lernen. Man lernt niemals aus, egal wie alt man ist. Meine offene Art ist für diesen Beruf dabei sehr von Vorteil. Ich freue mich jedes Mal über die Dankbarkeit und Wertschätzung meiner Kunden und Mitmenschen. Manchmal erhalte ich sogar handgeschriebene Karten. Dafür liebe ich diesen Job. Ich kann alle nur ermutigen Floristin bzw. Florist zu werden.

Musstest du als junger Mensch mal über deinen Schatten springen?
Mein Motto war und ist bis heute: Ich will anders sein als andere Blumenläden. Vor drei Jahren habe ich mich entschieden, die zwei physischen Blumenläden abzugeben und mich nur noch auf das Online-Business zu fo-

kussieren. Dafür habe ich auch einen eigenen Arbeitsraum zuhause. Heute bin ich zehn Jahre selbstständig und habe einen guten Kundenkreis aufgebaut, der mich über Social Media oder meine Website erreicht. Früher schauten die Kunden in Läden und Büchern nach Dekoration und Inspiration, heute bei Pinterest und Instagram. Mittlerweile bekomme ich Anfragen aus anderen Teilen Deutschlands und Österreich. Diese neue Reichweite ist sehr spannend. Die fertigen individuellen Produkte können sich die Kunden an zwei Stationen abholen oder sie werden Ihnen zugeschickt. Ich liebe es aber auch, selbst zu den Kunden rauszufahren und Ihnen meine Ideen vorzustellen.

Wer oder was war für dich damals besonders charakterprägend?
Ich habe meine beste Freundin förmlich mit dem Gedanken der Selbständigkeit angesteckt. Als wir uns kennen lernten, war sie noch Vollzeit in einer Eventagentur angestellt. In unseren Gesprächen sagte sie mir, dass sie auch Lust darauf hätte, sich etwas Eigenes aufzubauen. Ich sagte: „Verfolg dein Ziel, bleib dabei und wenn dein Herz dafür schlägt, dann mach das. Ich helfe dir".

Einige Brainstormings runden später, entstand die Geschäftsidee. Meine Freundin wagte den Sprung in die Selbständigkeit, trennte sich von ihrem alten Job und gründete die Bright Night. Firmen und Privatpersonen können dort zum Beispiel individuelle Junggesellinnenabschiede oder Hochzeits-Messen buchen, in denen Sie zum Beispiel kleine Workshops bei Floristen, Goldschmieden oder Konditoren machen können. Es macht mich stolz zu sehen, wie sie mit viel Freude und Herzblut in dieses Projekt umsetzt. Als Geschäftspartnerin helfe ich dabei.

Durch dieses Arbeitsverhältnis hat sich eine tolle Freundschaft entwickelt. Es ist schön, dass jeder von dem anderen etwas lernen kann. Meine Freundin brachte noch mehr Struktur in mein Arbeiten. Wir alle haben viele Ideen. Die Kunst liegt aber darin, unsere Ideen wirklich umzusetzen. Daran scheitern viele. Als Selbstständige höre ich häufig „Wie schön, dass du selbstständig bist. Du bist dein eigener Herr". Ja, das stimmt. Und das kannst du auch sein. Du musst nur dran arbeiten und den Glauben nicht verlieren. Du musst in schlechten Zeiten immer wieder aufstehen, das macht dich stark. Es hilft, sich kleine Ziele zu setzen und sich dann auch über kleine Erfolge zu freuen. Ich habe sogar mal ein Mood-Board gemacht. Ein Bild von mir in die Mitte, drum herum meine Wünsche notiert und im Laufe des Jahres immer mal wieder draufgeguckt. Warum mache ich das eigentlich? Was habe ich bisher erreicht? Welche Menschen habe ich kennen gelernt? Welche Freundschaften habe ich geknüpft? Natürlich wird man auch Sachen finden, die nicht geklappt haben, aber das ist ganz normal und nicht schlimm.

Hast du eine bestimmte Methode mit negativen Erlebnissen umzugehen?
Leute, die dir mit Missgunst begegnen sind neidisch. Später, wenn sie sehen, dass du dein Ziel verfolgt und hast nie aufgegeben hast, dann erst kommt die Bewunderung.

Gab es Leute, die deine Ideen oder Karriereentscheidungen belächelt haben?
Von meinen Freunden höre ich oft Sätze wie „Bist du schon wieder am Arbeiten?", „Mach doch mal frei" oder „Gönn dir mehr Zeit für dich". Sie verstehen nicht, dass meine Arbeit für mich keine Arbeit ist, sondern mein Hobby und meine Leidenschaft. Wenn ich abends in meiner Werkstatt sitze und tolle Musik höre, dann sprudeln die Ideen aus mir heraus. Ich habe zum Beispiel schon einmal aus alten Zinkrohren von der Müllhalde tolle neue Kreationen geschaffen oder aus Motorteilen vom Auto einen Adventskranz gebaut. Diese Zeit in meiner Werkstatt ist für mich Kreativität voller Ideen und Werkeln. Ich habe kein Problem damit länger oder sogar 24/7 zu arbeiten, wenn es etwas ist, was ich wirklich gerne mache. Ich hatte noch nie das Gefühl meine Zeit abzusitzen und auf den Feierabend zu warten. Ganz im Gegenteil! Ich freue mich jeden Tag auf die Arbeit und darauf, etwas Neues zu kreieren.

Wurden dir mal Steine in den Weg gelegt?
Wer du am Ball bleibst, dann zahlt sich der Erfolg irgendwann aus. Ich bin damals mit null Euro und ohne Kunden angefangen, habe mir von einer Bank 20.000 Euro geliehen, davon mein Laden eingerichtet, meine Möbel selber gebaut und bin dann mit der Kaltakquise gestartet. Ich bin losgegangen und habe mich persönlich bei Leuten als die neue Floristin vorgestellt. Tatsächlich bekam ich meine ersten Kunden durch eines dieser netten Gespräche.

Es ist nicht das Produkt, das den Kunden überzeugt, sondern der Mensch, der hinter dem Ganzen steht. Blumen kann man sich natürlich auch aus dem Supermarkt holen, aber einige Menschen möchten auch eine Bezugsperson haben und sehen – in diesem Falle mich. Tatsächlich darf ich als Floristin ganz viele Menschen und deren Geschichten kennen lernen. Es kommt auch vor, dass auch mal gar nichts gekauft, sondern einfach nur gequatscht wird.

Ich bin sehr stolz auf mich, dass ich mir alles selbst aufgebaut und meinen Traum erfüllt habe. Natürlich hat man auch mal die ein oder andere Träne vergossen, aber ich bin froh, dass ich heute immer noch hier stehe. Mittlerweile statte ich Bäckereien, Supermärkte, Ferienhäuser und sogar Bekleidungshäuser mit meinen Dekorationen aus. Einige Projekte sind für den guten Zweck, was mir persönlich besonders wichtig ist. So wie du bist, kommt es auch im Leben zurück. Selbst meine Freunde und Mitmenschen sagen mir: „Wow, du hast nie aufgegeben. Das hat sich ausgezahlt".

26 Floristin und Dekorateurin: Katharina Fankidejski

Warst du damals besorgt, dass du Karriere, Familie und Freunde nicht kombinieren kannst?
Ich liebe meinen Job und ich würde ihn auch nie aufgeben. Sollte ich später Kinder haben, würde ich versuchen, beides zusammen unter einem Hut zu kriegen. Ich möchte, dass meine Kinder auch damit aufwachsen und diese schönen Dinge sehen. Mein Partner ist Modedesigner, sodass die Kreativität eine große Rolle in unserem Leben spielt.

Wieso hast du dich damals für dein Studium/deine Ausbildung entschieden und würdest du dich wieder so entscheiden?
Ich habe in meiner Schulzeit viele Praktika gemacht und in kleinen Blumenläden, Familienbetrieben und auch großen Betrieben ausgeholfen. In der neunten Klasse war eines dieser Unternehmen so begeistert von mir, dass sie mich behalten wollten und mir eine Ausbildung anboten – damit war ich die erste aus meiner Klasse mit einem Ausbildungsplatz! Dort habe ich dann vier Jahre gearbeitet, einen Blumenladen übernommen, ein fünfköpfiges Team geleitet und eine Auszubildende gehabt. Dann habe ich einen zweiten Blumenladen übernommen, mich auf Firmen und Events spezialisiert und mit einer Partnerin zusammengearbeitet. Sogar andere Boutiquen verkauften meine Dekorationen.

Was möchtest du deiner Tochter bzw. jungen Frauen raten?
Nimm dir Echtzeit für die schönen Dinge im Leben.

1. Mach das, wofür dein Herz schlägt und was es zum Singen bringt. Wenn du etwas gefunden hast, was dich erfüllt, dann machst du das mit purer Leidenschaft. Und das strahlst du auch aus. Wenn du in dem was du machst gut bist, dann kannst du damit auch Geld verdienen. Setze dir kleine Ziele, setzen sie um und erfreue dich an deinen Erfolgen.
2. Du allein bist für dein Leben verantwortlich. Höre nicht auf die Zweifel der Familie oder des Freundeskreises. Baue dir ein Netzwerk aus Leuten, die dich unterstützen und ermutigen. Such dir Partner für den konstruktiven Austausch. Arbeitet miteinander, nicht gegeneinander.
3. Es gibt immer auch mal Zeiten, die sind nicht so rosig. Verliere nie den Mut und lass den Kopf nicht hängen. Krisen sind Chancen neu kreativ zu werden. Zum Beispiel in Zeiten von Corona: Wenn du nicht zum Blumenladen kannst, kommt die Blume eben zu dir nach Hause über DIY-Videos und Online-Shop. Es ist die Zeit für andere Ideen. Ziehe aus allem Schlechten das Positive heraus.

27

Tattoo Artist: Emilia Fehse

„Glaube an dich selbst und folge deinem Herzen. Du kannst alles erreichen, egal, wie weit weg es erscheint."

Selbstständige Künstlerin
  Foto: Tiago Moraes Pamplona Martins
  Ich bin Emilia Fehse, 23 Jahre alt und seit circa einem Jahr selbständige Tätowiererin. Zu einem gewöhnlichen Beruf habe ich mich nie hingezogen gefühlt. Nach dem Schulabschluss entschied ich mich für einen Auslandsaufenthalt in Südamerika. Dort lernte ich die Kunst des Tätowierens kennen und habe mich

direkt wie zuhause gefühlt, denn ich habe mich immer nach Kreativität und Freiheit gesehnt. Zurück in Deutschland startete ich eine Ausbildung in einem Tattoo Studio und arbeite heute unter anderem in Deutschland und Brasilien.

Fragen und Antworten

Was bedeutet Erfolg für dich? Hat sich das über die Zeit verändert?
Erfolg bedeutet für mich vor allem Freiheit. Freiheit, meine Zeit so zu nutzen, wie ich es möchte. Finanzielle Freiheit. Freiheit, in meinem Job aufzugehen, Freiheit die Welt zu bereisen.

Beruflich ist für mich ist der größte Erfolg, dass ich mit meiner Kunst Menschen helfen kann, sich gut in ihrer Haut zu fühlen. Ein Stück mehr Selbstbewusstsein zu erlangen, sich verbunden zu fühlen mit sich selbst und ihre Stories und Werte auf ihrer Haut zu verewigen. Dass meine Kunden mir das Vertrauen geben, ihre Haut für immer zu schmücken und mir gleichzeitig damit ermöglichen, mein Leben in der Freiheit und Kreativität auszuleben, dass ich mir erwünscht habe – das ist sowohl mein größter Erfolg und mein Ansporn.

Wusstest du schon immer, was du werden willst?
Ich hatte nie ein klares Ziel vor Augen oder einen Beruf, dem ich unbedingt nachgehen will. Jedoch war mir schon immer bewusst, dass ich keinen klassischen Weg gehen möchte. Ich wollte auf keinen Fall im Büro landen, einen 9–5 Job haben und auf keinen Fall wollte ich die ganze Woche unzufrieden arbeiten, um dann zwei Wochen Urlaub im Jahr zu haben. Es war also schon immer klar, dass ich etwas werden möchte, in dem ich die Freiheit habe, mich kreativ auszuleben und zu reisen.

Wie hast du in jungen Jahren dein Talent bzw. deine Stärken herausgefunden?
Meiner Meinung nach ist Ehrgeiz und Willenskraft deutlich wichtiger als Talent. Mit genügend Ehrgeiz kannst du aller erreichen, was du dir vorgenommen hast. Dies habe ich schon früh erkannt, und ich denke, dass dies meine Stärke ist, die mich weiterbringt.

Wenn du dich überrumpelt oder überfordert fühlst, was tust du dagegen?
In meiner Laufbahn war ich schon oft überfordert, gerade in einem so verantwortungsvollen Job wie Tätowierer:in ist man gerade am Anfang oft nervös und es läuft auch mal was nicht so wie man es wollte. Doch der Job erfordert, dass ich mich in solchen Momenten beruhigen kann und klar denken kann. Was mir immer geholfen hat, war das klassische tief durchatmen. Einen Moment der Ruhe, vielleicht kurz zurücktreten und mir einen Überblick verschaffen und dann fest an mich selbst zu glauben.

Gab es Leute, die deine Ideen oder Karriereentscheidungen belächelt haben?
Ich habe mein Abitur an einem Gymnasium in einer Kleinstadt gemacht, in der so ziemlich jeder schon lange wusste, was er werden will, sich direkt für Jura, Medizin o. ä. eingeschrieben hat. Ich hingegen wusste bis nach meinem Abschluss nicht was ich machen möchte. Ich war immer gut in der Schule und ich konnte mir so oft anhören, warum ich nicht versuche dies oder jenes zu studieren etc. aber ich antwortete immer, dass ich lieber reisen möchte oder kleine Jobs annehmen will, vielleicht irgendwann eine Bar aufmachen will. Offensichtlich konnte ich mir viel anhören und wurde belächelt. Heutzutage weiß ich, dass ich dir richtige Entscheidung getroffen habe. Ich habe nicht aus gesellschaftlichem Druck ein Studium angefangen, dass mir keine Freude bringt und meine Zeit verschwendet, sondern habe auf mein Bauchgefühl gehört und bin meinen Weg gegangen.

Wer oder was hat dir damals maßgeblich bei der Orientierung geholfen, deinen eigenen Weg zu gehen?
Ich bin sehr dankbar dafür, dass ich immer die Unterstützung meiner Eltern hatte. Sie haben mich immer unterstütz, den Weg zu gehen den ich für richtig halte und haben mir vertraut, dass ich weiß, was ich tue. Ich hatte nie den Druck, studieren zu müssen oder einen 9–5 Job machen zu müssen. Ich hatte auch das Privileg, dass sie mich finanziell absichern konnten. Tatsächlich war meine Mutter die Person, die mir geraten hat, Tätowiererin zu werden, noch bevor ich mir dessen sicher war. Es bedeutet mir sehr viel.

Außerdem das Glück, Paul Mohaupt, den Inhaber von Pauls Tattoo, dem Studio, in dem ich arbeite und angefangen habe, kennenzulernen. Paul ist einer der besten Menschen, die ich je kennengelernt habe und gerade in dieser Branche ist es nicht einfach jemanden zu finden, der einen so viel Unterstützung gibt und sein Wissen teilt. Bis heute steht er mir mit Rat und Tat zur Seite.

Ich denke, dass die Unterstützung der Menschen in deinem Umfeld extrem wichtig ist, nur so hatte ich immer den Mut Risiken einzugehen.

Hast du einen Teil deines Studiums im Ausland gemacht?
Ich habe zwar kein Auslandsemester oder ähnliches gemacht, da ich ja nicht studiert habe, jedoch habe ich direkt nach meinem Schulabschluss drei Monate Freiwilligenarbeit in Santiago, Chile gemacht. Diese Zeit hat definitiv mein Leben verändert und ist maßgeblich verantwortlich für mein Leben heute. Auf dieser Reise habe ich gemerkt, wie wichtig mir Freiheit ist. Außerdem habe ich dort mein erstes Tattoo machen lassen und auch meine ersten Erfahrungen mit der Arbeit als Tattoo Artist gehabt. In dem Moment, als ich das erste Mal ein Studio betreten habe, hat es Klick gemacht. In diesem Moment war ich zur richtigen Zeit am richtigen Ort und ich konnte es richtig fühlen, dass dies wichtig für mein Leben wird. Ich habe dort dann einen Monat Praktikum gemacht und danach stand für mich fest:

ich will mich mit tätowieren selbstständig machen und somit die Freiheit haben, überall auf der Welt mit diesem tollen, kreativen Beruf arbeiten zu können. Ich kann es wirklich jedem raten, so viel wie möglich zu reisen, und gerade in Zeiten, in denen man sich verloren fühlt, um wieder einen klaren Blick zu bekommen und sich selber kennen zu lernen.

Was möchtest du deiner Tochter bzw. jungen Frauen raten?
Glaube an dich selbst und gehe den Weg, den dein Herz dir sagt. Du kannst alles werden und erreichen, dass du möchtest, wenn du es wirklich willst und bereit bist das nötige zu tun.

28

Kommunikations- und Marketingchefin in der Automobilindustrie: Bettina Fetzer

„Achte darauf, authentisch und dir selbst treu zu bleiben. Lass dich von einem Misserfolg nicht entmutigen, sondern lerne mit der Enttäuschung umzugehen und die positive Einstellung zu behalten, dann kommt auch Positives zurück."

Leiterin Kommunikation und Marketing Mercedes-Benz AG
Foto: Mercedes-Benz AG

Bettina Fetzer, am 2. April 1980 in Burghausen geboren, begleitet seit 2004 verschiedene Positionen im Unternehmen. Unter anderem arbeitete die studierte Betriebswirtin als Pressesprecherin für smart und Mercedes-Benz, als Leiterin der Mercedes-Benz Wirtschaftskommunikation und als Leiterin der Globalen Kommunikation Mercedes-Benz Cars. Zusätzlich unterstützte sie als Ambassador die Gestaltung der neuen Unternehmenskultur „Leadership 20X". Seit November 2018 ist sie als Marketingchefin der Mercedes-Benz AG tätig. Mit Wirkung zum 1. Juli 2021 übernahm Bettina Fetzer zusätzlich die Leitung des Bereichs „Communications" (COM) bei der Mercedes-Benz AG in Personalunion.

Fragen und Antworten

Welche deiner Eigenschaften hat Dir geholfen auf eigenen Beinen zu stehen?

Für mich war und ist es eine Mischung aus Eigenschaften und der persönlichen Einstellung.

Zum einen ist es wichtig, mutig die Hand zu heben. Ich habe mir Themen und Projekte angeschaut, Gestaltungsräume gesehen und dann um die Verantwortung gebeten. Wichtig ist, die eigenen Kompetenzen auf der fachlichen Ebene zu erkennen und diese dann selbstbewusst einzusetzen. Und es kommt darauf an, die richtigen Prioritäten zu setzen, wenn nötig die Extrameile zu gehen und schließlich bestmögliche Ergebnisse zu erzielen.

Zum anderen sollte man wissen, wie man im Unternehmen als Person wahrgenommen werden möchte. Das schließt vor allem auch softe Faktoren mit ein. Man muss sich überlegen, wie man mit Menschen umgehen möchte und wo man sich in der Unternehmenskultur wiederfindet. Für mich ist es besonders wichtig, authentisch zu bleiben und gerne auch mal ein bisschen aus der Reihe zu tanzen oder anders zu sein. Ich muss nicht immer jedem gerecht werden. Womit ich immer sehr gut gefahren bin, ist den Menschen, mit denen ich arbeite, Vertrauen entgegenzubringen und sie zu empowern. Wer alles hat, was er braucht, um einen guten Job zu machen, der macht in der Regel auch einen guten Job.

Warst du damals besorgt, dass du Karriere, Familie und Freunde nicht kombinieren kannst?

Mein Mann und ich haben damals zusammen beschlossen, dass ich die Chance auf die Position als Marketingchefin für Mercedes-Benz nutzen möchte. Wir wollten probieren, ob der Spagat zwischen Familie und Job für uns lebbar ist. Viel Zeit für einen selbst bleibt nicht. Ein Großteil der Zeit, die bleibt, gehört der Familie und Freunden – am besten in Kombination. Es ist wichtig, ein unterstützendes Umfeld zu haben. Mein Mann und ich arbeiten beide Vollzeit und kümmern uns gemeinsam um unser Kind. Ich sehe mich nicht in der Rolle einer Working Mum, vielmehr sehen wir uns als Working Parents. So handhabe ich es auch im Job. Ich bin keine Führungskraft, die alles allein entscheidet und macht. Man ist immer nur so stark wie das Team, das man um sich herum baut.

Was möchtest du deiner Tochter bzw. jungen Frauen raten?
Wenn du etwas willst, musst du auch etwas dafür tun. Ergreift die Chancen, wenn sie sich euch bieten. Strengt euch an und schaut, dass Andere eure Leistungen sehen und würdigen. Sucht euch ein Umfeld, dass euch unterstützt, wertschätzt und sichtbar werden lässt. Achtet dabei darauf, authentisch und euch selbst treu zu bleiben. Lasst euch von einem Misserfolg nicht entmutigen, sondern lernt mit der Enttäuschung umzugehen und bleibt am Ball. Es wird sich auszahlen. Ich erinnere mich immer wieder selbst dran, die positive Einstellung zu behalten, dann kommt auch positives zurück. Und zu guter Letzt gehört immer auch ein bisschen Glück dazu.

29

Dozentin, Comédienne und Autorin: Nicolette Fountaris

„Jetzt gerade ist das irgendwann, von dem du mal geträumt hast. Egal, was du vorhast, mach dein Ding."

Dozentin, Comédienne und Autorin
Foto: Lookfamed GmbH

Nicolette ist Comedian, Dozentin und Autorin. Wenn sie nicht gerade für Ihr Comedy Programm durch Deutschland tourt, kann man sie entweder auf dem TV-Sender TLC in ihrer eigenen Show wiederfinden oder auf Instagram. Dort hat sie mittlerweile über 280.000 Follower und ist bekannt dafür in ihrem „Dirty Donnerstag" unzensiert auf vorab anonym gestellte Fragen ihrer Community einzugehen.

Dabei startete Nicolette ursprünglich in der Kosmetikbranche als ausgebildete Visagistin. Heute lebt Sie ihren Traum vom Show-Biz und war 2020 sogar für den Peoples Choice Award in der Rubrik „German Influencer" nominiert. Mit ihrem ersten Kochbuch landete sie direkt auf der Spiegel Bestseller Liste, auch ihr zweites Buch ist auf dem Weg dorthin.

Fragen und Antworten

Was bedeutet Erfolg für dich? Hat sich das über die Zeit verändert?
Ich habe ganz viele Jahre nach dem Trugschluss gelebt, dass Erfolg immer nur bedeuten kann, dass man beruflich ein Maximum nach dem anderen erreicht. Heute bedeutet für mich Erfolg, dass man in jeglicher Lebenssituation – auch emotional – einen Status erreicht, mit dem man zufrieden oder sogar glücklich ist, etwas geschafft hat und sich wohl fühlt.

Wusstest du schon immer, was du werden willst?
Ich habe mir immer gewünscht etwas zu tun, was sich mit schönen Dingen befasst und wo ich mich kreativ ausleben kann. Ob Make-Up, Handwerk oder Dekoration – Es gab so viele Dinge, die ich schön fand. Ich wollte die Farben und Formen, die ich ständig im Kopf hatte, in die Realität umsetzen. Showbiz, Glanz und Glamour begeistern mich bis heute.

Außerdem ist mir Anerkennung und Feedback sehr wichtig. Egal welche Jobs ich gemacht habe, wenn meine Leistung nicht wertgeschätzt wurde, war das immer sehr schwer für mich. Denn meistens habe ich ja alles, was ich gemacht habe, auch gerne gemacht habe. Und wenn ich etwas gerne mache, tue es auch gut und freue mich über positive Resonanz. Bei dem, was ich heute mache, ist das zum Glück so. Deswegen macht es mir wahrscheinlich auch so viel Spaß.

Hattest du früher Zweifel, ob du den richtigen Weg eingeschlagen hast?
Ich war ab und zu unsicher, ob ich den richtigen Weg gehe. Ich habe immer Sachen gemacht, weil sich das so gehörte und ich habe die Feste so gefeiert, wie sie gefallen sind. Das, was sich ergeben hat, habe ich so hin- und für mich angenommen. Häufig habe ich auch Sachen gemacht, um nicht mich, sondern alle anderen zufrieden zu stellen. Das hat mich unglücklich gestimmt. Außerdem hat sich Erfolg für mich teilweise nicht nach Erfolg an-

gefühlt. Dadurch stellte ich mir schon oft die Frage: War das jetzt wirklich das Maximum?

Gibt es eine Sache, die du rückblickend grundlegend anders machen würdest?
Ja. Man sagt zwar, dass alles im Leben einen Sinn hat und einen zu der Person formt, die man ist. Aber ich habe definitiv Sachen gemacht, die absolut unnötig waren. Die haben keinen Teil zu meiner Entwicklung beigetragen, weder nach vorne noch nach hinten. Es gibt Sachen, die ich durchaus bereue und über die ich heute nur den Kopf schütteln kann. Was habe ich mir damals dabei gedacht habe – habe ich dabei überhaupt gedacht?

Rückblickend hätte viel früher lernen müssen auf mich zu hören. Auf das, was ich möchte. Auf das, was ich mir wünsche. Nicht auf das, was andere von mir erwarten und andere glücklich macht. Ich habe viele Jahre damit vergeudet, im Sandkasten der anderen zu buddeln. Ich habe viel zu oft nach der Meinung anderer Menschen gefragt, viel zu oft nach Ratschlägen anderer Leute gebeten und mich dadurch von außen beeinflussen und schon fast manipulieren lassen. Und das tut mir sehr leid. Erst seitdem ich mein Ding mache, bin ich wirklich zufrieden und glücklich. Aber das ist auch ein Lernprozess.

Welche deiner Eigenschaften hat Dir geholfen auf eigenen Beinen zu stehen?
Auf eigenen Beinen zu stehen und auf alles zu scheißen. Meine berufliche Karriere im Entertainment Business hat begonnen, als ich an einem sehr tiefen Punkt in meinem Leben angekommen war. Vieles lief schief und ich war extrem unglücklich, unzufrieden und frustriert. Tiefer hätte dieser Punkt meines Lebens für meinen Geschmack nicht sein können. Ich habe daraufhin beschlossen, mir nichts mehr aus den Erwartungen anderer zu machen und auf deren Meinungen und Ratschläge zu pfeifen. Mein eigenes Ding zu machen hat mich nicht nur glücklich gemacht, sondern sogar beruflich nach vorne gebracht. Das war und ist bis heute mein Schlüssel zum Erfolg.

Musstest du als junger Mensch mal über deinen Schatten springen?
Um Hürden zu übersteigen, musste ich lernen auf mich selbst zu hören und meinen eigenen Kopf, mein Willen und meine Meinung durchzusetzen. Ich habe angefangen meinen Prinzipien zu berücksichtigen und meine Grenzen zu respektieren. Außerdem bedeutet Schatten für mich, das Ego zurückzulassen. Im Laufe der letzten Jahre habe ich gelernt, dass das Ego nichts Gutes ist und viele Menschen davon leider zu viel haben. Ich arbeite jeden Tag kontinuierlich daran mein Ego Stück für Stück abzubauen. Man darf nicht vergessen, dass zum Beispiel Mitarbeiter nicht nur mich im Kopf, sondern auch noch andere Dinge zu tun haben. Ich musste lernen, dass sich

der ganze Planet nicht nur um mich dreht. Ehrlicherweise muss man sagen, je erfolgreicher man beruflich wird, desto vorsichtiger muss man hier sein – vor allem in der Entertainment Branche.

Wie hast du in jungen Jahren dein Talent bzw. deine Stärken herausgefunden?
Im Vergleich mit anderen Kindern war ich immer viel kreativer, aufnahmefähiger und konnte besser babbeln. Kreative Tätigkeiten haben mir immer große Freude bereitet und meine Leidenschaft geweckt. Ob das Tanzen im Verein, Singen, Theater AG, Kunstunterricht oder der Nähkurs – Das alles habe ich unfassbar gerne gemacht und war deswegen auch immer den anderen einen Schritt voraus.

In der Pubertät hatte ich erst einmal ganz andere Probleme. Ich musste mich extrem mit meinem Leben, meinem Geschlecht, meinen Problemchen und meinem Defizit auseinandersetzen. Aber sehnte ich mich die ganze Zeit am meisten nach Kreativität. Diese Sehnsucht und mein Wille sind unfassbar stark. Wenn ich etwas wirklich möchte, dann bekomme ich es nicht mehr aus meinem Kopf. Ich werde dann zur Schwester Konsequenta und verfolge das mit Biss.

Wünsche und Träume zu visualisieren ist sowieso unglaublich wichtig. Das ist das Benzin für meinen Motor und treibt mich an. Die Fantasien, die ich habe und über die ich spreche, werden so häufig wahr. Ich finde es wichtig, dass man die Zeit, in der man jetzt lebt, nutzt und nicht unterschätzt. Man sollte nie stehen bleiben. Der Gedanke „irgendwann möchte ich dies und jenes haben" treibt einfach an. Gleichzeitig ist aber auch heute das irgendwann, wovon du letztens noch geträumt hast.

Wer oder was war für dich damals besonders charakterprägend?
Ich habe meine Träume als meine Vorbilder genommen, was sehr prägend war. Starken Vorbilder hatte ich nämlich nicht. Dabei ist es so wichtig für die Entwicklung eines Menschen Vorbildfunktionen zu haben. Als Junge bietet es sich an, auf den Vater, Großvater oder die Brüder zu schauen. Aber wenn man transsexuell geboren wird, so wie ich, ist das schwierig. Bei mir war das komplette Bild einfach so vertauscht und verrutscht, dass es für mich sich falsch angefühlt hätte mir eine Frau als Vorbild zu nehmen. Heute habe ich durchaus kleine Idole, zu denen ich hinaufschaue. Aber ich habe gelernt, mich auf mich selbst zu verlassen. Was ist denn schon ein Vorbild? Das sind alles Menschen und niemand ist perfekt. Die Gesellschaft neigt dazu Menschen als Vorbild zu bezeichnen, so lange sie korrekt sind und alles vernünftig machen. Wehe dem, der sich einmal einen Patzer erlaubt, dann wird die Anerkennung direkt wieder entzogen. Das halte ich für Blödsinn.

Darüber hinaus glaube ich, dass mich alles, was in meine letzten 32 Jahre passiert ist, sehr geprägt hat. Es gab Menschen und auch Ereignisse, besonders die schlechten, die mich vorsichtiger gemacht haben.

29 Dozentin, Comédienne und Autorin: Nicolette Fountaris

Hast du eine bestimmte Methode mit negativen Erlebnissen umzugehen?
Nein. Wenn mir etwas Nahe geht, geht es mir Nahe. In diesen Fällen kann ich mich auch meistens nur schwer wieder beruhigen. Aber was mir hilft ist, sich auf Tatsachen verlassen zu können. Zum Beispiel, dass die Erde sich immer weiterdreht. Oder, dass nie so heiß gegessen wird, wie es gekocht wurde. Alles klingt irgendwann wieder ab, denn der Mensch ist nicht in der Lage kontinuierlich die gleiche Emotion aufrechtzuerhalten. Das hilft mir zu wissen, dass alles gut wird. Immer.

Gab es Leute, die deine Ideen oder Karriereentscheidungen belächelt haben?
Oh Gott, ohne Ende und bis heute. Meine Erfahrung hat mir gezeigt, dass das häufig aus den eigenen Reihen kommt. Ich wurde von Menschen belächelt, die mich gut kannten, mich sehr gern hatten und immer noch haben. Wenn ich von meinen Wünschen und Vorstellungen sprach, wurde das häufig ins Lächerliche gezogen.

Ich musste mir damals anhören, dass sie das nur tun würden, um mich zu schützen. Das ist Blödsinn und gelogen. Beschützen sieht anders aus. Menschen ziehen Sachen nicht ins Lächerliche oder lachen dich aus, weil sie dich beschützen wollen. Sondern weil sie niemals gedacht hätten, dass du es an den Punkt schaffst, an dem du jetzt bist. Wahrscheinlich sind sie selbst Sicherheitsfanatiker und haben Angst, dass du mit etwas Außergewöhnlichem erfolgreicher werden könnte als sie. Wahrscheinlich gönnen sie es dir nicht, weil sie selbst gefangen sind in dem, was sie sind und was sie tun.

Grundsätzlich tun sich leider viele Menschen schwer damit andere zu supporten, zu ermutigen und zu sagen: Egal was du vorhast, mach dein Ding. Es gibt leider immer Leute, die deine Träume und Erfolge runter reden wollen. Egal wie erfolgreich du bist oder welchen Status du z. B. beruflich erreicht hast. Selbst, wenn sich mein Kochbuch 20 Millionen Mal verkaufen, auf 100 Bestsellerlisten landen und ich noch 1000 eigene Fernsehshows haben würde – Es wird immer Leute geben, die das runterziehen.

30

Lehrerin, Dozentin und Wissenschaftlerin: Dr. Marie-Christine Ghanbari

„Du bist genug, wenn du einfach du bist."

Dozentin und Wissenschaftlerin WWU Münster; Gründerin und Dozentin der Sportpatenseminare WWU Münster (Fachbereich: Sportwissenschaft, Medizin, Rechtswissenschaft, Erziehungswissenschaft, BWL – Master: Münster Marketing); Lehrerin Mathilde-Anneke Gesamtschule
   Foto: Stefan Lehmann

Dr. Marie-Christine Ghanbari arbeitet als Lehrerin, ist Dozentin und Wissenschaftlerin an der Universität Münster sowie Mutter einer 9-jährigen Tochter. Sie wurde als erste und bisher einzige Deutsche mit der Goldmedaille des Global Teacher Prize (auch als alternativer Nobelpreis bekannt) für ihr ehrenamtliches Projekt, Konzept und Seminar Sportpaten ausgezeichnet.

Ihr Herz brennt für die Kinder! Nach ihrem Schulabschluss arbeitete sie zunächst als Au Pair in den USA, begann dann ein Jurastudium und wechselte schließlich zu Lehramt mit den Fächern Sportwissenschaft, Mathematik und Deutsch. Sie erhielt für ihre Forschungsaufenthalte in Nigeria ein Stipendium des Cusanuswerk und promovierte in (Sport-) Psychologie. Während ihrer Promotion entwickelte, realisierte und implementierte Marie soziale Projekte und Konzepte zur Förderung der Chancengleichheit von Kindern und empathischen Kompetenzen von Studierenden. Heute ermöglicht sie mit Sportpaten ein institutionalisiertes Ehrenamt an der Universität Münster und bildet studierende in Empathie aus.

Fragen und Antworten

Wusstest du schon immer, was du werden willst?
Nein, das wusste ich nicht. Früher träumte ich davon Schauspielerin und Sängerin zu werden. Vermutlich, um wahrgenommen zu werden. Aufgrund der Scheidung meiner Eltern war meine Kindheit nicht einfach, ich hatte keinen optimalen Start und keine gradlinige Schullaufbahn. Dass ich auf der Realschule war, nagte damals an meinem Selbstwertgefühl. Ich dachte immer, ich wäre nicht gut genug und nicht so schlau, wie meine Freunde. Ich dachte, dass Sport das Einzige wäre, was ich kann.

Ich brauchte jemanden, der mir sagt: „Du kannst das". In der achten Klasse lernte ich meine Mentorin kennen, die mir Englisch bei- und die deutsche Literatur nahebrachte. Das gab mir Sicherheit und ließ mich über mich hinauswachsen. Plötzlich war ich gut in der Schule und hatte Lehrer, die mein Potenzial erkannten und mich unterstützen. Meine Lehrer und meine Mentorin gaben mir Power und waren meine Katalysatoren, indem sie sagten: „Bleibt dran, ich bin da". Ich habe dann gemerkt: Ich kann das. Ich bin schlau genug. Schließlich wechselte ich auf das Gymnasium.

Seitdem ist mir klar, dass ich für Kinderrechte und Chancengleichheit kämpfen will. Ich will etwas für Kinder verändern und verhindern, dass ein Kind durch das System fällt. Kein Kind sollte das Gefühl haben nicht gut genug zu sein und nicht gesehen zu werden – so wie ich es damals hatte.

Hast du eine bestimmte Methode mit negativen Erlebnissen umzugehen?
Um die familiären Dinge aufzuarbeiten habe ich mit Anfang 20 unter anderem eine Therapie gemacht. Es war gut, jemanden von außen objektiv

drauf gucken zu lassen. Als Kind ist einem meist gar nicht so bewusst, was passiert ist, weil einem die kognitiven Fähigkeiten noch fehlen, dieses alles einzuordnen und negative Erlebnisse, die emotional belastend sind, werden erstmal, wie einem Kästchen verschlossen.

Beruflich hatte ich mit Mobbing zu kämpfen, da es Kollegen gab, die mir den Erfolg im Rahmen des Global Teacher Prize nicht gönnten. Für sie war ich ein „Frischling" gerade erst mit dem Referendariat fertig. Meine Promotion und acht Jahre Berufserfahrung in der Universität und Schule spielten für sie keine Rolle. Als ich in die Top 50 und später Top 10 der Auszeichnung kam, fing das Gerede an. Vermutlich ging es dabei weniger um mich, sondern um ihren Neid nach Wertschätzung. Aber mit jeder Bemerkung fühlte ich mich schlechter. Obwohl ich sehr stolz auf meine Projekte war, hatte ich große Angst wieder davor, nicht genug zu sein und in eine Schublade gesteckt zu werden. Die Angst, nicht gut genug zu sein – so wie früher.

Ich musste lernen, wie ich damit umgehe. Erst hat mir Gedichte schreiben geholfen, das Erlebte zu verarbeiten. Es ist wichtig sich auf sich zu fokussieren, zu reflektieren, sich in andere hineinversetzen zu können.

Aber auch meine Tochter, die Arbeit mit meiner Klasse, das Sportpatenprojekt und Kollegen, die zu mir gehalten haben und mich wertgeschätzt haben, gaben mir Halt und Kraft in dieser Zeit. Ich liebe meinen Beruf als Lehrerin und Dozentin und Kinder über sich hinauswachsen zu lassen, Chancengleichheit zu schaffen und Studierende zu sensibilisieren und in Empathie auszubilden. Ich fokussierte mich immer wieder auf meine Stärken, die Arbeit mit Kindern und warum ich diesen Berufsweg eingeschlagen hatte. Auch die Arbeit im Sportpatenprojekt, meinem Herzensprojekt, half mir nicht zu vergessen, warum es wert ist zu kämpfen und seine Stärken zu sehen und sich nicht eine Schublade stecken zu lassen. Konzentriere dich auf das Positive und deine Stärken, reflektiere dich und versuche durch Empathie, dich in die Perspektive des anderen hineinzuversetzen. Diese Methode half mir es zu schaffen. Das Negative schloss ich wieder wie in meiner Kindheit in einem kleinen Kästchen ein und legte es zur Seite. Aber je länger diese Belastung dauerte, desto mehr ging es an meine Substanz.

Durch die Auszeichnung traf ich auch auf wundervolle Menschen, die mir geholfen haben. Es waren wieder Mentoren, die an mich und meine Idee und das Projekt Sportpaten glaubten. Ein wichtiger Mensch ist Maurice Oossenbrugh. Mit seiner Hilfe (er erzählte meine Geschichte einem befreundeten Rechtsanwalt, der mir ehrenamtlich half) entkam ich dem negativen Kreislauf und wechselte an eine Schule in meiner Heimat- und Universitätsstadt Münster. Er war auch der Katalysator, der mir ermöglichte, dass Sportpatenprojekt 2018 interdisziplinär in den Fachbereichen Medizin und BWL (Master) zu verankern. In dieser Stadt fühlte ich mich wohl, stark und selbstbewusst. An meiner neuen Schule wird positive Psychologie gelebt. Für meine Tätigkeiten erhielt ich plötzlich Anerkennung, Wertschätzung und Herzlichkeit.

Wieso hast du dich damals für dein Studium/deine Ausbildung entschieden und würdest du dich wieder so entscheiden?
Nach dem Abitur habe ich ein halbes Jahr als Au Pair in New York gearbeitet. Gleichzeitig belegte ich einen Civil Rights Kurs am College, um das Thema Recht kennen zu lernen. Zurück in Deutschland studierte ich Jura, aber ich wollte nicht erst vor Gericht für Gerechtigkeit sorgen. Das negative Selbstbild, dass Menschen über sich haben, entwickelt sich bereits im Kindesalter. Also studierte ich parallel noch Lehramt (Mathe, Sport, Deutsch) mit dem Schwerpunkt Psychologie. Ich bin in meiner Freizeit sogar freiwillig in die Bibliothek gegangen und habe mir die Bücher von Freud über das Unterbewusstsein durchgelesen. Wie werden Menschen getriggert, wie verhalten sie sich und warum ist das so? Das finde ich unglaublich spannend.

Als Lehrerin kann ich die Zukunft gestalten. „History will judge us by the differences we make in the everyday lives of our children", so Nelson Mandela. Was wir heute der nächsten Generation, unseren Kindern, beibringen wirkt sich auf unsere zukünftige Gesellschaft und unser Wertesystem aus. Um mündige Bürger zu werden, müssen sich Kinder als solche erleben. Nur wenn ich verantwortungsbewusst und handlungsfähig bin, weiß ich, dass ich Probleme ohne Gewalt und mit konstruktiven Argumenten lösen kann. Doch frühe Selektion von Kindern im Schulsystem, nimmt vielen nicht nur die Chance auf Bildung, sondern auch auf Demokratie.

Wer war dein damaliges Vorbild?
Ja, ich hatte mehrere bedeutende Menschen in meinem Leben. Meine Mentorin, Ingrid Sieverding, die mir entwicklungspolitisches Engagement nahebrachte, mir ein weltweites Netzwerk öffnete und mir die Indienreise ermöglichte. Meine Doktormutter, Maike Tietjens, und mein Doktorvater, Bernd Strauß, die mir dabei geholfen meine Prüfungsangst zu überwinden. Während ich nämlich immer besser wurde, stieg auch meine Angst schlechter zu werden und wieder weniger wert zu sein. Maike und Bernd nahmen mich damals an die Hand und haben mir Sicherheit und Zuversicht vermittelt. Sie nahmen mir meine Ängste, indem sie an mich und mein Potential glaubten.

Und dann waren da noch meine Eltern. Beide sind sehr stark, obwohl die Scheidung eine große Belastung für alle war. Meine Mama, teilweise alleinerziehend mit drei Kindern, war mein sportliches Vorbild und zeigt mir, wie klettern, spazieren und schreien hilft seine Gefühle rauszulassen und stark zu werden. Mein Vater, der manchmal keinen Unterhalt zahlte, ermöglichte mir Sprachurlaube, um meine Stärken zu entwickeln und über den Tellerrand zu schauen. Heute weiß ich, dass beide nur das Beste für ihre Kinder wollten – jeder auf seine Art.

30 Lehrerin, Dozentin und Wissenschaftlerin: ...

Was war der beste Ratschlag, den du in jungen Jahren erhalten hast?
Du kannst nur Erwartungen an dich selbst haben, nicht an andere. Denn jeder Mensch ist anders groß geworden und hat andere Dinge erlebt. Wenn du jemanden kennen lernst, der nie gelernt hat über Probleme zu reden, kannst du nicht erwarten, dass diese Person das plötzlich kann. Es braucht Empathie und Zeit, damit die Person es lernt. Du weißt nie, was dein Gegenüber gerade durchmacht, also solltest du keine sofortige Reaktion erwarten. Als Lehrerin muss ich flexibel und empathisch sein. Ich möchte Kinder erreichen, verstehen und ihnen ein gutes Gefühl geben. Dies kann ich aber nur, wenn ich mich mit meiner Empathie in ihre Situation hineinfühle und versetze. Ich muss das Klassenklima und die Kinder psychologisch begreifen und entsprechend umdenken. Empathie ist die Schlüsselkompetenz.

Was war der schlechteste Ratschlag, den du in jungen Jahren erhalten hast?
Ratschläge, die mit der Angst des Scheiterns arbeiten, sind fatal. „Du könntest schlechte Noten schreiben!", „Willst du nicht lieber eine Ausbildung machen?", oder „Jura ist sehr schwer. Bist du sicher, dass du das schaffst?". Das kann sich langfristig negativ auswirken.

Die Angst zu Versagen sollte dich nie daran hindern anzufangen. Herausforderungen sind dazu da, um sie mit deinen Kompetenzen zu meistern. Es ist wichtig, positiv orientiert und realistisch zu arbeiten. Du kannst es schaffen! Du kannst dich hinsetzen und lernen. Du kannst Probleme lösen.

Was würdest du anders machen, wenn du nochmal beginnen könntest?
Nein. Es war genau richtig, dass ich das ich Rechtskunde als Abiturfach hatte, mit Jura angefangen habe und schließlich Lehrerin und Dozentin geworden bin. Studieren, promovieren, ein Stipendium oder eine Auszeichnung erhalten – Das habe ich damals nie für möglich gehalten. Mit dem Ziel, etwas zurückzugeben gründete ich die Sportpaten. Ich wusste, dass dieses Projekt viel Kraft braucht und sich nicht positiv auf meine akademische Karriere auswirken wird, da ich weniger Artikel publiziere. Aber das war es mir wert! Mittlerweile ist das Sportpatenprojekt und Seminar in fünf Fachbereichen der WWU Münster fest verankert, so auch in der rechtswissenschaftlichen Fakultät, wo ich als Dozentin gemeinsam mit meinem Team interdisziplinär Jura Studierende in Empathie ausbilde und Chancengleichheit für Kinder schaffe.

Hast du einen Teil deines Studiums im Ausland gemacht?
Ich hatte die Chance nach Nigeria und Indien zu fliegen. Die Menschen dort zeigten mir, was es bedeutet sich nicht nur auf Leistung zu konzentrieren. Du bist genug, wenn du einfach du bist. Du darfst dort lachen, tanzen, fröh-

lich sein und den Moment genießen – Ohne Leistungsdruck und die Angst in eine Schublade gesteckt zu werden. In diesen kollektivistischen Kulturen kann jeder singen und tanzen, da diese Bewegungen von Innen kommen. Es geht um Gemeinschaft und Rhythmus, nicht um Wettbewerb. In individualistischen Kulturen ist das anders und es wird früh nach gut und schlecht selektiert. Wenn ein Kind im Sportunterricht als letztes ins Team gewählt wird, hat das Auswirkungen auf das Selbstwertgefühl.

Hier entstand meine Idee zu meiner Forschungsarbeit; ich erlebte selbst einen Perspektivwechsel und lernte mich in andere Menschen und Kulturen hineinzufühlen und diese zu verstehen „I am because we are". Ich verinnerlichte dieses Lebensgefühl. Ich fing an mich mit den unterschiedlichen Menschen, deren unterschiedlicher Kulturen auseinanderzusetzen und mich in die Kulturen hineinzufühlen. In dieser Zeit lernte ich sehr viel von Kindern und Menschen in Nigeria und Indien. Es war und ist ein wertvoller Schatz an Lebenserfahrung. Wenn Ingrid Sieverding mich nicht mit nach Indien und Nigeria genommen hätte und mein entwicklungspolitisches Interesse entfacht hätte; so wäre meine Forschungsidee wohl nicht entstanden. Dieser Schritt damals hat mich und mein Leben nachhaltig positiv beeinflusst.

Was möchtest du deiner Tochter bzw. jungen Frauen raten?
Egal in welcher tiefen Krise du steckst, du schaffst es dort raus. Im Leben läuft nicht immer alles positiv. Du musst nicht immer alles richtig oder perfekt machen. Fehler zu machen ist okay, denn genau so lernen wir.

Glaub an dich und gib niemals auf! Du hast Stärken, die in dir sind und wachsen. Es wird Menschen geben, die das anders sehen, aber lass dich davon nicht beirren. Kein Lehrer, kein anderer Mitmensch kann darüber urteilen oder bestimmen, was du für große Dinge erreichen kannst. Du weißt, welches große Potential in dir steckt, in jedem Kind steckt. Jedes Kind ist ein goldener Schatz, voller Stärken. Schaue stets mit dem Herzen auf Menschen. Empathie ist die Kompetenz der Zukunft.

Höre nie auf zu träumen! Träume können wahr werden. Ich habe als Kind zu meiner Mutter gesagt, dass ich irgendwann den Friedensnobelpreis erhalten werde. Tatsächlich wurde aus kindlicher Phantasie mehr oder weniger Realität, denn der Global Teacher Prize wird von der Presse als alternativer Nobelpreis bezeichnet.

Du darfst an Wunder glauben! Ich bin zwar Wissenschaftlerin und lege viel Wert auf Fakten, dennoch kann Glaube auch Berge versetzen.

31

Interkulturelle Strategin: Kirsten Heike Giering

„Ein Leitsatz aus Frankreich: Le comble du chic, c'est d'être soi-même – Du selbst zu sein ist der Inbegriff von Eleganz."

Inhaberin Sinica Consulting
   Foto: Hoffotografen Berlin
   Ökonomische, ökologische, soziale, politische oder persönliche Entwicklung entsteht nur über den Austausch von Kulturen – Davon ist Kirsten Giering überzeugt. Nach ihren abgeschlossenen Studiengängen in Mainz, Frankreich

und Shanghai packte sie ihre Koffer und flog nach China – mit einem One-Way-Ticket und ohne Jobangebot. Nach vielen erfolgreichen Jahren und unterschiedlichen Stationen im Ausland kehrte sie zurück nach Deutschland. Heute berät sie international im Bereich der Nachhaltigen Führung, Change und Interkultur.

> **Fragen und Antworten**
>
> **Was bedeutet Erfolg für dich? Hat sich das über die Zeit verändert?**
> Erfolg habe ich für mich in meinen unterschiedlichen Lebensphasen immer wieder neu definiert und mein Wirken an dieser Definition eingeschätzt. Stand heute schaue ich auf bisher drei wesentliche Erfolgsdefinitionen, die durch meine persönliche und berufliche Weiterentwicklung immer wieder eine Neuausrichtung erfahren haben.
>
> 1. Meine ersten Erfolge oder die Eroberung (Ich)
> 2. Gestaltungserfolge und die Pionierarbeit (Wir)
> 3. „Dein Erfolg ist mein Erfolg" oder „the next level" (Du)
>
> Meine ersten Erfolge oder die Eroberung (Ich): Während der ersten Jahre in unterschiedlichen beruflichen Positionen ging es zuerst um Durchbruch, die Eroberung von Terrain und den kraftvollen Auf- und Ausbau der Existenz sowie das Lernen in global ausgerichteten Unternehmen. Fokus Leistung, Gewinn und die finanzielle Unabhängigkeit. Ich habe in Unternehmen aktiv nach Mentoren gesucht, die mich immer wieder sowohl durch den Ausbau meines Netzwerkes als auch durch kontinuierliche Weiterbildungen gefördert haben.
>
> Gestaltungserfolge und die Pionierarbeit (Wir): Meine berufliche Laufbahn hat mich – damals noch als junge ledige Frau – zuerst ins europäische, danach ins asiatische Ausland geführt; der nächste Schritt war dann die weltweite Tätigkeit. Beruflichen Erfolg habe ich zu dieser Zeit mit effektivem Aufbau von neuen Strukturen und Prozessen, Innovationen und gelungener Zusammenarbeit mit Menschen aus anderen Kulturen verbunden. Außerdem ging es vermehrt um meine eigenen Ideen und deren Gestaltung und Umsetzung im „Neuland". Das positive Feedback von Kollegen nach vielen Auslandsprojekten hat mich immer wieder dazu angespornt, mein Wissen in Bezug auf Interkulturelle Managementthemen zu vertiefen, auch außerhalb des Unternehmenskontextes. Erfolg konnte nur durch Teamarbeit erzielt werden. Persönlich habe ich viel Selbstbewusstsein aus der Tatsache geschöpft, dass ich meine Auslandsstationen immer selbst geplant, initiiert und durchgesetzt habe. In diese Zeit fällt auch eine bewusstere strategischere Selbstführung.

31 Interkulturelle Strategin: Kirsten Heike Giering

„Dein Erfolg ist mein Erfolg" oder „the next level" (Du): Menschen zu begeistern und sie in einem internen Team zu führen ist eine Sache; sie außerhalb ihrer Unternehmensstruktur zu coachen und ihnen zu helfen, sich weiterzuentwickeln, ist eine andere Sache. Heute misst sich für mich Erfolg daran, wie Menschen, die sich mir anvertrauen, durch mein Zutun ihren eigenen nächsten Schritt planen und gehen oder ihr persönliches „nächstes Level" erreichen. Dabei kann es beruflich um Verhandlungen mit Vertragspartnern aus einer anderen Kultur oder der Neuausrichtung einer Personalabteilung gehen oder auch privat mit meinem Kind um persönliche Herausforderungen.

Ich habe immer wieder von internationalen Mentoren und Coaches profitiert. Nicht nur ihre unternehmerischen Entscheidungen haben mich beeindruckt, sondern mit welchem Verhalten und welcher Haltung sie diese Entscheidungen in die Organisation getragen haben. An diesem Zusammenspiel Handlung und Haltung messe ich heute Erfolg.

Wusstest du schon immer, was du werden willst?
Zu Anfang habe ich mir andere Fragen gestellt. Welche Dinge möchte ich machen? (nicht ein bestimmtes Berufsbild im Kopf): mehrsprachig und im Ausland arbeiten, Organisationen entwickeln ... Danach kamen die Fragen: Was kann ich schon? Wo lerne ich den Rest? Wo kann ich denn das nach meiner Ausbildung machen?

Hattest du früher Zweifel, ob du den richtigen Weg eingeschlagen hast?
Das „Grundgerüst" hat immer gestimmt. Innerhalb eines Unternehmens bin ich durch verschiedene Sparten bzw. Métiers gegangen (Marketing, Sales, PR, Marktforschung etc.). Es haben sich immer wieder neue Türen geöffnet. Alle haben dazu gedient, den nächsten Schritt zu gehen. Einige Sparten waren ganz klar nicht langfristig für mich, haben mir jedoch geholfen, ein Gesamtbild zu erhalten.

Welche deiner Eigenschaften hat Dir geholfen auf eigenen Beinen zu stehen?
Mut. Der Wille, es zu schaffen. Meiner Intuition zu folgen. Nach Türen zu schauen, die sich öffnen. Aktiv nach Unterstützung und Vernetzung fragen. Kontinuierliche Weiterbildung, wenn möglich innerhalb eines Unternehmens, wenn nicht möglich, privat organisieren. Einsatz. Enthusiasmus. Für Dinge brennen.

Musstest du als junger Mensch mal über deinen Schatten springen?
Ich habe mir nach meinem bestandenen Studium ein One-Way Ticket nach Hongkong gekauft und mir immer wieder gesagt, dass ich es schaffe, dort einen Job zu finden. Während meines Studiums habe ich mir sechs Monate (Billig)hotelkosten zusammengespart. Dort angekommen bin ich ganz schön erschrocken; habe mich nach dem ersten Schreck aber sehr schnell in das Leben dort gestürzt. Es hat geklappt. Ich bin erst wieder Jahre später

nach Deutschland zurückgezogen. Daraus gelernt: Aktiv werden: Do it. Now! Bei Bedarf neu anpassen oder ausrichten: Change. Die Latte immer ein bisschen höher setzen. Auch mal aushalten und durchhalten. Das Gefühl, wenn man etwas „Besonderes" geschafft hat, ist unbeschreiblich. Den Erfolg feiern.

Wie hast du in jungen Jahren dein Talent bzw. deine Stärken herausgefunden?
Ich wurde in Organisationen sehr schnell als „Brücke" bzw. Vermittlerin zwischen Menschen verschiedener Kulturen, Abteilungen, Ländern etc. hinzugezogen. Das zieht sich wie ein roter Faden durch meine berufliche Laufbahn und hat sich immer weiterentwickelt.

Wer oder was war für dich damals besonders charakterprägend?
Der Einfluss meiner Familie und Freunde.

Wenn du dich überrumpelt oder überfordert fühlst, was tust du dagegen?
Selbstreflexion: zurückziehen, nachdenken, meine Ängste anschauen. Yoga und Musizieren ist mein großer Ausgleich.

Hast du eine bestimmte Methode mit negativen Erlebnissen umzugehen?
Bei negativen Kommentaren hat das oft mehr mit der Person zu tun, die den Kommentar abgegeben hat, als mit einem selbst. Darauf schauen, was diese Person wohl dazu veranlasst hat, etwas Bestimmtes zu sagen. Natürlich auf eigenes Verhalten und was dieses auslösen kann, schauen und kritisch selbst reflektieren. Bei Bedarf das persönliche Gespräch zur Aufklärung suchen.

Gab es Leute, die deine Ideen oder Karriereentscheidungen belächelt haben?
Nein. Ganz im Gegenteil.

Wurden dir mal Steine in den Weg gelegt?
Weitermachen. Einen anderen Weg nehmen.

Bist du in jungen Jahren mal an etwas gescheitert?
Eine Tür hatte sich geschlossen. Ich habe sehr getrauert, mir auch „Wimmerzeit" genommen und mich neu ausgerichtet. Es haben sich andere Türen geöffnet.

Warst du damals besorgt, dass du Karriere, Familie und Freunde nicht kombinieren kannst?
Ich habe mich viele Jahre nur meinem Beruf gewidmet und erst später mein Privatleben ausgebaut. Die Ankunft meines Sohnes in der Familie ging nach meiner Elternzeit einher mit einer beruflichen Anpassung.

Hast du dich an Ehrenämtern oder Initiativen beteiligt?
Ein Ehrenamt führe ich tatsächlich erst seit wenigen Jahren aus.

31 Interkulturelle Strategin: Kirsten Heike Giering

Hast du einen Teil deines Studiums im Ausland gemacht?
Ja. Siehe oben. Das hat mein gesamtes Leben beeinflusst und mir wunderbare Perspektiven eröffnet.

Was möchtest du deiner Tochter bzw. jungen Frauen raten?

1. Ich rate jedem Menschen und ganz besonders jungen Frauen, die studieren oder in das Arbeitsleben eintreten, eigene persönliche Werte klar und deutlich zu bestimmen, zu formulieren und zu Papier bringen. Welche sind meine zentralen Werte und welcher Kompass leitet mich dabei? Welche genau sind meine weiblichen Werte? Welcher Mensch möchte ich sein? Welche Werte unterliegen meinem eigenen Verhalten und sind diese kompatibel mit den Werten der Kultur des Unternehmens, in das ich gerne eintreten möchte? Es hilft seine eigenen Leitlinien bzw. roten Linien immer vor Augen zu haben.
2. Wir lernen lebenslang. Wichtig ist, kontinuierlich weiter zu lernen und sich immer weiterzubilden.
3. Machen. Neu machen.
4. In schwierigen Zeiten durchhalten.

32

Unternehmerin, Angel Investorin, Beirätin und Buchautorin: Saskia Stella Gleitsmann

„Baue Dir frühzeitig ein eigen- und selbstverantwortliches Leben auf und bleib Dir treu! Erlaube Dir, deine eigenen, großen Träume zu entwickeln. Finde Befürworter und Unterstützer."

Geschäftsführende Gesellschafterin, Chief Visionary Officer Gleitsmann GmbH & Co. Verwaltungs-KG

Foto: Jeremy Moeller

Saskia Gleitsmann übernahm als jüngstes Familienmitglied in 2016 überraschend und ungeplant das 110-jährige Familienunternehmen Holzwerke Gleitsmann in der Säge- und Holzindustrie in 4. Generation. Sie wirkt heute als Chief Visionary Officer und treibt die Zukunftsprojekte der Unternehmerfamilie voran. In 2020 erhielt sie den Sonderpreis Nachfolge im Wettbewerb „Erfolgreiche Frauen im Mittelstand" vom Landesfrauenrat RLP und Bundesministeriums für Wirtschaft und Energie, sowie den Impact of Diversity Award „Beste Innovation in Familienunternehmen" des Frauen-Karriere-Index. Sie ist Mit-Autorin des in 2021 im FAZ Verlag erschienenen Buchs „Nachhaltigkeit – Frauen schaffen Zukunft".

Saskia Gleitsmann ist studierte Betriebswirtin, Psychologin und Medizinökonomin und baute mit WMC Healthcare eine der führenden Beratungen für Restrukturierungen, Post-Merger-Integrationen, Buy-und-Build Strategien im deutschen Gesundheitswesen mit auf. Sie ist Mutter von drei Kindern, lebt mit Ihrer Familie in Berlin und setzt sich für junge Frauen in Führungspositionen, für Gründerinnen, nachhaltig erfolgreiche Nachfolgelösungen und diverse Boards in Unternehmen ein. Sie ist als Business Angel aktiv und setzt sich für junge Gründerteams ein.

Fragen und Antworten

Hattest du früher Zweifel, ob du den richtigen Weg eingeschlagen hast?
Bei jeder Entscheidung habe ich mich auf mein Bauchgefühl verlassen und adjustiert, falls ich den Eindruck gewonnen habe, in einem Umfeld nicht richtig aufgehoben zu sein. In meinem Studium bspw. habe ich an einem Punkt gemerkt, dass BWL alleine mich nicht erfüllt und glücklich gemacht. Mit Recherche und positivem Willen eine sinnvolle Ergänzung zu finden, konnte ich Psychologie als Studienfach ergänzen und anbauen, was genau die Ergänzung für mich gewesen ist, um mich vollkommen in meiner Situation zu finden. In anderen Situationen kam es darauf an, ob diese endlich waren oder nicht, denn im Prinzip habe ich aus jeder Phase in meinem Leben interessante Lernerfahrungen mitgenommen, auch wenn es in der Situation direkt noch nicht ersichtlich war – die Erkenntnisse haben zwischenzeitlich ungewöhnliche Situationen in meinem Leben „geheilt".

Welche deiner Eigenschaften hat Dir geholfen auf eigenen Beinen zu stehen?
Eigeninitiative. Ich hatte schon immer ein großes Interesse für innovative, neue Themen und wusste, ob nun theoretische oder praktische Erfahrung das richtige als nächsten Schritt ist. Die Eigeninitiative auf unbekannte Unternehmen oder Menschen zuzugehen, um Hilfe zu bitten oder für Begeisterung in einem ungewohnten Umfeld zu sorgen, haben mich definitiv in meiner Karriere sehr gestützt.

Musstest du als junger Mensch mal über deinen Schatten springen?
Sehr oft. Und der Sprung wurde mit jedem Mal weniger anstrengend und weit. Ich habe erfahren, dass Übung unglaublich hilft, um in ungewohnten Situationen entspannt und positiv zu bleiben. Ein konkretes Beispiel war definitiv der Schüleraustausch nach China mit 15 Jahren in eine Gastfamilie. Gegenüber sitzen immer Menschen, die spüren, ob wir authentisch sind, und es hat mir sehr geholfen, über meine Gefühle zu sprechen. Und ja, es ist mir egal, was die anderen denken, es soll sich für mich gut anfühlen, so dass ich einen Beitrag für die Gesellschaft bringen kann.

Wie hast du in jungen Jahren dein Talent bzw. deine Stärken herausgefunden?
Ausprobieren, ausprobieren, ausprobieren. Ich habe diverse Praktika, Schülerjobs und Werkstudenten-Tätigkeiten absolviert, die heute nichts mehr mit meiner Berufung zu tun haben. All diese Erfahrungen haben dazu beigetragen, dass ich meine Talente und Stärken kennenlernen durfte. Beispielsweise habe ich Eis verkauft, in der Fabrik im Schichtdienst gearbeitet, Nachhilfe gegeben, in der Großindustrie in Unternehmensentwicklung und Kommunikation gearbeitet. All das hat mir Seiten an mir offenbart, die ich nur im Testen wirklich spüren und wahrnehmen konnte und mich letztlich zum Unternehmertum geführt.

Gab es Leute, die deine Ideen oder Karriereentscheidungen belächelt haben?
Ich habe damals an der WHU Betriebswirtschaft studiert und kein WHU-typisches Praktikum und keinen WHU-typischen Berufseinstieg gewählt – nämlich in einer Beratung für Coaching und Vertrieb in der Nähe vom Studienort und später eine Beratung im Gesundheitswesen mit aufgebaut. Meine Kommilitonen konnten das nicht nachempfinden, warum ich nicht zu einer der großen Strategieberatungen, Banking oder Startups gegangen bin. Es war aber genau das, was ich erleben wollte! Ein kleines Unternehmen, wo ich gestalten, anpacken und treiben kann! Ich konnte in kurzer Zeit viel Verantwortung übernehmen und mich einbringen – genau das, was ich wollte. Diese Qualitäten hätte ich so frühzeitig sonst nie erlebt.

Warst du damals besorgt, dass du Karriere, Familie und Freunde nicht kombinieren kannst?
Ich habe mir darüber keine Gedanken gemacht. Es war aber so, dass über viele Jahre die Karriere bzw. berufliche Perspektive einen sehr starken Fokus in meinem Leben eingenommen hat. Die Herausforderung war eher das permanente unterwegs sein, wo ich viel Lebenszeit in der Logistik verbracht habe. Heute denke ich, dass es eine Frage des Fokus ist und definitiv Familie, Freunde und eine erfolgreiche Ausübung der Berufung einhergehen können, wenn das von einem persönlich gewünscht bzw. gewollt ist. Für mich ist es wichtig, um daraus sehr viel positive Energie wieder für die eigenen unternehmerischen Aktivitäten zu ziehen.

Wieso hast du dich damals für dein Studium/deine Ausbildung entschieden und würdest du dich wieder so entscheiden?
Ich habe in meinem ersten Studium mich für Betriebswirtschaft entschieden, da ich sehr frühzeitig praktische Erfahrungen sammeln und in die freie Wirtschaft gehen wollte. Alternativ zur Wahl stand Medizin – das war mir zu lange Theorie und zu wenig Gestaltungsfreiraum. Ich bin glücklich mit meiner Wahl. Heute würde ich eher ein spezifisches Fach als Bachelor-Studien Gang wählen, da ein MBA mit betriebswirtschaftlichen Fachkenntnissen immer möglich ist. Andersherum wird es schwerer, aber nicht unmöglich.

Wer oder was hat dir damals maßgeblich bei der Orientierung geholfen, deinen eigenen Weg zu gehen?
Meine innere Stimme. Nach dem Ausschlussprinzip vorzugehen und nach und nach spezielle Themen, Fächer, Unternehmen und Umfelder zu finden, für die ich mich begeistern kann. Ich habe sicherlich auch Inspiration bekommen durch Veranstaltungen, Vorträge und Unterhaltungen mit älteren oder teils jüngeren Menschen. Ich habe mich frei gemacht von äußerer Beurteilung und das hat mir geholfen, bei mir, meinen Fähigkeiten und Wünschen zu bleiben.

Wer war dein damaliges Vorbild?
Meine Schwester. Sie hat frühzeitig ihr eigenes Unternehmen gegründet und hat auch sehr genau darauf geachtet, was sie glücklich macht und die Bausteine für das Leben, was ihr gefällt so zusammen zu setzen, dass es ihr gut damit geht.

Hast du dich an Ehrenämtern oder Initiativen beteiligt?
Ja, sehr viele sogar. Ein banales, aber umso schöneres und relevanteres Beispiel: Ich habe eine Nachbarschaftsinitiative geleitet, wo wir einmal im Jahr zusammen Nachbarschaft gefeiert haben. Die Vorbereitung, Organisation, Struktur und Durchführung hat mich sehr weitergebracht, die Menschen

um einen herum zu begeistern und zusammen Spaß zu haben. Außerdem war ich bei Rotary aktiv und habe Berufsbildungsmessen organisiert, mich für hilfsbedürftige Menschen in der Gesellschaft eingesetzt. Das hat mich gelehrt, mit einem offenen Auge durch die Welt zu gehen, achtsam zu sein und meine Rolle immer auch als gesellschaftlich verantwortungsvoll zu betrachten.

Hast du einen Teil deines Studiums im Ausland gemacht?
Ich habe in Singapur und Chile studiert, auf Englisch und auf Spanisch. Das Zurechtfinden in neuen Kulturen, der respektvolle Umgang miteinander, die Führung von diversen Gruppen konnte ich in diesem Bezug frühzeitig austesten. Was mein Leben und Karriere anging begrüße ich heute sehr die Andersartigkeit von Menschen, da ich den Effekt damals im Ausland par Exempel miterlebt habe.

Was möchtest du deiner Tochter bzw. jungen Frauen raten?
Eigene Träume entwickeln, an die Träume glauben, Befürworter und Unterstützer zu finden, mutig vorangehen. Wenn wir uns wirklich fragen, was unsere tiefsten Wünsche sind, kommen erstaunliche Fähigkeiten und Lebensträume zu tage. Und definitiv: sich treu bleiben und nicht verbiegen lassen!

Was ich noch sagen möchte
Ganz elementar finde ich, sich frühzeitig ein unabhängiges Leben aufzubauen und eigen- und selbstverantwortlich zu handeln und zu entscheiden für alles, was das eigene Leben betrifft – Finanzen, Beruf, Familie, Liebe, Hobbies und vor allem nicht andere um Erlaubnis fragen, denn dann steigt das Risiko, unseren eigenen Grenzen nie zu überqueren und als Mensch zu wachsen – und diese Bedürfnisse haben ja wir alle!

33

Professorin und Psychotherapeutin: Prof. Dr. Laura Große

„Ich möchte jungen Frauen nichts raten. Vielmehr sollten wir allen Menschen die Chance ermöglichen, ihren eigenen Weg zu gehen."

Professorin an der Hochschule Hamm-Lippstadt mit dem Lehrgebiet „Differentielle und Klinische Psychologie"

Foto: Helen Sobiralski

Ich bin ausgebildete Psychologin und Psychotherapeutin und wurde im Jahr 2018 als Professorin an die Hochschule Hamm-Lippstadt berufen. Nach dem

Studium der Psychologie an der WWU Münster absolvierte die staatliche Weiterbildung zur Psychologischen Psychotherapeutin mit der Fachkunde Verhaltenstherapie. Bis heute bin ich als Psychotherapeutin in einer ambulanten Praxis tätig.

Meine Forschung zu psychischen Störungen erschien in internationalen Fachzeitschriften. Forschungsaufenthalte von mir wurden u. a. von der Studienstiftung des deutschen Volkes e.V. und von der Europäischen Union gefördert. Von der UNICUM-Stiftung wurde ich im Jahr 2018 (2. Platz) und 2019 (1. Platz) als „Professor des Jahres" ausgezeichnet.

Fragen und Antworten

Wusstest du schon immer, was du werden willst?
Nein. Früher habe ich daran gedacht, Design zu studieren. Dann hat mich aber fasziniert, was ich über Psychologie gelesen habe. Um den NC für das Psychologie-Studium zu schaffen, habe ich mich auch endlich mal in der Schule angestrengt. Obwohl ich in erster Linie Psychotherapeutin werden wollte, haben mich im Laufe des Studiums doch Forschung und Lehre immer mehr interessiert. So bin ich heute beides: Professorin und Psychotherapeutin (und designe dabei gerne Vortragsfolien und Praxisräume).

Bist du in jungen Jahren mal an etwas gescheitert?
Nicht nur in jungen Jahren! Irgendwas klappt immer nicht. Bei mir und bei anderen auch. Das ist ganz normal. Ich denke, es ist gut, wenn man für sich einordnet, warum etwas nicht geklappt hat. Waren vielleicht die Voraussetzungen ungünstig? Oder hat man etwas falsch eingeschätzt? Danach kann man schauen, ob oder wie man mit dem Vorhaben weitermachen will oder ob man es bleiben lässt und sich etwas Anderes sucht. Misserfolge gehören dazu. Ich persönlich bin immer zufriedener damit, wenn ich etwas versucht habe, als wenn ich etwas nicht versucht habe.

Was möchtest du deiner Tochter bzw. jungen Frauen raten?
Eigentlich möchte ich jungen Frauen nichts raten. Ich denke, sie brauchen zumindest keinen speziellen Rat. Ich finde nicht, dass sie mehr von A oder weniger von B sein sollten oder dass sie Ratschlag C ganz besonders beherzigen sollten. Ich denke, alle Menschen wollen, können und sollen ihren eigenen Weg gehen und dies sollten wir mit Selbstverständlichkeit allen Menschen ermöglichen. Und wo dem nicht so ist, dort sehe ich gute Voraussetzungen für Ratschläge.

34

Expertin für organisatorische Transformationen und Veränderungsmanagement: Laura Halfas

„Träume groß und lass Dich von Deinen Stärken treiben."

Manger Organization Transformation bei Deloitte Consulting GmbH
Foto: Jan Voth

Mit einer Ausbildung zur Groß- und Außenhandelskauffrau und einem berufsbegleitenden Bachelor-Studium startete ich meine berufliche Laufbahn als Einkaufs- und Vertriebsassistentin sowie im IT-Support. Zehn Jahre arbeitete ich als Projektleiterin und Führungskraft in der IT bei METRO. Dort leitete ich internationale Projekte. Danach führe mich mein Weg für vier Jahre in den Global HR-Bereich, in dem ich für die Diversity, Equity & Inclusion Reise von METRO verantwortlich. Gemeinsam mit einem internationalen Team trieben wir organisatorische und kulturelle Veränderungen voran.

Heute darf ich beide Themen vereinen und Unternehmen dabei begleiten digitale Transformations-Projekte für ihre Mitarbeitenden verständlich und greifbar zu machen. Es ist meine Leidenschaft, Menschen und Unternehmen bei ihren Veränderungen und beim Wachsen zu unterstützen.

Fragen und Antworten

Wusstest du schon immer, was du werden willst?
Ich wollte als Kind immer Stewardess werden. Um was ging es mir dabei?

- Reisen, neue Menschen und Länder kennenlernen
- Menschen eine Reise so angenehm wie möglich machen

Später wollte ich Anwältin werden. Dabei ging es mir darum, Menschen zu helfen und zu unterstützen. Kurz vor dem Abitur wollte ich dann Architektin werden. Ich fand es toll etwas zu planen, wachsen zu sehen und hinterher ein wunderschönes Ergebnis haben. Ich machte erst mal eine Ausbildung als Groß- und Außenhandelskauffrau. Doch in den letzten 20 Jahren haben ich jeden der o. g. Aspekte mit in mein Berufsleben aufgenommen. Ich bin die Stewardess für Menschen und insbesondere Frauen, die sich auf die Reise machen zu mehr beruflichen Erfolg. Ich bin die Anwältin für Menschen, die heute noch nicht gleichberechtigt sind. Ich unterstütze und berate gerne. Ich bin die Architektin meines beruflichen Verantwortungsbereichs. Dort bin ich bspw. verantwortlich für die Strategie. Ich plane, sehe die Themen wachsen und habe hinterher ein wunderschönes Ergebnis.

Hattest du früher Zweifel, ob du den richtigen Weg eingeschlagen hast?
Es gab mal einen Moment, in welchem ich gemerkt hatte, ich bin hier fehl am Platz. Ich hatte einen neuen Job angetreten, in einer kleinen Marketing- und Unternehmensberatung. Dort habe ich im Vertrieb Innendienst

angefangen. Ich wollte diesmal ausprobieren. Doch schon nach drei Monaten hatte ich das Gefühl, das passt nicht. Nach sechs Monaten wusste auch mein Kopf, dass wir nicht mit dem Unternehmen und mir. Ich war es gewohnt in großen Unternehmen zu arbeiten, die mir Freiheit in meinen Entscheidungen und Entwicklungsmöglichkeiten gaben. Ich nahm also Kontakt zu meinem beruflichen Netzwerk auf und nach insgesamt einem Jahr kündigte ich dort.

Gibt es eine Sache, die du rückblickend grundlegend anders machen würdest?
Es hat mich viel Kraft gekostet Englisch zu lernen und es ist die einzige Sprache neben Deutsch, die ich sprechen kann. Die Welt ist mehr und mehr globalisiert, und mehr als eine oder zwei Sprachen zu sprechen hilft sich mit Menschen zu verbinden. Die andere Sache ist, nicht immer professionell zu sein – sich mal emotional zu zeigen und sich auf persönlicher Ebene mit Menschen zu verbinden. Einfach mal lachen, nicht streng sein und ein Pokerface zeigen; das ist etwas, das ich heute direkt von Anfang an tun würde.

Wer war dein damaliges Vorbild?
Meine Inspiration war und ist meine Großmutter väterlicherseits, sie studierte Pharmazie, hatte fünf Kinder, verlor ihren ersten Mann sehr früh und machte schließlich als erste Bürgermeisterin ihrer Heimatstadt eine Karriere in der Politik. Durch ihr Beispiel lernte ich, dass Frauen alles erreichen können, was sie erreichen wollen. Jedoch auch, dass dies nur geht wenn auch der richtige Partner_in an der Seite steht und ein Netzwerk, das dich unterstützt.

Was möchtest du deiner Tochter bzw. jungen Frauen raten?
Alles ist möglich. Träume groß und lass Dich von Deinen Stärken treiben. Inspiriere Dich durch Menschen, die schon dort sind, wo Du hinmöchtest.

35

Chefin der britischen Handelskammer: Ilka Hartmann

„Lerne die Wohlfühlzone zu verlassen. Jedes Mal, wenn du das tust, machst du einen Schritt nach vorne."

Managing Director British Chamber of Commerce in Germany e.V.
Foto: Oliver Betke

Ilka Hartmann ist Geschäftsführerin und Mitglied des Vorstands der British Chamber Commerce Germany in Germany. Die gelernte Bankkauffrau und Bankfachwirtin war zuvor über 30 Jahre für die Commerzbank AG in verschiedenen leitenden Funktionen u. a. als Spezialistin für nationale und internationale Wirtschafts- und Regierungskontakte tätig bevor sie sich im Alter von 54 Jahren entschied sie, noch einmal eine neue Herausforderung anzunehmen.

Als leidenschaftliche Netzwerkerin gründete und pflegte sie zahlreiche Netzwerke. Sie ist u. a. Mitglied im Advisory Board des Global Female Leaders Summit im Beirat von „Frauen mit Format". Als Mutter einer Tochter liegt ihr die Förderung junger talentierter Frauen sehr am Herzen.

Fragen und Antworten

Was bedeutet Erfolg für dich? Hat sich das über die Zeit verändert?
Erfolg bedeutet für mich Glück, Anerkennung und Zufriedenheit. Ich möchte mit dem, was ich tue Dinge bewegen und verändern. Erfolg ist für mich daher auch nicht zwangsläufig materiell. Das habe ich nicht immer so gesehen. Die Höhe des Gehaltsschecks korreliert nicht immer mit dem Erfolg und der persönlichen Zufriedenheit. Am Anfang der Karriere will man immer schnell die nächste Stufe erklimmen. Das zu wollen ist richtig, aber die Perspektive ändert sich im Verlauf des Berufslebens. Jede Phase des Lebens/Berufslebens hat seine Besonderheit. Das zu erkennen und das auch so zu akzeptieren und zuzulassen ist wichtig. Übrigens – wer erfolgreich sein will muss auch lernen zwischendurch Rückschläge hinzunehmen und trotzdem weiter zu machen!

Wenn du dich überrumpelt oder überfordert fühlst, was tust du dagegen?
Das passiert einem leider immer wieder und das ist auch überhaupt nicht schlimm. Wenn ich das merke, bin ich zunächst meistens „sauer" auf mich, aber auch auf denjenigen/diejenige, die mich in diese Situation gebracht hat. Spontan möchte man dann gleich reagieren. Ich habe gelernt, in solchen Fällen einfach einmal durchzuatmen. Nichts zu tun – auch wenn es schwerfällt – und eine Nacht darüber zu schlafen. Am nächsten Tag ist dann das Problem neutral betrachtet viel kleiner und mit ein wenig emotionalem Abstand kann man auch viel souveräner und professioneller darauf reagieren und eine Lösung finden!

Hast du eine bestimmte Methode mit negativen Erlebnissen umzugehen?
Ich wünschte ich könnte sagen, dass ich da die perfekte Methode habe – stimmt aber nicht. Negative Erlebnisse und Kommentare berühren mich

doch immer auch ein wenig emotional und persönlich. Das ist in der Tat etwas, was ich lernen musste, dass es das eben NICHT persönlich ist. Auch hier eine Nacht darüber schlafen und dann analysieren, warum etwas schiefgegangen ist oder warum jemand einen blöden Kommentar gemacht hat, ist wichtig. Aus Fehlern lernen und auch dazu stehen. Wenn man nicht selbst verantwortlich ist, sondern andere versuchen, die Schuld abzuwälzen, sollte man sachlich argumentieren. Bei negativen Kommentaren liegt nicht selten das Problem bei der anderen Person: Neid, eigene Fehler verdecken etc. Wenn es mich zu sehr aufwühlt, mache ich Sport, um das Adrenalin los zu werden und einen klaren Kopf zu bekommen. Hilft fast immer!

Warst du damals besorgt, dass du Karriere, Familie und Freunde nicht kombinieren kannst?
Ich hatte schon immer eine klare Vorstellung, dass ich sowohl Mutter als auch beruflich erfolgreich sein wollte mit möglichst vielen Freunden. Ich habe mir keine Sorgen darüber gemacht, ob das klappt, aber ich wusste, dass es nicht einfach ist. Es tauchen viele Probleme auf, die man dann angehen muss, wenn sie da sind. Es wäre gelogen zu sagen, dass es einfach ist eine „Working Mom" zu sein, aber ich würde es immer wieder so machen. Geht euren Weg, so wie es für euch gut ist. Denn man muss mit sich glücklich und zufrieden sein und nicht anderen gefallen! Das ist es, was ich meiner Tochter vorleben möchte: Wenn du es möchtest und es für Dich gut ist, dann schaffst du das auch.

Was macht aus deiner Sicht einen guten Mentor bzw. ein gutes Vorbild aus?
Das ist mein Rat an alle. Sucht euch so früh wie möglich und in allen Lebensabschnitten eine:n Mentor:in. Das muss nicht institutionalisiert oder professional sein. Fragt jemanden, den ihr als Vorbild sehr schätzt, ob er euch zur Seite steht. Ein guter Mentor berät, coacht und macht die ein oder andere Tür auf. Er/sie ist jemand, dem eure Entwicklung wichtig ist und dem es Spaß macht, einen Teil dazu beizutragen. Euer Erfolg wird auch immer der Erfolg des Mentors sein und der Mentor wiederum auch immer Teil eures Netzwerks.

Hast du schon einmal ein Netzwerk genutzt?
Ohne ein gutes Netzwerk kann mit in der heutigen Zeit beruflich nicht mehr erfolgreich sein. In Zeiten, in denen disruptive Technologien ganze Branchen massiv verändern, sind Networking Skills extrem wichtig. Beruflicher Erfolg wird erwiesenermaßen nur zu 10 % von Fachwissen bestimmt, ein Drittel durch Verhalten und fast zwei Drittel über Beziehungen.

Netzwerken ist für Berufsanfänger ebenso wichtig wie für Führungskräfte. Man kann gar nicht früh genug damit anfangen. Ein chinesisches Sprichwort sagt: „The best time to plant a tree is 20 years ago. The Second best time is now". Übersetzt bedeutet das: man muss ein stabiles Netzwerk haben, bevor man es braucht! Also bevor man einen Job sucht oder bevor man ein Problem lösen muss. Ich bin Netzwerkerin aus Leidenschaft – das war und ist die Grundalge meines beruflichen Erfolgs

Hast du dich an Ehrenämtern oder Initiativen beteiligt?
Ich habe mich schon sehr früh im Schwimmsport engagiert. Ich habe dort früh Übungsleiteraufgaben übernommen, Freizeiten begleitet und wurde dann Abteilungsleiterin, Lizenztrainerin und Schiedsrichterin. Ich habe dabei sehr viel für meinen beruflichen Werdegang gelernt. Schon damals musste ich Vorbild und Führungskraft sein. ABER ich war jung und eine Frau. Das war eine gute Schule für das Berufsleben, denn eines habe ich dabei gelernt: Wenn du etwas kannst und gut darin bist, spielen Alter, Geschlecht, Herkunft oder andere Äußerlichkeiten keine Rolle! Seid selbstbewusst und fordert genau das ein.

Hast du einen Teil deines Studiums im Ausland gemacht?
Ich war zu einer Zeit Austauschschülerin in den USA als das noch nicht sehr weit verbreitet war. Für mich war es ein großer Schritt – ein Jahr in dem man sich mindestens drei Jahre weiterentwickelt hat. Ich habe gelernt selbstständig für mich zu entscheiden und mich neuen und unbekannten Situationen zu stellen. Interkulturelle Unterschiede sind bereichernd! Dort habe ich meine Komfortzone zum ersten Mal verlassen und die ersten Netzwerkkontakte gefunden, die seit über vierzig Jahren bestehen!

Was möchtest du deiner Tochter bzw. jungen Frauen raten?
Meiner Tochter habe ich zum 17. Geburtstag eine „Zauberdose" geschenkt. Ich habe ihr versprochen, dass sie bei großen und kleinen Problemen im Leben, einfach diese Dose öffnen muss, um die Lösung zu finden. Meine Tochter war sehr gespannt und überrascht, was es damit auf sich hat. Als sie die Dose das erste Mal öffnete, blickte sie in ihr Spiegelbild, weil auf dem Boden der Dose ein Spiel befestigt war. Das ist die Botschaft: „Die Lösung liegt bei Dir selbst"!

Ergreift die Gelegenheiten, die sich euch bieten. Seid mutig, selbstbewusst und übernehmt Verantwortung. Übung macht den Meister! Lernt die „Wohlfühlzone" zu verlassen. Jedes Mal, wenn ihr das tut, macht ihr einen Schritt nach vorne.

36

Junge Geschäftsfrau und Feminist:in: Caitlin Hennen

„Habe Mut, deinen eigenen Weg zu gehen."

Director Galerie Gisela Clement und Geschäftsführer:in KURA Concepts
Foto: Rheinproduktiv/Thomas Kaup

Caitlin Hennen wurde 1992 geboren und studierte Medienwissenschaften und Kommunikation. Nach ersten beruflichen Erfahrungen beim Fernsehen und in Kreativagenturen entschied sie sich darüber hinaus noch Kunstgeschichte zu studieren, um ihre Leidenschaft für die Kunst zum Beruf zu machen.

Seit 2018 arbeitet sie in der Galerie Gisela Clement in Bonn, seit 2020 ist sie dort als Director und als Geschäftsführer:in der KURA Concepts tätig. Neben der Kunst gilt ihre größte Aufmerksamkeit dem intersektionalen Feminismus.

Fragen und Antworten

Musstest du als junger Mensch mal über deinen Schatten springen?
Mein gesamter bisheriger Weg war ein einziges Überwinden. Ich bin von Natur aus, eigentlich ein introvertierter Mensch. Das Betriebssystem Kunst, besonders der Kunstmarkt beinhaltet viele große soziale Events, wie Ausstellungseröffnungen und Messen. Möchte man Erfolg haben, ist man zwangsläufig darauf angewiesen ständig zu „socializen" und fremde Menschen anzusprechen, um neue Kontakte und Kunden zu gewinnen. Also genau das Gegenteil von dem, womit ich mich eigentlich wohl fühle. Da ich aber immer Galeristin werden wollte, musste ich zwangsläufig immer wieder über meinen Schatten springen. Jeden Tag aufs Neue, bis ich so geübt war, dass alle diese Aufgaben keine Angst oder Unsicherheiten mehr auslösen. Mittlerweile würde jemand der mich neu kennenlernt niemals meinen, dass ich eigentlich introvertiert bin. Für mich ist es immer wieder schön zurückzuschauen und zu sehen, wie viele Aufgaben für mich vor einigen Jahren noch undenkbar in der Ausführung gewesen wären und wie ich mich durch stetiges Grenzen überwinden, mittlerweile ganz wohl außerhalb meiner damaligen Komfortzone fühle.

Hast bzw. hattest du damals einen Mentor?
Rückblickend hatte ich mehrere Mentorinnen, großartige, intelligente Frauen, die immer dann auftauchten, wenn eine große Veränderung, bzw. eine veränderungsbringende Entscheidung in meinem beruflichen Leben anstand. Frauen, die Potenzial in mir erkannt haben, dass ich zum Teil selbst nicht sehen konnte und die mir immer Mut zugesprochen haben, den eher unkonventionellen und schwierigeren Weg zu gehen. Jede von Ihnen war die richtige Mentorin für den damaligen Zeitpunkt, die Summe der von Ihnen begleiteten Entscheidungen, hat mich an den Punkt gebracht, an dem ich jetzt bin und dafür bin ich sehr dankbar.

36 Junge Geschäftsfrau und Feminist:in: Caitlin Hennen

Was war der schlechteste Ratschlag, den du in jungen Jahren erhalten hast?
Da ich sowohl Medienwissenschaften als auch Kunstgeschichte studiert habe, wurde mir damals von vielen Seiten geraten, bloß nichts im Bereich Kunst zu machen und lieber einen Beruf in der Medienbranche anzufangen, da diese als sicherer galt. Ich habe neben meinem Studium, deshalb auch viele Praktika und nebenberufliche Tätigkeiten im Bereich Werbung/Kommunikation und beim Fernsehen gemacht und es waren durchweg bereichernde, spannende und positive Erfahrungen mit inspirierenden Bekanntschaften, die mir bis heute erhalten geblieben sind. Aber wenn ich mir die Frage gestellt habe, ob ich das mein Leben lang machen möchte, musste ich mir diese jedes Mal mit „Nein" beantworten. Ich hatte immer das Gefühl, dass etwas fehlt, dass etwas noch mehr „Meins" wäre und schlussendlich mich entschieden es mit einer Karriere im „Betriebssystem Kunst" zu versuchen. Das ist jetzt über drei Jahre her und seitdem habe ich diese Entscheidung nicht einen Tag bereut. Die Befürchtungen der anderen sind nicht eingetroffen, ich habe das Gefühl am richtigen Ort zur richtigen Zeit zu sein und deshalb bin ich sehr froh, dass ich auf mich selbst vertraut habe und das Risiko eingegangen bin.

Was möchtest du deiner Tochter bzw. jungen Frauen raten?
Ich würde gerne jeder jungen Frau raten, dass Sie den Mut hat in sich und Ihre Fähigkeiten zu vertrauen. Ich bin in meiner Arbeit, als auch in meinem persönlichen Umfeld von so vielen talentierten Frauen umgeben, die genau wie ich, gerne dazu neigen ihr eigenes Licht unter den Scheffel zu stellen und die es verdient haben, gehört und gesehen zu werden. Der Glaube an sich selbst ist unerlässlich, da, wenn wir nicht an uns selbst glauben, es keiner für uns tun wird und dabei so viel Kreativität und Potential ungenutzt bleibt, das wir dringend für eine bessere Gesellschaft benötigen.

37

Künstlerin und ehemalige Fußball-Nationalspielerin: Josephine Henning

„Sei mutig und liebe dich selbst dafür, dass du es versuchst."

Künstlerin
Foto: Josephine Henning

Ich bin Josephine Henning. Ich war eine ziemlich lange Zeit Fußballerin, weil ich es geliebt habe mit meinen Freundinnen Fußball zu spielen. Ich konnte mit tollen Teams in Deutschland, Frankreich und England Titel wie die Meisterschaft oder die Champions League und sogar einmal die Goldmedaille mit der Nationalmannschaft gewinnen. Es war übrigens am schönsten, wenn ich gemerkt habe, dass wir ein echtes Team waren.

Außerdem habe ich mich darauf vorbereitet Künstlerin zu werden und nebenbei Gesundheitsmanagement in Wolfsburg, Grafikdesign in Paris und Interior Design in London studiert. Jetzt bin ich eine lustige, neugierige Erwachsene, die versucht alles das, was schwer gesagt werden kann zu malen. Auf Häuser, auf Leinwände und manchmal male ich live in einem Stadion oder an anderen spannenden Plätzen.

Fragen und Antworten

Wusstest du schon immer, was du werden willst?
Ja! Ich wusste ich will Fußballspielerin werden und ich wusste ich will Künstlerin werden. Ich wusste vielleicht nicht wie und in welcher Reihenfolge, aber ich wusste warum und das gibt mir bis heute die Motivation und den Antrieb, denn im Sport und in der Kunst kann ich mich ausdrücken und Menschen berühren.

Hattest du früher Zweifel, ob du den richtigen Weg eingeschlagen hast?
Nicht am Anfang meiner Fußball-Karriere, aber zum Ende hin. Ich habe mich gefragt, warum ich diese Zweifel habe und bin zu dem Entschluss gekommen, dass ich etwas anderes will, also musste ich auch mutig sein und einen anderen Weg einschlagen. Das ist ein komischer Moment, weil er viel Reflexion erfordert. Es fühlt sich ein bisschen so an als würde man in der Luft hängen. Das ist aber okay.

Wenn du dich überrumpelt oder überfordert fühlst, was tust du dagegen?
Ich tue nichts dagegen ich frage mich was dieses Gefühl ist, was ich da genau fühle und warum ich es fühle. Das hilft mir zu verstehen. Und wenn ich mich ein bisschen mehr selbst verstehe werde ich auch ein Stückchen gelassener/ruhiger.

Wer oder was hat dir damals maßgeblich bei der Orientierung geholfen, deinen eigenen Weg zu gehen?
Das Bauchgefühl ganz tief drinnen, dass ich an mich selbst glaube.

37 Künstlerin und ehemalige Fußball-Nationalspielerin: ...

Hast du einen Teil deines Studiums im Ausland gemacht?
Ja in Frankreich und England (Paris, Lyon und London). Es hat mir geholfen immer nach links und rechts zu schauen nie zu vergessen, dass ich nicht allein auf der Welt bin. Und, dass es nicht nur eine Sicht gibt, sondern ganz viele. Und vor allem, dass ich mit Spaß und Demut das mache was ich liebe.

Was möchtest du deiner Tochter bzw. jungen Frauen raten?
Das Leben ist ein Haufen aneinander geklebter Entscheidungen. Sei mutig und frage dich bei jeder, wer du sein willst. Sei noch mutiger und versuch, auch so zu leben. Aber am allerwichtigsten: Liebe dich selbst dafür, dass du es versuchst!

38

Journalistin, Pressesprecherin und jetzt Führungskraft im Öffentlichen Dienst: Verena Herb

„Trau Dich! Was könnte denn schon Schlimmes passieren? Meist ist das Risiko ziemlich gering."

Leiterin der Vertretung der Freien und Hansestadt Hamburg beim Bund
Foto: Ruthe Zuntz

Mit 14 Jahren wollte Verena Herb politische Journalistin werden. Dieses Ziel hat sie nicht aus den Augen gelassen: Sie volontierte beim Deutschlandfunk, wurde Korrespondentin für das Bundesland Hamburg und wechselte nach dieser spannenden Zeit nach Berlin ins Bundesfamilienministerium. Dort leitete sie die Pressestelle und war Sprecherin der Bundesministerinnen Manuela Schwesig und Franziska Giffey. Heute leitet sie die Landesvertretung Hamburgs in Berlin, so etwas wie die „Botschaft Hamburgs" in der Hauptstadt. Es ist der Spaß an der Herausforderung, der sie immer wieder Neues ausprobieren lässt.

Fragen und Antworten

Was bedeutet Erfolg für dich? Hat sich das über die Zeit verändert?
Erfolg ist, wenn ich ein Ziel erreiche. Das kann auf sehr vielen Ebenen passieren: Dass ein Projekt abgeschlossen wurde; dass sich das Team gut geschlagen hat, etc … Schön ist, wenn man für seinen Erfolg auch Anerkennung erhält.

Wusstest du schon immer, was du werden willst?
Ja. Ich wollte mit 14 Jahren Journalistin werden – habe entsprechende Praktika als Jugendliche gemacht, als Freie für die Lokalzeitung geschrieben und nach dem Studium der Politikwissenschaft ein Volontariat beim Deutschlandfunk absolviert. Ich habe den Beruf sehr gerne gemacht. Dann kamen sehr attraktive Angebote außerhalb dieses Berufsfeldes – zunächst Pressesprecherin eines Bundesministeriums, nun Leiterin der Landesvertretung Hamburgs vom Bund. Nach vier bis fünf Jahren habe ich Lust, etwas Neues zu machen.

Hattest du früher Zweifel, ob du den richtigen Weg eingeschlagen hast?
Nein, nie.

Gibt es eine Sache, die du rückblickend grundlegend anders machen würdest?
Nein.

Welche deiner Eigenschaften hat Dir geholfen auf eigenen Beinen zu stehen?
Ich bin sehr offen und neugierig – und furchtlos. Ich denke, notwendige Chuzpe hat auch dazu geführt, dass ich früh MentorInnen gewinnen konnte, die sich meiner angenommen haben.

Wie hast du in jungen Jahren dein Talent bzw. deine Stärken herausgefunden?
Ich habe gemacht, was mir Spaß gebracht hat. Ich mag es, auf Menschen zuzugehen und mehr über sie zu erfahren. Man sagt, ich habe eine freundliche, natürliche Autorität, Und für mich war früh klar war, dass ich eine Führungsposition haben möchte. Ich konnte es noch nie mit ansehen, wenn in einer Gruppe niemand Verantwortung übernehmen wollte, also habe ich dies meist getan.

Wer oder was war für dich damals besonders charakterprägend?
Als ich als Studentin in einer Fernsehproduktionsfirma gejobbt habe, gab es eine Redakteurin (24 Jahre älter als ich), die rasch ein Vorbild für mich wurde. Ihre Lebensart und Sicht auf viele Dinge haben mich sehr beeindruckt und auch geprägt. Wir sind heute (nach fast 25 Jahren) immer noch eng befreundet.

Wenn du dich überrumpelt oder überfordert fühlst, was tust du dagegen?
Ich atme tief durch, besinne mich auf mich selbst und stelle mich der Problematik. Generell gehe ich optimistisch an die Dinge heran und denke: Kriegen wir schon hin.

Hast du eine bestimmte Methode mit negativen Erlebnissen umzugehen?
Ich mache Sport – Yoga vor allem und Laufen. Ich versuche am Abend, die Arbeit im Büro zu lassen und mich auf meinen Partner zu konzentrieren (und schöne Sachen zu machen).

Gab es Leute, die deine Ideen oder Karriereentscheidungen belächelt haben?
Als ich als junge Korrespondentin mit 29 Jahren für den DLF meinen Job in Hamburg begann, gab es anfangs einige ältere Kolleg:innen, die nicht wussten, wer da nun kommt. Ich habe freundlich und bestimmt meinen Job gemacht, bin offen auf die Menschen zugegangen. Grundsätzlich habe ich mich eigentlich nie verunsichern lassen auf meinem Weg, auch wenn manche mir einen Job nicht zugetraut haben.

Wurden dir mal Steine in den Weg gelegt?
Nein, eigentlich nicht.

Bist du in jungen Jahren mal an etwas gescheitert?
Nein.

Warst du damals besorgt, dass du Karriere, Familie und Freunde nicht kombinieren kannst?
Nein, das war nie ein Thema. Ich habe es auch bei 70 Std/Woche geschafft, mir einen schönen Ausgleich mit meinem Partner und Freunden zu gönnen.

Wieso hast du dich damals für dein Studium/deine Ausbildung entschieden und würdest du dich wieder so entscheiden?
Politikwissenschaft ist ein tolles Studium – und ich wollte als politische Journalistin arbeiten. Deshalb habe ich mich dafür entschieden und würde es auch wieder tun.

Wer oder was hat dir damals maßgeblich bei der Orientierung geholfen, deinen eigenen Weg zu gehen?
Niemand. Meine Eltern haben mich einfach machen und meine Entscheidungen selbst treffen lassen. Deshalb konnte ich auch den Weg einschlagen, der mir Spaß machte.

Was macht aus deiner Sicht einen guten Mentor bzw. ein gutes Vorbild aus?
Mir haben immer Mentor:innen zur Seite gestanden – ehrlich und durchaus kritisch haben sie mein Agieren bewertet (wenn ich sie um Rat gefragt habe).

Hast du schon einmal ein Netzwerk genutzt?
Ich habe früh ein persönliches Netzwerk aufgebaut. Zum Beispiel ein rein weibliches, wo ich ab und an Frauen zum Dinner zu mir nach Hause einlade. Gerade die Frauen, die aus den unterschiedlichsten Berufen und Altersgruppen kommen, sind immer wieder inspirierend für mich.
Auch habe ich Kontakte aus alten Jobs konsultiert und um Rat gebeten, um einen neuen Job zu bekommen – und gebeten, meinen Namen ins Spiel zu bringen: Das hat geklappt.

Hast du einen Teil deines Studiums im Ausland gemacht?
Das war das prägendste Erlebnis überhaupt: Und ich kann nur jeder dazu raten: Entweder noch während der Schulzeit oder danach längere Zeit alleine ins Ausland zu gehen. Ich war mit 16 Jahren ein Jahr als High School Schülerin in den USA in einer Gastfamilie. Neben meinem fließenden Englisch habe ich gelernt, auf eigenen Beinen zu stehen und mich „durchzubeißen" – und neue Freunde zu finden.

Hast du mal ein Praktikum gemacht?
Ich habe immer während des Studiums im journalistischen Bereich gearbeitet – auch um Knete zu verdienen.

39

Beraterin, Netzwerkerin und Vizevorsitzende des Aufsichtsrats beim SV Werder Bremen: Ulrike Hiller

„Bleib du selbst und wachse daran."

Selbständige Beraterin, Coach und Mediatorin; Leiterin des Berliner Büros des DLTB
Foto: picturepeople/Jennifer Ebel

Ich bin Pädagogin, Diplom-Juristin, und Mutter von zwei wunderbaren Töchtern. Geboren in Niedersachen lebe ich heute in Berlin und Bremen. Meine berufliche Laufbahn begann mit einer Ausbildung als Erzieherin im Kindergarten. Danach war ich viel in der sozialen Arbeit tätig, habe mit Flüchtlingsfamilien, rechtsorientierten Jugendlichen, Arbeitslosen und Frauen gearbeitet und bin dann ungeplant fast 20 Jahre lang in der Politik gelandet. Vom Stadtteil- bis zur Europa- und Entwicklungszusammenarbeitspolitik konnte ich viel lernen und war für fast 60 Personen verantwortlich in Brüssel, Berlin und Bremen.

Schon als Kind war ich neugierig und lernbegeistert. Heute macht es mit Spaß, andere bei ihren Karrieren zu unterstützen, ob als Beraterin (politisch, strategisch, öffentlichkeitswirksam) oder als Businesscoach und Mediatorin. Dabei bin ich selbst mein größter Fan, aber auch meine größte Kritikerin!

Fragen und Antworten

Gibt es eine Sache, die du rückblickend grundlegend anders machen würdest?

Rückblickend würde ich viel früher strategisch mein Netzwerk aufbauen. Ich habe immer sehr viel kommuniziert und kannte sehr viele Menschen, aber ich habe erst sehr spät meine Kontakte gepflegt. Das beginnt mit einer professionellen Adresspflege und auch mit einer klaren „Geben und Nehmen"-Strategie. Ich kannte halt viele, aber habe wenig davon „genutzt". Dieser professionelle Umgang mit Kontakten lernen wir als Frauen nicht sehr. Männer organisieren sich viel stärker und nutzen ihre Kontakte gezielt. Für mich waren organisierte Netzwerke lange seltsam und ein offenes „ich unterstütze Dich und Du unterstützt mich" ist erst in den letzten Jahren bei mir richtig angekommen! Da kann noch viel passieren und es ist überhaupt nicht schlimm, sich offen helfen zu lassen und auch vertrauensvoll miteinander Ziele zu erreichen. Ran an die Netzwerke und Seilschaften!

Welche deiner Eigenschaften hat Dir geholfen auf eigenen Beinen zu stehen?

Ich glaube, meine wichtigste Eigenschaft um beruflich erfolgreich zu sein, ist der Mut, nicht alles perfekt zu machen. Fehler sind nicht schlimm und alle machen Fehler! Es ist besser, sich einzugestehen, dass ich auch Fehler machen darf, als sich selbst immer unter den Stress „alles perfekt zu können, um es zu machen" zu setzen. Ich war keine gute Schülerin und heute weiß ich, dass ich eine Rechtschreibschwäche habe. Schon in der Schule habe ich bei jedem Diktat gemerkt, dass ich nicht alles gut kann! Trotzdem war ich wissbegierig und auch mutig, Fragen zu stellen. Mitzudenken und Fragen zu stellen, kann jede, wenn sie am Thema interessiert ist und das ist der Anfang!

Gab es Leute, die deine Ideen oder Karriereentscheidungen belächelt haben?
Natürlich gab es Frauen und Männer, die nicht so überzeugt von mir waren, wie ich selbst :-) Wenn du spürst, dass jemand dich nicht unterstützt und auch sich nicht mit Dir inhaltlich auseinandersetzt, wenn du nix lernen kannst und das Gefühl hast, dass Du „klein gehalten" wirst, dann verändere dich. Gib dem nicht so viel Aufmerksamkeit und Energie. Arbeite dich nicht an negativen Menschen ab, sondern suche dir andere Unterstützer, Arbeitsbereiche. Es gibt viel mehr, als wir denken …

Was möchtest du deiner Tochter bzw. jungen Frauen raten?
Meinen Töchtern rate ich, dass sie sie selbst bleiben und daran wachsen. Das heißt: Es ist nicht einfach, seine Leidenschaften im Leben zu finden. Das können Dinge sein, in denen ich gut bin, aber es kann auch sein, dass es Träume sind und denen sollte man nachgehen, jederzeit! Was treibt mich und was interessiert mich wirklich, ist eine der schwersten Dinge, die man rauskriegen muss. Das geht häufig nicht über den Kopf, sondern übers Ausprobieren, aber es lohnt sich total. Wenn ich meinen Kompass aufgestellt habe, dann kann ich loslegen und tue Sachen, die mir Spaß machen. Ich lerne Dinge, die mich interessieren und die ich mit Leidenschaft weiter erlernen will. Nach der Schule wird der Kompass das erste Mal ausgerichtet und dann immer mal wieder, wenn man spürt, dass die Sache, die man gerade tut, nicht mehr richtig passt. Es ist wichtig, immer wieder neu zu schauen und auch mutige Entscheidungen zu treffen und Brüche mit dem bisherigen Leben auch zu wagen. Nur dann ist man erfolgreich und auch bei sich … und es ist so schön, Kinder und besonders Töchter zu haben. Also, bei allem beruflichen Erfolg und Karriereplanungen, ich finde, man sollte nicht auf Kinder verzichten, wenn man Lust dazu hat!

40

Kreativer Kopf in der Werbebranche: Nicole Hölscher

„Was immer du tust oder wer immer du sein möchtest: Trau dich."

Geschäftsführende Gesellschafterin Kreativ Konzept Agentur für Werbung GmbH
Foto: Martin Baumann

Nicole Hölscher ist die Frontfrau von Kreativ Konzept. Eine Werbeagentur in Bonn und Berlin mit 25 Mitarbeiter:innen. Mit der Vision „BRAND NEW THINKING" gibt Sie Markenversprechen einen neuen Fokus und entwickeln tagtäglich Antworten in einer Welt, in der traditionelle Kommunikation für Marken nicht mehr reicht und zukunftsweisende Strategien gefordert sind. Stetige Bewegung und Rastlosigkeit findet man auch in Ihrer Freizeit. Nicole fährt eine 50 Jahre alte Citroen DS – auch „die Göttin" genannt – und ist begeistert von der damals schon visionären Technik.

Fragen und Antworten

Was bedeutet Erfolg für dich? Hat sich das über die Zeit verändert?
Erfolg bedeutet für mich Freiheit, Freude und Leichtigkeit. Über die Jahre hinweg hat sich die Bedeutung von Erfolg stark verändert. Was sich früher an Zahlen und Fakten orientiert hat, ist heute ein emotional gelagertes Thema für mich. Geld und Verdienst war dabei nie das, was mich angetrieben hat, sondern Herausforderungen zu meistern und an Aufgaben zu wachsen.

Wusstest du schon immer, was du werden willst?
Ich wusste sehr früh, was ich werden will – auch wenn sich das Berufsbild über die Jahre hinweg sehr gewandelt hat. Gerade die Veränderung und Weiterentwicklung über die Zeit macht heute den Beruf für mich aus, für den ich immer noch brenne. Geprägt durch den elterlichen Unternehmerhaushalt stand aber von Beginn an fest, dass ich selbstständig sein möchte.

Hattest du früher Zweifel, ob du den richtigen Weg eingeschlagen hast?
Nein. Zweifel hatte ich nie.

Gibt es eine Sache, die du rückblickend grundlegend anders machen würdest?
Nein.

Welche deiner Eigenschaften hat Dir geholfen auf eigenen Beinen zu stehen?
Mut und Selbstvertrauen.

Musstest du als junger Mensch mal über deinen Schatten springen?
Ja. Man muss sich nur trauen.

Wer oder was war für dich damals besonders charakterprägend?
Mein Elternhaus hat mich geprägt. Weiterhin durfte ich im Laufe meiner Karriere einigen wichtigen Menschen begegnen, die für mich Mentoren und auch Wegbereiter waren, die an mich geglaubt und mich unterstützt haben. Ohne diese Menschen wäre ich heute nicht die, die ich bin. Be-

ziehungen und das sich aufeinander einlassen spielt in meinem Lebensweg eine große Rolle.

Wenn du dich überrumpelt oder überfordert fühlst, was tust du dagegen?
Durchatmen und einen Schritt zurückgehen. Analysieren „Was überfordert mich da gerade" und dann mit einem kühlen Kopf eine Struktur für den nächsten Schritt schaffen.

Hast du eine bestimmte Methode mit negativen Erlebnissen umzugehen?
Auch negative Erfahrungen machen einen Sinn. Zunächst versuche ich, Kritik anzunehmen und diese als Chance zu sehen, es beim nächsten Mal besser zu machen. Kritik, die ich als unfair und unberechtigt empfinde kann ich mit einer Sporteinheit zum Auspowern aus dem Gedankenkarussell verbannen.

Gab es Leute, die deine Ideen oder Karriereentscheidungen belächelt haben?
Nein.

Wurden dir mal Steine in den Weg gelegt?
Nein.

Bist du in jungen Jahren mal an etwas gescheitert?
An der ersten Aufnahmeprüfung für die Hochschule bin ich gescheitert. Dadurch habe ich gelernt, dass man kämpfen muss und eben nicht immer alles auf Anhieb klappt.

Meine ersten beiden Bewerbungsgespräche waren eine Katastrophe. Heute bin ich froh, dass das so ist – sonst wäre ich heute wohl nicht, wo ich bin.

Manchmal ist es also gut zu scheitern – auch wenn man das in dem Moment nicht so sieht.

Wieso hast du dich damals für dein Studium/deine Ausbildung entschieden und würdest du dich wieder so entscheiden?
Ein Berufsberater hatte mir geholfen, den richtigen Studiengang und auch passende Hochschulen auszuwählen. Die Entscheidung war richtig und ich würde den gleichen Weg wieder gehen.

Wer oder was hat dir damals maßgeblich bei der Orientierung geholfen, deinen eigenen Weg zu gehen?
Bei der Orientierung hat mir ein Berufsberater geholfen und meine Eltern haben meine Entscheidung voll unterstützt.

Wer war dein damaliges Vorbild?
Meine Eltern waren für mich große Vorbilder. Mein Vater hat mir auf den Weg gegeben „Du musst mit den Augen stehlen". Er hat mich animiert, immer mit offenen Augen durch die Welt zu gehen, Dinge zu ergründen und mir diese abzuschauen. Meiner Mutter war nichts zu viel. Sie hat sich

beispielsweise auch nie vor typischen Männeraufgaben gescheut und war immer auf Augenhöhe mit meinem Vater. Und das in einer Zeit, in der das klassische Rollenbild noch anders ausgesehen hat.

Hast bzw. hattest du damals einen Mentor?
Ich hatte zwei Mentoren, die jeweils auch für eine Zeit meine Vorgesetzten waren. Beide waren richtig und wichtig.

Was macht aus deiner Sicht einen guten Mentor bzw. ein gutes Vorbild aus?
Meine Mentoren haben mir Dinge zugetraut, die ich in mir selbst so nicht gesehen habe. Sie haben mich ermutigt und mir in entscheidenden Momenten mit Rat und Tat zur Seite gestanden. Sie haben mich manchmal kritisch hinterfragt und mir so Sichtweisen und Perspektiven eröffnet, die ich selbst nicht gesehen hätte. Weiterhin waren es Vorbilder mit viel Erfahrung, die ich ernst nehmen konnte und die ich respektiert habe.

Hast du schon einmal ein Netzwerk genutzt?
Ich bin in unterschiedlichen Netzwerken aktiv und kann nur jedem raten sich zu vernetzten und Kontakte zu knüpfen. Es dauert oft lange – aber ein gutes Netzwerk hilft einem immer weiter. Persönliche Empfehlungen sind einfach unendlich wertvoll und hier bietet ein Netzwerk die besten Chancen Empfehlungen zu bekommen – aber auch empfohlen zu werden.

Was würdest du anders machen, wenn du nochmal beginnen könntest?
Nichts. Das Studium war nur der Startpunkt. Im Beruf selbst macht man aus meiner Sicht die entscheidenden Schritte und hier gilt es, sich auf Veränderungen einzulassen und sich weiterzuentwickeln.

Was war hat deinen Charakter oder den Verhalten nachhaltig geprägt?
Themen strukturiert anzugehen und sich einen Plan zu machen – aber sich auch immer wieder selbst zu hinterfragen und nach dem WARUM zu fragen. Warum tue ich, was ich tue?

Hast du dich an Ehrenämtern oder Initiativen beteiligt?
Ich war bei den Pfadfindern und als Teenager auch Gruppenleiterin. Das war meine erste Führungsverantwortung und hier habe ich gemerkt, dass mir das Spaß macht und ich das auch gut kann. Hier durfte ich auch in ersten Seminaren Grundlagen lernen, wie man ein Team führt und motiviert. Das hat mir später immer wieder geholfen.

Hast du einen Teil deines Studiums im Ausland gemacht?
Leider nicht. Heute würde ich das jedem raten.

Hast du mal ein Praktikum gemacht?
Ich habe zwei Praktika gemacht, die für mich unglaublich wichtig waren. Ich wurde darin bestätigt, dass das nicht meine Berufe sind und ich an meiner eigentlichen Idee festhalten soll – auch wenn es ein schwierigerer Weg war.

40 Kreativer Kopf in der Werbebranche: Nicole Hölscher

Was hat dir während der Ausbildung/Studium gefehlt?
Ich war die Jüngste in meinem Studiengang. Viele Kommilitonen hatten bereits Berufserfahrung und ganz andere Hintergründe. Es wäre manchmal einfacher gewesen, wenn ich vorab eine Ausbildung absolviert hätte.

Wie hast du versucht, einen guten ersten Eindruck im Vorstellungsgespräch zu hinterlassen?
Bei den ersten Vorstellungsgesprächen habe ich mich verkleidet. Heute würde ich so kommen, wie ich bin. Authentizität ist entscheidend und ein guter Stil ist nicht nur beim Vorstellungsgespräch gefragt.

Was möchtest du deiner Tochter bzw. jungen Frauen raten?
Traut Euch! Was immer Ihr tun oder wer immer Ihr sein möchtet.
Traut es Euch selbst zu und arbeitet daran, genau das zu erreichen. Das Limit setzt man sich selbst. Sucht Euch Menschen auf Eurem Weg, die Euch ernsthaft und ehrlich unterstützen und fördern und seht es nicht als Schwäche, zu passender Zeit auch nach Hilfe oder Unterstützung zu fragen. Man muss sich das Leben nicht unnötig schwermachen. Dabei hilft es ungemein, offen und mit einem Lächeln auf Menschen zuzugehen und andere so zu behandeln, wie man selbst gerne behandelt werden möchte.

41

Forschungsdirektorin für Gender Studies in einem führenden deutschen Wirtschaftsforschungsinstitut: PD Dr. Elke Holst

„Tue das, was dich wachsen lässt. Bleib dran und gib nicht auf."

Consultant und Senior Research Associate am DIW Berlin
Foto: agentur baganz
Beruflich widmete ich mich mit viel Energie der Forschung zu den Ursachen von Geschlechterungleichheiten in Beruf und Familie und mehr echter Chancengleichheit der Geschlechter. In meinen wissenschaftlichen Veröffentlichungen und öffentlichen Auftritten geht es um Themen wie die Verbesserung der Situation von Frauen auf dem Arbeitsmarkt, starke Unterrepräsentanz von Frauen in Führungspositionen, den Gender Pay Gap, den Gender-Arbeitszeit-Gap. Auf Basis meiner Untersuchungen leite ich Politikempfehlungen ab.

Heute bin ich als Beraterin tätig und stehe u. a. dem führenden Deutschen Institut für Wirtschaftsforschung (DIW Berlin) als Senior Research Associate zur Verfügung. Zuvor leitete ich dort als erste Forschungsdirektorin den von mir aufgebauten Bereich Gender Studies. Direkt nach meinem Studium der Volkswirtschaft arbeitete ich zunächst in der Privatwirtschaft, danach im Sonderforschungsbereich drei an der Johann Wolfgang-Goethe-Universität Frankfurt am Main und als Redenschreiberin für den Hessischen Ministerpräsidenten Holger Börner zu Zeiten der ersten rot-grünen Koalition.

Fragen und Antworten

Was bedeutet Erfolg für dich? Hat sich das über die Zeit verändert?
Erfolg ist für mich, etwas gestalten zu können, zu lernen, etwas zum Besseren zu bewegen, sich weiterzuentwickeln.

Wusstest du schon immer, was du werden willst?
Nicht von Anfang an. Ich wollte Bauingenieurin werden. Nach einem Praktikum wurde mir klar, dass die Akzeptanz von Frauen auf Augenhöhe in diesem Bereich noch viel Zeit benötigt. Für mich zu viel Zeit. Ich habe dann Volkswirtschaft studiert.

Hattest du früher Zweifel, ob du den richtigen Weg eingeschlagen hast?
Ich habe vieles versucht, bis ich herausfand, dass ich auf dem richtigen Weg bin. Auch weniger gute Zeiten lassen sich so durchhalten.

Welche deiner Eigenschaften hat Dir geholfen auf eigenen Beinen zu stehen?
Beharrlichkeit, Neugierde, Ideenreichtum.

Wie hast du in jungen Jahren dein Talent bzw. deine Stärken herausgefunden?
Die geringeren Chancen von Frauen auf dem Arbeitsmarkt waren mir immer ein großes Anliegen, um nicht zu sagen, ein Dorn im Auge. Mit den seit 2005 von mir veröffentlichten konkreten Zahlen zu den Anteilen von Frauen in Vorständen und großen Unternehmen in Deutschland (später: „DIW Managerinnen Barometer") kam mit dem großen öffentlichen Zuspruch zum Thema endlich auch ein Stein ins Rollen. Viele (Lobby)Gruppen nahmen die jährlich aktualisierten Beiträge als Grundlage ihrer Argumentation. Heute gibt es mit dem FüPoG 1 und 2 erste gesetzlich Grundlagen.

Wenn du dich überrumpelt oder überfordert fühlst, was tust du dagegen?
Einatmen, ausatmen, weiteratmen. Das schafft zumindest etwas Ruhe und Abstand.

Wurden dir mal Steine in den Weg gelegt?
Ja sicher. Das gehört dazu.

Warst du damals besorgt, dass du Karriere, Familie und Freunde nicht kombinieren kannst?
Karriere und Familie: Ja und ja. Freund:innen: Keine Besorgnis und es war auch kein Problem.

Wieso hast du dich damals für dein Studium/deine Ausbildung entschieden und würdest du dich wieder so entscheiden?
Es fiel mir leicht. Möglicherweise würde ich mich nochmal dafür entscheiden.

Wer oder was hat dir damals maßgeblich bei der Orientierung geholfen, deinen eigenen Weg zu gehen?
Mein Vater.

Was war der beste Ratschlag, den du in jungen Jahren erhalten hast?
Lass dich nicht unterkriegen. Es gibt immer einen Weg weiter. Glaube an dich!

Hast du schon einmal ein Netzwerk genutzt?
Ja. Sehr wichtig. Ich habe viele inspirierende Menschen getroffen und wichtige Verbindungen aufgebaut.

Was war hat deinen Charakter oder den Verhalten nachhaltig geprägt?
Rationales Denken, analysieren, Zähigkeit.

Hast du einen Teil deines Studiums im Ausland gemacht?
Ja. Und ich habe das in meiner beruflichen Tätigkeit fortgeführt. Es war ungemein bereichernd eine Offenheit für andere Kulturen zu entwickeln. Die Erkenntnis, dass es gemeinsame und unterschiedliche Werte und Interessen gibt, lenkt den Blick vom Selbst auf das, was real existiert. Beobachten lernen war sehr wichtig.

Was möchtest du deiner Tochter bzw. jungen Frauen raten?
Probiere aus, was dir gefällt. Lass dich inspirieren. Tue das, was dich wachsen lässt. Bleib dran. Gib nicht auf, wenn der Wind mal kalt von vorne bläst. Habe einen Plan B in der Tasche.

42

Landwirtin aus Leidenschaft: Bettina Hueske

„Sei du selbst und fühl dich gut dabei – das ist das Wichtigste."

Agrarbetriebswirtin/selbstständig auf dem elterlichen Bauernhof
Foto: Bettina Hueske

Schon als Kind hat mich die Landwirtschaft begeistert. Nach meinem Realschulabschluss startete ich meine landwirtschaftliche Ausbildung und verbrachte anschließend mein Praxisjahr in Neuseeland und Kanada. Danach besuchte ich die Fachschule und bin heute staatlich geprüfte Agrarbetriebswirtin. Seitdem kümmere ich mich im elterlichen Milchviehbetrieb mit viel Herzblut um unsere kleinen und großen Schützlinge. Beinahe täglich gibt es neue Herausforderungen und Ideen, die ich z. B. mit unserem eigenen Hofladen und selbstproduziertem Eis umsetzen konnte.

Es macht mich stolz, Landwirtin zu sein. Mein größter Wunsch ist es, die bäuerliche Landwirtschaft in Deutschland zu erhalten. Dafür müssen Gesellschaft und Landwirtschaft zukünftig einen gemeinsamen Konsens finden. Um diesen Wunsch zu verwirklichen, blogge ich in den sozialen Medien und engagiere mich ehrenamtlich in landwirtschaftlichen Interessensvertretungen. Ich hoffe, dadurch einen kleinen Teil zur Zukunftsfähigkeit unserer Branche beitragen zu können.

Fragen und Antworten

Wusstest du schon immer, was du werden willst?
Ganz klar: Ja! Seitdem ich denken kann, gibt es für mich keine andere Option, als Landwirtin zu werden und den Bauernhof meiner Eltern zu übernehmen. Das ist übrigens schon seit meinem ersten Freundschaftsbuch in der zweiten Klasse besiegelt und hat sich bis heute nicht geändert.

Was war der beste Ratschlag, den du in jungen Jahren erhalten hast?
„Es ist dein Leben, nicht das von jemand anderem. Vergiss das nicht!" Für mich steckt hierin so viel Aussagekraft. Man ist oft von sehr vielen Menschen umgeben, die alles wissen und die es in Bezug auf das eigene Leben oftmals sogar besser wissen als man selbst. Auch, wenn man das nicht gern hören mag (so geht es mir jedenfalls!), stecken hier oft nur Neider, Besserwisser oder Egoisten dahinter. Am Ende des Tages muss ICH mich jedoch gut mit dem fühlen, was ich tue und bleibe dadurch vor allem auch authentisch.

Übrigens: Fallen tut gar nicht weh. Viel wichtiger ist es, danach wieder aufzustehen und gestärkt weiterzumachen.

Hast du dich an Ehrenämtern oder Initiativen beteiligt?
Seit meinem 16. Lebensjahr bin ich in verschiedenen Ehrenämtern meiner Branche aktiv. Das hat mich und mein Leben, rückblickend betrachtet, sehr positiv beeinflusst. Man erlebt immer wieder neue Situationen, kann sich immer besser neben den- in meiner Branche vorwiegend männlichen- Kollegen durchsetzen. Das hat mir persönlich sehr viel Selbstbewusstsein und neue Erfahrungen eingebracht. Vor allem meine aktuelle Passion, das Bloggen in den sozialen Medien, ist am Ende aus meinen ersten ehrenamtlichen

Erfahrungen in landwirtschaftlichen Verbänden gewachsen. Außerdem finde ich es wichtig, anderen etwas durch ehrenamtliches Engagement zurückzugeben.

Was möchtest du deiner Tochter bzw. jungen Frauen raten?
Höre auf dein Bauchgefühl. Alles, was du im Leben erreichen möchtest, liegt in deiner Hand. Liegen dir Steine im Weg, dann spring drüber her. Manchmal wird man belächelt, manchmal wird hinter dem eigenen Rücken gelästert. Am Ende ist es wichtig, dass du dich dabei gut fühlst- und noch viel wichtiger, dass du „Du selbst" bleibst.

43

Wirtschaftsprüferin aus Überzeugung und mit Leidenschaft: Petra Justenhoven

„Vertraue auf Deine Fähigkeiten. Du kannst alles schaffen!"

Sprecherin der PwC-Geschäftsführung
  Foto: Manuel Gutjahr

Petra Justenhoven ist spezialisiert auf die Prüfung und Beratung internationaler Konzerne. Die heutige Sprecherin der Geschäftsführung von PwC

Deutschland blickt auf eine dreißigjährige Unternhemenskarriere zurück, Ernennungen zur Steuerberaterin und Wirtschaftsprüferin inklusive.

Dabei startete Petra nach ihrem Schulabschluss zunächst an der Bayrischen Beamtenfachhochschule und machte dort ihr Steuerdiplom. Danach entschied sie sich jedoch gegen eine Beamtenlaufbahn, studierte internationale BWL in Frankreich und Deutschland und stieg bei PwC ein.

Petra ist verheiratet und Mutter von zwei Kindern. Beruflich und privat engagiert sie sich für die Förderung von Frauen im Berufsleben. Sie ist Mitbegründerin der Initiative women@pwc und wurde 2019–2021 vom manager magazin unter die 100 einflussreichsten Wirtschaftsfrauen Deutschlands gewählt.

Fragen und Antworten

Welche deiner Eigenschaften hat Dir geholfen, auf eigenen Beinen zu stehen?

Freude am Lernen und ein gesundes Selbstvertrauen. Meine Eltern waren beide berufstätig. Für mich war es von klein auf völlig normal und selbstverständlich, dass sich Frau und Mann die gemeinsamen Verpflichtungen in einer Partnerschaft, in der Kindererziehung und beim Bewältigen alltäglichster Aufgaben fair und verantwortungsvoll teilen können. Meine Eltern haben meiner Schwester und mir so viel mit auf den Weg gegeben und uns in unserer Entwicklung und Ausbildung in jeder Hinsicht unterstützt. Auf diesem Boden sind ein großes Vertrauen und ein klares Bewusstsein für die eigenen Potenziale entstanden.

Ich erinnere mich gut an ein selbst gestaltetes Geschenk meiner Mutter – ein Seidentuch mit vielen internationalen Hauptstadtmotiven. „Wenn Dich diese Orte faszinieren und Du dort irgendwann einmal beruflich hinmöchtest," sagte sie, „dann musst du das nur wollen! Also: Durchatmen und Karriere machen!" Und als ich mit 21 Jahren beschloss, meine quasi langfristig sichere Tätigkeit als Beamtin aufzugeben und dafür das Studium der Betriebswirtschaft, unter anderem in Frankreich, zu beginnen, haben meine Eltern keine Sekunde gezögert, sich hinter meine Entscheidung zu stellen und mich nach allen Kräften bei meinen beruflichen Plänen unterstützt.

Hast bzw. hattest du damals einen Mentor?

Spiegel, Resonanzraum und Karrieremacher – das verkörpert ein guter Mentor und Sponsor. Jemand, dem man vertraut, der das Unternehmen gut kennt und der Rat geben kann. Auch, wenn man den manchmal nicht hören mag. Diese Erfahrung habe ich selbst gemacht. Ich hatte schon sehr früh einen überzeugten Mentor und Sponsor, der mich mit seinem ehrlichen Rat, seiner Ermutigung und mit Aufgaben, an denen ich wachsen konnte, über viele Jahre hinweg gefordert und gefördert hat. Er hat mir Türen geöffnet. Durchgehen musste ich alleine.

Was war der beste Ratschlag, den du in jungen Jahren erhalten hast?
Du musst nicht perfekt sein!

Wie hast du versucht, einen guten ersten Eindruck im Vorstellungsgespräch zu hinterlassen?
Authentisch sein. Ich kleide mich, aber verkleide mich nicht. Ich schaue meinem Gegenüber
 in die Augen und höre gut zu. Und auf jeden Fall: immer ein fester Händedruck. ☺

Was möchtest du deiner Tochter bzw. jungen Frauen raten?
Heute wissen wir, dass Frauen all das können, was ihnen Männer früherer Generationen NIEMALS zugetraut hätten. Frauen „können" Bundeskanzler und Premierminister. Frauen „können" EZB-Chef. Frauen „können" Intendanz, Verlagsleitung und Vorstandsvorsitz. Frauen dirigieren ganze Orchester. Frauen spielen Fußball. Frauen reparieren Motoren. Frauen fliegen Flugzeuge und brechen an Bord von Raketen zu bemannten, bzw. beFRAUten Weltraumexpeditionen auf. Wir wissen, dass die Vielfalt in gemischten Teams zusätzliche Potenziale hebt. Wir wissen, dass Frauen ein bedeutender Faktor für Innovation, neues Denken und damit letztlich für Wachstum und Entwicklung sind. Wir wissen explizit, dass Frauen in Führungspositionen klare Wettbewerbsvorteile erschließen. Mein Rat an meine 15-jährige Tochter Pia und alle jungen Frauen: Sei offen und neugierig. Traue Dich, alles auszuprobieren. Vertraue auf Deine Fähigkeiten. Du kannst alles schaffen!

44

Sängerin, Aktivistin und Model: Lise-Christine Kobla Mendama

„Du bist die Königin in deinem Leben."

Freiberufliches Model; Sprecherin der Afro Jugend München; Top 22 Kandidatin bei Miss Germany 2022
Foto: Maíra Nascimento

Ich bin Lizzy und habe im Jahr 2020 die größte „Black Lives Matter" Demo in Deutschland mitorganisiert. Dort habe ich im Alter von 20 Jahren vor 25.000 Menschen eine, für mich, sehr emotionale Rede gehalten. Es folgten weitere Auftritte in der Öffentlichkeit, Model Jobs für Givenchy und Missoni sowie die Teilnahme bei Miss Germany 2022 (Top 22 Finalistin).

Als Künstlerin QUEEN Lizzy möchte ich heute speziell schwarze Frauen dazu ermutigen, die Königin in sich selbst zu erkennen. Ich bin davon überzeugt, dass die Attribute einer Königin – Macht, Eleganz und Stärke – in jeder Frau stecken und darauf warten ausgeschöpft zu werden. Dabei hilft mir meine musikalische Ader. Musik spielt eine große Rolle in meinem Leben, schon mit sechs Jahren sang ich im Chor. Mit meinem Song „Black Rolemodel" feierte ich 2020 mein Debüt.

Fragen und Antworten

Was bedeutet Erfolg für dich? Hat sich das über die Zeit verändert?
Früher habe ich immer gedacht, dass Erfolg direkt mit finanzieller Freiheit und einer guten Karriere verbunden sind. Heute weiß ich das Erfolg das Erreichen individueller Ziele ist. Jeder Mensch sollte ein selbstbestimmtes Leben führen (können) und die eigenen Ziele als Maßstab benutzen.

Ich möchte meinen eigenen Erfolg nutzen, um den Weg für andere Frauen freizumachen, die aufgrund gesellschaftlicher Stereotypen unterrepräsentiert sind. Denn ich finde, dass man Reichweite und Plattformen, stets für gute Zwecke nutzen sollte.

Hattest du früher Zweifel, ob du den richtigen Weg eingeschlagen hast?
Als ich nach der Ermordung von George Floyd angefangen habe mit meinem Aktivismus in der Öffentlichkeit zu stehen, habe ich, vor allem anfangs, viel Gegenwind bekommen, der sich durch rassistische Kommentare und beleidigende Privatnachrichten auf Instagram zeigte. Natürlich hinterfragt man nach solch traumatisierenden Erlebnissen, ob es sich lohnt, weiterzumachen. Allerdings habe ich gelernt, mich selbst genauso so zu lieben und zu akzeptieren, wie ich bin. Das hat mir geholfen stolz zu sein und umso mehr für mich selbst und meine eigene, bessere Zukunft zu kämpfen. Ich habe außerdem gelernt, negative Situationen, Menschen, und Kommentare auszublenden und mich auf Lösungen und den hart erarbeiteten Fortschritt, den die Afrodeutsche Community schon bewirken konnte, zu konzentrieren.

Gibt es eine Sache, die du rückblickend grundlegend anders machen würdest?
Nein. Alle Entscheidungen und Erlebnisse machen dich zu genau der Person, die du bist und diese Person ist großartig. Irgendwann habe ich aufgehört anderen Menschen zu glauben wer ich bin und angefangen es für mich selbst herauszufinden. Natürlich ist es unfair, dass manche Menschen mit mehr Privilegien oder aber gesellschaftlichen Ketten geboren werden als andere. Die Frage ist allerdings, was man aus Letzterem macht und wie man Ersteres nutzt. Was für eine Art Mensch ich bin, hat sich durch Entscheidungen entschieden, die ich in meiner Vergangenheit getroffen habe. Außerdem auch daran, dass ich alle Steine, die mir in den Weg gelegt wurden, aufgehoben und angefangen habe mir damit mein Leben so aufzubauen, wie es mir gefällt.

Wie hast du in jungen Jahren dein Talent bzw. deine Stärken herausgefunden?
Ich habe früh verstanden, dass ich eine sehr zielstrebige, soziale, empathische und neugierige Person bin. Diese Attribute sind wichtig, wenn du als selbstständige oder freiberufliche Person arbeitest. Natürlich kann es sein, dass dein Business anfangs nicht viele Kunden hat oder viel Profit generiert. Aber das sollte dich nicht stoppen. Ich habe zum Beispiel meine soziale Intelligenz eingesetzt, um zu networken.

Meine empathische Ader zeichnet mich aus. Daher habe ich beschlossen, meine Privilegien als Afro-Deutsche zu nutzen und mich öffentlich gegen Rassismus, Ausbeutung und Diskriminierung auszusprechen.

Meine Neugierde treibt mich an und lässt mich groß träumen. Das hat mir bereits einige Karrieretüren geöffnet. Zum Beispiel durfte ich in der Vergangenheit ein Magazin Cover und ein großes Plakat für Givenchy und Missoni als Partner des KaDeWe's und Oberpollingers zieren und so meine Model Karriere ins Leben rufen.

Was macht aus deiner Sicht einen guten Mentor bzw. ein gutes Vorbild aus?
Ein gutes Vorbild ist meiner Meinung nach eine Person, die sich in andere hineinversetzen kann und ihnen Gehör, Sichtbarkeit, und ein Zugehörigkeitsgefühl schenkt. Wer sich durch und mit positiven Werten Respekt, Freundschaft und Loyalität verschafften kann, kann Veränderung bewirken.

Außerdem ist es wichtig, dass das Vorbild an sich selbst und die eigenen Visionen glaubt. Eine alte Freundin von mir hat immer gesagt: „I'd rather inspire to create than influence to copy." und bis heute schwebt mir dieser Satz im Kopf.

Hast du dich an Ehrenämtern oder Initiativen beteiligt?
Seit meinem zwölften Lebensjahr bin ich ein aktives Mitglied der „Afro Jugend München" und halte schon seit Jahren vertretend für die Organisa-

tion Reden auf z. B. Demos oder Pressekonferenzen. Wir sind eine Gruppe von und für Schwarze Menschen, die Empowerment und Bildung (über Black History) als Vision haben. Es war vor allem im jungen Alter wichtig für mich eine Gruppe von Menschen zu haben, die mich für den Menschen gesehen haben der ich bin, da Rassismus in Deutschland leider immer noch präsenter ist als man denkt und bei mir auf dem Gymnasium quasi alltäglich war. Einen Ort zu haben, an dem man einfach man selbst sein konnte war wichtig und hat mich letztendlich auch dazu bewegt mich selbst als eine Frau zu sehen statt als Schwarze Frau, heißt ich musste lernen außerhalb der Box zu denken in die mich eine rassistische Gesellschaft gesteckt hatte. Das war schwer und ich konnte auch erst mit 16 Jahren lernen mich so zu akzeptieren, wie ich bin. Heute sind meine afrikanischen Merkmale die, auf die ich am meisten stolz bin.

Was möchtest du deiner Tochter bzw. jungen Frauen raten?
Egal wer du bist und egal wie du aussiehst, als Frau in dieser Gesellschaft werden wir es, solange keine ernsthafte Veränderung kommt, immer schwer haben. Uns muss klarwerden, dass niemand auf magische Weise auftauchen und uns aus dieser Situation befreien wird. Wir müssen das für uns selbst tun. Gemeinsam.

Akzeptiere dich und andere so wie sie sind. Deinen Geist, deinen Körper, deine Stärken aber auch deine Schwächen! Konzentriere dich darauf herausfinden, welcher Mensch hinter dieser „Frau" steckt, damit du nicht mehr das Gefühl hast innerhalb dieses „Labels" denken und handeln zu müssen.

Deine Zukunft liegt in deiner Hand, deine Mission im Leben ist individuell und du bist von Geburt an mit den notwendigen Fähigkeiten geboren worden, die du benötigst, um deine Passion zu dem zu machen, was DU für richtig hältst. Glaub an dich!

Meine Message speziell an schwarze Frauen: Liebe dich selbst so sehr, dass du es fühlen kannst. Diese Kraft hilft dir hart genug zu arbeiten und alles zu erreichen, was du dir in den Kopf setzt.

45

Gesundheits- und Krankenpflegerin: Hatice Koca

„Hab keine Angst Fragen zu stellen. Im Zweifelsfall wirst du korrigiert und lernst dazu."

Gesundheits- und Krankenpflegerin (Bachelor of Science)
Foto: Serkan Uzunyurt

Ich bin Hatice, 27 Jahre alt und frisch gebackene Krankenpflegerin. Tatsächlich war das nicht von vorneherein geplant. Fünf Jahre lang bewarb ich mich für einen Studienplatz als Hebamme – vergeblich. Auf der Suche nach Alternativen reichte ich zum Spaß meine Bewerbung für das Gesundheits- und Krankenpflegestudium ein und tatsächlich: Ich bestand den Eignungstest und wurde zugelassen. Drei Jahre später, hielt ich voller Stolz meine Bachelorurkunde in von der FH Campus Wien in den Händen.

Die Pflege wurde zu meiner wahren Leidenschaft, die mich über mich hinauswachsen lässt. Als nächsten geht es für mich bald hoffentlich auf der Intensivstation weiter. Meine Erfahrungen, Erfolge und Sorgen während meines Studiums und Berufsalltags teile ich mit meinen über 10.000 Followern auf Social Media (Instagram, TikTok, YouTube).

Fragen und Antworten

Wieso hast du dich damals für dein Studium/deine Ausbildung entschieden und würdest du dich wieder so entscheiden?
Meine Geschichte ist etwas lustig. Ich wusste schon sehr früh (mit zehn Jahren), dass ich Hebamme werden will. Also hab' ich mich nach meinem Abitur für das Hebammenstudium beworben. Fünf Jahre lang in zwei verschiedenen Städten. Es hat einfach nicht funktioniert. Dieselbe Fachhochschule die Hebamme anbietet, bietet auch das Gesundheits- und Krankenpflegestudium an. Also hab' ich mich zum Spaß für das Studium angemeldet. Ich wurde zur Aufnahmeprüfung eingeladen und es war eins zu eins derselbe Aufnahmetest wie für das Hebammenstudium. Daher hatte ich nicht besonders viel Hoffnung. Und trotzdem habe ich es geschafft. Ich habe einen Studienplatz für Krankenpflege bekommen. Und ich habe sehr schnell gemerkt, dass die Pflege das richtige für mich ist und welche Möglichkeiten in ihr stecken. Nun ja, drei Jahre später und ich habe meinen Bachelor in der Hand und Hebamme ist nicht mehr so aktuell haha.

Was war hat deinen Charakter oder den Verhalten nachhaltig geprägt?
Mein Studium war für meine Entwicklung und meinen Charakter sehr prägend. Ich habe verschiedene Dinge erkannt, meine Stärken herausgefunden und habe gelernt an meinen Schwächen zu arbeiten. Dennoch würde ich sagen, dass zwei Dinge mich besonderes geprägt haben, sowohl für mein Arbeits- sowie auch mein Privatleben.

1. Teamgeist. Ich sage gerne, dass Pflege ein Teamsport ist. Man arbeitet alle auf dasselbe Ziel hin. Das ist mir und meinen Studienkolleg:innen

sehr schnell bewusst geworden und wir haben angefangen als Team zu kooperieren. Wenn jemand Hilfe gebraucht hat, wurde diese geleistet. Hatte jemand Probleme bei etwas, wurde der Person unter die Arme gegriffen. Wir haben miteinander und voneinander gelernt. Ein gutes Team ist maßgeblich für gute Pflege. Egal wie gut man glaubt zu sein, man braucht ein Team, denn nur so kann man sich weiterentwickeln.
2. Fragen stellen, Antworten geben: Mir hat mal eine Pflegekraft folgendes gesagt, dass mich bis heute begleitet: Man kann nicht alles wissen, man muss nur wissen, wo man es nachlesen kann. Und ich denke, dass das so wichtig ist. Vor allem während dem Studium oder gerade als Neueinsteiger:in ist man sich oft unsicher, hat irgendwie Angst schlecht dazustehen wenn man keine Antwort hat. Dabei vergessen wir ganz oft, dass wir nicht alles wissen können und dass wir ständig weiterlernen. Ich denke man sollte keine Angst haben Fragen zu stellen und selbst wenn man sich seiner Antwort nicht sicher ist, kann man versuchen zu antworten. Das Worst-Case-Scenario ist, dass man falsch lag. Aber lieber liege ich falsch und bekomme eine Korrektur als grundsätzlich falsch zu liegen.

Was möchtest du deiner Tochter bzw. jungen Frauen raten?
Es gibt Textstellen der Serie Greys Anatomy, die ich mir selbst immer sehr gerne durchlese, um wieder Kraft zu tanken:

- „In Gruppensituationen ergreifen Männer mit 75 % höherer Wahrscheinlichkeit das Wort als Frauen. Wenn eine Frau das Wort ergreift, ist es statistisch gesehen wahrscheinlich, dass ihre männlichen Kollegen sie entweder unterbrechen oder über sie hinwegreden."
- „In dieser Welt, in der die Männer größer, stärker und schneller sind, wird dich das Schweigen umbringen, wenn du nicht bereit bist zu kämpfen. Kämpfen also, bis du nicht mehr kämpfen kannst. Lass niemals los. Gib niemals auf. Lauf niemals weg. Kämpfe den guten Kampf. Du kämpfst auch dann, wenn es unvermeidlich scheint, dass du untergehen wirst. Denn am Ende gibt es keinen Ruhm, der einfach ist. Niemand erinnert sich an leicht. Sie erinnern sich an das Blut und die Knochen und den langen, quälenden Kampf bis an die Spitze. Und so wird man zur Legende."
- „Mädchen, lasst euch von der Angst nicht zum Schweigen bringen. Ihr habt eine Stimme. Also benutzt sie. Sprecht lauter. Erhebt eure Hände. Schreit eure Antworten heraus. Bringt eure Stimme zu Gehör. Habt etwas Feuer. Sei unaufhaltsam. Sei eine Naturgewalt. Sei besser als alle anderen hier und kümmere dich nicht darum, was die anderen denken. Was auch immer es braucht. Finde einfach deine Stimme und wenn du das tust, fülle die verdammte Stille!"

46

Frisörin, Gründerin und Analog-Astronautin: Dr. Carmen Köhler

„Du kannst dich immer umorientieren und neu entdecken – das ist okay."

CEO und Gründerin bei P³R GmbH; Projektleiterin am Fraunhofer IAIS
Foto: Florian Voggeneder, ÖWF
Dr. Carmen Köhler startete ihre berufliche Karriere mit einer Ausbildung zur Friseurin, bevor sie anschließend Mathematik und Meteorologie an der Freien Universität Berlin studierte und in Physik der Atmosphäre promovierte.

Heute forscht sie als Analog-Astronautin in dem Mars ähnlichen Regionen auf der Erde für spätere Mars-Missionen. Außerdem ist sie Gründerin und CEO der P3R GmbH, welche sich mit Wetter- und Erdbeobachtungsdaten-Services befasst. Seit Mai 2021 arbeitet sie zudem für das Fraunhofer IAIS, um mit Workshops über künstliche Intelligenz insbesondere junge Frauen und Mädchen zu begeistern.

Fragen und Antworten

Wie hast du in jungen Jahren dein Talent bzw. deine Stärken herausgefunden?
In jungen Jahren war ich ein sehr unsicheres und schüchternes Mädchen. Ich hatte viele Selbstzweifel und dachte, was ich kann, das kann doch jede(r). Erst später begann und lernte ich, meine Unsicherheiten und Gedanken zu kommunizieren. Um meine Stärken daraufhin herauszuarbeiten, holte und hole ich mir immer noch, Rückmeldung bei Freunden und der Familie. Sie sind zwar sowieso Deine größten Fans, aber sie sind zudem auch ehrlich und kennen Dich am besten. Somit habe ich sie öfters gefragt, was meine Talente und Stärken sind. Mit der Zeit schenkt man Ihnen Glauben und kann diese Stärken und Talente dann einsetzen, selbst wenn man noch an sich selbst zweifelt. Jeder Mensch hat viele Talente, wichtig ist herauszufinden, was diese sind und was einem Spaß macht!

Wieso hast du dich damals für dein Studium/deine Ausbildung entschieden und würdest du dich wieder so entscheiden?
Eigentlich wollte ich Astronautin werden und Mathe studieren, habe mir dies jedoch nicht zugetraut. Ein weiterer Wunsch von mir war, Maskenbildnerin zu werden und ich schnitt seit meinem 10ten Lebensjahr Haare. Somit habe mich nach meinem Abitur für eine Friseurausbildung entschieden. Nach meiner Gesellenprüfung absolvierte ich dann aber doch mein Mathestudium und machte im Anschluss meinen Doktor in Physik.

Während der Friseurausbildung habe ich sehr wichtige Dinge gelernt, beispielsweise mit fremden Menschen zu sprechen und hart zu arbeiten. Ich würde mich wieder so entscheiden, denn dies hat mich zu der Person gemacht, die ich heute bin. Außerdem hat es mir gezeigt, dass es nie zu spät ist, Chancen zu ergreifen und sich weiterzuentwickeln.

So kam 2014 für mich die Chance, mich als Analog-Astronautin beim Österreichischen Weltraumforum zu bewerben. Analog-Astronauten sind Menschen, die von der Erde aus Forschung für spätere astronautische Missionen betreiben. Ich wurde tatsächlich als erste Frau ausgewählt und nehme seitdem an simulierten Mars Missionen in Mars ähnlichen Umgebungen teil und fühle mich dabei, wie auf einem anderen Planeten.

Wer oder was hat dir damals maßgeblich bei der Orientierung geholfen, deinen eigenen Weg zu gehen?
Eines Tages schnitt ich einem Professor die Haare, welcher mich fragte, ob und was ich denn lese. Zu dem Zeitpunkt las ich „Fermats letzter Satz" – ein Buch, das von einem mathematischen Beweis handelt. Er war etwas baff und erkundigte sich nach meinem Interesse für die Mathematik. Ich erklärte ihm, dass ich gerne Mathe studiert hätte, es mir aber nicht zugetraut habe. Seine Antwort und die Unterstützung aus meinem Umfeld führten dazu, dass ich nach meiner Gesellenprüfung mein Mathe-Studium begann: Wenn man Spaß und Interesse an etwas hat, ist man auch gut darin!

Hast du mal ein Praktikum gemacht?
Ich habe ein Praktikum am Deutschen Zentrum für Luft- und Raumfahrt im Bereich Flugmechanik gemacht. Danach wusste ich, dass Wolken, Luft- und Raumfahrt sowie Programmieren wirklich meine Leidenschaften sind. Ich habe dann tatsächlich in diesen Bereichen meine Diplom- und Doktorarbeit geschrieben. Viele Jobs und deren Arbeitsalltag kann man sich nur schwer vorstellen. Ein Praktikum ist somit wichtig, um die Bestätigung der richtigen Arbeitswahl zu erhalten oder sich umzuentscheiden.

Was möchtest du deiner Tochter bzw. jungen Frauen raten?
Folge Deinem Herzen, habe Spaß am Lernen, bleibe neugierig und ergreife Chancen. Du kannst Dich immer wieder umorientieren sowie neu entdecken und das ist völlig in Ordnung so.☺

47

Tiny House Architektin: Anne Kozlowski

„Verlasse regelmäßig deine Komfortzone und tue Dinge, die dir etwas Angst machen."

Architektin, Gründerin von FreiRaum-Concept
Foto: Simon Mieth

Ich habe mich als Architektin auf die Gestaltung von Tiny Häusern spezialisiert und bin Expertin für nachhaltige und minimalistische Lebensräume. Nach meinem Schulabschluss habe ich Architektur studiert und daraufhin in einem Architekturbüro als Angestellte gearbeitet. Heute bin ich selbstständig und helfe anderen dabei einen Raum zu kreieren, der ihre innere Werte spiegelt und zu Klarheit und Glück verhilft. Denn die kleine Behausung und der alternative Lebensstil haben mich schon immer fasziniert.

Außerdem bin ich eine junge kreative, lebensfrohe Pflanzenseele, Abenteurerin, Künstlerin, Designerin und Social Media Brand Creator aus Dortmund. Ich habe in meiner Freizeit die Welt bereist, um andere Kulturen zu erleben und von ihnen zu lernen. Ehrenamtlich habe ich auf meinem Weg sogar eine Schule in einem Dorf in Guatemala gegründet.

Fragen und Antworten

Was bedeutet Erfolg für dich? Hat sich das über die Zeit verändert?
Ich hatte lange den Glaubenssatz: Wer hart arbeitet, der ist dann erfolgreich. Hustle till the end. Bis zum Abwinken arbeiten. Bis tief in die Nacht. Auch ich habe im ersten Jahr meiner (Teil-) Selbstständigkeit teilweise mehr als 60 Stunden im Monat gearbeitet. Aber irgendwann hat es mich total erdrückt, ich konnte nicht mehr. Bis ich verstanden habe, dass ich nicht nur Arbeit bin. Ich bin auch einfach mal ich, die Anne.

Für ein erfolgreiches Business brauchst du mehr als nur Erfahrungen und Durchhaltevermögen. Du brauchst vor allem Liebe und Hingabe zum eigenen Leben. Und dazu gehört das Leben zu genießen. Was genau ist jetzt aber meine eigene Definition von Erfolg? Für mich ist ein Tag erfolgreich, wenn diese drei Dingen zusammenkommen:

1. Ich bin an dem Tag persönlich gewachsen.
2. Ich habe etwas getan, was einen Impact hat und die Welt verändert.
3. Ich hatte Freude dabei!

Mich auf die tägliche Einheit auszurichten, hilft mir enorm. Denn eines ist mega wichtig zu verstehen: Ja, der Erfolg im Business kann über Nacht kommen. Aber nur, wenn wir an den ganzen Tagen davor die Grundsteine gelegt haben.

Wusstest du schon immer, was du werden willst?
Ich hatte das Glück, dass ich schon als kleines Kind immer wusste, dass ich etwas Kreatives machen wollte. Ich habe in der Grundschule in den Freundschaftsbüchern bei „was willst du werden: Kunstlehrerin oder Architektin" geschrieben. Das sich der Wunsch so verfestigte und ich auch das größte Glück der Welt hatte, dass der Architektur Studiengang einmalig NC frei

war (sonst hätte ich mit meinem Abi Schnitt lange warten können) das größte Glück der Welt. Wobei ich heute sage, dass das Schicksal war.

Hattest du früher Zweifel, ob du den richtigen Weg eingeschlagen hast?
Monatelang habe ich gegen meine Werte gearbeitet. Ich war unzufrieden und unglücklich in meinem Angestellten-Job im Architekturbüro. Es hat geschmerzt, mich krank gemacht und zum Weinen gebracht. Ich war nicht mehr ich selbst. Ich habe das Strahlen und den Glanz verloren. Ich habe nur noch gelebt, um zu arbeiten und habe meine eigenen Bedürfnisse ganz vernachlässigt. An manchen Tagen war ich wirklich verzweifelt. Doch ich wollte in diesem Hamsterrad nicht weiter stecken. Es gibt zu viele Dinge zu sehen, zu lernen, zu erfahren. Da habe ich diesen Schmerz zu meiner Stärksten Waffe gemacht. Der Gedanke, 40 h in der Woche an einem Ort, gefühlt gefangen zu sein, hat mich da rausgeholt. Diese Vorstellung konnte ich nicht ertragen.

Also habe ich mich Dingen gewidmet, die mir wirklich Freude bereiten. Wer mit seinen Stärken arbeitet, wird stärker. Ich habe angefangen mich weiterzubilden und habe mir Hilfe bei Coaches und Mentoren geholt. Ich habe eine Entscheidung getroffen und eine Richtung gesetzt. Ich habe lange überlegt, was mich erfüllt und wo ich mit Herz arbeiten kann. Tagtäglich habe ich mir mein Traumleben mit meinem Traumjob bildlich vorgestellt und einen Handlungsplan erstellt. Ich habe sofort mit dem Netzwerken angefangen und eine Tür nach der anderen öffnete sich.

Ich habe nichts geplant, aber das Universum hat abgeliefert, was ich mir gewünscht habe, sogar besser. Und das Beste, die Menschen kamen auf mich zu. Und meine größte Angst, wie ein schmieriger Architekt zu wirken und zu verkaufen, war weg.

Seitdem bin ich unaufhaltsam. Ich brenne so sehr für diese Arbeit. Ich geh gerade die Extrameile und weiß, dass das hier gerade der Anfang ist. Der Anfang von etwas, was größer ist, also ich es mir je vorstellen kann!

Welche deiner Eigenschaften hat Dir geholfen auf eigenen Beinen zu stehen?
Mut, Liebe und Vertrauen.

- Weil es viel Mut braucht, wenn man plötzlich gegen den Strom schwimmt und beginnt Verantwortung für sein Leben zu tragen. Schließlich tragen Lebenswege, die zum Erfolg führen sollen, auch immer das Risiko des Scheiterns in sich.
- Weil es Liebe braucht, wenn man etwas erschaffen will, was einem aus tiefsten Herzen erfüllt. Wenn du etwas aus Liebe machst, dann spüren das die Menschen und das ist was zählt: wir wollen begeistert werden.

- Weil es Vertrauen braucht, in sich, in das Projekt, in die Zukunft, dass alles gut gehen wird. Vertrauen, dass auch die schlechten Zeiten vergehen, dass die richtigen Menschen auf dich zukommen und dass deine Entscheidungen immer die Richtigen sind.

Wer oder was war für dich damals besonders charakterprägend?
Es war ein Prozess, der mit dem Abschluss meines Architekturstudiums begonnen hat (2017). Danach war ich viel auf Reisen, war in Thailand, Vietnam, Kambodscha, ein Jahr später eine Tour durch Zentralamerika (Cuba, Mexican, Guatemala, Honduras, Es Salvador-das gefährlichste Land der Welt, aber die nettesten Menschen überhaupt, in Nicaragua, wo kurz vorher ein Bürgerkrieg herrschte, Costa-Rica und Panama. Ich habe viel gesehen und viel erlebt.

Was ist also passiert?

Ich habe bis 2019 in einem kleinen klassischen Architekturbüro gearbeitet. Anfangs nach meinem Studium war ich noch happy, da ich direkt einen Job hatte. Ich wollte auch anfangs nie selbstständig werden. NIEMALS. Das wäre alles viel zu stressig und anstrengend und zu der Zeit hatte ich auch keine guten Vorbilder oder auch ein Hauch von einer Idee, was für ein geiles Potential da in mir schlummert.

Doch irgendwann und vor allem nach den Reisen, erkannte ich, dass das Leben an mir vorbeiging. Dass ich die Tage mit einem Job verbrachte, der mir nicht viel bedeutete, mich unglücklich gemacht hat, und dass ich versuchte, mich dafür zu entschädigen, indem ich Dinge kaufte, die mir in Wirklichkeit auch nicht wichtig waren.

Die Klarheit, die in meinem Inneren gefehlt hat, wollte ich um mich herum schaffen. Und so habe ich angefangen, mich für das Thema Minimalismus zu interessieren und habe langsam angefangen, mein Besitztum zu reduzieren. Je weniger ich besaß, desto befreiter habe ich mich gefühlt.

Ich habe auf vielen Teilen der Erde gesehen, was Glück und Zuhause bedeutet. Ich war bei den verschiedensten Menschen zu Besuch, die nicht viel hatten, und auf wenig Raum lebten, aber dennoch zufrieden und glücklich waren.

Spätestens nach der zweiten Reise in Zentral Amerika, war mir wirklich bewusst: Anne du musst JETZT was tun und etwas ändern. Mit dem Reduzieren und Aufräumen habe ich zu mir gefunden und den ersten Schritt in die Selbstständigkeit gemacht.

Was war der beste Ratschlag, den du in jungen Jahren erhalten hast?
Sei nachhaltig zu dir selbst, dann kommt der Rest von ganz allein. Dieser Satz von meiner Mentorin hat meine Welt verändert.

Sie erkennen nicht was im Leben wichtig ist und sind umgeben von Dingen, die sie nicht erfüllen und unglücklich machen. Bei einem nachhaltigen

Mindset geht es um die Anerkennung der eigenen Stärken, Fehler und Probleme. Du musst dich nicht ändern, nur selbst im Spiegel ungefiltert erkennen und annehmen. Sich davon lösen, dass der Mensch nicht die Summe der Dinge ist, die er besitzt. Er definiert sich auch nicht durch sein Bankkonto. Sondern einzig alleine durch seine inneren Werte und Taten. Das gilt für das Berufsleben, für zwischenmenschliche Beziehungen, Gesundheit, Selbstvertrauen und Finanzen. Wo soll ich anfangen? Selbstverständlich ist das alles ein Prozess, nie perfekt und nie abgeschlossen. Wir alle dürfen über uns hinauswachsen. Tag für Tag. Fang da an, wo es dir am leichtesten fällt! Oft machen wir uns viel zu viele Gedanken

Hast du dich an Ehrenämtern oder Initiativen beteiligt?
Mein größtes Herzensprojekt auf dieser Welt ist der Verein Hoffnungsfunke für Guatemala, wo ich Mitgründerin bin.

Bildung und Perspektiven sind im kleinen Dorf El Chal in Guatemala ein seltenes Gut. Mit dem Bildungszentrum Tachamora verfolgen wir die Vision, Jungen und Mädchen aus armen Familien eine echte Chance auf Bildung zu schenken!

Es war schon immer ein Traum von mir eine Schule zu bauen. Über zwei Jahre hat es gedauert, bis wir die bürokratische Hürde des Gründens überwunden haben. Aber wir haben es geschafft und das war nur der Anfang.

Was möchtest du deiner Tochter bzw. jungen Frauen raten?
Plane dein Traumleben. Was liebst du? Was kannst du? Was willst du (noch) machen? Folge dem, was du liebst und entferne (radikal oder Step-by-Step) das, was dich unglücklich macht. Das können Dinge, Tätigkeiten, Gewohnheiten, aber auch Menschen sein. Denke in Lösungen statt in Problemen.

Tue das, was du liebst. Erschaffe dir ein erfülltes Leben, eine Arbeit, mit der du dich identifizieren kannst und ein positives Umfeld. Und wenn du jetzt denkst: „Ja, aber ..." dann mach so lange, bis das „Ja, aber ..." verschwindet. Gehe die ersten, noch so kleinen, Schritte. Vergiss nicht, der Weg ist das Ziel.

Bring Abwechslung in dein Leben. Nimm mal das Fahrrad statt des Autos. Oder such' dir ein paar plastikfreie Alternativen.

Verlasse regelmäßig deine Komfortzone und tue Dinge, die dir etwas Angst machen. So sammelst du Erfahrungen und lernst, dass du easy mit allen Herausforderungen des Lebens umgehen kannst. Wovor also noch Angst haben?

48

Speaker, Autor und Europas bekanntester Verkaufstrainer: Dirk Kreuter

„Du musst deine Ziele und Wünsche, kommunizieren und verkaufen. Nur so findest du Menschen, die dich unterstützen."

Verkaufstrainer
Foto: Dirk Kreuter

Dirk Kreuter macht seine Leidenschaft zum Beruf: Vertrieb. Er ist Europas bekanntester Verkaufstrainer, Autor und Speaker. Gemeinsam mit seinem Team konnte er bereits über 79.000 Unternehmen und 121.000 Selbstständigen helfen, ihren Umsatz zu maximieren und ihr Business zu skalieren.

Geboren in Neuss und aufgewachsen im Sauerland startet Dirk mit einer Ausbildung zum Groß- und Außenhandelskaufmann und arbeitete danach als selbstständiger Handelsvertreter. Schnell bemerkte er sein Talent für Rhetorik und Interesse an Verkaufsstrategien. Seit 2008 bietet er Seminare an, um Menschen zu besseren Verkäufern zu machen. 2018 schaffte er es damit sogar ins Guinness Buch der Rekorde für die „Largest Sales Lesson". Heute wohnt Dirk in Dubai, ist verheiratet und hat zwei Kinder. Sein Unternehmen führt er, dank Digitalisierung, problemlos und transparent über sein Smartphone.

Fragen und Antworten

Was bedeutet Erfolg für dich? Hat sich das über die Zeit verändert?
Für mich bedeutet Erfolg, dass ich meine mir selbst gesteckten Ziele erreiche. Warum ist das wichtig? Man hat festgestellt, dass die Menschen am glücklichsten sind, wenn sie Probleme aus eigener Kraft lösen. Da wir in der heutigen Zeit sehr wenige Probleme haben, wenn man bedenkt, dass wir ein Dach über dem Kopf haben, medizinische Versorgung usw., es also demnach wenige Problem gibt, ist es wichtig für unser Wohlbefinden, für unser Selbstbewusstsein und für unser Vertrauen, dass wir uns Probleme schaffen. Probleme schaffen, heißt heute Ziele setzen. Ziele sind künstliche Probleme, die wir uns selber schaffen und wenn wir die Ziele aus eigener Kraft erreichen und die Ziele waren groß und ehrgeizig, und vielleicht haben wir uns am Anfang davor sogar etwas gefürchtet, dann ist der Ausstoß von Glücksgefühlen umso größer. Mit jedem erreichten Ziel werden wir selbstbewusster und erfolgreiche Menschen sind selbstbewusst.

Hat sich das über die Zeit verändert? Ja! Früher waren meine Ziele und Erfolge im Sport. Ich habe von sechzehn bis dreiundzwanzig Leistungssport gemacht, ich war Triathlet. Früher habe ich meinen Erfolg darüber definiert, dass ich im Training die Herausforderung geschafft und im Wettkampf eine Bestzeit oder Bestplatzierung erreicht habe. Heute sehen die Ziele anders aus, die meisten sind beruflicher Natur.

Wusstest du schon immer, was du werden willst?
Das ist DIE absolut entscheidende Frage. Als Kind und Jugendlicher wusste ich ziemlich genau was ich werden wollte. Nur waren das keine anerkannten Berufe, insbesondere nicht von meinen Eltern. Mit sechzehn stand für mich fest, dass ich Surflehrer werde, doch es gab natürlich keine staatliche Ausbildung. Es gab zwei private Institute, bei denen die Ausbildung mehrere Tausend Euro gekostet hat, die ich zu dem Zeitpunkt natürlich auch nicht hatte. Zudem konnte ich die Ausbildung nur mit achtzehn Jahren absolvieren. Heute denke ich mir, meine Eltern hätten das problemlos finanzieren können und ich hätte bestimmt einen Weg gefunden, die Ausbildung schon mit 17 Jahren zu machen. Meine Eltern meinten jedoch, Surflehrer wäre kein richtiger Beruf.

Da ich alles auf diesen Plan A gesetzt hatte und keinen Plan B, was die Berufswahl anging in der Hinterhand hatte, bin ich erstmal in ein Loch gefallen. Ich war zweieinhalb Jahre in der Fabrik als Hilfsarbeiter, habe dann eine Ausbildung gemacht, aber nicht, weil es mein Traum war, sondern einfach, weil ich nicht mehr in der Fabrik arbeiten wollte.

So bin dann über einen Umweg zu dem Beruf gekommen, den ich jetzt fast seit 30 Jahren ausübe. Ich wusste, bis ich fünfundzwanzig war, nicht mal, dass es diesen Beruf gibt. Dieser Beruf hat sich auch in den letzten fünfundzwanzig Jahren ständig verändert und weiterentwickelt.

Was ich meiner Tochter heute rate? Dass sie sich frühzeitig mit der Berufswahl beschäftigt. Wir verbringen einfach unglaublich viel Zeit im Beruf. Konfuzius hat gesagt, wähle einen Beruf, der dir Freude macht und Du musst nicht einen Tag in deinem Leben arbeiten. Das ist sicherlich übertrieben. Jeder Beruf hat auch Schattenseiten, aber diese Schattenseiten machen dann vielleicht 10 % der Zeit aus. In meinem Fall ist es das Herumreisen und das Übernachten in immer wieder anderen Hotels. Doch 90 % meines Berufes liebe ich! Es macht mich glücklich und es ist etwas, bei dem ich die Zeit vergesse. Das wünsche ich dir als Leserin und meiner Tochter natürlich auch. Also spätestens mit vierzehn oder fünfzehn Jahren rate ich dir, mit Menschen zu sprechen, die diesen Beruf seit vielen Jahren erfolgreich ausüben. Respektive ein Praktikum machen und herausfinden, ob es das wirklich ist? Das heißt nicht, dass Du in diesem Beruf den Rest deines Lebens verbringen musst, aber zumindest einige Jahre.

Gibt es eine Sache, die du rückblickend grundlegend anders machen würdest?
Ja, ich würde ich jungen Jahren mehr reisen. Nicht in Europa, weit weg. Andere Kulturen. Südamerika, Asien. Nicht zu sehr die westlichen Kulturen. USA, Australien sind zu nah dran an der deutschen Kultur. Reisen bildet. Ich empfehle jungen Menschen, dann wenn es noch keine Bindung gibt, zwei, drei Jahre im Ausland zu verbringen. Work & Travel, Auslandsstudium oder einfach ein Job im Ausland. Eine ganz fremde Sprache, eine ganz fremde Kultur. Südkorea, China, Japan, Argentinien, Brasilien, Kolumbien. Das prägt. Ich selbst lebe jetzt seit drei Jahren im Ausland und es inspiriert mich jeden Tag aufs Neue.

Eine zweite Sache, die ich grundlegend anders machen würde, was aber schwierig ist, wenn man jung ist: eine eigene Meinung entwickeln. Nicht die Meinung übernehmen der Eltern, der Freunde, der Lehrer, der Nachbarn, der Geschwister und vor allen Dingen nicht der Medien, sondern mehrere Meinungen einholen von Menschen, die sich zu dem Thema oder zu der Fragestellung, die Du gerade hast, noch besser auskennen. Das ist auch nicht böse gemeint, beispielsweise deinem Lehrer oder deinen Eltern gegenüber. Wenn deine Eltern Angestellte sind, dann können sie dir nichts zu dem Thema Selbstständigkeit mitgeben. Sie haben keine Erfahrung. Deinen Lehrer brauchst Du auch nicht fragen, der hat nie mit der Wirtschaft auch nur irgendwie Berührung gehabt. Deshalb ist es wichtig ganz andere Menschen kennenzulernen, um sich eine eigene Meinung zu bilden.

Welche deiner Eigenschaften hat Dir geholfen auf eigenen Beinen zu stehen?
Selbstverantwortung. Verantwortung für mein Handeln zu übernehmen. Niemanden die Schuld für etwas zu geben. Nicht die Schuld auf die Zustände zu schieben, sondern wirklich zu wissen, es liegt nur an mir. Ich kann meinen eigenen Erfolg selbst beeinflussen.

Wer oder was war für dich damals besonders charakterprägend?
Ab dem 16 Lebensjahr habe ich Triathlon gemacht. Leistungssport. Beim Triathlon ist Hilfe von außen verboten. Du musst selbst ans Ziel kommen. Diese Mentalität habe ich übernommen für den Rest meines Lebens. Davon abgesehen, ist Sport immer eine Charakterschule. Du lernst Disziplin, eigene Ziele setzen, die Ziele verfolgen und erreichen, Umgang mit Niederlagen, Resilienz, Hinfallen und Aufstehen. Du lernst dich im Alltag gut zu organisieren. Ich kann jedem jungen Menschen nur raten, in einer Individualsportart einige Jahre mal alles zu geben. Sport ist eine Charakterschule und der Charakter bestimmt den Erfolg in deinem Leben.

Gab es Leute, die deine Ideen oder Karriereentscheidungen belächelt haben?
Natürlich gab es immer in meinem Umfeld Menschen, die meine Ziele für unrealistisch gehalten haben. Es gab immer welche, die nicht wollten, dass ich mich veränderte. Das ist auch logisch. Wenn ich mich verändere, dann muss mein Umfeld sich auch verändern und darauf haben die wenigsten Menschen Lust. Wie bin ich damit umgegangen? Mich hat das motiviert. Ich habe dieses „Jetzt erst recht-Gen" in mir. Im Englischen würde man sagen competitive. Ich bin sehr wettbewerbsgetrieben und wenn mir jemand sagt „das geht nicht" oder „das kannst du nicht", dann spornt mich das noch stärker an. Das hat bis heute nicht abgenommen. So bin ich. Ich bin ein Wettkampf-Typ und daraus ziehe ich viel Energie und Motivation.

Warst du damals besorgt, dass du Karriere, Familie und Freunde nicht kombinieren kannst?
Nein, diese Frage habe ich mir nie gestellt. Das ist eine typische, bei allem Respekt, Frauenfrage. Viele Frauen fragen sich, ob sie den gesellschaftlichen Normen entsprechen. Genug Zeit für die Freunde/Freundinnen, dann aber auch genug Zeit für die Partnerschaft und wenn Nachwuchs da ist, auch für die Kinder und dann noch Karriere machen und im Beruf auch noch den Anforderungen entsprechen.

Ich kann jeder jungen Frau an dieser Stelle nur mitgeben: die Erwartungen der Anderen, sind die Erwartungen der Anderen! Wenn du ein schlechtes Gewissen hast, woher kommt es? Wer hat dir das eingeredet? Woher hast du diese komischen Glaubenssätze? Wer sagt, dass du bis 30 eine Familie gründen musst? Wer sagt, dass du bis 30 Karriere machen musst? Wer sagt, wie viel Zeit du mit deinen Freunden verbringen musst? Das sind alles gesellschaftliche Normen, die wir unreflektiert übernehmen.

Ich empfehle als Vorbild für junge Frauen die Pippi Langstrumpf. Ich weiß, eine Romanfigur, aber da ist viel Wahres drin. Pippi Langstrumpf hat sich nicht den Normen unterworfen, sie hat sich ihre Welt so gemacht, wie sie ihr gefällt. Das mag nicht immer einfach sein, das ist der Preis der Freiheit. Ich für mich, kann heute nur sagen, ich lebe das Leben, wie ich es für richtig halte und nicht wie irgendwer anders, der meint, wie es sein sollte und das ist ein ganz wichtiger Rat für junge Frauen.

Was hat dir während der Ausbildung/Studium gefehlt?
Ganz einfach: Geld. Ich habe damals in einer WG gelebt und mich komplett selbst finanziert. Das war nicht einfach. Auf der anderen Seite habe ich gelernt drei Jahre lang mit 500€ Netto klarzukommen. Lehrjahre sind keine Herrenjahre. So eine alte Weisheit. Für meine Charakterbildung war das sehr wertvoll, aber leicht war das nicht.

Was möchtest du deiner Tochter bzw. jungen Frauen raten?
Du hast nur dieses eine Leben. Nur Du selbst kannst dich glücklich machen. Probiere viel aus, bevor du dich festlegst. Besuche fremde Länder, lebe in fremden Kulturen, reise viel. Arbeite in unterschiedlichen Berufen und in unterschiedlichen Unternehmen. Sei am Anfang nicht so geldfixiert, Erfahrung ist wichtiger. Die Erfahrung kannst Du später zu Geld umwandeln.

Die drei wichtigsten Dinge, die ich dir wünsche, sind:

1. Selbstbewusstsein. Lerne dich selbst richtig gut kennen. Deine Stärken, deine Schwächen, deine Vorlieben, deine Abneigungen.
2. Selbstvertrauen. Das ist so wichtig! Bau ein gesundes Selbstvertrauen auf. Es gibt unterschiedliche Methoden das hinzukriegen.
3. Lerne Verkaufen. Ja, Du hast richtig gelesen. Lerne verkaufen. Verkaufen ist nichts anderes als zielgerichtete Kommunikation und wenn Du im Leben etwas erreichen willst, dann musst Du gut kommunizieren können. Du musst deine Ziele, deine Wünsche, anderen Menschen verkaufen können. Du musst sie davon überzeugen, dass sie dich auf deinem Weg unterstützen. Wir sind alle Verkäufer. Wir verkaufen unsere Wünsche, Ideen, unsere Ziele. Lerne zu verkaufen und Du wirst ein viel erfolgreicheres Leben führen als der Durchschnittsmensch.

49

Gehörlose Aktivistin, Vloggerin und Globetrotterin: Toma Kubiliute

„Ändere dich nicht für andere! Lerne dich zu lieben und tue, was dich glücklich macht."

Presenterin bei @hand.drauf von funk/WDR; Banksachbearbeiterin
Foto: René Müller

Ich bin Toma, taub und reise leidenschaftlich gerne um die Welt – daher kennen mich einige als „die taube Globetrotterin". Als Kind zog ich mit meinen ebenso gehörlosen Eltern von Litauen nach Deutschland. Nach meiner Ausbildung und einigen Jahren Berufserfahrung als Banksachbearbeiterin, begab ich mich auf eine einjährige Weltreise. Dort traf ich Gehörlose aus der ganzen Welt und lernte viel darüber, wer ich bin und was mich ausmacht – zum Beispiel beherrsche ich heute vier Gebärdensprachen! Um andere gehörlose Frauen und Jugendliche zu empowern, teilte ich meine Weltreise über soziale Netzwerke und hielt über 20 Vorträge in ganz Deutschland.

Heute setze ich mich aktiv für die Deaf Community ein. Für den Instagram Kanal „Hand Drauf", einem Format von funk/WDR, arbeite ich als Presenterin und kreiere mit Gebärdensprache inklusiven Content. Das Team besteht aus gehörlosen und hörenden Kollegen.

Fragen und Antworten

Was bedeutet Erfolg für dich? Hat sich das über die Zeit verändert?
Erfolg ist, an sich zu glauben und selbst entscheiden zu können. Betrachte es nicht als Sieg, sondern als Entwicklung hin zu der Person, die du werden/sein willst.

Als ich im Alter von sechs Jahren mit meiner Familie von Litauen nach Deutschland zog, war ich schüchtern und unsicher. Alles war neu für mich: Sprache und Kultur. Es gab vielen Situationen, die mein Selbstvertrauen stärkten, an mich zu glauben. Heute werde ich „die taube Powerfrau" genannt. Was ich dir damit sagen möchte ist: Habe Mut, etwas zu probieren und Neues zu lernen. Es ist auch okay, wenn du einen Fehler machst, denn deine Fehler sind deine besten Lehrer:innen.

Was war der beste Ratschlag, den du in jungen Jahren erhalten hast?
Lass deine Träume wichtiger sein als deine Ängste. Es gab eine Sache, die mich ständig davon abhielt, meinen Traum von einer Weltreise zu verwirklichen: Meine Angst. Glücklicherweise haben meine Freunde und meine Familie mich dazu ermutigt, meinen Traum zu verwirklichen, anstatt ständig Angst zu haben. Und es hat funktioniert! Heute habe ich keine Angst mehr. Um meinen Traum zu verfolgen, muss ich nur meine Angst überwinden.

Was möchtest du deiner Tochter bzw. jungen Frauen raten?
Denk dran, du hast deine eigene Welt. Das bedeutet, du kannst deine ICH-Welt von Innen und Außen selbst gestalten. Lass dich nicht davon einschränken, was Andere über dich denken. Du bist besonders. Du bestimmst, wer du werden/sein willst. Daher ist es wichtig, dass du dich selbst liebst. Der Rest kommt dann von allein.☺

50

Der Deutsche Chocolatier Meister: Kevin Kugel

„Das Geheimnis des Könnens liegt im Wollen. (Giuseppe Mazzini)"

Gründer und Geschäftsführer von KEVIN KUGEL CHOCOLATIER
Foto: Wilhelm Betz Fotografie

Kevin Kugel ist gelernter Koch- und Konditormeister. Nach seiner Ausbildung sammelte er wichtige praktische Erfahrungen als Chef-Patissier im Sternerestaurant und bei einem renommierten Deutschen Chocolatier. 2013 gewinnt Kevin Kugel den Titel „Deutscher Chocolatier Meister" und vertritt unser Land bei den World Chocolate Masters in Paris mit einem herausragenden siebten Platz.

Daraufhin eröffnet er seine eigene Chocolaterie und wird für sein zukunftsweisendes Unternehmenskonzept in Berlin als Top Gründer im Handwerk ausgezeichnet. Seitdem steht die Marke KEVIN KUGEL CHOCOLATIER für herausragende Qualität, transparente Herstellungsprozesse und ursprünglichen Schokoladengeschmack.

Fragen und Antworten

Wusstest du schon immer, was du werden willst?
Ja bzw. fast! Seitdem ich denken kann, wollte ich mich mit Lebensmitteln beschäftigen bzw. arbeiten. Mir war schon immer klar, dass ich diesen Weg einschlagen möchte und werde. Als Jugendlicher hatte ich den Traum, nach meiner Ausbildung zum Koch, ein Restaurant zu eröffnen. Nach meiner zweiten Ausbildung zum Konditor entdeckte ich immer mehr meine Liebe zur Patisserie und vor allem zur Schokolade. Insofern wurde mein Traum vom eigenen Restaurant zur eigenen Chocolaterie.

Welche deiner Eigenschaften hat Dir geholfen auf eigenen Beinen zu stehen?
Ich würde sagen mein außerordentliches Engagement und die Zielstrebigkeit, meine Träume zu verwirklichen. Und sicherlich die große Liebe und Leidenschaft für gute Lebensmittel und den Rohstoff Kakao.

Warst du damals besorgt, dass du Karriere, Familie und Freunde nicht kombinieren kannst?
Natürlich kommen Freunde und Familie bei dem Streben nach beruflichem Erfolg zu kurz. Durch dessen Unterstützung während meiner aufstrebenden Karriere hatte ich allerdings das Glück, noch eine viel engere Beziehung zu Ihnen aufbauen zu können. Und weil ich meine Frau für den eigenen Traum ebenfalls gewinnen konnte, ist für mich heute mein Beruf und mein Ziel quasi zur Familie geworden.

Was möchtest du deiner Tochter bzw. jungen Frauen raten?
Folge deinem innerlichen Streben und deinen Träumen aber vergiss dabei nicht, was wirklich für dich wichtig ist!

51

Politikerin: Ricarda Lang

„Zukunft ist nichts, was uns einfach passiert. Wir haben sie in der Hand. Und wir können sie besser machen."

Stellv. Bundesvorsitzende und Frauenpolitische Sprecherin von Bündnis 90/Die Grünen, Mitglied des Bundestages
Foto: Elias Keilhauer

Seit November 2019 bin ich stellvertretende Bundesvorsitzende und Frauenpolitische Sprecherin von BÜNDNIS 90/DIE GRÜNEN und seit der Bundestagswahl 2021 Mitglied des Deutschen Bundestages. Zu meinen Themen gehören insbesondere Feminismus, Vielfalt sowie Pflege und Gesundheit. Bevor ich Teil des Bundesvorstands der Partei wurde, war ich Bundessprecherin der GRÜNEN JUGEND.

Fragen und Antworten

Wer oder was war für dich damals besonders charakterprägend?
Die Person, die mich in meinem Leben und auch in meinem beruflichen Weg am meisten geprägt hat, ist meine Mutter. Sie hatte als Alleinerziehende mit einem kleinen Einkommen viele Hürden zu überwinden, war oft auf sich selbst gestellt, und hat trotzdem immer alles in ihrer Macht Stehende getan, um mir eine schöne Kindheit zu ermöglichen. Damit hat sie mir immer wieder gezeigt was Stärke bedeutet, viel mehr als es ihr wahrscheinlich selbst jemals bewusst war. Gleichzeitig hat sie damit auch meine politischen Ziele beeinflusst. Als Sozialarbeiterin arbeitete sie 14 Jahre lang in einem Frauenhaus, später im Kinderschutz. Schon als Kind war ich stolz darauf, dass sie einer so wichtigen Arbeit nachging. Mit steigendem Alter habe ich mich zunehmend darüber geärgert, wie wenig Lohn es dafür gab, wie schlecht die Arbeitsbedingungen waren, wie hoch die Burnout-Gefahr ist. Dieses Erleben großer Ungerechtigkeit, aber auch die Überzeugung, dass es anders geht und der Wunsch, unsere Gesellschaft gerade für Frauen wie meine Mutter gerechter zu machen, treiben mich bis heute an.

Gab es Leute, die deine Ideen oder Karriereentscheidungen belächelt haben?
Wenn man sich als junger Mensch für etwas begeistert oder einsetzt, hört man gerne mal sowas wie „na ja jetzt bist du noch jung und radikal, aber irgendwann wirst du schon erwachsen, und dann wirst du vernünftig". So als wäre der Wunsch nach Veränderung ein schlechter Haarstyle, der sich mit den Teenager-Jahren zusammen schon raus wächst. Und als wäre man als junge Person nicht in der Lage, eine gefestigte politische Meinung zu entwickeln und zu vertreten. Das habe ich selbst oft erlebt. Ich habe nach einer Weile realisiert, dass solche Sprüche oft vorgeschoben sind, weil Menschen gelernt haben, sich bestimmten Zwängen zu unterwerfen oder vielleicht auch unnötigerweise am Status Quo festzuhalten. Wann immer möglich, setze ich auf Dialog. Es ist wichtig, seine Sichtweise erklären, ohne sich vom eigenen Weg abbringen zu lassen. Es verändert sich ja auch was: Bei vielen Forderungen, die lange als radikal galten, wie zum Beispiel ein

Kohleausstieg bis 2030, sieht ein immer größerer Teil der Bevölkerung, dass sie das wirklich Vernünftige sind. Und dass nichts radikaler wäre, als nichts zu tun. Diese Entwicklung hat mir nochmal gezeigt, dass man sich niemals von Menschen, die versuchen deine Jugend zu instrumentalisieren, um sich nicht mit deinen Ideen beschäftigen zu müssen, vom Weg abbringen lassen sollte.

Was möchtest du deiner Tochter bzw. jungen Frauen raten?
Dein Leben wird so viel einfacher und schöner, wenn du andere Frauen als Verbündete und nicht als Gegnerinnen siehst. In unserer Gesellschaft kriegen wir schon sehr früh vermittelt, dass andere Mädchen und Frauen in erster Linie unsere Konkurrenz sind – um die Aufmerksamkeit von Männern, den einen guten Job oder auch politische Relevanz. Diese Haltung schwächt uns jedoch alle. Denn sie beruht auf der Vorstellung, dass wir Frauen eh nur ein kleines Stück vom Kuchen bekommen und deshalb besonders hart um jeden Krümel dieses Stücks kämpfen müssen. Stattdessen können wir uns aber auch unterhaken und mindestens die Hälfte vom Kuchen beanspruchen. Denn es ist genug für uns alle da, wenn wir es nur gerecht verteilen. In den letzten Jahren und gerade in meiner Rolle als Politikerin habe ich gelernt, dass Solidarität unter Frauen Wunder bewirken kann. Und ich wünsche mir oft, dass ich das schon früher gesehen hätte. Und dass es immer mehr junge Mädchen gibt, die mit diesem Wissen aufwachsen.

52

Modedesignerin: Meriem Lebdiri

„Du bist wertvoll, stark, schön, klug und liebenswert! Lass Dir von niemandem etwas anderes einreden."

Head of Council von Modest Fashion Europe; Gründerin von Creative Director MERIEM LEBDIRI; Beiratsmitglied der Stiftung Bildung
Foto: Dajana Krüger

Meriem Lebdiri ist eine preisgekrönte Modedesignerin und Kreativdirektorin. Sie wurde in Algerien geboren und wuchs in Deutschland auf, wo sie 2010 ihren Abschluss an der Modeschule machte. Ihre Reise führte sie rund um den Globus, sie arbeitete in Washington, Dubai, London, Jakarta, Istanbul und Berlin.

Ihr erstes Modelabel Mizaan (2012 gegründet) gilt als eines der größeren deutschen Modelabel für Modest-Fashion. Mit ihrem 2021 gegründeten Modelabel „Meriem Lebdiri" entwirft sie „meaningful luxury". Mode, die einen höheren Zweck erfüllt: sie wird von starken Frauen in Deutschland gefertigt und trägt zur Unterstützung vieler Charity- und Empowerment-Projekte in Deutschland und der Welt bei. Meriem ist eine Verfechterin der Vielfalt und der Stärkung von Frauen. Neben ihrer Arbeit als Designerin ist sie Dozentin für Kostümdesign, Botschafterin für das World Peace Berlin Program und Jurymitglied für zwei Bundespreise: Kreativpiloten und Stiftung Bildung.

Fragen und Antworten

Was bedeutet Erfolg für dich? Hat sich das über die Zeit verändert?
Früher dachte ich immer, dass Erfolg mit Geld zu tun hat. Aber du kannst auch erfolgreich lernen und erfolgreich wachsen, um dich auf großartige Aufgaben des (Arbeits-) Lebens vorzubereiten.

Wusstest du schon immer, was du werden willst?
Ich wusste schon mit 9, dass ich was Kreatives machen will und mit zwölf habe ich das Mode-Entwerfen und Mode-Machen für mich entdeckt und wusste, dass ich das für immer machen will. Damals war alles noch ein großer Traum. Ich bin dankbar, ihn heute leben zu dürfen, auch wenn er viel anstrengender ist, als man denkt.

Welche deiner Eigenschaften hat Dir geholfen auf eigenen Beinen zu stehen?
Naivität, Mut und Hunger nach was ganz Großem! Rückblickend denke ich, dass diese Kombination mir viele Türen geöffnet hat. Ich war ja noch sehr jung.

Musstest du als junger Mensch mal über deinen Schatten springen?
Die ganz großen Meilensteine passieren nicht einfach so. Wir erschaffen und formen sie, indem wir über unseren Schatten springen.

Wer oder was war für dich damals besonders charakterprägend?
Als ich anfing in jungen Jahren Hijab zu tragen, habe ich gemerkt, dass mich Leute anders angeschaut und behandelt haben. Einige Lehrer hatten plötzlich ein Problem mit mir. Anfangs war das natürlich nicht schön, aber mit der Zeit wurde genau dieses Verhalten meines Umfelds zu meiner Energiequelle.

Wieso hast du dich damals für dein Studium/deine Ausbildung entschieden und würdest du dich wieder so entscheiden?
Mir war früh bewusst, dass ich was Künstlerisches/Kreatives machen möchte. Als ich dann anfing Hijab zu tragen und mir durch mein Umfeld in der Schule eine eher unschöne Teenie-Zeit bevorstand, habe ich mich immer unwohler gefühlt und mich zurückgezogen. Das hatte den Vorteil, dass ich viel Zeit mit mir selbst und meinem Skizzenbuch verbracht habe. Ich fing an, Mode zu zeichnen und in den Ferien mit meiner Mama den ein oder anderen Entwurf zu nähen. Ich wollte nie wieder damit aufhören und habe eine Ausbildung zur staatl. gepr. Designerin (Mode) gemacht.

Was war der beste Ratschlag, den du in jungen Jahren erhalten hast?
Meine Eltern: „Verfolge deine Träume und Ziele. Man kann alles erreichen, wenn man genug an sich glaubt und alles gibt."

Was war der schlechteste Ratschlag, den du in jungen Jahren erhalten hast?
Meine Lehrer: „Modedesigner will doch jeder werden. Warum sollte es ausgerechnet bei dir klappen? Such dir lieber was anderes, Einfacheres."

Was möchtest du deiner Tochter bzw. jungen Frauen raten?
Stärke unbedingt dein Selbstbewusstsein. Du bist wertvoll! Du bist stark, schön, klug, liebenswert! Lass Dir von niemandem etwas anderes einreden! Und: Deine jungen Jahre sind die Wertvollsten. Nutze sie, um an deinem Traum zu arbeiten. Man kann nie früh genug anfangen! Ich glaube an dich. <3

53

Expertin für Transformations-Prozesse: Monika Maria Lehmann

„Dein Alter ist nur eine Zahl. Du kannst dich in jeder Lebensphase neu erfinden."

Gründerin und Geschäftsführende Gesellschafterin der fellaws consult GmbH
Foto: Monika Maria Lehmann

Monika Maria Lehmann ist eine kreative Netzwerkerin, liebt Berlin und Science-Fiction, braucht Wandel zum Leben und denkt am liebsten das Ungedachte. Außerdem ist sie die Gründerin der fellaws consult GmbH und leitet ehrenamtlich den Ausschuss „Frauen in der Wirtschaft" des VBKI, Verein Berliner Kaufleute und Industrieller. Ihre aktuellen Leidenschaftsthemen sind: Innovation & Disruption, der integrierte Blick auf die Felder des Neuen Arbeitens sowie der systemische Blick darauf, dass selbst „der Change im Change ist".

Ihr Unternehmen fellaws consult begleitet Organisationen in der Transformation mit dem bisher einzigartigen Ansatz der Verknüpfung von ExpertInnen aus den Bereichen Change, Kommunikation, Kultur und Arbeitsrecht. Der Beratungsansatz des Ecosystems basiert auf den Erfahrungen von Monika Maria Lehmann (Diplom Pädagogin) in ihren diversen Managementfunktionen, den mehr als 20 Jahren als Beraterin in Veränderungsprozessen und ihrer langjährigen Tätigkeit in einer Kommunikationsagentur als Leiterin des Geschäftsbereiches Change and Internal Communications.

Fragen und Antworten

Wusstest du schon immer, was du werden willst?
„Menschen interessieren sich für Menschen" ist eines meiner Leitmotive, welches mein berufliches Handeln, solange ich mich erinnere, prägt. Erwachsenenbildung mit den Nebenfächern Psychologie, Soziologie und Philosophie zu studieren, war daher perfekt für mich. Ich bin als Einzelkind aufgewachsen - wahrscheinlich zogen mich Menschen und deren Weiterentwicklung daher schon früh magisch an.

Gibt es eine Sache, die du rückblickend grundlegend anders machen würdest?
Oh ja, gleich Zwei! Es gibt etwas, das man vermutlich von mir eher nicht erwarten würde: Ich kann nicht Fahrrad fahren und ich habe große Probleme, mich in Fremdsprachen auszudrücken. Beides schränkt meinen Radius ein.

Was würde ich also anders machen: auf jeden Fall im Ausland studieren und ganz früh Fahrrad fahren lernen. Aber vielleicht schaffe ich das in meinem Leben noch irgendwann … das mit dem Fahrrad. Und hätte es in meiner Jugend bereits Computer gegeben, wäre es sicher sehr hilfreich gewesen, das Coden zu lernen. Aber auch ohne diese Kompetenz fasziniert mich die Weiterentwicklung von KI heute absolut und ist eines meiner aktuellen Leidenschaftsthemen.

Hast du eine bestimmte Methode mit negativen Erlebnissen umzugehen?
Reflexion und Meditation sind meine Helfer in stürmischen Zeiten. Ich meditiere seit über 20 Jahren und weiß, dass mir nichts und niemand die darin liegende Ruhe und Kraft jemals wird nehmen können. Ein verlässlicher Stabilitätskern in meinem Leben. Meine Art der Meditation funktioniert sogar im Flugzeug oder in der Bahn!

Mindestens genauso wichtig ist mir die Haltung „alles ist immer für etwas gut"! Ich bin zutiefst optimistisch – auch wenn ich schon sehr dunkle Zeiten erlebt habe. Zu reflektieren, wofür eine unbequeme Situation auch gut sein kann, worin die tiefere Erkenntnis dahinter liegt oder welches Glück rückblickend damit verbunden war, dass etwas sich nicht wie geplant realisiert hat, hat mich schon oft sehr über die unendliche Intelligenz des Lebens staunen lassen.

Hast bzw. hattest du damals einen Mentor?
Noch heute bin ich sehr dankbar für meinen – leider bereits verstorbenen – Mentor. Professor Hansjörg Neubert von der FU Berlin begleitete mich intensiv auf dem Weg der „narrativen Pädagogik", ein interdisziplinärer Ansatz, der die Grundlagen legte für mein heutiges Verständnis von Change und Transformation. Er war es auch, der mich unterstützte, den damals sehr unüblichen Schritt einer Sozialwissenschaftlerin zu gehen. Und er öffnete mir über sein Netzwerk die Tür in die Wirtschaft: ich wurde die damals erste Frau im Vertrieb bei Gillette in Deutschland und lernte so Markenartikelvertrieb von der Pike auf. In meiner Karriere ein sehr prägender Faktor.

Hast du schon einmal ein Netzwerk genutzt?
Ich halte Netzwerke für essenziell im Beruf und im Leben! Aber man hat sie nicht einfach, es gilt sie aufzubauen und zu pflegen. Persönliche wie berufliche. Seit vielen Jahren engagiere ich mich ehrenamtlich im VBKI, dem Verein Berliner Kaufleute und Industrieller. Dort leite ich u. a. den Ausschuss „Frauen in der Wirtschaft" mit fast 40 weiblichen und männlichen Manager:innen – alle ebenfalls ehrenamtlich. Dieses Team stemmt Projekte, die durchaus auch Abende und Wochenenden kosten: was für ein Zeichen! Ich habe so viel über mir oft fremde Welten in meinen Netzwerken lernen dürfen, so viel an Inspiration erlebt und bin so oft aus meiner Komfortzone herausgetreten, ohne diese Erfahrung wäre ich in meinem Business nicht so gut, wie ich es heute bin. Ökonomisch betrachtet halte ich die Strukturen von interdisziplinären Ecosystemen für die Unternehmensform der Zukunft. Nicht ohne Grund ist mein Unternehmen in genau dieser Form aufgestellt.

Wie hast du versucht, einen guten ersten Eindruck im Vorstellungsgespräch zu hinterlassen?
Auch wenn ich früher oft die einzige Frau in Männerkreisen war, habe ich mich nicht dazu verleiten lassen, „männlicher als die Männer" zu sein, um vermeintlich dazu zu gehören. Ich war und bin einfach gerne Frau.

Die Spielregeln früh zu kennen hat mir geholfen, am meisten aber Authentizität. So sein, wie ich bin, und damit öfter auch exotisch. Erste Entscheidungen über ein Gegenüber fallen in den ersten Sekunden, oder besser gesagt: für den ersten Eindruck gibt es keine zweite Chance – da zählt Authentizität!

Zurück zum Vorstellungsgespräch: es ist wichtig nicht zu vergessen, dass beide Seiten eine Entscheidung treffen. Auch ich als Kandidatin entscheide, ob das Unternehmen, die Kultur, die Menschen und die Perspektive zu mir passen.

Was möchtest du deiner Tochter bzw. jungen Frauen raten?
Wenn ich heute auf mein schon recht langes Berufsleben zurückblicke, dann würde ich der ganz jungen Monika sagen, sei einfach noch mutiger, als Du es eh schon warst, so mutig, wie Du es heute bist und hoffentlich bis 100 bleibst.

Mein persönliches Lebensmotto ist: „Das Ungedachte denken". Nicht nur, weil ich erklärter Science-Fiction-Fan bin, sondern, weil es ein so atemberaubender Moment ist, etwas das erste Mal für sich zu denken – und es dann idealerweise auch zu tun.

Mein Rat ist folglich: mutig sein! Immer wieder neu denken! Und parallel ein klares Ziel vor Augen haben.

Und ganz wichtig: das Alter ist nur eine Zahl! Man kann sich in jeder Lebensphase neu erfinden.

54

Anwältin in der Großkanzlei: Elisabeth Lepique

„Beruf, Familie, Freunde und Partnerschaft sind machbar. Die Kunst ist es, mutig zu sein und für sich zeitliche, serielle Schwerpunkte zu setzen."

Managing Partnerin bei Luther Rechtsanwaltsgesellschaft mbH; Rechtsanwältin; Steuerberaterin
   Foto: Elisabeth Lepique

Ich bin Anwältin und Managing Partnerin der Luther Rechtsanwaltsgesellschaft mit einem Faible für wirtschaftliche Zusammenhänge. Ich wuchs in Aachen mit sieben Geschwistern – fünf Schwestern und zwei Brüdern – auf.

Nach meinem Jura Studium schlug ich für meine berufliche Laufbahn zunächst den Weg als Steuerberater, Wirtschaftsprüfer ein. Dann war ich reif genug, um anschließend meine anwaltliche Leidenschaft voll zu entfalten.

Im Rahmen des PMN-Management-Award wurden Markus Sengpiel und ich im Jahr 2020 als Managing-Partner des Jahres ausgezeichnet. Im Dezember 2021 haben wir mit Luther die Auszeichnung „European Law Firm of the Year" gewonnen. Meine Erfolge habe ich dabei immer den Mandanten sowie allen Mitarbeiterinnen und Mitarbeiter der Luther Rechtsanwaltsgesellschaft zu verdanken. Sie ertragen mich als Managing Partnerin.

Fragen und Antworten

Was bedeutet Erfolg für dich? Hat sich das über die Zeit verändert?
Erfolg hat zwei Komponenten:

1. Kreativität, das heißt Entwicklung von Idee und diese in Ziele zu transferieren
2. Umsetzen der Ziele: planvolles umsetzen (auch auf Umwegen) und Ankommen

Die Resonanz gehört auch zum Erfolg: wie nehme ich Erfolg wahr und wie nehmen es andere wahr. Die eigenen Ziele, die ich selbst erreichen möchte, sind „meine" persönlichen Erfolge. Wird eine Leistung als Erfolg auch von Dritten anerkannt, hat Erfolg Außenwirkungen. Empfehlung ist Erfolg. Das habe ich erst im Alter gelernt.

Wusstest du schon immer, was du werden willst?
Ja, und ich habe mein Berufsleben danach ausgerichtet. Wissensvermittlung; aus diesem Grunde bin ich auch Berater geworden.

Hattest du früher Zweifel, ob du den richtigen Weg eingeschlagen hast?
Zweifel standen immer wieder im Raum. Der Austausch mit erfahrenen Menschen hat geholfen. Vor- und Nachteile sammeln und abwägen und dann auch wagen.

Gibt es eine Sache, die du rückblickend grundlegend anders machen würdest?
Nein.

54 Anwältin in der Großkanzlei: Elisabeth Lepique

Welche deiner Eigenschaften hat Dir geholfen auf eigenen Beinen zu stehen?
Den unbedingten Willen mit fachlicher Qualität zu überzeugen.

Musstest du als junger Mensch mal über deinen Schatten springen?
Ja, Neues zulassen, auch kritische Situationen sind mit Mut zu meistern.

Wie hast du in jungen Jahren dein Talent bzw. deine Stärken herausgefunden?
Die Familie/Geschwister waren ein guter Spiegel, die sozialen Kompetenzen zu entdecken. Schule und Lehrer haben mich gelehrt, meine Fähigkeiten zu entdecken. Ein Beispiel: wenn ein Lehrer einen ungefragt zum Klassensprecher vorschlägt und sich dann zur Wahl stellt. Nachhilfeunterricht und Kinderbetreuung haben weiter dazu beizutragen, die Ausdauerqualitäten kennenzulernen. Der Sport (Ausdauer, Willen) und der internationale Austausch (Lernen) gesellen sich dazu.

Wer oder was war für dich damals besonders charakterprägend?
Das Bildungsbürgertum meiner Eltern und meiner übrigen Familie haben mich geprägt. Mein Vater hat nie einen Unterschied zwischen Jungen und Mädchen gemacht. Die Erwartungshaltung war klar: jeder muss eine Familie ernähren können.

Meine amerikanische Ausbilderin hat mir gezeigt, dass es letztlich auf fachliche Exzellenz und soziale Kompetenz ankommt.

Wenn du dich überrumpelt oder überfordert fühlst, was tust du dagegen?
Abstand gewinnen, um mich aus der Drucksituation herauszuziehen, das kann auch offen angesprochen werden. Die direkte Ansprache ist meist die beste Möglichkeit.

Fachlich geprägte Situationen begegne ich oft mit dem Hinweis „verstehe ich nicht". Das Gegenüber kommt meist in den Erklärungszwang. Die Erläuterungen geben mir die Möglichkeit mit der Überraschung besser umzugehen und Argumente zu finden, die Überforderungen zu überwinden.

Hast du eine bestimmte Methode mit negativen Erlebnissen umzugehen?
Bewegung und Musik hören.

Gab es Leute, die deine Ideen oder Karriereentscheidungen belächelt haben?
Ja, ich habe mich nicht abbringen lassen.

Wurden dir mal Steine in den Weg gelegt?
Ein weiterer beruflicher Schritt wurde massiv von Kollegen unterlaufen. Zunächst habe ich auf die Marathon-Lösung gesetzt. Nach einem Jahr ist

nichts passiert. Ich habe mich dann entschieden, eine neue Position anzunehmen. Also Trennung war die beste Lösung, um die Steine wegzuräumen.

Bist du in jungen Jahren mal an etwas gescheitert?
Ja, weil ich glaubte alles im „Griff" zu haben; ich habe gelernt, dass es gut ist, im Team zu arbeiten (und zu akzeptieren, dass ich nicht alles können muss). Die zweite Chance hat mir immens geholfen, mit mir kritisch ins Gericht zugehen.

Warst du damals besorgt, dass du Karriere, Familie und Freunde nicht kombinieren kannst?
Nein; die Grenzen bestimmt jeder selbst.

Wieso hast du dich damals für dein Studium/deine Ausbildung entschieden und würdest du dich wieder so entscheiden?
Gute Allgemeinbildung, logische Denken und vielseitige Möglichkeiten, beruflich tätig zu werden. Ja unbedingt: Jura ist eine gute Grundlage.

Wer oder was hat dir damals maßgeblich bei der Orientierung geholfen, deinen eigenen Weg zu gehen?
Eine Lehrerin aus der Schulzeit und meine Familie.

Wer war dein damaliges Vorbild?
Alle Frauen in unserer Familie: sie haben alle studiert respektive eine Ausbildung genossen.

Hast bzw. hattest du damals einen Mentor?
Ich hatte keinen Mentor; vielmehr habe ich mir viele Menschen befragt, die mir geholfen haben, Entscheidungen reifen zu lassen. Später habe ich mit einer amerikanischen Anwältin zusammenarbeiten dürfen; sie war in der Ausbildungszeit starkes fachliches Vorbild.

Was macht aus deiner Sicht einen guten Mentor bzw. ein gutes Vorbild aus?
Mentoren teilen: Lob, Empfehlungen zur Verbesserung und setzen sich für die Person ein; sie üben Kritik und können einen ins richtige Licht stellen. Es kann helfen, ist aber nicht zwingend notwendig.

Was war der beste Ratschlag, den du in jungen Jahren erhalten hast?
Eine Ausbildung ist die beste Aussteuer für das Leben. Der beste Weg unabhängig zu sein.

Was war der schlechteste Ratschlag, den du in jungen Jahren erhalten hast?
Familie und Beruf passen nicht zusammen. Beruf und Familie passen natürlich zusammen.

Hast du schon einmal ein Netzwerk genutzt?
Netzwerke nutze ich laufend. Sie unterstützen – je nach Schwerpunkt – bei fachlichen Themen/Trendscouting, Geschäftsentwicklung und beruflichen Optionen.

Was würdest du anders machen, wenn du nochmal beginnen könntest?
Ich würde zusätzlich eine betriebswirtschaftliche Ausbildung anstreben.

Was war hat deinen Charakter oder den Verhalten nachhaltig geprägt?
Wissenschaftlich zu arbeiten. Freiheit in der Tagesgestaltung.

Hast du dich an Ehrenämtern oder Initiativen beteiligt?
Ja, nicht aufgeben.

Hast du einen Teil deines Studiums im Ausland gemacht?
Ja, ich habe die Erkenntnis mitgenommen, dass auch mit weniger Tiefe in der Ausbildung Menschen sehr erfolgreich sein können.

Hast du mal ein Praktikum gemacht?
Leider nein.

Was hat dir während der Ausbildung/Studium gefehlt?
Das fehlende Praktikum :-)

Wie hast du versucht, einen guten ersten Eindruck im Vorstellungsgespräch zu hinterlassen?
Extrem professionelles Auftreten wirkte damals und wirkt heute: Kleider machen Leute. Dezent, klassisch, uni, keine Ablenkung. Nur das Gesicht, Sprache und damit Inhalte zählen. Das Vorgehen hat sich nie geändert.

Was möchtest du deiner Tochter bzw. jungen Frauen raten?
Beruf, Familie/Freunde und Partnerschaft sind machbar; die Kunst ist es, mutig zu sein und durchaus auch zeitliche, serielle Schwerpunkte zu setzen. Alles zur gleichen Zeit zu realisieren, ist nur wenigen Menschen gegeben. Es kommt darauf an, sich die Zeit zu nehmen und Ziele zu definieren, Schwerpunkte zu setzen und Leistungsfähigkeit einzuschätzen zu lernen. Unnützes weglassen, ist immer hilfreich. Häufig kann ein erfahrener, älterer Mensch/Mentor helfen (idealerweise eine Frau).

55

Expertin für Betriebliches Gesundheitsmanagement und Personalführung in diversen Teams: Prof. Dr. Susanne Liebermann

„Suche dir verlässliche Weggefährten und unterstützt euch gegenseitig."

Professorin für Unternehmensführung und Personalmanagement, Fachhochschule Westküste
Foto: Susanne Liebermann

Susanne Liebermann ist Professorin für Unternehmensführung und Personalmanagement an der Fachhochschule Westküste. Nach einem Studium der Psychologie an der Katholischen Universität Eichstätt und der Universität Mannheim arbeitete sie zunächst in einem Maschinenbauunternehmen und betreute dort Projekte im Bereich Personal- und Organisationsentwicklung. Später arbeitete Sie als wissenschaftliche Mitarbeiterin and der TU Dresden und promovierte zum Thema Führung in altersdiversen Teams („Aging at work"). Seit Abschluss ihrer Promotion arbeitet sie als Dozentin und Professorin.

Fragen und Antworten

Was bedeutet Erfolg für dich? Hat sich das über die Zeit verändert?
Erfolg ist für mich sehr eng verknüpft mit Freiheiten, die erarbeitet wurden. Besonders wichtig ist dabei die Freiheit, Entscheidungen für sich und andere zu treffen und dadurch die eigenen Stärken für bedeutsame Ziele einsetzen zu können.

Wusstest du schon immer, was du werden willst?
Ich hatte immer eine Vorstellung davon, wie ich arbeiten möchte. Diese Vorstellung war aber nicht verknüpft mit einer konkreten Berufsvorstellung. Ich wusste schon sehr früh, welches Umfeld ich mir wünsche und habe aktiv daran gearbeitet, mir ein solches Umfeld zu schaffen.

Welche deiner Eigenschaften hat Dir geholfen auf eigenen Beinen zu stehen?
Neugierde, Durchhaltevermögen, Flexibilität und Offenheit.

Musstest du als junger Mensch mal über deinen Schatten springen?
Ich merke auch heute noch, dass es guttut, über den eigenen Schatten zu springen. Meistens ist das ein erster Schritt hin zu Veränderungen und ermöglicht mitunter die Einnahme neuer Perspektiven.

Wie hast du in jungen Jahren dein Talent bzw. deine Stärken herausgefunden?
Rückmeldungen durch Freunde, Familie und andere Wegbegleiter wie Führungskräfte und Kolleg:innen haben mir häufig eine gute (Neu-)Orientierung ermöglicht.

Wurden dir mal Steine in den Weg gelegt?
In der Phase als junge Mutter liegen oft einige Steine auf dem geradlinigen Karriereweg. Häufig ist hier ein beruflicher Rückschritt/Karriereknick vorprogrammiert. Mir war in dieser Phase wichtig, dass ich für meine Kinder da

sein kann und die Priorität auf deren Bedürfnisse setzen kann. Hier sind aus meiner Erfahrung Durchhaltevermögen, ein gutes soziales Netzwerk und Flexibilität nötig, um weiterhin auch berufliche Ziele verfolgen zu können.

Warst du damals besorgt, dass du Karriere, Familie und Freunde nicht kombinieren kannst?
Ich hatte nie das Gefühl, dass ich meine Karriere gegen Familie und Freunde ausspielen muss. In einzelnen Lebensphasen treten bestimmte Bereiche mehr in den Vordergrund. Aber es ist sehr wichtig, sich seiner Ziele in den unterschiedlichen Lebensbereichen bewusst zu sein und nach Wegen und ausgeglichenen Kompromissen zu suchen, die es ermöglichen, dass alle Bereiche langfristig ausreichend zur Geltung kommen können.

Wieso hast du dich damals für dein Studium/deine Ausbildung entschieden und würdest du dich wieder so entscheiden?
Ich habe mein Studium nach meinen Interessen ausgewählt. Vor Studienbeginn habe ich in Ferienjobs Einblicke in mögliche Anwendungsfelder gewonnen, was meinen Wunsch noch verstärkt hat.

Was möchtest du deiner Tochter bzw. jungen Frauen raten?
Geht neugierig und mit Freude eigene Wege, lasst Euch von Umwegen nicht beirren und sorgt dafür, dass starke Weggefährten an Eurer Seite stehen.

Aus meiner Sicht ist es sehr wertvoll, den eigenen Interessen zu folgen, auch wenn der berufliche Weg nicht vollkommen vorhersehbar ist. Wenn man überzeugt ist und intrinsisch motiviert, fällt es leichter, Hürden und schwerere Zeiten zu überwinden und durchzuhalten. Manchmal bedeutet das aber auch, dass man einen beschrittenen Weg verlässt und sich bewusst für eine Abzweigung entscheidet, die vorher nicht abzusehen war.

Ein weiterer Punkt, den ich wichtig finde, ist, dass man sich verlässliche Weggefährten sucht. Sich also Netzwerke aufbaut innerhalb derer man sich aufeinander verlassen kann und sich gegenseitig unterstützt.

56

Experte im Bereich Gesundheitswesen und China: Chenchao Liu

„Habe den Mut das zu tun, was dich glücklich macht."

Geschäftsführer bei SILREAL GmbH
Foto: Chenchao Liu

Chenchao Liu – geboren in China, lebt seit 2002 in Deutschland – ist der Geschäftsführer von SILREAL GmbH, einem Beratungsunternehmen, das auf Kooperationen zwischen China und Deutschland im Gesundheitswesen spezialisiert ist. Herr Liu hat einen Abschluss in Chemie der TU München und ist aktuell als Dozent für das Thema Digital Health China am IKF in Luzern tätig.

Seine Expertise schätzen sowohl Unternehmen der Gesundheitswirtschaft als auch öffentliche Institutionen wie das Bundesministerium für Gesundheit, der Bundesverband der Deutschen Industrie sowie die Fraunhofer-Gesellschaft.

Fragen und Antworten

Wusstest du schon immer, was du werden willst?
Nein, das wusste ich nicht. Als ich im Alter von 13 Jahren aus China nach Deutschland kam, musste ich mich zuerst in dieser neuen Welt zurechtfinden und die Sprache lernen. Eine große Vision für mein Leben hatte ich nicht. Meine Kindheit war geprägt von einer leistungsorientierten Erziehung, typisch chinesisch eben. Erst zum Ende der Schulzeit habe ich angefangen mich zu fragen, was ich hier eigentlich mache. Abitur und Studium, klar! Aber wofür?

Der Drang nach beruflicher Klarheit und Orientierung ist während des Studiums immer stärker geworden. In dieser Lebensphase habe ich mich selbst reflektiert und gefragt: Wenn meine Lebenserwartung 80 oder 90 Jahre sein sollte, was mache ich dann mit diesem großen Teil meines Lebens? Was möchte ich werden und warum?

Gibt es eine Sache, die du rückblickend grundlegend anders machen würdest?
Ja, die Wahl des Chemiestudiums war rückblickend ein Fehler. Ich war in der Schule so gut in dem Fach, dass ich sogar meine Schule landesweit bei diversen Olympiaden vertrat. Trotzdem habe ich im Studium festgestellt, dass ich nicht für die Forschung geschaffen bin. Zum einen wollte ich gerne etwas tun, was die Welt verändert, aber die Forschung war mir dafür zu indirekt. Zum anderen habe ich mich in dem Labor-Umfeld nicht so wohl gefühlt, da ich ein eher extrovertierter und sozialer Mensch bin. Heute weiß ich: Nur, weil du gut in etwas bist, heißt es nicht, dass das auch deine Berufung ist.

Gab es Leute, die deine Ideen oder Karriereentscheidungen belächelt haben?
Als ich sagte, dass ich Chemie studieren möchte, hat mich keiner belächelt. Ich war schließlich einer der zwei Schüler in meinem ganzen Jahrgang mit den Leistungskursen in Mathematik, Chemie und Physik. Neugierig und ambitioniert habe ich mich dann für Chemie an der TU München eingeschrieben, eine der besten Universitäten für dieses Fach. Dafür habe ich natürlich auch Respekt bekommen.

Aber ja, es gab auch Vorbehalte hinsichtlich meiner Studienwahl sowie meiner Selbstständigkeit. Erst hatte meine Mutter ihre Bedenken geäußert, indem sie mich fragte: „Mein Sohn, bist du dir sicher, dass du Chemie studieren möchtest?". Sie kennt mich natürlich sehr gut und wollte andeuten, dass BWL vielleicht besser zu mir gepasst hätte. Rückblickend hätte ich mir das mehr zu Herzen nehmen sollen.

Dann kamen im Laufe des Studiums noch meine eigenen Bedenken dazu. Chemie ist ein sehr forderndes Fach, bei dem pausenlos praktische Labortätigkeiten und Prüfungen anstehen. Für mich war das Studium eine Fortführung der Schule, nur mühsamer. Diese Anstrengung aufzubringen, ohne darin einen größeren Sinn zu erkennen und mich mit der „nerdigen" Atmosphäre identifizieren zu können, führte bei mir zu einem inneren Widerstand. Meine Frustration wuchs und zwischenzeitlich wollte ich sogar mein Studium abbrechen, habe es aber letztendlich doch erfolgreich durchgezogen. Als ich nach dem Universitätsabschluss und kurzer Berufserfahrung in die Selbstständigkeit ging, wurden von meinen Eltern und Bekannten erneut Sorgen geäußert: „Wieso machst Du dich jetzt schon selbstständig? Du hast doch kaum Arbeitserfahrung!".

Ich glaube, diese Personen tun das aus Liebe und Fürsorge. Keiner wollte mir damit etwas Böses, sondern mir nur helfen und mich schützen. Das habe ich auch sehr wertgeschätzt. Natürlich war ich stets sehr zuversichtlich, in dem was ich tat, aber ich habe Kritik, Vorbehalte sowie Vorschläge ernst genommen und in meine Erwägungen einbezogen. Mein Optimismus und meine Empfänglichkeit für Feedback begleiten mich durch das Leben.

Wer oder was hat dir damals maßgeblich bei der Orientierung geholfen, deinen eigenen Weg zu gehen?

Die Frage nach dem „Warum". Was ist der Sinn des Lebens und meine Berufung? Mir war frühzeitig klar, dass ich mein Leben so gestalten möchte, dass ich den Nutzen für meine Mitmenschen maximiere. Das heißt, meine Existenz soll nicht nur eine Bereicherung für meine eigene Person sein, sondern mit meinem Dasein habe ich die Verantwortung und das Ziel anderen Menschen zu helfen.

Die Frage nach dem „Wie". Wie schaffe ich es, Gutes zu tun? Ich glaube es ist wichtig, dass man in dem was du tut, sehr gut sein soll – egal ob Künstler:in, Sportler:in oder Wissenschaftler:in. Denn nur so verschaffst du dir Gehör, Respekt und erreichst du Menschen, die von deiner Idee überzeugt sind. Deswegen war meine Triebkraft zu sagen „Ich muss in irgendetwas besonders gut sein, sodass ich gemeinsam mit anderen Gleichgesinnten etwas aufbauen kann".

Es gibt keine bestimmte Person, die mich geformt hat, sondern ich wurde von vielen Menschen geprägt, die mir sehr nahestehen. Das waren Freunde, Familie und insbesondere meine Mutter. Sie hat mir durch ihre Biografie und selbstlose Art gezeigt, dass es im Leben sehr wichtig ist, dankbar zu sein. Sie hat ihre eigenen Interessen zurückgesteckt, um anderen Menschen zu helfen und ihnen bessere Möglichkeiten zu verschaffen. Dank ihr weiß ich: Es sollte sich nicht alles nur um die eigenen Interessen drehen. Man sollte stets ein gutes Beispiel für das sein,

wovon man andere Menschen überzeugen möchte. Bis heute hat mich diese Selbstlosigkeit bewundert und dient mir als Kompass für mein Leben.

Eine Mischung aus Ambition und Reflexion – ohne das große Ganze aus dem Blick zu verlieren. Ich stelle mir immer wieder die Frage: Wieso bist du so, wie du bist und was willst du erreichen?

Hast bzw. hattest du damals einen Mentor?
Nein, leider nicht. Daher wäre auch mein Ratschlag an mein jüngeres Ich: Suche dir frühzeitig eine:n Mentor:in. Als junger Mensch mit 17 oder 18 Jahren macht man sich hierzu vielleicht noch wenig Gedanken, aber es ist hilfreich Leute an seiner Seite zu haben, die gemeinsam mit dir deine Überlegungen reflektieren. Mentor: innen können Eltern, Freunde oder auch andere Menschen sein, die Lebenserfahrungen gemacht haben. Jemand, der oder die schon ein bisschen älter und gestandener im Leben ist, somit deine Situation gut nachvollziehen könnte. Ich appelliere hierbei auch an die Eltern: ihr seid nicht die einzigen Mentoren für eure Kinder!

Was war der beste Ratschlag, den du in jungen Jahren erhalten hast?
Fokussiert zu sein. Das haben mir viele Personen geraten, da ich manchmal dazu tendiere, zu viele Sachen gleichzeitig zu machen, zu schnell zu wollen und ungeduldig zu sein. Einen Fokus zu haben ist wichtig für den Erfolg. Abgesehen davon, gab es bisher keinen Ratschlag, der sich später nicht als gut herausgestellt hat.

Mein Anspruch an mich selbst ist, mich stets zu verbessern. Um vorwärtszukommen, brauche ich ein Spiegelbild, weshalb ich meine Mitarbeiter und meine Freunde häufig nach Feedback frage. Meine Freunde fanden zuerst komisch, mir Feedback zu geben. Aber als man sich bisschen länger unterhielt, dann kamen in den Gesprächen dann doch interessante Sachen heraus, wie zum Beispiel „Naja, wenn du es schon ansprichst. Da gab es eine Situation in der du … Das hätte nicht sein müssen". Das heißt, es gibt immer etwas, was du verbessern kannst – du weißt es bloß noch nicht. Es gibt auch Menschen, die Feedback nicht wahrnehmen oder sogar meiden, aber ich bin nicht so.

Hast du einen Teil deines Studiums im Ausland gemacht?
Ich war für ein halbes Jahr in China und habe dort ein Auslandspraktikum gemacht. Zuerst habe ich mich lange gewehrt nach China zu gehen, weil es für mich eher „zu Hause" als „Ausland" war. Dennoch habe ich die Möglichkeit wahrgenommen, da es als Chemiker und Nicht-BWLer schwierig war, ein spannendes Praktikum zu bekommen. Heute bin ich sehr dankbar und froh, dass ich „zu Hause" war. Es war eine bereichernde Erfahrung wieder in China zu sein, die eigene Sprache zu sprechen und als Chinese bei einem deutschen Unternehmen gemeinsam mit vielen Expatriates und lokalen Mitarbeitern zu arbeiten.

Auch heute würde ich es noch genauso machen und möchte in Zukunft auch wieder öfter nach China reisen, um dort die chinesische Kultur und die rasante Entwicklung hautnah miterleben zu können. Außerdem war ich während des Studiums für zwei Monate in der Schweiz, wo ich damals an einem Forschungsprojekt der ETH Zürich mitwirken durfte. Das war auch eine schöne und lehrreiche Zeit.

Als sehr reisefreudiger Mensch gefällt es mir auch noch heute, Arbeit und Freizeit zu kombinieren.

Was möchtest du deiner Tochter bzw. jungen Frauen raten?
Lass dich nicht unter Druck setzen – weder von deinen Eltern, deinem Lebenspartner, deinen Mitmenschen, noch der Gesellschaft. Heutzutage sind Frauen, vor allem junge Frauen, viel Druck ausgesetzt. Sie haben Möglichkeiten, von denen ihre Mutter oder Großmutter früher geträumt haben. Gleichzeitig ist das Streben nach wahrer Vollkommenheit aber nicht leichter, sondern im Zweifel eher schwieriger geworden.

Habe den Mut das zu tun, was dich glücklich macht. Bedenke, dass Karriere nicht die einzige Erfüllung in deinem Leben ist und sei dir bewusst: Es gibt kein Richtig oder Falsch. Es ist zum Beispiel genau so cool Mutter zu sein wie Vorstandsvorsitzende eines Unternehmens oder beides gleichzeitig!

„Nothing is for free". Für alles, was du im Leben haben willst, gibt es einen Preis und du musst bereit sein, den Preis zu zahlen.

Was ich noch sagen möchte
Entscheidend im Leben sind Dankbarkeit und Zuversicht. Mein Lebenslauf hat viele Sprünge und ist nicht besonders stringent. Aber das Leben ist eben nicht stets klar und linear. Jeder im Leben geht im Zick-Zack, hat Rückschläge und Herausforderungen. Entscheidend für die Erfüllung des Lebens ist eben, wie man mit solchen Herausforderungen umgeht.

57

Expertin für Medizintechnik mit Leidenschaft für Management und Innovation: Dubravka Maljevic

„Bleib Neugierig, denn die Neugierde verleiht dir den Mut, über eigene Grenzen zu gehen."

Head of Department for Clincal Engineering; Bereichsleitung für Medizintechnik des BG Klinikverbund der gesetzlichen Unfallversicherung gGmbH
Foto: Laurence Chaperon

Ich bin Dubravka Maljevic und bin als Bereichsleiterin in den Kliniken der gesetzlichen Unfallversicherung für den Betrieb und die Implementierung zukunftsorientierter innovativer Lösungen in der Medizintechnik verantwortlich. Das Gestalten, Entwickeln und Schaffen neuer Wege begeistert mich, ich möchte den technologischen Wandel führend mitgestalten und dabei Mitarbeiter und Kollegen unterstützen und mitnehmen.

Help to heal. Angetrieben durch den Wunsch Menschen zu helfen, studierte ich Medizintechnik und ergänzte das Studium später mit einem Master of Business Health Administration. Ich bin ist Präsidentin des Fachverbandes für biomedizinische Technik (des größten Fachverbandes für biomedizinische Technik) und gerne Rednerin auf Fachtagungen und Kongressen. Weil ich denke, dass die Bildung ein Königsweg zu einem besseren, selbstbestimmten Leben ist, setze ich mich ehrenamtlich gern für junge Menschen ein. Ich bin Mutter und habe zwei wundervolle Töchter.

Fragen und Antworten

Was bedeutet Erfolg für dich? Hat sich das über die Zeit verändert?
Erfolg ist für jeden unterschiedlich. Für den einen bedeutet erfolgreich zu sein, finanziell abgesichert zu sein, für den anderen bedeutet Erfolg ein großes/kleines Haus und eine glückliche Familie zu haben.

Was bedeutet für mich Erfolg? Erfolg bedeutet für mich ein „Hey, alles richtig so"! Das Wichtigste um erfolgreich zu sein ist sein Ziel zu kennen. Was auch immer das Ziel ist. Auch meine Einstellung zum Erfolg hat sich über die Jahre geändert. Am Anfang war ich zum Beispiel sehr glücklich studieren zu dürfen. Als ich mich endlich einschreiben fühlte ich mich sehr erfolgreich. Danach habe ich mir ein neues Ziel gesucht.

Gibt es eine Sache, die du rückblickend grundlegend anders machen würdest?
Nein, die gibt es nicht. Es ist auch müßig, die Vergangenheit so zu betrachten. Wenn die Vergangenheit nicht so verlaufen wäre, wäre ich nicht das, was ich jetzt bin. Natürlich würde ich mir wünschen, dass es damals keinen Krieg in Ex-Jugoslawien gegeben hätte und dass ich mit meiner Familie nicht flüchten müsste. Aber es ist so gewesen. Das war notwendig für irgendwas, es hat mich für das Leben vorbereitet. Und da ich jetzt zufrieden und glücklich bin, ist alles gut so gewesen.

Welche deiner Eigenschaften hat Dir geholfen auf eigenen Beinen zu stehen?
Ich würde als besondere Eigenschaft, die mir geholfen haben folgende nennen: Neugierde, Ehrgeiz, Mut und Zuversicht. Ich freue mich sehr über meine Neugierde, sie gibt mir Mut über die Grenzen gehen und überrascht mich immer wieder aufs Neue.

Wurden dir mal Steine in den Weg gelegt?
Die Steine, die uns andere in den Weg legen, bringen uns weiter. Das ist sicherlich schwer zu akzeptieren und oft fragte ich mich warum ich. Warum muss ich den steinigen Weg gehen? Wichtig ist das Ziel nicht aus den Augen zu verlieren. Dranbleiben und nicht aufgeben. Auch wenn einem Steine in den Weg gelegt werden. Es kann auch hilfreich sein, Verbündete zu suchen, die unterstützen.

Wer war dein damaliges Vorbild?
Für mich waren meine Eltern sehr große Vorbilder. Sie haben mich gelernt an mich zu glauben und mir gezeigt trotz widrigster Umstände menschlich zu bleiben und den Mut nicht zu verlieren.

Was war der schlechteste Ratschlag, den du in jungen Jahren erhalten hast?
Rückblickend kann ich nicht sagen, dass je ein Ratschlag schlecht war. Manche waren doof und haben mich wütend gemacht, ja. Aber ich habe aber auch schnell dadurch gelernt, dass diese Ratschläge ihre Grenzen zeigen und nicht meine eigenen Grenzen. Auf der anderen Seite hatten sie auch was Gutes: Hätte ich mich nicht darüber geärgert und hätte es mich nicht wütend gemacht, wäre ich vielleicht meinen Weg gegangen. Wut ist ein guter Motivator-für eine gewisse Zeit-, wenn man die Energie in etwas Positives lenkt. Jetzt kann ich nur lächeln über die Ratschläge von damals.

Was möchtest du deiner Tochter bzw. jungen Frauen raten?
Das Leben ist turbulent voller Überraschungen und du weißt nie wohin sich dein Lebenswollknäul rollen wird und welche Genüsse auf Dich warten. Bedenke immer es gibt nicht nur einen Weg, eine Lösung. Kein Problem ist unlösbar. Kein einziges. Manche wirst du allein lösen, manche werden sich von allein lösen. Manche werden nur etwas Zeit brauchen, um zu reifen. Das Leben leben heißt das Lenkrad des eigenen Lebens in den eigenen Händen zu halten und zu fahren, wohin und wie man will. Dafür gibt es keine Routenplanung, kein Navigationssystem. Es gibt kein Masterplan, vor allem kein, den sich irgendwelche Leute ausgedacht haben, die noch nie das Lenkrad deines Lebens in den Händen hatten. Wenn Du gut zu Dir sein möchtest, sei mutig.

58

Kommunikationsexperte: Thomas Mickeleit

„Einige Berufswünsche ergeben nur Sinn, wenn du bereit bist alles dafür zu geben."

Kommunikationsberater für digitale Transformation; Senior External Advisor bei Montua Partner Communications

Foto: Alex Schelbert, Wildcard

Ich bin Papa, Partner meiner Lebensgefährtin, Streiter für das offene Wort und leidenschaftlicher Kommunikator. Als Jurist bin ich ein Quereinsteiger in der PR. Technik begeistert mich und in meinem ersten Job als Persönlicher Referent/Pressesprecher des Berliner Wirtschaftssenators habe ich in einer Guerilla-Aktion 1987 den ersten PC in die Verwaltung geholt. Das galt als Teufelszeug. Die digitale Transformation von Organisationen und ihre kommunikative Begleitung ist seitdem mein Steckenpferd und in gewisser Weise zu meiner Marke geworden. Nach dem Ausscheiden als Kommunikationschef bei Microsoft Deutschland teile ich mein Wissen und Erfahrungen über meine kleine Beratungs-Boutique KommunikationNeuDenken! mit Kommunikationsfunktionen, die ihren Weg in die digitale Welt finden wollen.

Fragen und Antworten

Was bedeutet Erfolg für dich? Hat sich das über die Zeit verändert?
Zu Beginn meiner Karriere hätte ich Erfolg wahrscheinlich daran gemessen, was habe ich persönlich erreicht, was war mein Beitrag. Heute definiere ich Erfolg darüber, wie habe ich andere befähigt, erfolgreicher zu sein, was konnte ich von anderen lernen, um meine oder gemeinsame Ziele schneller und besser zu erreichen. Generell, es geht mehr um das „wir" als das „ich".

Wusstest du schon immer, was du werden willst?
Ich hatte lange einen Berufswunsch, von dem ich eigentlich keine wirkliche Idee hatte, was den Alltag des Berufs ausmacht und welche konkreten Voraussetzungen man dafür mitbringen muss. Ich wollte mal Archäologe werden und den Nibelungenschatz finden. Rückblickend eine naive Vorstellung. Es macht keinen Sinn, sich romantischen Vorstellungen hinzugeben, jedenfalls nicht, wenn man nicht auch bereit ist, für die Erfüllung des Berufswunschs alles zu geben. Ich bin dann lieber Jurist geworden.

Welche deiner Eigenschaften hat Dir geholfen auf eigenen Beinen zu stehen?
Ich hatte mich schon seit frühester Jugend politisch engagiert und ein großes Netzwerk aufgebaut. Als Mandatsträger musste ich oft vor großem Publikum sprechen und überzeugen. Berührungsängste vor „hohen Tieren" kannte ich nicht. Das hat mir Selbstbewusstsein gegeben. Wo man sich seine Netzwerke schafft und wo man Bühnen findet, ist beinahe egal. Aber viele Menschen zu kennen und zu lernen, wie man überzeugt, ist höchst nützlich für die Karriere.

Musstest du als junger Mensch mal über deinen Schatten springen?
Die Schatten sind mal größer und mal kleiner, aber sie begegnen einem jeden Tag. Man lernt aus Fehlern, die man meist begeht, wenn man die eigene Komfortzone verlässt, aber nur das bringt einen voran. Ich habe daraus gelernt, mich nie „einzurichten" und bereit zu sein, jeden Tag in Frage zu stellen, ob das Beste von gestern noch gut genug für heute ist. Unter der Prämisse bleibt Bewegung im Spiel.

58 Kommunikationsexperte: Thomas Mickeleit

Wie hast du in jungen Jahren dein Talent bzw. deine Stärken herausgefunden?
Ich hatte viele Freunde und Bekannte und als ich mich nach zwei Jahren im Stab des Berliner Wirtschaftssenators wieder in juristische Gefilde begeben wollte, riet mir ein guter Bekannter, mein Weg sei in der Kommunikation. Es war die Weichenstellung in meiner beruflichen Karriere, für die ich einen anderen Plan hatte.

Wer oder was war für dich damals besonders charakterprägend?
Das politische Engagement hat mir viel gegeben. In jeder Hinsicht. Im Maschinenraum der Demokratie zu wirken, ist eine besondere Chance. Alle sollten sie nutzen.

Warst du damals besorgt, dass du Karriere, Familie und Freunde nicht kombinieren kannst?
Absolut! Die ersten Karriereschritte und Familiengründung fallen häufig zusammen. Oft verbunden mit Ortswechseln. So war es auch bei mir. Das führt zu massiven Veränderungen im Lebensalltag, trennt von Freunden und Gewohnheiten. Heute erleichtern Skype, WhatsApp und Co, Kontakte auch niedrigschwellig zu halten. Das ist ein großer Vorteil. Die gute Nachricht ist auch, es finden sich auch neue Beziehungen. Man muss nur mehr Energie reinstecken, damit es auch geschieht.

Wieso hast du dich damals für dein Studium/deine Ausbildung entschieden und würdest du dich wieder so entscheiden?
Für mich war die Entscheidung für ein juristisches Studium eher davon getrieben, was will ich auf keinen Fall machen und da schied leider alles aus, was irgendwie mit Mathe zu tun hatte. Rückblickend eine gute Entscheidung, denn als Volljurist:in stehen sehr viele Wege offen. Als Kommunikationschef habe ich von meinem juristischen Hintergrund in Krisensituationen oft profitiert.

Was macht aus deiner Sicht einen guten Mentor bzw. ein gutes Vorbild aus?
Es ist ein großer Gewinn, wenn man die Chance hat, ein Mentorship einzugehen. Es verlangt von beiden Seiten die Bereitschaft, sich zu öffnen und zuzulassen sensible Dinge anzusprechen. Ein Mentor/in benötigt Empathie, um die Situation der/s Mentees zu erfassen und die „richtigen" Fragen zu stellen. Insoweit verhält sich ein Mentor:in wie ein Coach. Hinzu kommt, dass Mentor:innen ihr Netzwerk aktivieren, um die Karriere des Mentees zu befördern. Mentor:innen sind umso „besser", je mehr Erfahrung sie haben, je größer ihr Netzwerk ist und je mehr es ihnen um den Mentee geht und nicht ihre persönliche Selbstdarstellung.

59

Souffleuse der Medien und Expertin für Fashion & Finanzen: Lan Anh Nguyen

„Liberté. Egalité. Investissez."

Senior PR Managerin bei Engel & Völkers
Foto: Klaus Wolter

Mit ihrer Leidenschaft für französische Couture und Finanzen ermutigt die PR-Managerin, Dozentin und Bloggerin junge Menschen dazu, sich mit Themen wie Aktienkultur und Vermögensaufbau zu beschäftigen. Diese Mission führt sie 2022 als Finalistin zu Miss Germany.

Lan Anh arbeitet bei dem globalen Immobilienunternehmen Engel & Völkers in Hamburg. Davor war sie PR-Beraterin und Influencer Relations-Expertin für die internationale Communications Marketing Agentur Edelman. Dort war sie für namhafte Kunden aus den Branchen Lifestyle und Fast Moving Consumer Goods tätig.

Bereits während ihres Kommunikationsmanagement Studiums an der Hochschule Hannover war sie Stipendiatin der Studienstiftung des deutschen Volkes, Vorstandsvorsitzende der studentischen PR-Initiative Public Relations Studierende Hannover e.V., im Talentförderungsnetzwerk des Bundesverbands deutscher Pressesprecher sowie Mitglied von #30u30, der Nachwuchsförderungs-Initiative des PR Report.

Fragen und Antworten

Was bedeutet Erfolg für dich? Hat sich das über die Zeit verändert?
Erfolg ist das Resultat von Disziplin und Streben nach Exzellenz.

Wer oder was war für dich damals besonders charakterprägend?
Mein Schüleraustausch in den USA hat mich maßgeblich in meiner Weiterentwicklung geprägt. Denn Persönlichkeitsentwicklung beginnt mit dem Verlassen der eigenen Komfortzone. Durch die Zeit im Ausland habe ich nicht nur die Sprache verinnerlicht, sondern auch meine interkulturelle Kompetenz erweitert und meine Liebe zum Reisen entdeckt.

Wer war dein damaliges Vorbild?
Mein Vorbild ist Bettina Prinzessin zu Sayn-Wittgenstein, Head of Global Corporate Communicaton von Engel & Völkers. Sie ist äußerst eloquent und hat ein ausgeprägtes Gespür für Qualität und Markenarchitektur. Sie inspiriert mich mit ihrer eleganten Art im Business und ihrem Kommunikationsgeschick.

Hast bzw. hattest du damals einen Mentor?
Während des Studiums war ich als wissenschaftliche Hilfskraft für meinen Professor tätig. Er war der Wegbereiter für die Karriere und hat mein Interesse für Netzwerktheorie sowie neue Informations- und Kommunikationsformen geweckt. Infolgedessen habe ich mich in meinen wissenschaftlichen Abschlussarbeiten auf Online PR und Markenbildung im Social Web spezialisiert. Heute vermittele ich den Studierenden der Hochschule Hannover als Lehrbeauftragte Wissen zu Influencer Relations, Marken- und Netzwerktheorie.

Hast du dich an Ehrenämtern oder Initiativen beteiligt?
Ich habe mich während meiner Studienzeit ehrenamtlich in der studentischen Initiative PRSH e.V. engagiert und mit meiner Teilnahme bei der Young Talent Initiative #30u30 eine Reputation erarbeitet. Aufgrund der starken Positionierung in der PR-Branche wurde ich bereits im Studium abgeworben.

Wie hast du versucht, einen guten ersten Eindruck im Vorstellungsgespräch zu hinterlassen?
Ein professioneller Business Look sollte die eigene Persönlichkeit unterstreichen und darf daher eine individuelle Note haben.

Was möchtest du deiner Tochter bzw. jungen Frauen raten?
Verschaffe dir Visibilität durch Personal Branding und baue dir ein starkes Netzwerk auf.

60

Finanzchefin im Güterverkehr: Dr. Martina Niemann

„Mach das, was dich wirklich interessiert. Dann wirst du Spaß haben und bereit sein, deine gesamte Energie darauf zu verwenden."

Vorstand Finanzen und Controlling (CFO) bei der DB Cargo AG
Foto: Martina Niemann
Ihr Schwerpunkt liegt in der Mobilitäts- und Logistikbranche: Dr. Martina Niemann. Die gebürtige Duisburgerin ist promovierte Volkswirtin und startete nach ihrem Studium zunächst als Trainee bei der Deutschen Lufthansa AG und arbeitete als Venture Capital Managerin. Später wechselte sie in den Kaufhof-Konzern und wurde Leiterin Controlling für die Reisebüro-Ketten. Ab 1995 bekleidete sie verschiedene Führungspositionen bei der Deutschen Bahn

AG. Anfang 2012 ging sie als Personalchefin zur Fluggesellschaft Air Berlin und übernahm 2018 in der Lufthansa Group das Personalmanagement für die Lufthansa Airlines. Seit 2020 ist Dr. Martina Niemann die Vorständin für Finance/Controlling der DB Cargo AG in Mainz. Darüber hinaus ist sie verheiratet und hat zwei erwachsene Kinder.

Fragen und Antworten

Wieso hast du dich damals für dein Studium/deine Ausbildung entschieden und würdest du dich wieder so entscheiden?
Grundsätzlich gilt, dass man bei so grundlegenden Fragestellungen wie der, was man zukünftig beruflich machen möchte oder was man studieren will, sich konsequent von seinen Interessen leiten lassen sollte. Denn nur, wenn einen eine Aufgabe interessiert, wird man darauf mit Spaß seine gesamte Energie verwenden können und wollen. Deshalb gilt auch als Ratschlag für junge Frauen, nur das zu studieren, was Euch wirklich interessiert. Ich habe mich damals entschieden, Volkswirtschaftslehre zu studieren, weil ich ein umfassendes wirtschaftliches Verständnis der großen Gesellschaftsfragen der Gegenwart erhalten wollte. Die Volkswirtschaftslehre beschäftigt sich mit der Frage, wie eine Gesellschaft mit ihren knappen Ressourcen umgeht. Will sie wachsen? Und wie will z. B. gleichzeitig die Umwelt schützen? Das sind heute auch noch die ganz großen Fragen, die uns alle betreffen.

Wer oder was hat dir damals maßgeblich bei der Orientierung geholfen, deinen eigenen Weg zu gehen?
Für mich sind Vorbilder immer ganz besonders wichtig gewesen und haben mir Orientierung für meinen beruflichen Weg und „meine" Lösungen z. B. für die Vereinbarkeit von Beruf und Familie gegeben. Dabei kommt es nicht darauf an, besonders „prominente" Vorbilder zu wählen. Wichtig ist nur, dass man für sich gute Beispiele für Verhaltensweisen findet, die man auch selbst einsetzen kann. Vorbilder können über die Zeit wechseln. Eine veränderte eigene Lebenslage erfordert meist auch wieder andere Vorbilder. Mir hat es immer Orientierung gegeben, wenn ich mir z. B. bei Führungskräften aus meinem jeweiligen Unternehmen überlegt habe, welche ihrer Verhaltensweisen ich so gut finde, dass ich sie übernehmen möchte und welche ich auf keinen Fall annehmen will.

Wer war dein damaliges Vorbild?
Meine Vorbilder waren viele – z. B. eine Tante von mir, die für sich und ihre Familie das perfekte Modell für die Vereinbarung von Familie und Beruf gefunden hatte. Ich habe „ihr" Modell genauso auch für meine Familie angenommen, und für mich war es prima. Ein anderes Vorbild war ein

Personalvorstand, von dem ich viel über inklusive Verhandlungsführung gelernt habe. Oder verschiedene männliche und weibliche CEOs, von denen ich gelernt habe, wie Stakeholder Management in diesen Rollen erfolgreich gestaltet werden kann.

Was macht aus deiner Sicht einen guten Mentor bzw. ein gutes Vorbild aus?
Ein guter Mentor sieht nicht nur, was er oder sie geben kann, sondern auch, was er oder sie aus der Beziehung für sich selbst lernen kann.

61

Bob-Olympiasiegerin und Studentin: Laura Nolte

„Probiere es aus, wieder umdrehen kann man immer."

Leistungssportlerin und Bachelor-Studentin (Wirtschaftspsychologie)
Foto: Jan Konepatzki

Ich bin Laura Nolte, 23 Jahre jung und Bobpilotin der deutschen Nationalmannschaft. Neben dem Leistungssport studiere ich noch Wirtschaftspsychologie an der Ruhr-Universität in Bochum.

Mit 16 Jahren saß ich das erste Mal in einem Bob und seitdem konnte ich schon einige Erfolge feiern, wie z. B. den Sieg bei der Jugendolympiade sowie den Juniorenweltmeisterschaften, 2x Bronze bei den Weltmeisterschaften und vier Weltcup-Siege. Anfang 2022 erreichte ich dann mein größtes sportliches Ziel: Ich nahm bei den Olympischen Winterspielen in Peking teil und gewann, gemeinsam mit meiner Anschieberin, eine olympische Goldmedaille im Zweierbob. Damit bin ich derzeit die jüngsten Bob-Olympiasiegerin der Welt.

Fragen und Antworten

Was bedeutet Erfolg für dich? Hat sich das über die Zeit verändert?

Früher war ein Wettkampf für mich nur erfolgreich, wenn ich eine Medaille gewonnen habe. Doch mittlerweile ist für mich jeder Wettkampf, durch den ich lernen und mich weiterentwickeln kann, ein Erfolg. Auf dem Weg zu Wettkämpfen sammelt man unglaublich viele Erfahrungen und Erinnerungen – allein diese sind unbezahlbar und ein Erfolg für sich.

Außerdem bedeutet Erfolg für mich das Gefühl, das Richtige zu tun und zufrieden zu sein. Nach meiner Karriere möchte ich zwar auch gerne auf Medaillen zurückblicken, aber vor allem auf eine Zeit, die ich genossen habe und in der ich glücklich war. Ich denke dann kann ich sagen, dass ich erfolgreich war.

Welche deiner Eigenschaften hat Dir geholfen auf eigenen Beinen zu stehen?

Durchhaltevermögen. Die ersten Schritte einer Karriere sind oft die Schwierigsten, da alles noch relativ ungewiss ist. Man weiß nicht, ob das, was man sich vornimmt oder erhofft, auch funktionieren wird. Zudem gibt es oft Leute, die einem versuchen, den Weg auszureden. Auch bei mir war es so, dass es Menschen gab, die mir geraten haben, den Weg nicht zu gehen. Gerade als Bobpilot:in hat man es in den ersten Jahren schwer, da man des Öfteren mal stürzt und sehr viel Neues in kürzester Zeit lernen muss. Ich bin froh, dass ich in diesen schwierigen ersten Jahren genug Durchhaltevermögen hatte, um mich weder von meinen Niederlagen noch von anderen Menschen von meinem Weg abbringen zu lassen.

Bist du in jungen Jahren mal an etwas gescheitert?

Ja, ich bin schon gescheitert. Ich bin bei meiner ersten Weltmeisterschaft gestürzt und konnte somit das Rennen nicht beenden. Ich kann gar nicht beschreiben wie schrecklich sich das für mich angefühlt hat – ich habe eine unbeschreibliche Leere gefühlt und monatelang damit zu kämpfen gehabt. Ich hatte das Gefühl, alle enttäuscht zu haben, die an mich geglaubt haben. Und auch wenn es am Anfang für mich nicht leicht war damit umzugehen, war diese Niederlage der Grundstein für all meine weiteren Erfolge. Ich wollte daraufhin unbedingt zeigen, dass ich das besser kann. Ich habe hart gearbeitet und bin an meine Grenzen gegangen, um genau ein Jahr später, bei meiner zweiten Weltmeisterschaft, Bronze zu gewinnen. Rückblickend tat das Scheitern demnach zwar weh, hat meine Karriere aber nur positiv beeinflusst, da ich daraus viel lernen konnte und neue Motivation schöpfen konnte.

Was möchtest du deiner Tochter bzw. jungen Frauen raten?

- Bleibe dir selbst treu und tue das, was DICH glücklich macht, denn du wirst es sowieso nie Jedem recht machen können.
- Vergleiche dich nicht zu oft mit anderen Personen, denn jeder geht seinen eigenen Weg und sammelt eigene Erfahrungen.
- Lass dir niemals einreden, dass du irgendetwas nicht kannst. Denn du kannst alles schaffen, was du schaffen möchtest.

Wenn du noch nicht weißt, was du später einmal im Leben machen oder werden möchtest, dann setze dich nicht unter Druck, sondern probiere einfach etwas aus. Es ist nicht schlimm, wenn du nicht von Beginn an weißt, ob der Weg, den du einschlägst, der Richtige ist. Umdrehen und einen anderen Weg gehen kann man immer. Doch den Weg von vornherein nicht zu gehen, wäre schade, da du nie weißt, was dich erwarten wird. Manchmal führt der eine Weg auch zum Nächsten und am Ende landest du ganz woanders als geplant. Aber wenn es sich richtig und gut anfühlt, dann solltest du genau dort landen.

Ansonsten genieße dein Leben und behandle deine Mitmenschen genauso, wie du auch behandelt werden möchtest.

62

Top-Expertin für Customer Operations: Bettina Pauck

„Es gibt immer wieder Möglichkeiten den Weg zu wechseln. Keine Entscheidung ist für immer."

Foto: Stefan Klonk

Kundenmanagement und -service ist das Fachgebiet von Bettina Pauck, die über fünfzehn Jahre im Bereich Customer Operations tätig ist. Zuletzt war sie COO bei dem Fintech IDnow, wobei sie sich zuvor bereits in verschiedenen Industrien einen Namen als Expertin gemacht.

Mit dem Hintergrund als Diplom-Psychologin begann sie ihre Karriere als Beraterin bei Accenture und ist seitdem sowohl in Linienorganisationen jeder Größe als auch in Beratungsmandaten tätig gewesen. So hat sie sehr breite und tiefe Einblicke in verschiedenste Wirtschaftsunternehmen erlangt. Neben ihren Beirats- und Aufsichtsratsmandaten hat Frau Pauck zwei Söhne und singt in ihrer freien Zeit in einem Jazz-Chor.

Fragen und Antworten

Wusstest du schon immer, was du werden willst?
Nein, ich wusste lange überhaupt nicht, was ich machen will. Letztlich habe ich mich für das Psychologiestudium entschieden, weil es mir am breitesten erschien und nützlich und anwendbar für viele mögliche Berufe – ohne, dass ich auch nur annähernd etwas mit der klassischen klinischen Psychologie zu tun haben wollte. Im Rahmen des Studiums habe ich die Unternehmensberatung für mich entdeckt als Beruf mit einem abwechslungsreichen und möglichst breiten Spektrum von Themen. Ab da habe ich immer die Gelegenheiten genutzt, die sich ergeben haben und die mir interessant erschienen.

Also in Summe eine sehr ungeplante Karriere – was mir aber andererseits geholfen hat, immer flexibel die Chancen zu nutzen, die sich geboten haben.

Welche deiner Eigenschaften hat Dir geholfen auf eigenen Beinen zu stehen?
Meine geistige Unabhängigkeit hat mir sehr viel geholfen. Ich bin immer meine eigenen Wege gegangen unabhängig und oft auch ohne Unterstützung anderer.

Wer oder was war für dich damals besonders charakterprägend?
Meine Herkunft hat mich sehr geprägt. Als drittes von drei Kindern und als Familienmitglied Nummer sieben, bin ich auf einem Bauernhof groß geworden. Das hieß, dass ich – wie auch meine Geschwister – immer nur mitgelaufen bin, weil der Hof immer die erste Priorität meiner Eltern war. Daher musste ich meinen Weg immer allein gehen ohne Unterstützung. Das war bisweilen hart und anstrengend. Es hat aber auch dazu geführt, dass ich heute weiß, was ich alles erreichen kann völlig unabhängig von anderen Menschen. Und ich bin durchaus stolz auf das, was dabei herausgekommen ist.

Gab es Leute, die deine Ideen oder Karriereentscheidungen belächelt haben?
Meine Eltern und insbesondere meine Mutter hatte nie Verständnis für meine beruflichen Entscheidungen. Hier herrschte tatsächlich noch die Einstellung vor, dass die ja nur ein Mädchen sei und mich heiraten lassen

würde. Dafür müsste man ja keine höhere Ausbildung haben und schon gar keine Karriere machen.

In vielen Situationen wurden sogar meine Fähigkeiten und meine Eignung für bestimmte Aufgaben angezweifelt. Das war natürlich verletzend. Letztlich hat es mich aber stark und unabhängig gemacht, weil ich mich nie davon haben runterziehen lassen. Zum Glück hatte ich immer wieder Menschen, die mich bestärkt haben und mit mir zusammen meinen Weg gegangen sind.

Warst du damals besorgt, dass du Karriere, Familie und Freunde nicht kombinieren kannst?
Ja das hat mich phasenweise tatsächlich sehr beschäftigt. Ich habe diese Diskussion auch sehr aktiv mit meinem Mann geführt in unserer Anfangsphase: wollen wir Kinder? Oder zwei Karrieren? Oder irgendwie beides?

Letztlich wurden wir dann von den Fakten überholt und haben unser Leben um unsere beiden Söhne herum organisiert. Gemeinsam schaffen wir das zu viert, weil wir uns aktiv gegenseitig unterstützen. Das bezieht durchaus unsere Söhne mit ein, denen bewusst ist, dass beide Elternteile voll im Beruf stehen und sie auch mal mit anfassen (müssen).

Was war hat deinen Charakter oder den Verhalten nachhaltig geprägt?
Lange habe ich offen gesagt gedacht, dass mein Psychologie-Studium wenig für meine tägliche Arbeit bringt. Inzwischen bin ich fest davon überzeugt, dass es mir sehr hilft! Durch diesen Hintergrund habe ich immer die Menschen und Interaktionen im Auge. Das ist eine essenzielle Basis für die tägliche Arbeit und dadurch verstehe ich viele Dinge besser und schneller als andere. Außerdem hilft der Methodenkoffer verschiedene Persönlichkeitstypen nicht nur einzuschätzen, sondern auch nach ihren Bedürfnissen zu behandeln – und somit gemeinsam bessere Ergebnisse zu erzielen. Und letztlich hilft auch oft das Wissen um bestimmte schwierige Persönlichkeitstypen. Diese zu identifizieren und aktiv managen zu können ist ein Asset, was viele andere nicht mitbringen.

Wie hast du versucht, einen guten ersten Eindruck im Vorstellungsgespräch zu hinterlassen?
Meine frühen Vorstellungsgespräche waren alle im Consultingbereich. Da gab und gibt es kein Vorbei am klassischen Hosenanzug.

Heute bin ich sehr viel in Start-Ups und Scale-Ups unterwegs, da wäre das völlig unpassend. Ich versuche mich inzwischen grundsätzlich immer an den Kontext anzupassen, in den ich gehe, z. B.:

- Start-Up: Jeans bzw. lockeres Outfit
- Konservative Bank: Konservatives Outfit.

Das gilt nicht nur für die Vorstellungsgespräche, sondern für jegliche Meetings.

Ich persönlich gehe immer einen kleinen Hauch over-dressed in die Firmen, einfach weil ich mich gern schick anziehe und viel Kleider und Röcke trage. Und wenn man gut angezogen ist, kommt das in der Regel gut an – solange es nicht zu weit weg ist vom Unternehmensstandard. Und diesen Standard kann man gut einfach mit dem HR-Team erfragen.

Was möchtest du deiner Tochter bzw. jungen Frauen raten?

- Versuche dir immer deine Selbständigkeit zu erhalten; sich abhängig von etwas oder jemandem zu machen, behindert sehr viel mehr, als dass es hilft.
- Such dir einen Mann als Partner aus, der mit dir auf Augenhöhe leben und arbeiten möchte. Nur dann ist es realistisch, Kinder und Karriere unter einen Hut zu bekommen, wenn man sich wirklich paritätisch Aufgaben teilen kann.
- Am wichtigsten aber: Lass die von keinem reinreden, was der für dich richtige Weg ist. Es gibt wahnsinnig viele Möglichkeiten, aus denen wir aussuchen können.
- Es gibt immer wieder Möglichkeiten den Weg zu wechseln. Keine Entscheidung ist für immer. Nutze die Gelegenheiten, die sich bieten und verbohre dich nicht in einen scheinbar festgelegten Weg.

63

Expertin für Medien und Medienpolitik: Dr. iur. Susanne Pfab

„In Dir steckt unglaublich viel Kraft. Vertraue auf sie und nutze sie, um glücklich zu werden und dieses Glück mit anderen zu teilen."

Generalsekretärin der ARD
Foto: Annette Koroll

Nach Jurastudium, Promotion und Dozententätigkeit in München hat sie ein Zufall zum Bayerischen Rundfunk geführt. Von dort wechselte sie nach kurzer Zeit auf die Ebene die ARD und wurde 2015 Generalsekretärin in Berlin. In dieser Funktion vertritt und erläutert sie die Belange der ARD z. B. bei Anhörungen im Bundestag, auf Fachpanels und durch Vorträge. Sie ist überzeugte und leidenschaftliche Verfechterin einer offenen Gesellschaft und liberalen Demokratie, für die Toleranz, Meinungsfreiheit und freie Medien wie ein unabhängiger öffentlicher Rundfunk aus ihrer Sicht unverzichtbar sind. Außerdem liebt sie Berge, Tennis, Barabende mit Freunden, gute Laune und Unternehmungen mit ihrem erwachsenen Sohn.

Fragen und Antworten

Was bedeutet Erfolg für dich? Hat sich das über die Zeit verändert?
Erfolg ist mehr als das Gelingen eines Projekts oder die Anerkennung für eine Leistung. Erfolg empfinde ich heute vor allem dann, wenn ich meine Fähigkeiten, mein Wissen und meine Energie über einen längeren Zeitraum gewinnbringend einsetzen konnte.

Wusstest du schon immer, was du werden willst?
Nein, das hat sich von der Schriftstellerin, Journalistin über die Ärztin, die Diplomatin bis hin zur Verfassungsjuristin gewandelt. Grundlage war immer der Wunsch, einen gesellschaftlichen Beitrag zu leisten. Insofern passt es sehr gut, für eine gemeinwohlorientierte Institution zu arbeiten, die eine der wichtigsten Grundlage für unsere Demokratie und das Bollwerk für Meinungsfreiheit und Medienfreiheit schlechthin ist.

Hattest du früher Zweifel, ob du den richtigen Weg eingeschlagen hast?
Ich hatte öfter Zweifel, zumal ich in Vielem gut war, aber ohne eine eindeutige herausstechende Begabung. Wenn ich merkte, dass ich haderte, habe ich mit Freund:innen gesprochen. Für notwendige Wegentscheidungen aber bin ich „raus", d. h. ich habe mich für einige Wochen in ein anderes Umfeld begeben (z. B. Bergsteigen im Himalaya oder Cow-Girl in New Mexiko). Irgendwann währenddessen wusste ich, was ich wollte.

Gibt es eine Sache, die du rückblickend grundlegend anders machen würdest?
Nein. Allerdings „wurmt" mich immer wieder, dass ich die Chance, Ärztin zu sein (dank Studienplatz in München), nicht wahrgenommen habe.

Welche deiner Eigenschaften hat Dir geholfen auf eigenen Beinen zu stehen?
Ausstrahlung von Selbstvertrauen, Klarheit in der Kommunikation, Charme.

Hast du eine bestimmte Methode mit negativen Erlebnissen umzugehen?
Fokussieren auf etwas anderes; möglichst schnell mit etwas Neuem beginnen; und dazwischen: Sport oder für ein paar Tage Einigeln.

Warst du damals besorgt, dass du Karriere, Familie und Freunde nicht kombinieren kannst?
Nein, ich habe sehr stark darauf vertraut, alles zusammen leben zu können, und war mir auch sicher, dass ich so auch die bessere Mutter bin. Dank Familie, Freund:innen, gutes Arbeitsumfeld ist mir dies auch gelungen, selbst alleinerziehend. Ich habe noch heute mit meinem Sohn ein sehr nahes, offenes und fröhliches Miteinander.

Wieso hast du dich damals für dein Studium/deine Ausbildung entschieden und würdest du dich wieder so entscheiden?
Die Entscheidung für Jura hatte maßgeblich mit den Menschen zu tun, die damals mein Leben geprägt haben. Ich würde heute eher wieder an meinem ursprünglichen Wunsch, Medizin zu studieren, anknüpfen.

Wer oder was hat dir damals maßgeblich bei der Orientierung geholfen, deinen eigenen Weg zu gehen?
Während meines Jura-Studiums traf ich eher durch Zufall auf meinen langjährigen wissenschaftlichen Mentor, der mich sehr gefordert und gefördert hat.

Hast bzw. hattest du damals einen Mentor?
Wäre ich nicht auf einen Professor der Rechtswissenschaften, sondern der Medizin getroffen, wäre mein Lebensweg wahrscheinlich in eine völlig andere Richtung gelaufen. Ob dies besser oder richtiger gewesen wäre, ist schwer beantwortbar, da ich auf dem eingeschlagenen Lebensweg sehr erfolgreich war und bin. Ich denke aber oft, dass mir Aufgabe und Tun als Medizinerin noch mehr entsprechen könnte (das Studium fand ich aber langweilig!).

Was macht aus deiner Sicht einen guten Mentor bzw. ein gutes Vorbild aus?
Ein Mentor hilft definitiv bei der Stärkung des Selbstvertrauens und bei der Öffnung von Türen. Durch die Tür gehen, muss man dann schon selbst.

Was war der beste Ratschlag, den du in jungen Jahren erhalten hast?
Vor wichtigen Prüfungen Goethe oder Schiller lesen. Dieser Ratschlag zielt auch darauf ab, immer wieder den Tunnelblick beiseitezuschieben und aus dem Hamsterrad heraus zu treten, um die Schönheiten des Lebens zu sehen.

Hast du schon einmal ein Netzwerk genutzt?
Familiäre, Freundes- und berufliche Netzwerke sind der Boden für die Meisterung des Alltags. Ohne Kolleg:innen, denen man vertraut und mit denen man pragmatisch und engagiert zusammenarbeiten kann, wird der Job schnell zum Dauerstress. Die beruflichen „Förder"-Netzwerke sind erst vor einigen Jahren in den Vordergrund getreten. Hier kann ich nur raten, früher damit anzufangen und diese auch tatsächlich zu nutzen.

Was war hat deinen Charakter oder den Verhalten nachhaltig geprägt?
Schon während des Studiums viel im Team arbeiten. Ohne Empathie für die Stärken und Schwächen von Menschen kann man später nicht führen. Es ist wichtig, zu zuhören und zu verstehen, dass Verantwortung übernehmen auch bedeutet, immer den individuellen Charakter zu sehen und entsprechend vielfältig zu fördern.

Wie hast du versucht, einen guten ersten Eindruck im Vorstellungsgespräch zu hinterlassen?
Wer auf ein attraktives Auftreten verzichtet, macht es sich selbst schwerer. Ich versuche bewusst, über meine Kleidung meinen Charakter zu spiegeln bzw. bestimmte Eigenschaften sichtbar zu machen. In meinem Fall: elegant, sportlich, großstädtisch und ein klein wenig Ahnung von Leidenschaft, aber immer stilvoll und nie aufdringlich.

Was möchtest du deiner Tochter bzw. jungen Frauen raten?
In jeder Frau steckt unglaublich viel Kraft und Möglichkeit. Sie zu nutzen und dabei glücklich zu werden, ist unsere Verpflichtung als denkende und fühlende Menschen. Lass Dich nicht beirren und vertraue auf Deinen inneren Kompass. Und lass Dir jederzeit helfen, von Deiner Mutter, Deinen Freunden, Deinem Netzwerk. Es gibt keine Sonder-Fleißsternchen für Erfolg, den man ganz allein errungen hat. Und Einzelkämpferinnen haben auch definitiv weniger Spaß!

Verlerne nicht, die kleinen Momente des Glücks zu sehen und zu nehmen. Hin und wieder kann man sie noch fassen, die Sorglosigkeit aus Kindertagen. Und wenn Du selbst Mutter werden willst bzw. wirst, dann genieße auch diese großen Momente in vollen Zügen. Glaube niemanden, der Dir sagt, dass Dich Muttersein von Beruf, Karriere oder persönlichen Zielen abhalten wird. Die Kombination ist das Beste und Schönste, was Du tun kannst.

64

Ärztin, Produzentin und Geschäftsführerin: Astrid Quentell

„Habe Vertrauen in das, was du kannst und bist - aber auch in das Leben an sich! Bleib neugierig und wissbegierig und übernimm Verantwortung für das, was du tust."

Geschäftsführerin bei Sony Pictures Film und Fernsehproduktion GmbH
Foto: Uwe Vogt

Als Astrid Quentell 1993 ihr Medizinstudium abschloss und zunächst als vollapprobierte Ärztin in der Urologie uns Anästhesie arbeitete hatte sie schnell das Gefühl: Es muss noch mehr in ihrem Leben geben als die Medizin. So wagte sie 1995 den Schritt in diverse Filmstudios und Produktionsfirmen Deutschlands und absolvierte verschiedene Stationen unter anderem bei Pearson TV (heute UFA), ProSieben und Kabeleins.

Heute ist Astrid Quentell die Geschäftsführerin von Sony Pictures FFP und mehrfach ausgezeichnete Produzentin. So erhielt sie unter anderem vom Bayrischen Fernsehpreis die Auszeichnung als beste Produzentin für ihre Produktion „Der Lehrer". Auch die vom Deutschen Fernsehpreis und dem Preis des deutschen Mittelstands ausgezeichnete Show „Die Höhle der Löwen" wird von ihr produziert.

Fragen und Antworten

Gibt es eine Sache, die du rückblickend grundlegend anders machen würdest?
Nein.

Welche deiner Eigenschaften hat Dir geholfen auf eigenen Beinen zu stehen?
Verantwortung übernehmen wollen, Hartnäckigkeit und Durchhaltevermögen, Neugier und Wissensdurst.

Wenn du dich überrumpelt oder überfordert fühlst, was tust du dagegen?
Besonders in Krisensituationen werde ich sehr ruhig und überlegt – ich nehme das Problem als Ist-Zustand an, ohne darüber zu klagen und stecke meine Energie in eine mögliche Lösung.

Hast du eine bestimmte Methode mit negativen Erlebnissen umzugehen?
Zeit für mich allein nehmen – im Garten sitzen, Badewanne, Sofa und Buch etc.

Gab es Leute, die deine Ideen oder Karriereentscheidungen belächelt haben?
Ich habe Medizin studiert und als Ärztin gearbeitet bevor ich dann komplett die Richtung gewechselt habe und jetzt in der TV Produktion tätig bin (inzwischen GF einer großen internationalen Company). Direkt im Wechsel haben sehr viele Menschen nicht verstanden, warum ich den renommierten Arztberuf ruhen lasse, aber ich war immer sicher, das richtige zu tun und bin eben meinen Weg gegangen und habe das keinen Tag bereut.

Wurden dir mal Steine in den Weg gelegt?
Natürlich gibt es immer Steine im Weg, aber man muss dann eben versuchen, diese wegzuräumen oder zu umgehen, um ein Stück weiterzukommen. Aus diesen Erfahrungen lernt man mehr als aus Erfolgen, daher denke ich, dass es eben wichtig ist, Schwierigkeiten zu überwinden und auch Rückschläge einzukalkulieren.

Warst du damals besorgt, dass du Karriere, Familie und Freunde nicht kombinieren kannst?
Nein – ich war immer der Überzeugung, dass man schon für sich die richtige Balance findet – da ist ja auch jeder Mensch anders und muss dann entsprechend Prioritäten setzen.

Hast du schon einmal ein Netzwerk genutzt?
Ja, immer wieder in unterschiedlichen Konstellationen – Austausch bringt immer neue Erkenntnisse und Sichtweisen.

Hast du einen Teil deines Studiums im Ausland gemacht?
Ja, im Studium eine Zeit in Australien und während der TV-Zeit in England – es ist immer sehr hilfreich, von anderen Kulturen und Strukturen zu lernen. Gerade, wenn man in einem internationalen Geschäft unterwegs ist, sind Auslandserfahrungen unersetzlich, um eben unterschiedliche kulturelle Gegebenheiten zu verstehen und einordnen zu können – besonders in einem alltäglichen Arbeitsumfeld (vs. Urlaubsreisen).

Hast du mal ein Praktikum gemacht?
Ja, einige – das Studium sieht das so vor – und auch darüber hinaus damals noch fachfremd ... praktische Erfahrungen geben nochmal einen wichtigen Eindruck der tatsächlichen Tätigkeit, der eben allein akademisch nicht verstehbar bzw. erlebbar ist.

Wie hast du versucht, einen guten ersten Eindruck im Vorstellungsgespräch zu hinterlassen?
Ich fand den Spruch: „Kleide dich für den Job, den du möchtest und nicht für den, den du hast" eigentlich immer sehr passend.

Was möchtest du deiner Tochter bzw. jungen Frauen raten?
Glaub an dich – egal was andere sagen. Und warte aber bitte nicht, bis Dinge zu dir kommen, gehe aktiv los und streng dich an, deine Ziele zu erreichen. Aber geh Schritt für Schritt und bleibe offen für das, was das Leben bietet. Bleib neugierig und wissbegierig. Übernimm Verantwortung für das, was du tust. Und vor allem – hab Vertrauen! In das, was du kannst und bist, aber auch in das Leben an sich! Und nie vergessen – Krise ist immer auch Chance, du gestaltest dein Leben selbst!

65

Möglichmacherin: Angelique Renkhoff-Mücke

„Einfach mal machen. Man kann viel mehr, als man sich selbst zutraut."

Vorstandsvorsitzende der WAREMA Renkhoff SE
Foto: WAREMA Renkhoff SE

Angelique Renkhoff-Mücke leitet heute einen Hidden Champion des Mittelstandes: Das Familienunternehmen WAREMA. Nach dem Schulabschluss absolvierte sie eine Bankausbildung und studierte anschließend BWL. Bevor Sie das Familienunternehmen 2001 übernahm, arbeitete Sie unter anderem als Führungskraft in einem Einzelhandelsunternehmen.

Innerhalb von 23 Jahren gestaltete das traditionelle, patriarchalisch geprägte Unternehmen in eine zukunftsorientierte, offene und moderne Unternehmensgruppe um. Dabei engagiert sie sich außerdem sowohl gesellschaftlich als auch politisch und sozial bei der Gestaltung wichtiger Zukunftsthemen. Im Jahr 2014 wurde Sie mit dem bayrischen Verdienstorden ausgezeichnet.

Fragen und Antworten

Wusstest du schon immer, was du werden willst?
Grundsätzlich war mir meine persönliche Unabhängigkeit immer das Wichtigste in meinem Leben. Ich wollte unter gar keinen Umständen von meinem Vater, dessen Beziehungen oder der Firma abhängig sein. Genauso wenig wollte ich später von meinem Mann oder dessen Unternehmen abhängig sein. Daher hielt ich mir immer einen Weg offen, den ich im Worts Case einschlagen konnte und der zumindest gedanklich durchgeplant war.

Musstest du als junger Mensch mal über deinen Schatten springen?
Ich musste immer wieder über meinen Schatten springen, bis zum heutigen Tag. Gelernt habe ich daraus, dass es meist besser gelingt als man es sich vorher vorstellt, die Last der Verantwortung aber das Schwerste bei solchen Entscheidungen ist.

Wenn du dich überrumpelt oder überfordert fühlst, was tust du dagegen?
Ruhe bewahren ist das oberste Gebot. In solchen Situationen bleibe ich extrem rational und denke „Augen zu und durch", andere kochen auch nur mit Wasser. Gleichzeitig entwickle ich immer ein Worst Case Szenario. Alles was dann davon abweicht kann nur besser sein.

Gab es Leute, die deine Ideen oder Karriereentscheidungen belächelt haben?
Als ich in das Unternehmen eintrat, gab es eine Reihe von Managern, die mir die Unternehmensführung nicht zutrauten. Rückblickend habe ich das einfach ignoriert und bin meinen Weg weitergegangen. Mentoren und Unterstützer, die an mich geglaubt haben, waren allerdings in dieser Zeit enorm wichtig für mich.

Wurden dir mal Steine in den Weg gelegt?
Hilfreich war dabei, dass ich mich nicht emotional über diese „Tricks" geärgert habe, sondern nüchtern und sachlich die Hindernisse aus dem Weg geräumt habe. So konnte ich meine Kräfte auf das wesentliche konzentrieren.

Bist du in jungen Jahren mal an etwas gescheitert?
Richtig gescheitert bin ich glücklicherweise nicht, allerdings gab es natürlich immer wieder auch Fehlentscheidungen oder Situationen, in denen ich mich nicht durchsetzen konnte. Ich habe mich danach immer sehr intensiv mit dem Sachverhalt auseinandergesetzt und meine Rolle kritisch reflektiert. In aller Regel konnte ich meinen Anteil dabei analysieren und für die Zukunft Ansätze finden, die ändern und besser machen konnte.

Hast bzw. hattest du damals einen Mentor?
Ich hatte glücklicherweise einige Mentoren, die mir vor allem in schwierigen Situationen Sicherheit und Selbstvertrauen gegeben haben. Es waren je nach Lebenssituation unterschiedliche Personen, allen war aber gemein, dass sie mir die Entscheidungen nicht vorgegeben haben, sondern mich mit ihrer Erfahrung unterstützt und mir Wertschätzung und Akzeptanz entgegengebracht haben. Ich bin ihnen allen überaus dankbar.

Was war der beste Ratschlag, den du in jungen Jahren erhalten hast?
Mein Vater sagte uns Kindern immer: Ich kann euch Chancen bieten, euren Weg müsst ihr aber selbst finden!

Hast du dich an Ehrenämtern oder Initiativen beteiligt?
Ich habe Ehrenämter erst wahrgenommen, nachdem ich mich beruflich etabliert hatte und meine Kinder selbstständig waren. Vorher blieb mir dafür keine Zeit.

Was möchtest du deiner Tochter bzw. jungen Frauen raten?
Erstens mache dir einen Plan, wie dein Leben einmal aussehen soll und was dir wirklich wichtig ist. Abweichen kann man dann später immer noch, aber sich grundsätzlich damit auseinander zu setzen ist äußerst wichtig. Zweitens, versuche herauszufinden, was dir wirklich Freude bereitet, versuche dich im Zweifel in unterschiedlichen Disziplinen über Praktika oder verschiedene Jobs. Drittens, habe Ausdauer und halte auch unangenehme Situationen zumindest vorübergehend aus. Zu schnell aufzugeben ist wenig hilfreich. Allerdings lautet mein Motto auch: Wenn du mit etwas unzufrieden bist, verändere es. Wenn du es nicht verändern kannst, dann akzeptiere es. Wenn du es nicht verändern kannst und es nicht akzeptieren kannst, dann gehe. Aber jammere niemals!

66

Tischlermeisterin und Gründerin: Johanna Röh

„Du stehst ganz am Anfang. Nur, weil du bestimmte Tätigkeiten noch nicht kannst, heißt das nicht, dass du nicht fähig bist, sie zu lernen."

Tischlermeisterin und Gründerin der Tischlerei Johanna Röh
Foto: Nora Hansen

Ich bin Johanna Röh und selbstständige Tischlermeisterin. In meiner eigenen Tischlerei baue ich seit einigen Jahren individuelle Massivholzmöbel und bilde sogar zukünftige Tischlergesell:innen aus.

Vor der Gründung und Selbstständigkeit habe ich meine berufliche Laufbahn mit einer klassischen Lehre im Handwerk begonnen. Die Ausbildung zur Tischlerin absolvierte ich parallel zum Abitur, um den theoretischen Schulalltag auszugleichen. Nach dem Ende meiner Lehrzeit nutzte ich die Chance der traditionellen Wanderschaft und reise so insgesamt ein Jahr durch Deutschland und lebte drei Jahre im Ausland. Nach Aufenthalten in Kanada, Neuseeland und Japan kehrte ich nach Deutschland zurück, um die Meisterschule zu besuchen. Schließlich konnte ich mir meinen Traum erfüllen: Meine eigene Werkstatt.

Fragen und Antworten

Wusstest du schon immer, was du werden willst?
Ich wusste nicht, was ich werden will, sondern habe erstmal nach dem entschieden, was mir von dem Tätigkeitsbereich her vielseitig erschien und nicht nur mit Theorie zu tun hat. Die Ausbildung zur Tischlerin konnte ich neben dem Abitur machen. Deswegen habe ich extra die Stadt und Schule gewechselt. Das erschien mir ein guter Ausgleich zum Schulunterricht der Oberstufe. Ich hätte mich aber zu dem Zeitpunkt nicht festlegen wollen, ob ich für immer bei der Tischlerei bleibe, oder vielleicht andere Wege einschlage. Deswegen wollte ich eben auch das Abitur machen – um eventuell noch studieren zu können. Mit der Zeit bin ich dann aber so sehr mit meiner Arbeit verwachsen, dass ich mir nichts anderes mehr vorstellen konnte. Ich bin deshalb der Überzeugung, dass wir zu dem werden und ganz einfach das Trainieren, was mir regelmäßig machen. Gleichzeitig ist meine Arbeit als selbstständige Tischlermeisterin sehr viel vielseitiger als Auszubildende oder Gesellin. Das Durchhalten hat sich gelohnt, da ich jetzt da bin, wo ich sein wollte – ohne, dass ich immer wusste, dass der Weg hier hinführt oder dies das Ziel ist.

Hattest du früher Zweifel, ob du den richtigen Weg eingeschlagen hast?
Ich hatte immer wieder Zweifel und habe sie auch immer noch. Grundsätzlich finde ich das „Zweifeln" aber nicht verwerflich, da es schließlich immer mit einer gewissen Reflexion verbunden ist. Jede:r sollte sich ab und an fragen, ob das, was sie tut richtig ist. Manchmal ist es mir passiert, dass ich meine Berufswahl komplett in Frage gestellt habe. Dann hat mir das Gespräch und der Austausch mit anderen Tischlerinnen und Tischlern geholfen, die die grundsätzlichen Probleme in den Handwerksbetrieben kannten und selbst auch ihre Erfahrungen gemacht haben. Und in manchen Krisen half mangels echter Alternativen nur das stumpfe Durchbeißen und Weitermachen.

Ich erwarte mittlerweile nicht mehr, dass es diesen einen Job gibt, der vom ersten bis zum letzten Arbeitstag an nur Freude macht und nie anstrengend ist. Ich zweifle also nicht mehr. Das hängt aber auch damit zusammen, dass ich mittlerweile selbst entscheiden kann, wie ich meinen Betrieb organisiere, mit welchen Menschen ich zusammenarbeiten möchte und welche Aufträge ich annehme, weil sie zu meiner Philosophie passen. Manche Tätigkeitsbereiche muss ich jetzt einfach akzeptieren, weil sie nun mal Teil des Herstellungsprozesses sind. Aber grundsätzlich hilft es manchmal sich einfach bewusst zu machen, wo man hinkommen kann oder möchte und ob die Zustände ein Leben lang so bleiben oder sich eventuell verändern, weil man irgendwann mehr Entscheidungs- und Gestaltungsmöglichkeiten hat. Im Nachhinein war es also richtig, sich trotz der Zweifel durchzubeißen.

Gibt es eine Sache, die du rückblickend grundlegend anders machen würdest?
Vor allem weiblichen Auszubildenden im Handwerk werden viele Fähigkeiten abgesprochen, die sie noch gar nicht entwickeln konnten, weil sie eben gerade erst anfangen. Ich habe rückblickend bereut, dass ich mich von diesem Macht- und Kompetenzgehabe so beeindrucken lassen habe, dass oft auf den Baustellen herrscht. Warum habe ich mir selbst auf der Arbeit so wenig vertraut und nicht akzeptiert, dass ich eben noch lerne? Ich hätte so viel mehr gefragt – ungeachtet aller blöden Sprüche und Kommentare.

Musstest du als junger Mensch mal über deinen Schatten springen?
Die Wanderschaft als Tischlergesellin hat mich dazu gezwungen, immer wieder in neuen Betrieben zu arbeiten und auf Menschen zuzugehen. Bis dahin war der Kontakt mit Leuten, die ich noch nicht kannte, immer schwierig.

Ich hatte kein großes Selbstbewusstsein. Mit der Zeit habe ich Vertrauen gefasst und gelernt, dass Menschen, die man nicht kennt, nicht schlechter sind als die, die man schon kennt. Der einzige Unterschied: Man kennt sie eben einfach nur noch nicht. Aber: Man muss sich eben immer wieder beweisen und bekommt auch immer wieder eine neue Chance. Alles wird von Mal zu Mal leichter und man wächst über sich hinaus, wenn man sich den Herausforderungen immer wieder stellt.

Wie hast du in jungen Jahren dein Talent bzw. deine Stärken herausgefunden?
Meine Eigenschaften als junger Mensch würde ich in erster Linie mit „Durchhaltevermögen" beschreiben. Viel Vertrauen hatte ich anfangs nicht in mich selbst und auch die Vorurteile der Gesellschaft gegenüber Frauen im Handwerk, saßen auch noch bei mir fest, indem ich mich selbst immer eher schlechtgemacht habe. Ich hatte bis zum Ende der Ausbildung keine positiven Vorbilder – kannte keine fähigen Gesellinnen oder selbstständigen Tischlermeisterinnen, weshalb mir eher der Trotz half, mich durchzubeißen.

Je besser ich in meiner Arbeit wurde, desto mehr Selbstbewusstsein kam aber dazu. Ich hatte immer mehr Spaß an meiner Arbeit und habe gemerkt, dass Talent eigentlich Üben und sich drauf einlassen bedeutet. Ohne Vorurteile sich selbst gegenüber und ohne Zuschreibungen von außen.

Hast du einen Teil deines Studiums im Ausland gemacht?
Ich war nach meiner Ausbildung für vier Jahre auf traditioneller Wanderschaft als Tischlergesellin. Davon war ich etwa drei Jahre lang im Ausland. Mich hat diese Erfahrung grundlegend geprägt. Ich habe alles Wissen aufgesaugt, dass ich in den Betrieben mitnehmen konnte, in denen ich Arbeiten und lernen durfte. Was aber auf einer anderen Ebene spannend war: Es gibt es verschiedene Stereotype über Frauen und Männer in verschiedenen Ländern. Zumindest habe ich das bei meiner Wanderschaft so beobachtet.

In Kanada sollen Frauen körperlich zu schwach für die Arbeit als Tischlerin sein – aber sie sind in der Lage, genug technisches Verständnis fürs Handwerk mitzubringen. In Neuseeland war das genau andersherum. Das hat für mich jede Vorverurteilung relativiert. Ich habe ein Jahr lang in Kanada in verschiedenen Betrieben gearbeitet, danach einige Monate lang in Neuseeland. Anschließend war ich ein Jahr lang bei einem Sensei in Japan. Die Vorurteile, die Frauen (und Männern) begegnen, fand ich überall etwas unterschiedlich. Und am wohlsten habe ich mich immer dann gefühlt, wenn es einfach keine gab und ich einfach in Ruhe meine Arbeit machen konnte.

Ich habe gemerkt, dass sich diese Vorurteile auf mich ausgewirkt haben. Wenn man bei einer bestimmten Arbeit geschlechtsspezifischen Vorurteilen begegnet und sich beweisen muss, verliert an unglaublich viel Energie und Freude bei genau dieser Tätigkeit. Zumindest ging mir das in den Situationen so. Gleichzeitig war es so spannend zu beobachten, dass diese „Störfelder" immer andere waren und damit war für mich klar zu sehen, dass ich nicht grundsätzlich selbst das Problem bin, sondern die Sichtweise und Bewertung der Person gegenüber, auf die ich, als sozialer Mensch, reagiere. Erst diese Erfahrung hat mich wirklich in die Lage versetzt frei zu schauen was ich gut kann und woran ich noch arbeiten möchte. Und dass Vorurteile nie hilfreich sind.

Was möchtest du deiner Tochter bzw. jungen Frauen raten?
Du stehst ganz am Anfang. Deswegen höre auf dich selbst: Was ist für mich wichtig? Bei welcher Arbeit habe ich Spaß? In welchem Bereich möchte ich mich engagieren? Welche Möglichkeiten habe ich, nachdem ich diese Ausbildung oder jenes Studium gemacht habe? Wie verändern sich dann die Tätigkeiten? Bin wirklich ich diejenige, die diesen Weg gehen will, oder sind das vielleicht irgendwelche Menschen von außen? Akzeptiere keine Zuschreibungen und Vorurteile, die dich darauf reduzieren, dass du ein Mädchen bist. Du kannst nichts besser oder schlechter, wegen deines Geschlechtes. Nur, weil du bestimmte Tätigkeiten noch nicht kannst, heißt das nicht, dass du nicht fähig bist, sie zu lernen.

67

Businessfrau und Familienmensch: Colette Rückert-Hennen

„Wer mit Leidenschaft sein Ziel verfolgt und immer neugierig bleibt, wird zwangsläufig erfolgreich sein."

Vorständin für Personal, Recht und Arbeitsdirektorin bei der EnBW Energie Baden-Württemberg AG

Foto: Julia Sellmann

Colette Rückert-Hennen verantwortet seit 2019 als Personalvorständin und Arbeitsdirektorin bei der EnBW die Ressorts Personal, HR-Strategie, Recht, Revision, Regulierungsmanagement, Compliance Management/Datenschutz,

Gremien/Aktionärsbeziehungen, Arbeitsmedizin und Gesundheitsmanagement sowie Unternehmensinfrastruktur. Die strategische und konsequente Ausgestaltung der Menschenzentrierten Transformation zur Unterstützung der Wachstumsagenda der EnBW ist hier ihr Schwerpunkt. Sie ist das erste weibliche Vorstandsmitglied der EnBW.

Zuvor war die studierte Volljuristin in verschiedenen Business-, Geschäftsführungs- und Vorstandsfunktionen (u. a. für Personal) bei der EJOT GmbH & Co. KG, der Solarworld AG, der Thomas Cook Group sowie der Air Marin Flugreisen GmbH tätig.

Fragen und Antworten

"Was macht aus deiner Sicht einen guten Mentor aus?"
Antwort zu 1: „Man kann sicherlich auch Karriere machen, ohne Mentoren oder Role Models zu haben, aber es ist einfacher, wenn man diese hat. Gerade Mentoren, die das Potenzial von einem erkennen und einen fördern, sind wichtig. Das sind oft die Personen, die die politische Kultur in Unternehmen kennen, einen ins Gespräch bringen und mehr Verantwortung übertragen können, um einem so den Weg durch den „Dschungel" zu bahnen. Role Models können einen inspirieren. Ich spreche lieber von „Role Models" als von Vorbildern, den Vorbilder sind für mich oft idealisiert. Aber es geht nicht darum, alles richtig zu machen – das tut keine:r. Es geht um die Orientierung, die ein Role Model geben kann."

"Was war der beste Ratschlag, den du in jungen Jahren erhalten hast?"
Antwort zu 2: „Die Firma ist nicht deine Familie. Wenn man sehr engagiert ist, kann es sein, dass man so sehr involviert ist, dass man den nötigen Abstand verliert und es für einen persönlich schwierig wird. Gerade in schwierigen Situationen sollte man sich daran erinnern, dass das eigentlich nur ein Job ist – auch wenn man ihn gerne macht und sehr gut machen möchte."

"Bist du in jungen Jahren mal an etwas gescheitert?"
Antwort zu 3: „Für mich ist es wichtig, zwischen Scheitern und Fehler machen zu unterscheiden. Jede:r macht Fehler, was wichtig ist, um sich weiterzuentwickeln – wenn man daraus nachhaltig lernt. Als junge Managerin war ich so ehrgeizig, zielstrebig und voller Leidenschaft für meinen Beruf, dass ich oftmals zu emotional reagiert oder kommuniziert habe. Ich hatte ein vehementes Auftreten, was mir geschadet hat. Ich habe nicht nur Sympathien eingebüßt, sondern wurde bei bestimmten Reizthemen auch außen vor gelassen – weil andere schlicht Angst hatten, mit mir zu sprechen. In einem Feedbackgespräch hat mir mein damaliger Vorgesetzter zu verstehen gegeben, dass ich fachlich sehr gut sei, aber lernen müsse, meine Emotionalität zu kontrollieren. Daraufhin habe ich ein Coaching begonnen, wobei ich gelernt habe, dass Emotionalität und Leidenschaft für die Sache gut sind, aber man bei Themen mit Konfliktpotenzial einen gewissen Ab-

stand braucht, um professionell arbeiten zu können. Das ging nicht von heute auf morgen, sondern hat mehrere Jahre gedauert – bis ich ungefähr 40 Jahre alt war.

Ab da hat meine Karriere einen richtigen Schub erhalten. Es ist keine Schande, sondern sogar sehr sinnvoll, Hilfe, Beratung oder Unterstützung in Anspruch zu nehmen, wenn man erkennt, dass man in einer Sache besser werden kann. Da ich mich seit jeher mit Transformationsthemen beschäftige, gibt es immer Themen, die auch schwierig und mit Konflikten verbunden sind. Wichtig ist, immer den Respekt und die Wertschätzung beizubehalten."

Gab es Leute, die deine Ideen oder Karriereentscheidungen belächelt haben?
Zu meiner Zeit war es sehr ungewöhnlich, dass eine junge Frau und dazu noch Mutter zweier kleiner Kinder Karriere macht und der Mann zu Hause bei den Kindern ist. Die geringe Akzeptanz dessen war spürbar, z. B. bei Kinderärzt:innen, Schulen usw. Insbesondere die Entscheidung, von meiner Familie wegzuziehen, um eine berufliche Chance zu ergreifen, und nur am Wochenende zu Hause zu sein, hat in meinem externen Umfeld auf wenig Verständnis getroffen.

Mir selbst hat das nichts ausgemacht, da mich mein Mann, meine Familie und engen Freunde immer unterstützt haben. Für meine beiden Töchter waren die Reaktionen aus dem Umfeld jedoch nicht einfach, z. B. wenn behauptet wurde, dass ihre Entwicklung oder die Beziehung zu mir beeinträchtigt würden. Mein Mann hat mich in solchen Fällen immer in Schutz genommen, auch deswegen hat es bei uns gut funktioniert.

Ich sehe mich in dem Bezug als Pionierfrau. Denn es gab keine Lösungen wie Homeoffice oder Teilzeit, um die Vereinbarkeit von Familie und Karriere zu erleichtern. Es gab auch keine Anerkennung für berufstätige Mütter.

Wurden dir mal Steine in den Weg gelegt?
Ja, regelmäßig. In solchen Situationen ging es in der Regel um Macht. Indem ich meine Arbeit gut gemacht und mich klar positioniert habe – ich habe nicht alles mit mir machen lassen – habe ich die Steine aus dem Weg geräumt. Als Frau ist es besonders wichtig, sich abzugrenzen und nicht alles mit sich machen zu lassen. Sonst wird man nicht ernst genommen.

Warst du damals besorgt, dass du Karriere, Familie und Freunde nicht kombinieren kannst?
Ich hatte nie Angst, dass ich das nicht vereinen kann, weil ich immer die Unterstützung meines Mannes und meiner Familie hatte. Mein Mann hat auch den Kontakt zu Freunden gepflegt, was es mir einfacher gemacht hat. Ein wenig besorgt war ich, als ich kurz vor dem Umzug nach Frankfurt am Main stand und nur noch am Wochenende zu Hause war. Damals habe ich mich gefragt, ob mein Mann das alles allein hinbekommt. Die Sorge war aber unbegründet, denn er hat das super hinbekommen. Das war für mich aber auch keine Dauerbelastung; wenn ich gearbeitet habe, habe ich darüber nicht nachgedacht.

Wer war dein damaliges Vorbild?
Es gab kein wirkliches Vorbild, da es damals kaum Frauen in Führungspositionen gab, an denen ich mich hätte orientieren können. Allerdings waren zwei bis drei meiner vorwiegend männlichen Vorgesetzten in fachlicher und menschlicher Hinsicht eine Art Role Model für mich, z. B. in Bezug darauf, wie sie sich in kritischen Situationen durchgesetzt haben. Auch wenn ich manches anders gemacht hätte als sie, hat es mich inspiriert, dass sie trotz ihres Karrierebewusstseins bodenständig und nahbar geblieben sind. Sie haben Karriere gemacht und sind trotzdem Mensch geblieben und haben auf ihre Mitarbeiter:innen geachtet – etwas, das mir sehr wichtig ist.

Was möchtest du deiner Tochter bzw. jungen Frauen raten?
Raten möchte ich zu zwei Dingen: Mut und Selbstreflexion. Mut dazu, ins sich hineinzuhören, was in einem steckt und was man erreichen möchte. Mut darauf zu vertrauen, dass man die Fähigkeiten und die Leidenschaft in sich trägt, um das umzusetzen, was man erreichen will. Und Mut, diesen Weg zu gehen. Dann aber auch selbstreflektiert zu sein und sich die Fragen zu stellen: Wo brauche ich noch Entwicklung? Inwieweit benötige ich Feedback, um herauszufinden, wo ich den nächsten Schritt gehen soll? Was kriege ich hin und was fehlt mir? Wie machen das andere? Und dann daran zu arbeiten, dass man besser wird – auch mit Hilfe oder Unterstützung, die man sich holt. Daran ist absolut nichts Schlimmes.

Eine persönliche Widmung von Colette Rückert-Hennen

Frau Kissler hat mir von ihrem Buchprojekt erzählt, als sie mich für ihre Abschlussarbeit am Trinity College interviewt hat. Ich war von ihrem Ansatz begeistert und habe sofort zugesagt, mitzumachen. Frau Kissler hatte bei mir einen Nerv getroffen.

Seit Jahren setze ich mich für Chancengleichheit ein. Mein Engagement ging über das hinaus, was in meinen verschiedenen Funktionen auf meiner beruflichen Agenda stand – denn im Rahmen meines Wirkungskreises wollte ich das, was ich für mich eingefordert habe, auch für andere Frauen ermöglichen.

Seit meinen beruflichen Anfängen vor über 30 Jahren hat sich einiges getan. Dennoch zeigen Daten und Statistiken noch immer ein trauriges Bild:

- Seit der Dax im September 2021 von 30 auf 40 Unternehmen erweitert wurde, steht der Frauenanteil im Vorstand der Dax-Unternehmen bei

17,6 Prozent (zuvor 19 Prozent)[1] – also weniger als jedes fünfte Vorstandsmitglied ist eine Frau.
- Das liegt auch daran, dass vermeintlich junge, moderne Firmen diesen Trend fortsetzen. Die Allbright Stiftung analysierte 2021, dass bei den Jungunternehmen, die seit 2016 an der Frankfurter Börse dazugekommen sind, der Frauenanteil im Vorstand gerade einmal bei 10,2 Prozent liegt. Sie stellte zudem fest, dass es in deutschen Vorständen mehr Männer mit Namen „Thomas" gibt als Frauen – bei den Jungunternehmen ist der einzige Unterschied, dass es mehr „Christians" und „Stefans" gibt als weibliche Mitglieder in der Unternehmensführung.[2]
- Und auch bei Familienunternehmen sieht die Lage nicht besser aus. In ihrem Bericht aus 2022 stellt die Allbright Stiftung fest, dass der Frauenanteil in Geschäftsführungen von Familienunternehmen bei nur 8,3 Prozent liegt[3] – im Vergleich zu den Dax-Unternehmen also nicht einmal halb so hoch.

Und all das, obwohl die Businesspotenziale von Diversity und heterogen geführten Unternehmen hinlänglich bekannt sind. Mit dem „zweiten Führungspositionengesetz" kam im Herbst 2021 nun die Frauenquote für Vorstandsgremien von börsennotierten, paritätisch geführten Unternehmen und zwingt einige Firmen zum „Nachrüsten". Nachdem die Quote 2015 erfolgreich für Aufsichtsräte eingeführt wurde, ist das ein wichtiger Schritt in die richtige Richtung.

Die strukturellen, rechtlichen Rahmenbedingungen sind die eine Seite der Medaille. Die andere Seite ist das persönliche Erleben von (jungen) Frauen, die Karriere machen möchten.

Eine Befragung von über 1600 Frauen im Rahmen von Isabelle Rogats Studie „Female Talents".[4] ergab, dass 25 Prozent bereits Führungsver-

---

[1] Zeit Online (2021) auf Zehn Unternehmen rücken auf: Historische Dax-Reform: Leitindex künftig mit 40 Konzernen | ZEIT ONLINE.
[2] Allbright Stiftung (2021) auf Allbright-Bericht-Juni-2021_Börsenneulinge.pdf (squarespace.com).
[3] Quelle: Allbright Stiftung (2022, 19. Mai). *Stillstand. Familienunternehmen holen keine Frauen in die Führung.* Abrufbar unter Allbright+Bericht+Frühjahr+2022_.pdf (squarespace.com) *(letzter Zugriff 29.06.2022).*
[4] Quelle: *Isabelle Rogat [Linkedin] (2020): „Female Talents Insights 2020", online unter: https://www.linkedin.com/posts/isabelle-rogat-41404912b_female-talents-insights-2020-activity-6704429405340520448-HQ5N, (letzter Zugriff 23.09.2021).*

antwortung haben und bei 39 Prozent ein eindeutiger Führungswunsch vorhanden ist. Von einem Mangel an Ambition kann also nicht die Rede sein – das bestätigt auch meine Wahrnehmung aus zahlreichen Gesprächen mit jungen Frauen. Was hindert sie also?

Hier seien einige Ergebnisse der Studie herausgegriffen:

- 66 Prozent der Befragten Frauen gab an, zumindest teilweise mit Stereotypen kämpfen zu müssen
- 53 Prozent bestätigte, wenig weibliche Vorbilder zu haben
- 56 Prozent antworteten, sich selbst zu wenig zuzutrauen (ein Ergebnis, das meiner Wahrnehmung entspricht!)
- 51 Prozent haben das Gefühl, nicht in den „Führungsprototypen" zu passen
- Die Vereinbarkeit von Kind und Beruf hindert laut Befragung 53 Prozent der befragten Frauen – auch das ist nachvollziehbar, obliegt die Care-Arbeit noch immer überwiegend Frauen, was die Corona-Pandemie weiter verstärkt hat[5]

Was es also braucht, ist Sichtbarkeit für unterschiedliche Lebenswege, für unterschiedliche Berufspfade und unterschiedliche Karrieren von Frauen. Denn Frauen können alles, was Männer auch können. Wir müssen dieses Schubladendenken überwinden und die Vorstellung, dass es nur den einen oder zumindest wenige *richtige* Wege gibt.

Genau hier setzt das Buch von Frau Kissler an. Indem es die unterschiedlichsten Branchen, Berufsrollen und -wünsche, verschiedene Karriereaspirationen, Altersgruppen und ganz unterschiedliche persönliche Geschichten aufzeigt.

Das Buch zeichnet die berufliche Entwicklung vieler Frauen nach, die ihren Weg gegangen sind. Es ist voller Interviews mit starken Persönlichkeiten, die als weibliche Role Models anderen Hilfestellung und Orientierung geben und sie so darin bekräftigen, an sich und die eigenen Ziele zu glauben. Ich bin davon überzeugt, dass in jeder Frau das steckt, was sie gerne sein möchte. Deswegen habe ich das Projekt aus vollem Herzen unterstützt.

---

[5] Quelle: Anger, Heike (2020, 3. Dezember). *Hausarbeit und Homeschooling lastet neben dem Job meist auf den Frauen.* Handelsblatt. Abrufbar unter Hausarbeit und Homeschooling lastet meist auf den Frauen (handelsblatt.com) *(letzter Zugriff 29.06.2022).*

68

Generalarzt: Dr. Nicole Schilling

„Sei mutig! Trau Dir etwas zu – Du schaffst im Zweifel mehr als Du denkst!"

Generalarzt und Vizepräsidentin und Ständige Vertreterin der Präsidentin im Bundesamt für das Personalmanagement der Bundeswehr
Foto: Bundeswehr

Dr. Nicole Schilling gehört zu den ersten fünf Frauen seit Aufstellung der Bundeswehr 1955, die den Generalsrang erreicht haben. Seit sie 1993 Soldatin wurde, hat sie neben ihrer Ausbildung und Tätigkeit als Allgemeinmedizinerin und militärische Führungskraft im In- und Ausland insbesondere ihre Leidenschaft für das Personalmanagement in der Bundeswehr entdeckt und gelebt.

Sie ist zweifache Mutter – hat also keine weiteren Hobbies, versucht aber unermüdlich als Spätberufene das Klavierspielen zu erlernen und ihre Akkus durch Bewegung an der frischen Luft wieder aufzuladen.

Fragen und Antworten

Wusstest du schon immer, was du werden willst?
Nein, ich hatte überhaupt keine konkrete Vorstellung davon, wie mein Weg aussehen soll. Menschen, die auch schon den überübernächsten Schritt detailliert planen sind mir auch immer ein bisschen suspekt – vielleicht bewundere ich sie auch ein bisschen. In jedem Fall habe ich für mich die Erfahrung gemacht, dass es gerade den Reiz an meiner Karriere für mich ausmacht, überhaupt nicht zu wissen, was ich in fünf Jahren genau tun werde – auch wenn ich mich als Soldatin natürlich in einem System mit sehr festem Rahmen bewege.

Welche deiner Eigenschaften hat Dir geholfen auf eigenen Beinen zu stehen?
Ich halte mich persönlich für eher als zögerlich oder zaudernd. Ich habe mir neue Herausforderungen eigentlich immer zugetraut. Dieses Phänomen der Selbstzweifel, die man ja vor allem Frauen zuschreibt, kenne ich tatsächlich von mir nicht. Ich kenne natürlich auch meine Schwächen, bin auch nicht wagemutig oder waghalsig – habe aber ein gutes Augenmaß dafür, was ich kann und was nicht. Ich war immer mutig genug, mich auch auf Unbekanntes einzulassen und mir selbst zu vertrauen bzw. etwas zuzutrauen.

Warst du damals besorgt, dass du Karriere, Familie und Freunde nicht kombinieren kannst?
Ich habe mir dazu ehrlicherweise keine Gedanken gemacht. Eigentlich ist das nicht besonders klug – andererseits machen sich gerade Frauen oftmals zu viele Gedanken und machen sich dann gar nicht auf den Weg. Ich habe inzwischen zwei Kinder und genieße mein Familienleben – ohne meinen Mann wäre das alles undenkbar. Wir haben das in dieser Form auch nicht geplant, es hat sich vielmehr ergeben, aber wir sind sehr glücklich und es funktioniert.

Hast du schon einmal ein Netzwerk genutzt?
Ohne Netzwerk funktioniert gar nichts! Man braucht es, um Informationen zu bekommen und weiterzugeben (manchmal auch mit Blick auf Geschwindigkeit und Kanäle!). Man muss es pflegen, damit es funktioniert,

wenn man es braucht – man muss Akteuren darin auch Raum geben, sich zu entfalten. Wichtig ist Diversität – fachlich, aber auch mit Blick auf die Haltungen/Einstellungen, die eine Rolle im beruflichen Kontext spielen. Die eigene Filterblase, in der man lebt und sich wohlfühlt, ist kein Netzwerk! Ich müsste meine Netzwerke deutlich mehr pflegen – das Berufliche wie das Private.

Was war hat deinen Charakter oder den Verhalten nachhaltig geprägt?
Als Ärztin war ich natürlich vor allem gegen Ende des Studiums und als Berufsanfängerin mit den Themen „Tod und Sterben" intensiv beschäftigt. Man spürt diese gewaltige Last jeden Tag, wenn man Entscheidungen trifft oder auch Lebenswege zu Ende begleitet.

Als Soldatin kommt man selbst in Situationen, in denen das eigene Leben bedroht ist. Beides erdet! Daher gerate ich in den beruflichen Phasen, in denen ich nicht mehr an der ein oder anderen „Front" stehe, nie in Panik, da es keine in diesem Sinne existenzielle Bedrohung gibt.

So einen „Erdungspol" – wie immer der aussieht – sollte jeder für sich haben: in den wenigsten Situationen geht es wirklich ums Ganze – es hilft, sich das bewusst zu machen.

Was möchtest du deiner Tochter bzw. jungen Frauen raten?
- Sei mutig! Trau Dir etwas zu- Du bist im Zweifel besser als Du denkst.
- Vernetze Dich! Nicht nur nach Sympathie, sondern auch nach fachlich-inhaltlichen Aspekten und möglichst divers. Sorge dafür, dass Du auch „die Anderen" verstehst und ihre Argumente nachvollziehen kannst!
- Wenn Du schon eine bestimmte Ebene erreicht hast: Such Dir ehrliche Berater, fordere auch Kritik deutlich ein und überlege, wie Du diese konstruktiv für Dich nutzen kannst.
- Sei beratungsfähig, aber auch berechenbar – mach Deine Linie klar und klar erkennbar. Mitarbeitende brauchen sie, um sich daran orientieren zu können und ihren bestmöglichen Beitrag beizusteuern.

69

Bankkauffrau, Coach, Vorständin und Führungskraft aus Leidenschaft: Sabine Schmittroth

„Folge deinen Stärken!"

Vorstandsmitglied und Arbeitsdirektorin der Commerzbank AG
Foto: Commerzbank AG

Ich bin Sabine Schmittroth und blicke zurück auf 37 Jahre Berufserfahrung. Die meisten Jahre waren spannend, alle drei Jahre habe ich meine Aufgabe innerhalb eines Konzerns wechseln dürfen und bin seit über 20 Jahren mit hoher Leidenschaft Führungskraft. Meine Ausbildung als Trainerin, Coach und Organisationentwicklerin haben Kompetenzen geschärft, die neben meiner kaufmännischen Ausbildung als Bankkauffrau heute sehr relevant für meinen Erfolg sind.

Ich bin in Bochum aufgewachsen, in einem liebevollen Elternhaus. Seit über 30 Jahren lebe ich mit meinem Mann in Frankfurt. Meine innere Balance verdanke ich meiner Familie und meinen guten FreundInnen, die an meiner Seite sind – unabhängig von meinen beruflichen Aktivitäten. Wir lieben das Wandern, Skifahren und Segeln.

Fragen und Antworten

Wer oder was war für dich damals besonders charakterprägend?
Während meiner Kinder- und Jugendzeit haben meine Eltern mir Hobbies ermöglicht: ich durfte mir ein Musikinstrument auswählen und im Sportverein sein. Ich hatte kluge Lehrer, die viel gefragt haben, was ich gerne tue und wobei ich mich wohlfühle. Meine Sportlehrerin hat herausgefunden, dass meine Freude an Bewegung sowie mein musikalisches Talent gut in der rhythmischen Sportgymnastik zu vereinbaren waren. Die Musikschule hat analysiert, dass Querflöte und Gitarre gut geeignet wären. Meine Wahl ist auf die Gitarre gefallen, Juliane Werding hat mich als Kind begeistert.

So habe ich durch die rhythmische Sportgymnastik Disziplin und Einzelwettkampf gelernt und perfektioniert – und durch die Gitarre in einer Band gespielt, wo es auf Teamarbeit und regelmäßiges Üben ankam. Alles wichtige Voraussetzungen für meinen späteren Beruf.

Was war der beste Ratschlag, den du in jungen Jahren erhalten hast?
Der beste Ratschlag, den ich für meine Karriere bekommen habe, war in frühen Jahren von meiner Mutter: Überlege gut, was du anfängst – und dann bringe es auch zu Ende! Das war schon während der Grundschule, als es darum ging, ob ich ein Musikinstrument lernen sollte.

Was würdest du anders machen, wenn du nochmal beginnen könntest?
Was ich in jedem Fall anders machen würde: noch mehr Zeit investieren, um Sprachen zu lernen und zu perfektionieren. Wann immer es geht, die Möglichkeit nutzten, im Ausland zu lernen und/oder zu arbeiten.

Wie hast du versucht, einen guten ersten Eindruck im Vorstellungsgespräch zu hinterlassen?
In der Schule habe ich ausschließlich Jeans und Schlabberpullis getragen. Ein Vorstellungsgespräch bei einer Bank hat mich vor die große Frage gestellt: was ziehe ich an? Damals hab ich mir einen Rock von meiner besten

Freundin geliehen – ich dachte es gehört sich einfach so. Heute weiß ich, dass ich die Ausbildungsstelle bekommen habe, weil ich während der Schulzeit eine Schülerzeitung herausgegeben habe und mich um die Artikel und die Werbung gekümmert habe. So hatte ich Erfahrungen und Geschichten zu berichten, die anders waren als die meiner MitbewerberInnen – vielleicht hat auch der Rock meiner Freundin ein wenig geholfen.

Was möchtest du deiner Tochter bzw. jungen Frauen raten?
Nimm dir Zeit, dich selbst zu erkennen, folge deinen Stärken und deiner Leidenschaft. Es gibt zwei wesentliche Entscheidungen für dein Leben: welchen Beruf du wählst und für welchen Partner du dich entscheidest – sei achtsam bei der Auswahl. Halte dich fern von Pessimisten und pflege Netzwerke.

70

Konditormeisterin, Gründerin und Mama: Laura Schönberger

„Lass dich nicht verbiegen. Du bist großartig, so wie du bist."

Geschäftsführung und Konditormeisterin der Patisserie HEAVENS TASTE
Foto: Simon Gehr

Ich bin Laura Schönberger und Gesicht von DAS HANDWERK 2021. Mit meinen neunundzwanzig Jahren nehme ich über Social Media meine Follower täglich mit in meine eigene Backstube. #loveissweet

Als gelernte Industriekauffrau und Konditormeisterin habe ich nämlich meine eigene Patisserie HEAVENS TASTE in Regensburg gegründet. Gemeinsam mit meinem Ehemann Raphael betreibe ich darüber hinaus auch Deutschlands ersten süßen Automaten sowie einen Onlineshop. Außerdem bin ich Mutter von zwei Kindern (drei und zwei Jahre alt).

Fragen und Antworten

Was bedeutet Erfolg für dich? Hat sich das über die Zeit verändert?
Erfolg bedeutet für mich mit Leichtigkeit, Spaß und natürlicher Energie arbeiten zu können und damit meine Ziele erreichen zu können.

Wusstest du schon immer, was du werden willst?
Definitiv nicht. Ich wusste zwar schon immer, dass ich IRGENDWO hinmöchte, aber was es genau wird, war mir nicht klar.

Was sich schon immer klar raus kristallisiert hat, war der Wunsch nach Individualität, Selbstbestimmtheit und meinen eigenen Strukturen. Das damit die Selbstständigkeit eine klare Richtstruktur ist, wurde mir erst später bewusst.

Hattest du früher Zweifel, ob du den richtigen Weg eingeschlagen hast?
Nein nie. Mein Weg in der Selbstständigkeit und mit meiner eigenen Marke HEAVENS TASTE hat sich für mich immer klar angefühlt. Natürlich denke ich über Entwicklungsschritte nach aber ich hadere nicht, wenn ich eine Entscheidung gefällt habe.

Gibt es eine Sache, die du rückblickend grundlegend anders machen würdest?
Gott sei Dank nicht. Alle Wege und Wendungen haben jetzt ihren Sinn und Berechtigung. Für meine persönliche Entwicklung im Unternehmen hätte ich höchstens mich trauen dürfen eher Mitarbeiter einzustellen. Trotz der Erkenntnis bin ich froh, dass ich diesen Schritt zur richtigen Zeit gegangen bin.

Welche deiner Eigenschaften hat Dir geholfen auf eigenen Beinen zu stehen?
Direkt ins Außen zu gehen. Ich habe meinen kompletten Weg der Selbstständigkeit, den Umbau der Backstube, meine Meisterschule u. v. m. mit Kunden und über Social Media geteilt. Somit sind viele kleine Schritte, die das Unternehmen macht, auch für die Kunden greifbar. Ich kann gut vor Leuten sprechen und es fällt mir sehr leicht, meine Follower und Kunden an meinem Leben teilnehmen zu lassen.

Musstest du als junger Mensch mal über deinen Schatten springen?
Absolut. Ich habe nach meiner Konditorlehre in einem Sternerestaurant gearbeitet. Die ersten vier Wochen waren richtig hart! Aber ich wollte es unbedingt schaffen. Da waren dann auch Aufgaben dabei, die nichts mit meinem Beruf und meiner Stelle zu tun hatten. Da nicht zu klagen und trotzdem 110 % zu geben, war eine große Leistung für mich persönlich.

Wie hast du in jungen Jahren dein Talent bzw. deine Stärken herausgefunden?
Meine Eltern haben mich immer so machen lassen. Es gab viele Herausforderungen, aber nie Situationen, wo ich komplett in eine andere Schublade gepresst wurde. Vor Menschen sprechen, mit einem Instrument vorspielen war auch als Kind nicht easy. Trotzdem war es genau das, was mir jetzt so sehr liegt und wo ich keinerlei Angst verspüre. Da bin ich ihnen sehr dankbar.

Wer oder was war für dich damals besonders charakterprägend?
Meine Eltern mit ihren unterschiedlichen Eigenschaften sind natürlich extrem prägend im Leben. Es war schon immer unser Familienkredo, dass man fleißig ist, auch mal die Zähne zusammenbeißt und mit Persönlichkeit und Ehrlichkeit alles erreichen kann.

Dazu habe ich über die letzten Jahre viele weibliche Role Models dazu gewonnen, die mich extrem beeindrucken, pushen und glauben lassen, dass alles möglich ist. Das sind z. B. großartige Frauen wie Franziska von Hardenberg, Hans-Freitag Keks Inhaberin Anita Freitag Meyer, und auch Katja Heil, die Inhaberin von Fräulein K sagt ja.

Wenn du dich überrumpelt oder überfordert fühlst, was tust du dagegen?
Früher habe ich das solche Situation mir sehr zu Herzen genommen. Mittlerweile habe ich mir Exit Strategien zugelegt und sage auch mal direkt NEIN.

Hast du eine bestimmte Methode mit negativen Erlebnissen umzugehen?
Das ist vor allem Zeit mit meinen Kindern, unser Garten und die Natur und Sport. Dazu liebe ich es Podcasts zu hören und genieße die Zeit zusammen mit meinem Mann.

Gab es Leute, die deine Ideen oder Karriereentscheidungen belächelt haben?
Interessanterweise nie. Wahrscheinlich haben es die Leute mir nie ins Gesicht gesagt, da es bei mir klar ist, dass ich Kontra gebe und mit Sinn und Verstand meine Idee verteidige. Bestimmt gibt es viele, die mich vorab belächelt haben. Das ist mir aber egal. Hat ja alles geklappt :)

Wurden dir mal Steine in den Weg gelegt?
Tausende! Jahrelange Ausbildungsdauer. Immense Kosten in der Umbauphase der Backstube. Langwierige Standortsuche bei meiner Aktion zum süßen Automat… Da ist die Liste lang.

Bist du in jungen Jahren mal an etwas gescheitert?
Tatsächlich nie. Gut ich habe meinen Führerschein erst aufs zweite Mal geschafft. Das hat mich unfassbar geärgert. Ich bin einfach jemand der es so sehr will, dass das Scheitern in meinem Kopf gar keinen Platz hat. Hier glaube ich immens an Mindset und Affirmationen.

Warst du damals besorgt, dass du Karriere, Familie und Freunde nicht kombinieren kannst?
Natürlich. Die Welt lebt es einem ja auch krass vor, dass es gerade als Frau nicht möglich ist. Ich bin da ehrlich. Es war unfassbar hart. Aber ich liebe beides so sehr, dass es klappt. Da braucht man aber auch einen tollen Partner. Ohne meinen Mann wäre nichts möglich.

Wieso hast du dich damals für dein Studium/deine Ausbildung entschieden und würdest du dich wieder so entscheiden?
Das ist die Grundvoraussetzung für alles und in meinem Beruf auch notwendig.

Wer oder was hat dir damals maßgeblich bei der Orientierung geholfen, deinen eigenen Weg zu gehen?
Sicher meine Eltern, aber natürlich auch viele Personen in der Branche, die mich zur damaligen Zeit sehr inspiriert haben.

Hast bzw. hattest du damals einen Mentor?
Tatsächlich war mein Mann mit seinem großen Glauben an mich mein Mentor. Er hat mir mit der Gastronomie eine neue Welt gezeigt, die ich so sehr inspirierend fand. Erst die Zeit im Restaurant und die Gespräche mit Ihm haben damals meine Vision vom eigenen Betrieb gefestigt.

Was macht aus deiner Sicht einen guten Mentor bzw. ein gutes Vorbild aus?
Du brauchst jemand der dir auch mal kontra gibt. Ein Mentor ist für mich nicht jemand, der stupide nur Ja und Amen sagt. Kritik ist so wichtig und nur so wird man wirklich besser.

Was war der beste Ratschlag, den du in jungen Jahren erhalten hast?
„Wenn es so richtig weh tut, kommst du ins Tun" Das war damals die Aussage von Katja Heil auf meine Frage, wann man dazu kommt, Personal einzustellen. Und genau so war es auch. Es hat sooo sehr weh getan. Und dann war die Entscheidung der einzige Weg und es war genau richtig. Danke dafür Katja!

Was war der schlechteste Ratschlag, den du in jungen Jahren erhalten hast?
Wenn du jetzt ein Kind bekommst, kommst du aus der Mama Rolle nicht mehr raus! BULLSHIT!

Hast du schon einmal ein Netzwerk genutzt?
Ja. Ich Netzwerke gerne, habe aber auch festgestellt, dass vieles einfach auch nur „Kaffeeklatsch" ist. Da habe ich keine Zeit mehr dazu und nutze jetzt gerne online Formate oder kurze Wege.

Was würdest du anders machen, wenn du nochmal beginnen könntest?
Ich überlege noch nebenbei zu Studieren. Ich liebe das Marketing und hätte hier Lust mich mehr reinzuarbeiten.

Was war hat deinen Charakter oder den Verhalten nachhaltig geprägt?

1. Ausbildung (Industriekauffrau) komplette Büro Arbeit, Struktur, Ablage, Telefon, Angebote usw.
2. Lehre (Konditorei) alles Handwerkliche

Bei beiden Sachen: durchhalten. Gas geben. Auch mal unangenehme Sachen machen müssen. Nicht Jammern. Verantwortung übernehmen.

Hast du dich an Ehrenämtern oder Initiativen beteiligt?
Absolut. Das ist eine wichtige charakterbildende Eigenschaft und würde ich auch meinen Kindern ans Herz legen.

Hast du einen Teil deines Studiums im Ausland gemacht?
Leider nein. Das war damals im Betrieb nicht möglich. Ich mache aber viele Weiterbildungen auf Englisch um mein Fachenglisch zu stärken. Ich hoffe, dass ich das im privaten Umfeld nachholen kann.

Hast du mal ein Praktikum gemacht?
Sicher :-) Sogar recht viele. Ich war in der Apotheke, im Autohaus, in einem landwirtschaftlichen Betrieb, in einer Konditorei und in einer Werbeagentur.

Was hat dir während der Ausbildung/Studium gefehlt?
Mehr Zeit für wirkliche Ausbildung und motivierte Ausbilder. Das mache ich bei meiner eigenen Auszubildenden jetzt anders.

Wie hast du versucht, einen guten ersten Eindruck im Vorstellungsgespräch zu hinterlassen?
Bitte verkleidet euch nicht. Das ist zwar schick aber irgendwie lächerlich. Einfach gepflegt und frisch aussehen. Bereite dich lieber auf deinen Gesprächspartner vor. Merk dir Namen, beschäftige dich mit der Firmengeschichte und hab Spaß :-)

Was möchtest du deiner Tochter bzw. jungen Frauen raten?
Einfach machen. Lass dich nicht verbiegen. Du bist großartig, so wie du bist und wir lieben dich, egal welchen Weg du einschlägst. Wir unterstützen dich und sind stolz auf dich und deinen Weg.

71

Rechtsanwältin und Aufsichtsrätin: Gabriele Sons

„Wähle etwas, für das du brennst. Was du wirklich magst, machst du auch gut."

Selbstständig
Foto: Gabriele Sons

Über 25 Jahre Erfahrung als Geschäftsführerin, Vorstand und Rechtsanwältin in verschiedenen Branchen haben mich beruflich geprägt. Ich war immer nah an den Menschen, denn ich verantworte Human Resources in all seinen Facetten, daneben aber auch Legal, Compliance und Kommunikation.

Gestartet bin ich nach der Schule mit einem zweijährigen Volontariat bei einer Zeitung. Danach habe ich Jura studiert und nebenbei als Journalistin gejobbt. Heute unterstütze ich als Aufsichtsrätin und Beraterin Unternehmen im Wandel. Lifelong Learning gilt für uns alle, daher gebe ich meine Erfahrung in Vorträgen und Schulungen sowie als Mentorin weiter. Dabei liegt mir die Förderung von Frauen ganz besonders am Herzen.

Fragen und Antworten

Was bedeutet Erfolg für dich? Hat sich das über die Zeit verändert?

Wusstest du schon immer, was du werden willst?
Ich war am Ende meiner Schulzeit zwar an vielem interessiert, fühlte mich aber zu nichts so hingezogen oder begabt, dass ich diesen einen Weg einschlagen wollte. Meine größte Sorge war, mich festlegen zu müssen. Daher kam mir mein zweijähriges Zeitungsvolontariat als Entscheidungsaufschub sehr gelegen.

Im Rückblick finde ich interessant, dass ich mir über Karriere zu diesem Zeitpunkt keine Gedanken gemacht habe, ich wollte einfach eine spannende Aufgabe mit viel Abwechslung. Etliche Jahre später im Beruf angekommen, habe ich gemerkt, dass ich Themen entscheiden und vorantreiben will. Dafür sollte man möglichst wenig Chefs über sich haben – plötzlich hatte ich Lust auf Karriere.

Was sehr schätzen gelernt habe und nicht mehr missen möchte: Karriere bringt finanzielle Unabhängigkeit.

Hattest du früher Zweifel, ob du den richtigen Weg eingeschlagen hast?
Ich hatte nach meiner journalistischen Ausbildung Jura studiert, um mit einer besonderen Qualifikation ausgestattet als Journalistin zu arbeiten. Als ich keine Stelle fand, in der ich meine beiden so unterschiedlichen Qualifikationen gut kombinieren konnte, stieß ich auf eine Stellenanzeige von Lufthansa, die einen Jurist suchten, der eigentlich keiner sein will, sondern über den Tellerrand schauen und breite Aufgabenfelder bearbeiten möchte. Ich bewarb mich sofort und kam so eher zufällig in die Wirtschaft und den Bereich Personal, der meine berufliche Bestimmung werden sollte.

71 Rechtsanwältin und Aufsichtsrätin: Gabriele Sons

Gibt es eine Sache, die du rückblickend grundlegend anders machen würdest?
Hätte ich in jungen Jahren Vorbilder und Berater gehabt, die mir den Blick auch für die eher männlich dominierten Berufe und Karrieren geöffnet hätten, wäre ich bestimmt einen anderen Weg gegangenen und vielleicht in einer operativen Führungsrolle gelandet. Das hätte mir vermutlich noch mehr Spaß gemacht als meine Karriere in Supportfunktionen wie Human Resources oder Recht.

Welche deiner Eigenschaften hat Dir geholfen auf eigenen Beinen zu stehen?
Ich bin neugierig, mutig, entscheide gerne – und bin immer auch fleißig. Die Folge waren rasche Wechsel meiner beruflichen Stationen: mal wurde ich gefragt, weil man auf mich aufmerksam geworden war, mal habe ich aktiv nach einer neuen Herausforderung gesucht.

Musstest du als junger Mensch mal über deinen Schatten springen?
Noch heute springe ich immer wieder über meinen eigenen Schatten und freue mich umso mehr, wenn ich dabei nicht stolpere. Ich bin zum Beispiel nervös bei Vorträgen vor großem Publikum und verfluche mich für meine Zusage, wann immer ich mich in eine solche Situation bringe. Ist es aber geschafft, ist der Stress schnell vergessen und es ist ein gutes Gefühl, meine Ängste erfolgreich überwunden zu haben.

Wie hast du in jungen Jahren dein Talent bzw. deine Stärken herausgefunden?
In meiner ersten Führungsfunktion machte ich einen Test über persönliche Präferenzen. In dem Feedbackgespräch mit dem Berater wurde mit bewusst, dass ich meine Energie aus dem Zusammensein mit Menschen ziehe, dass ich viel Abwechslung brauche und dass ich gerne Probleme löse, aber nicht wissenschaftlich, sondern hands-on im Miteinander von Teams.

Solche Tests und Berater einige Jahre früher hätte mir auch bei der Berufswahl selbst viel gebracht. Ich gehöre nicht zu den Menschen, die von Anfang an klare Ziele definiert hatten, dazu kannte ich mich in der Berufswelt einfach zu wenig aus. Im Laufe der Jahre und mit mehr Erfahrungen wusste ich aber immer besser, was zu mir passt und wo ich hinwill.

Wer oder was war für dich damals besonders charakterprägend?
Ich hatte das Glück, dass für meine Eltern zwischen Jungs und Mädchen keine Unterschiede gemacht haben. Das galt für die Mithilfe bei der Hausarbeit genauso wie eine gute Ausbildung oder ein Studium. Besonders meine Mutter hat mir immer den Rücken gestärkt zu studieren und beruflich das zu machen, was ich gerne möchte.

Hast du eine bestimmte Methode mit negativen Erlebnissen umzugehen?
Negative Erfahrungen und stressige Phasen sind im Beruf nicht zu vermeiden. Mir hilft sportlicher Ausgleich, auf den ich in solchen Situationen immer besonders achte, auch wenn er zusätzliche Energie und Zeit kostet. Dazu umgebe ich mich in meiner freien Zeit mit Menschen, die mir am Herzen liegen. Immer habe ich dabei auch Vertraute, mit denen ich über berufliche Situationen sprechen kann. Oft relativieren sich dann negative Erlebnisse.

Wurden dir mal Steine in den Weg gelegt?
Mit wurden öfter Steine in den Weg gelegt und das ein oder andere Mal bin ich auch darüber gestolpert. Aufstehen und weitergehen war immer mein Motto. Dabei hilft sehr, wenn man das Stolpern nicht allein der eigenen mangelnden Kompetenz anlastet, sondern erkennt, dass es oft andere sind, die einen zu Fall bringen. Man hätte diese Widersacher eventuell besser im Auge haben müssen.

Warst du damals besorgt, dass du Karriere, Familie und Freunde nicht kombinieren kannst?
Ehrlicherweise habe ich über diese Frage lange gar nicht nachgedacht, weil sich alles gut vereinbaren ließ, was sicherlich auch an meinem geringen Schlafbedürfnis liegt. Zu der Zeit als ich den Partner hatte, mit dem ich mir Kinder gut hätte vorstellen können, war ich beruflich gerade in der ersten Abteilungsleiterposition und die hätte ich mit Kindern nur sehr schwer ausfüllen können. Zu dieser Zeit haben Vorgesetzte noch offen die Meinung vertreten, dass Teilzeit in Führungspositionen undenkbar sei. Meine Entscheidung fiel für den Beruf aus – auch weil ich meine spannende Aufgabe und die finanzielle Unabhängigkeit nicht aufgeben wollte. Heute ist das zum Glück anders und ich habe meine Führungspositionen immer genutzt, Frauen zu Familie und Karriere zu ermutigen und es ihnen auch zu ermöglichen.

Hast bzw. hattest du damals einen Mentor?
Ich hatte leider weder den einen Mentor noch ein eindeutiges berufliches Vorbild, was auch damit zu tun hatte, dass ich beruflich oft gewechselt bin und daher immer schon wieder weg war, wenn ich in Mentorenprogramme aufgenommen worden wäre. Außerdem war ich in meinen Karrierestationen meist die einzige oder eine von ganz wenigen Frauen auf dieser Ebene, über mir gab es in der Regel gar keine Frauen mehr, die als Mentorin hätten fungieren können. Trotzdem hat es natürlich immer Vorgesetzte gegeben, die mich sehr unterstützt und gefördert haben.

71 Rechtsanwältin und Aufsichtsrätin: Gabriele Sons

Was macht aus deiner Sicht einen guten Mentor bzw. ein gutes Vorbild aus?
Mit einem guten Mentor kann man über die eigenen Gedanken, Ängste und Zweifel sprechen, ohne befürchten zu müssen, dass sich das auf die Karriere auswirkt. Ein guter Mentor hört zu, hinterfragt und gibt nur dann Ratschläge, wenn er darum gebeten wird. Gleichzeitig hat er ein Netzwerk, dass er zugunsten seines Mentees einsetzt. Es ist schön, wenn man so einen Menschen in seinem Umfeld findet, ein Mentor oder Vorbild ist aber keine Karrierevoraussetzung.

Hast du schon einmal ein Netzwerk genutzt?
Ich bin in diversen Netzwerken, mal sind es Frauennetzwerke oder es sind berufliche Interessensnetzwerke. Sie funktionieren hervorragend, wenn sich dort Menschen treffen, die nicht in erster Linie ihren Nutzen aus dem Netzwerk ziehen wollen, sondern bereitwillig geben wollen.

Hast du mal ein Praktikum gemacht?
Ich habe während des ganzen Studiums als Journalistin gejobbt, um mein Studium mitzufinanzieren. Das hat mich gelehrt sehr effizient zu arbeiten und gleichzeitig zu genießen, wenn ich in der Uni sitzen und lernen durfte.

Wie hast du versucht, einen guten ersten Eindruck im Vorstellungsgespräch zu hinterlassen?
Als junge Frau konnte ich vor Aufregung rote Flecken an Hals und Ausschnitt bekommen. Meine Lösung war eine hochgeschlossene Bluse oder ein buntes Tuch. Sie bewirkten Wunder für meine Selbstsicherheit und haben keinem Gegenüber meinen Grad der Anspannung verraten – gerade bei Vorstellungsgesprächen und Assessmentcentern ist das ein unschlagbarer Vorteil.

Was möchtest du deiner Tochter bzw. jungen Frauen raten?
Ich würde meiner Tochter in aller erster Linie raten, eine Ausbildung und einen Beruf zu wählen, für den sie brennt – nur was man wirklich mag, macht man auch gut. Sie soll sich nicht von Erwägungen wie Verdienst, Länge der Ferien oder Jobsicherheit leiten lassen. Meine Tochter sollte außerdem ihr Licht nicht unter den Scheffel stellen, sondern davon ausgehen, dass sie alles auf die Reihe bekommt, was sie will.

72

Doppel-Olympiasiegerin im Schwimmen, Gründerin und Heilpraktikerin: Britta Steffen

„Jeder hat Stärken und Schwächen. Hilfe anzunehmen, kann große Stärke beweisen."

Laufbahnberaterin für Berliner Nachwuchsathlet:innen, Heilpraktikerin, Gründerin von GOLT Gesundheitscoaching
Foto: Liesa Fuchs

Britta Steffen erzielte im Schwimmsport alle nationalen und internationalen Titel und Rekorde auf ihren Paradestrecken 50 m und 100 m Freistil, sie war nach 2006 viele Jahre die schnellste Schwimmerin der Welt. Sie gewann während ihrer Karriere 23 Medaillen bei Olympischen Spielen sowie Welt- und Europameisterschaften, darunter zwei Olympiasiege, zwei Weltmeistertitel und neun Europameistertitel.

Parallel zu ihrer Schwimmkarriere studierte Britta Wirtschaftsingenieurwesen für Umwelt und Nachhaltigkeit und Human Resources Management mit Schwerpunkt Controlling. Sie gilt heute als Expertin für mentale Stärke und Nachhaltigkeit und ist eine gefragte Keynote-Speakerin. Außerdem engagiert Sie sich in sozialen und ökologischen Projekten und ist Laufbahnberaterin für junge Berliner Nachwuchsathlet:innen. 2015 gründete sie mit zwei Partnerinnen die Gesundheits-Coaching-Firma GOLT. Seit 2017 ist sie Mutter eines Sohnes.

Fragen und Antworten

Was bedeutet Erfolg für dich? Hat sich das über die Zeit verändert?
Früher als Sportlerin war Erfolg für mich messbar anhand von Medaillen und Platzierungen. Als Schülerin waren es die Noten und Abschlüsse, die Erfolg für mich bedeuteten. Für meinen heutigen Alltag gilt das nicht mehr. Erfolg ist für mich heute eher ein Maß für meine innere Zufriedenheit und die versuche ich möglichst hochzuhalten. Am Ende sehe ich mich als erfolgreich an, wenn ich meine Ziele weiterhin verfolge, vielleicht sogar erreiche und auch andere Menschen auf ihrem Weg dahin unterstützen darf.

Wusstest du schon immer, was du werden willst?
Damals wollte ich gern Ärztin oder Schriftstellerin werden. Anderen zu helfen, fand ich wunderbar, deshalb war der Beruf als „Heilerin" interessant und ich habe immer sehr gerne geschrieben, daher sah ich mich immer vor meinem inneren Auge in einer Holzhütte am See Geschichten in eine Schreibmaschine tippen. :-)

Beides habe ich heute in gewisser Weise umgesetzt. Einerseits habe ich gerade meinen Heilpraktiker gemacht und strebe weiter in die Richtung Osteopathie, andererseits schreibe ich häufig Grußworte, Lobreden oder einfach auch Texte für mich und andere.

Hattest du früher Zweifel, ob du den richtigen Weg eingeschlagen hast?
Zweifel waren mein Antrieb, immer das Beste aus allen Situationen herauszuholen und auch die Bodenhaftung zu behalten, denn auch wenn ich besser schwamm als andere waren sie genauso wichtig in diesem Rennen wie ich und das nächste Mal haben sie vielleicht die Nase vorn und da möchte auch ich gut als „Verliererin" behandelt werden und deshalb fand ich maßvolles Zweifeln genial. Was aber schwierig ist, ist zu verzweifeln, dann sollte man sich an Mutti oder eine andere Vertrauensperson wenden. Jeder hat Stärken und Schwächen, aber Hilfe anzunehmen, kann große Stärke beweisen, also bitte nicht verzweifeln, aber auch nicht jederzeit zweifelsfrei unterwegs sein. :-)

73

Entertainer, Designer und Schauspieler: Julian F. M. Stoeckel

„Stay a DIVA, Darling!"

Selbstständig
   Foto: Julian F.M. Stoeckel
   Julian F. M. Stoeckel steht dafür, er selbst zu sein. Im Showgeschäft gewinnt der Berliner mit Eloquenz und Kreativität die Herzen der Menschen und überzeugt durch viele Talente. Irgendwann einmal berühmt zu sein – das war sein Traum. Schnell verstand er, dass in einer glamourösen Welt Disziplin der Schlüssel zum Erfolg ist.

Nach dem Abitur trat er als Komparse und Schauspieler in Serien und Filmen auf und beschloss, zusätzlich Schmuckobjekte und Kleidung zu entwerfen, die er in selbstorganisierten Veranstaltungen präsentiert. Heute ist er Teil diverser TV-Produktionen und seit 2010 Initiator und Protagonist des FASHION NIGHT COCKTAIL, der halbjährlich zur Mercedes Benz Fashion Week stattfindet. Darüber hinaus engagiert er sich ehrenamtlich für Ein Herz für Kinder e. V., die Berliner Tafel e. V. und unterstützt die Björn Schulz Stiftung.

Fragen und Antworten

Was bedeutet Erfolg für dich? Hat sich das über die Zeit verändert?
Was bedeutet Erfolg? In erster Linie Disziplin. Erfolgreich wirst du erst dann, wenn du das, was du tust, wirklich machen willst. Viele machen einen Beruf nur deswegen, weil sie sonst nicht wissen, wohin mit sich. Aber das ist ja kein Beruf. Beruf sollte immer mehr „Berufung" als Beruf sein. Des Weiteren ist ein gut funktionierendes Netzwerk von Nöten. Du kannst noch so gut in deinem Beruf sein, ohne funktionierendes Netzwerk kommst du keinen Schritt weiter.

Wusstest du schon immer, was du werden willst?
Ich wollte immer berühmt werden! Ich dachte „berühmt" sein würde als Beruf reichen und vor allen Dingen ausreichen. Ich habe erst später gemerkt, dass man das „Berühmt sein" mit Inhalt füllen muss. Denn Berühmtheit ist ein Status, der durch Leistung erfolgt. Berühmt sein ist kein Beruf und meine Großmutter hat immer gesagt: „Schlag nicht auf die Menschen unten – denn die Menschen unten tragen den Thron, auf dem du sitzen willst. Du trägst deinen Thron nicht selbst". Das bedeutet, dass ich auch sehr viel Demut vor meinem Beruf, meiner Berufung und meiner Karriere habe.

Hattest du früher Zweifel, ob du den richtigen Weg eingeschlagen hast?
Ich war sooo unfassbar überzeugt von mir, dass ich keine Zweifel kannte. Hinzu kam, dass dir natürlich die Jugend zwischen 18–30 Jahren ein wahnsinniges Selbstbewusstsein vermittelt. Man ist jung, attraktiv und begehrt. Natürlich glaubt man, dass das für immer so bleiben würde.

Aber mit 30 Jahren habe ich gemerkt, dass vor allem etwas zählt: Leistung! Und wenn man nichts leistet, dann kann man auch nichts ernten. Ich habe also immer an meinen Plan A geglaubt und habe den zielstrebig verfolgt. Ich hatte keinen Plan B, es gab auch keinen Plan B – Warum auch? Ich wollte ja Plan A verfolgen. Das hätte ja bedeutet, dass ich an meinen Plan A gar nicht glaube ...

Gibt es eine Sache, die du rückblickend grundlegend anders machen würdest?
Im Rückblick würde ich sagen, dass ich zu einigen (teilweise) sehr einflussreichen Menschen hätte netter sein müssen. Viele sehr reiche und einflussreiche Menschen wollten mir an die Wäsche. Wer weiß, wo ich heute wäre, wenn ich vielleicht mal zwanglos mein Mieder geöffnet hätte (lacht laut).

Welche deiner Eigenschaften hat Dir geholfen auf eigenen Beinen zu stehen?
Ich glaube, dass ich eine innere Stimme hatte, die mich geleitet hat ... Kein Mensch aus meiner Familie wollte ins Showgeschäft oder war im Showgeschäft. Ich habe mir meine Karriere also aus der Phantasie gebastelt bzw. Wie ich mir eine Karriere vorgestellt habe. Ob dabei immer alles richtig war oder ob man alles so hätte machen sollen oder lassen sollen kann ich natürlich nicht sagen. Aber es war mein Weg und den bin ich gegangen.

Musstest du als junger Mensch mal über deinen Schatten springen?
Du musst dein ganzes Leben über deinen Schatten springen. Sowohl im privaten als auch im beruflichen Leben kommt es immer auf Kompromisse an. So ist es auch in der Politik. Die wenigsten Politiker sind gut gefahren mit der „Hier bin ich"- und „Jetzt geht es durch die Wand"-Methode.

Du musst immer auf dein Inneres hören und du musst auch auf das hören, was die anderen sagen. Zuhören ist oftmals besser, als immer 'reinzuquatschen und nicht hinzuhören, was andere dir sagen oder raten. Das heißt nicht, dass man alles annehmen muss.

Wie hast du in jungen Jahren dein Talent bzw. deine Stärken herausgefunden?
Ich habe gar nichts herausgefunden. Ich hatte einen Traum und den wollte ich verwirklichen. Ich habe mich dabei absolut nicht gefragt, ob ich erfolgreich, schön oder talentiert bin. Ich habe gemacht, gemacht, gemacht und beim Machen habe ich gemerkt, ob etwas gut funktioniert hat oder nicht. Ich habe Fehler ausgebessert oder Dinge besser, schneller, schlauer gemacht. Aber nur deswegen, weil ich nach einem jeden Event, jeder Produktion, jedem Auftritt zuerst frage: Was hat nicht geklappt? Denn diese Frage zu beantworten ist viel wichtiger als das, was alles geklappt hat.

Wer oder was war für dich damals besonders charakterprägend?
Ich wollte berühmt werden! Und ich bin in einer Zeit groß geworden ohne Facebook, Instagram oder Twitter. Man musste sich Plattformen und Bühnen suchen, bei denen man sich und sein Talent präsentieren oder gestalten konnte. Ich habe BUNTE und GALA gelesen und habe mich damit informiert, was meine zukünftigen „Kollegen" alles so machen. Ich habe mich an den großen und tollen Kollegen wie Karl Lagerfeld, Hannelore Elsner, Grace Jones, Helmut Berger, Alain Delon oder Angelica Blechschmidt orientiert. Ich wollte weiterkommen, ich wollte mehr wissen, mehr erfahren, mehr leben ... Alles MEHR ...

Wenn du dich überrumpelt oder überfordert fühlst, was tust du dagegen?
Dieses Gefühl kenne ich nicht. Ich bin eine DIVA und DIVEN sind alterslos, elegant und stehen über den Dingen und wenn ich Situationen erlebe, die mir nicht gefallen, die mich traurig machen oder angreifen, dann wäre die Öffentlichkeit die letzte Instanz, die davon Notiz nehme würde. Ich weine lieber im Rolls Royce als vor der Kamera! ;-)

Hast du eine bestimmte Methode mit negativen Erlebnissen umzugehen?
Ich lasse prinzipiell keine negativen Dinge an mich herankommen. Ich entledige mich auch jeglicher negativen Energie, sowie ich mich auf Dauer auch immer von Menschen verabschiede, die mir zu negativ sind oder deren Spirit mich runterzieht. Das lasse ich eine Weile gewähren und dann hat sich der Salat. Denk Positiv! – und das kann mal schwerer und mal leichter sein.

Gab es Leute, die deine Ideen oder Karriereentscheidungen belächelt haben?
Ich lebe seit 15 Jahren damit, dass einige Menschen JUHUU rufen, wenn sie mich erblicken, und andere am liebsten die Straßenseite wechseln. Aber ich lebe mit beidem und bin auch mit beidem zufrieden. Ich will schon lange niemandem mehr gefallen, der mich nicht einmal zu einem Kaffee einladen würde.

Sei du selbst – ich liebe meine Community, mein Publikum und der Rest ist mir egal. Und das sage ich auch nicht einfach so, sondern es ist einfach so!

Wurden dir mal Steine in den Weg gelegt?
Mir werden pausenlos Steine in den Weg geworfen, aber ich bin froh über Widerstände. Nur Widerstände, nur Ärger, nur Steine im Weg fördern deine Lust zu leben, fordern deine Energie und deinen Ehrgeiz, etwas zu schaffen. Du kannst niemanden vor seinem Leben und seinem Schicksal schützen. Wir leben am Ende des Tages alle für uns alleine und in einem Sarg ist auch nur für einen Platz.

Bist du in jungen Jahren mal an etwas gescheitert?
Scheitern gehört zum Leben dazu – es ist nicht gesund, wenn alles immer schön und toll und rosig ist. Es müssen auch mal Dornen wachsen, es müssen auch mal unvorhergesehene Dinge passieren. Wir können nicht 365 Tage im Jahr glücklich sein – die anderen Tage machen Sinn und es ist unsere Aufgabe, den Sinn in diesen Situationen zu erkennen, zu verstehen und zu verarbeiten.

Warst du damals besorgt, dass du Karriere, Familie und Freunde nicht kombinieren kannst?
Ich bin nie besorgt. Ich habe auch keine Angst. Das sind alles schlechte Begleiter für ein Leben. Und wer ein Problem mit meinem Leben hat, der gehört auch nicht in mein Leben. So einfach.

Wieso hast du dich damals für dein Studium/deine Ausbildung entschieden und würdest du dich wieder so entscheiden?
Ich habe nichts gelernt, sondern nur Abitur gemacht. Alles was ich heute kann habe ich durch meinen Agenten und Freund Michael Grochtmann gelernt und habe vieles, was ich heute kann oder mache mir autodidaktisch beigebracht.

Bildung ist der Schlüssel zum Erfolg. Aber alles was ich heute kann, alles was ich heute mache, habe ich von meinem Agenten gelernt und vieles habe ich mir einfach von besonderen Kollegen abgesehen. Aber du musst dir die Zeit nehmen auch mal in den Schuhen anderer zu laufen, um deren Leben und ihren Karriereweg zu verstehen.

Wer oder was hat dir damals maßgeblich bei der Orientierung geholfen, deinen eigenen Weg zu gehen?
Meine Mentoren Witta Pohl, Hannelore Elsner, Carmen Nebel, Karl Lagerfeld, Grace Jones, Lil Dagover, Marlene Dietrich, Hildegard Knef, Klaus Kinski u.v.a. Ich will immer lernen und am liebsten von erfolgreichen Menschen.

Ich lese z. B. keine Romane – Es interessiert mich nicht was „sein könnte" oder wie eine Geschichte „sein könnte". Ich lese ausschließlich Biografien. Ich will lernen, ich will wissen, ich möchte jeden Tag ein Stück mehr wissen als gestern.

Wer war dein damaliges Vorbild?
Ich habe wahnsinnig viele Vorbilder – Einige dieser wurden auch im Laufe meines Lebens zu Freunden. Aber das kann man nicht erzwingen, sondern es muss passieren.

Aber mich haben Menschen wie Carmen Nebel, Hannelore Elsner, Birgit Bergen, Udo Walz, Helmut Berger, Grace Jones, Lil Dagover, Sophia Loren, David Niven, Peter Sellers, Loriot, Hape Kerkeling, Zsa Zsa Gabor oder Liz Taylor geprägt.

Was macht aus deiner Sicht einen guten Mentor bzw. ein gutes Vorbild aus?
Ein guter Mentor bzw. ein gutes oder mehrere gute Vorbilder sind sehr wichtig. Sie zeigen dir einen möglichen Weg auf. Eine Idee, ein Gedanke, eine Möglichkeit wie du deinen eigenen Weg weitergehen kannst oder könntest. Ein Mentor muss dich verstehen und du musst deinem oder deinen Mentoren vertrauen. So ist es auch mit Meinungen. Nur die Meinungen von Menschen können dich weiterbringen, deren Meinung dir auch wichtig ist.

Was war der beste Ratschlag, den du in jungen Jahren erhalten hast?
Als ich noch ein junges Mädchen war, was außer schönen Augen, vollen Lippen und ein paar hübschen Strumpfhosen nichts hatte stand (damals SEHR alter) Regisseur auf mich. Ich habe mich pausenlos von ihm zum Essen einladen lassen, weil ich weder Kochen wollte noch einkaufen. Einmal kam er mir gefährlich nah und dann meinte ich: „Geh weg, Opa! Was erlaubst du dir eigentlich?" Woraufhin er sagte: „DU wirst nie berühmt. Du kennst nicht mal die wichtigsten Tricks dafür!" – Ich antwortete: „Die wären?" Und er sagte: „Wer bin ich? Wer will ich sein? Und was strahle ich aus, wenn ich einen Raum betrete?" Wenn du diese drei Fragen offen und ehrlich beantworten kannst? Dann ist der Weg einer Karriere nur noch eine Frage der Zeit! ;–)

Was war der schlechteste Ratschlag, den du in jungen Jahren erhalten hast?
Auf schlechte Ratschläge habe ich nie Rücksicht genommen! Es hätte bedeutet, dass ich mich mit schlechten Menschen hätte auseinandersetzen müssen, und das wollte ich auf keinen Fall! ;-)

Hast du schon einmal ein Netzwerk genutzt?
Ich lebe seit meinem 18. Lebensjahr von einem aktiven, immer erweiterten Netzwerk, welches ich mir in den letzten Jahrzehnten aufgebaut habe.

Was würdest du anders machen, wenn du nochmal beginnen könntest?
Ich würde nichts anders machen!

Was war hat deinen Charakter oder den Verhalten nachhaltig geprägt?
Ich bin weder Fan von Schule, noch von Universitäten. Deswegen wollte ich auch keine besuchen!

Hast du dich an Ehrenämtern oder Initiativen beteiligt?
Wohltätigkeit ist wichtig – „Es gibt nichts Gutes, außer man tut es" ist ein Wahlspruch von Erich Kästner, den mir Witta Pohl bereits mit 16 Jahren nahgebracht hat. Ich habe erst viel für ihren Verein „Kinderluftbrücke e.V." getan. Nach ihrem viel zu frühen Tod habe ich mich dann für die Berliner Aids Hilfe e.V., die Björn Schulz Stiftung und die Berliner Tafel stark gemacht. Seit 2017 bin ich Schirmherr von „Kinder Leben e.V."

73 Entertainer, Designer und Schauspieler: Julian F. M. Stoeckel

Was möchtest du deiner Tochter bzw. jungen Frauen raten?
Das wichtigste was ich meiner Tochter raten würde ist: Sei wie du sein möchtest! Lebe wie du Leben möchtest – Lass dich auf keinen Fall von anderen beeinflussen oder verändern. Selbst wenn deine Freunde, deine Familie oder andere Leute etwas gegen deinen Lebensentwurf haben. Genieße dein Leben, genieße die besten Jahre zwischen 20–30. Flirte was das zeugt hält. Verdreh den schönsten Männern den Kopf und lasse sie alle um dich herum tanzen.
   Sei einfach DU, Stay a DIVA, Darling!

74

Bürgermeisterin: Sarah Süß

„Ergreife Chancen, auch wenn sie nicht dem ursprünglichen Plan entsprechen. Aber folge dabei stets deinen eigenen Werten, denn diese sind dein innerer Kompass."

Bürgermeisterin der Gemeinde Steinhagen
Foto: Thorsten Cronauge

Nach meinem dualen Studium an der Fachhochschule für Rechtspflege NRW habe ich zunächst rund sieben Jahre als Diplom-Rechtspflegerin an verschiedenen Amtsgerichten gearbeitet. Seit 2017 engagiere ich mich in meiner Wahlheimat Steinhagen politisch für die SPD.

2020 ergab sich für mich die große Chance als Bürgermeisterin der westfälischen Gemeinde zu kandidieren. Ich sagte zu, kandidierte gegen vier weitere Bewerber, gewann in der Stichwahl und wurde so zur jüngsten Bürgermeisterin Nordrhein-Westfalens.

Fragen und Antworten

Was bedeutet Erfolg für dich? Hat sich das über die Zeit verändert?
Erfolg bedeutet für mich Ziele zu erreichen. Das können kleine, aber auch große sein. Das können persönliche Errungenschaften wie zwei Kilo weniger auf der Waage oder der Mut, etwas Neues auszuprobieren sein, aber auch umfassendere Dinge sein, von der vielmehr andere profitieren. Ich glaube, das hat sich aber auch verändert. Während früher Erfolge eher gute Noten oder eine bestandene Prüfung waren, sehe ich das heute etwas globaler, was sicherlich auch mit meinem politischen Engagement zu tun hat. Ein Erfolg kann es auch sein, hier vor Ort etwas zu erreichen, was den Menschen einen Mehrwert bietet.

Wusstest du schon immer, was du werden willst?
Nein, ich wusste nicht schon immer was ich werden wollte. Beziehungsweise, ich dachte vielleicht ich würde es wissen, letztlich hat sich das aber doch mit jeder Lebensphase immer wieder geändert.

Als Kind wollte ich immer gerne Tierärztin werden. Und dann mal Polizistin, weil ich das mit Gerechtigkeit verbunden habe – einem Wert, der mir schon mein ganzes Leben lang wichtig ist. Es folgte eine Phase, in der „irgendwas mit Medien" cool gewesen wäre (finde ich aber noch immer spannend) und dann die Vernunftentscheidung zum dualen Studium der Rechtspflege – also doch noch Gerechtigkeit.

Die Entscheidung dazu, als Bürgermeisterin zu kandidieren war dann eine ganz bewusste und gut überlegte. Ich habe aber vorher nie gesagt „Wenn ich groß bin, will ich Bürgermeisterin werden". Das sehe ich nun eher als eine Chance, die sich mir geboten hat und die ich ergriffen habe. Dazu gehört sicher auch ein bisschen Glück.

Hattest du früher Zweifel, ob du den richtigen Weg eingeschlagen hast?
Solche Zweifel kamen vor. Im Studium, wenn es mal nicht so gut lief. Vielmehr aber danach, als ich nach einigen Jahren im Beruf mehr und mehr merkte: Das möchte ich eigentlich nicht für den Rest meines Lebens machen. Ich würde aber letztlich sagen, dass ich nie grundlegende Zweifel an einer Entscheidung hatte, sondern diese Gedanken eher damit verbinde: Was kann ich jetzt machen, um einen Weg einzuschlagen, der mir besser gefällt?

Gibt es eine Sache, die du rückblickend grundlegend anders machen würdest?
Nein.

Welche deiner Eigenschaften hat Dir geholfen auf eigenen Beinen zu stehen?
Mut, wobei ich nie geglaubt hätte, dass das eine meiner Eigenschaften ist. Besonnenheit und die Fähigkeit, Ruhe zu bewahren.

Musstest du als junger Mensch mal über deinen Schatten springen?
Ganz sicher immer mal wieder. Vom Referat über Vorstellungsgespräche bis zur Leitung der ersten Ratssitzung. Alles was einen Auftritt vor Menschen beinhaltet empfinde ich beim ersten Mal als riesige Herausforderung. Meistens denkt man danach: War gar nicht so schlimm. Und daraus lernt man vor allem für sich selbst, dass man mehr kann als man sich manchmal zutraut.

Wie hast du in jungen Jahren dein Talent bzw. deine Stärken herausgefunden?
Ich kann mich nicht bewusst entsinnen Stärken oder Talente herauszufinden. Vielleicht war es eher ein learning-by-doing-Prozess.

Wer oder was war für dich damals besonders charakterprägend?
Einmal ein paar Tage ganz allein zu verreisen hat mir die Möglichkeit gegeben mich selbst besser kennen zu lernen und mir selbst und meiner eigenen Orientierung mehr Vertrauen zu geben. Das würde ich immer wieder machen und lege ich jedem ans Herz.

Wenn du dich überrumpelt oder überfordert fühlst, was tust du dagegen?
Einen Schritt zurücktreten, durchatmen, an die frische Luft gehen und dann mit voller Kraft voraus.

Hast du eine bestimmte Methode mit negativen Erlebnissen umzugehen?
Durchatmen, weitermachen :-)

Gab es Leute, die deine Ideen oder Karriereentscheidungen belächelt haben?
Die gab es vor allem im Wahlkampf und vom politischen Gegner und bezogen sich hauptsächlich auf mein junges Alter und vielleicht auch auf das Frau-Sein. Nach dem Motto „die nimmt doch (noch) keiner Ernst". Ich habe mir das nicht sonderlich zu Herzen genommen, sondern an meinen Zielen festgehalten. Wenn solche Kommentare am Ego kratzen, hilft vielleicht auch hier wieder durchatmen und sich auf die eigenen Stärken besinnen.

Wurden dir mal Steine in den Weg gelegt?
Bislang hielt sich das in Grenzen, da habe ich wohl auch einfach etwas Glück gehabt.

Bist du in jungen Jahren mal an etwas gescheitert?
Nicht immer klappt alles ganz so wie man es sich vorstellt. An so ein richtiges Erlebnis des Scheiterns kann ich mich aber nicht erinnern.

Warst du damals besorgt, dass du Karriere, Familie und Freunde nicht kombinieren kannst?
Diese Sorge treibt mich in gewisser Weise auch aktuell um. Kann ich meinen Beruf mit Familie unter einen Hut bringen? Das ist sicherlich nicht einfach und auf diesem Weg gibt es bestimmt eine Menge Hürden. Schaffen kann man es aber ganz bestimmt – davon bin ich überzeugt.

Wieso hast du dich damals für dein Studium/deine Ausbildung entschieden und würdest du dich wieder so entscheiden?
Die Entscheidung zum dualen Studium der Rechtspflege ist nicht nur aus dem Interesse an Jura und wie oben erwähnt dem ausgeprägten Gerechtigkeitssinn gefallen, sondern auch aus Vernunft und mit dem Wunsch nach kurzer Zeit finanziell auf eigenen Beinen zu stehen und einen geregelten Berufsalltag zu haben. Ich glaube die Entscheidung war aus diesen Gründen auch nicht falsch. Mit meinem Wissen von heute würde ich mich aber vielleicht auch zu weniger Vernunft und mehr Freiheit und Mut zur Kreativität hinreißen lassen. Vielleicht aber auch nicht ;)

Wer oder was hat dir damals maßgeblich bei der Orientierung geholfen, deinen eigenen Weg zu gehen?
Meine Eltern, weil sie mir Orientierung und Halt aber auch gleichzeitig Freiheit und Selbstständigkeit gegeben haben.

Wer war dein damaliges Vorbild?
Ein konkretes Vorbild hatte ich nie.

Hast bzw. hattest du damals einen Mentor?
Einen Mentor in der Lehrzeit gab es nicht. Während meiner Kandidatur war mein Amtsvorgänger eine Art Mentor für mich.

Was macht aus deiner Sicht einen guten Mentor bzw. ein gutes Vorbild aus?
Ich glaub nicht, dass man zwingend einen Mentor braucht. Sicherlich ist es aber hilfreich jemanden zu haben, der einem vertrauensvoll sagt was gut läuft und wo man noch besser werden kann. Manchmal reicht es vielleicht sogar zu wissen, dass es jemanden gibt den man um Rat fragen kann, wenn man nicht mehr weiterweiß.

Hast du schon einmal ein Netzwerk genutzt?
Nicht bewusst oder direkt.

Was war hat deinen Charakter oder den Verhalten nachhaltig geprägt?
Selbstständig eigene Entscheidungen zu treffen, sei es privat oder beruflich.

Hast du dich an Ehrenämtern oder Initiativen beteiligt?
Ja, ehrenamtlich in der Kommunalpolitik. Das hat mich zum einen beeinflusst, weil eine Karriere daraus resultierte. Zum andere hat es mir aber auch gezeigt, dass es sich lohnt sich für die eigenen Ideen und Werte einzusetzen.

Hast du einen Teil deines Studiums im Ausland gemacht?
Leider nein.

Hast du mal ein Praktikum gemacht?
Nein.

Wie hast du versucht, einen guten ersten Eindruck im Vorstellungsgespräch zu hinterlassen?
Ein seriöses Outfit, ohne darin verkleidet zu wirken oder sich unwohl zu fühlen – das gilt auch noch für nach dem Vorstellungsgespräch. Einen guten Eindruck zu hinterlassen habe ich immer damit versucht (und tue es noch immer), vor allem ich selbst zu sein. Im Nachhinein wurde mir oft gesagt, dass man mir keine Aufregung angemerkt hat. Ich versuche vor allem Ruhe zu bewahren.

Was möchtest du deiner Tochter bzw. jungen Frauen raten?
Das Jungsein oder gar das Frausein darf niemals Hindernis sein für die Umsetzung der eigenen Ziele und Pläne. Ziele und Pläne können sich im Übrigen auch ändern. Ich wünsche meiner Tochter und jungen Frauen vor allem die Fähigkeit, ihren eigenen Werten zu folgen und einen inneren Kompass zu entwickeln und den Mut Chancen zu ergreifen, wenn sie sich im Leben bieten - auch wenn sie vielleicht nicht den ursprünglichen Plänen entsprechen.

75

Olympiasiegerin und Europameisterin im Judo: Martyna Trajdos

„Lass dich von Niederlagen nicht stoppen."

Sportsoldatin, Leistungssportlerin
Foto: Jan Konepatzki

Ich bin Leistungssportlerin und deutsche Judoka. Als Sportsoldatin kann ich meine Ambitionen verfolgen. Zusätzlich studiere ich Psychologie an der Universität Köln.

Mit zwölf Jahren habe ich in Hamburg mit dem Judo begonnen. Bereits früh verfolgte ich einen Traum: Eines Tages als Athletin bei Olympia anzutreten. Zwanzig Jahre und ein Europameistertitel später, konnte ich mir diesen Traum erfüllen. In Japan, dem Geburtsland des Judos, trat ich bei den olympischen Sommerspielen 2020 „2021" an. Gemeinsam mit der Mannschaft gewann ich die Bronze Medaille. Zurück in Deutschland erhielt ich dafür die höchst verliehene sportliche Auszeichnung unseres Landes, das silberne Lorbeerblatt.

Fragen und Antworten

Hattest du früher Zweifel, ob du den richtigen Weg eingeschlagen hast?
Ich hatte früher große Zweifel – Mit 19 bin ich von zu Hause (Hamburg) nach Köln gezogen, um Judo am Bundestützpunkt zu machen und beim Frauen-Bundestrainer zu trainieren. Zu diesem Zeitpunkt habe ich nie lange über meine Entscheidungen nachgedacht, sondern immer sehr impulsiv gehandelt. Ich habe damals die Entscheidung nicht mal mit meinen Eltern besprochen, sondern sie nur vor vollendetet Tatschen gestellt.

Allerdings habe ich mir alles anders vorgestellt, als es dann gekommen ist. Ich dachte ich könnte an meine Erfolge von 2008 im Juniorenbereich einfach anknüpfen. Leider war dieser Gedanke sehr naiv. Im Frauenbereich reichte es nicht mehr willensstark, aggressiv und ausdauernd zu kämpfen, da die erfahrenen Frauen jeden kleinen Fehler ausnutzen konnten und meine technisch/taktischen Defizite im Judo zu groß waren.

Da es kaum noch etwas anderes in meinem Leben außer dem Judo gab, kamen große Zweifel an meiner Entscheidung auf. Außerdem brachte mich das Trainingspensum jedes Mal an meine körperlichen und emotionalen Grenzen. Umso mehr ich es wollte, desto schlimmer wurde es. Es folgte eine Niederlage nach der anderen und ich war mir sehr unsicher, ob ich den richtigen Weg eingeschlagen hatte und ich nicht besser den Focus auf etwas anderes im Leben legen sollte.

Das dies die beste „Lebensschule" sein wird wusste ich zu diesem Zeitpunkt noch nicht. Ich lernte mit Niederlagen umzugehen und Konsequenzen daraus zu ziehen. Ich lernte nach Niederlagen nicht aufzugeben, sondern jedes Mal wieder aufzustehen und weiterzumachen.

2010 begann ich mein Studium an der Sporthochschule, welches zum einem einer extremen Doppelbelastung wurde, aber zum anderen der Beste Ausgleich, den ich haben konnte. Ich lernte im Studium Sachen, die ich in meinen Trainingsalltag integrieren konnte. Auch aus meinem Sportlerleben konnte ich einiges an Wissen in der Uni für mich nutzen. Der Knoten ist dann geplatzt und seit 2012 befinde ich mich in der Top 10 der Weltrangliste. 2013 konnte ich bei meiner ersten Frauen-WM teilnehmen und einen siebten Platz erkämpfen.

Es folgten immer wieder „Zweifel Phasen". Besonders 2016 nach dem frühen Ausscheiden bei den olympischen Spielen. Da hatte ich mir dann aber nach zwei Monaten gesagt du bist nicht so weit gekommen, um nur so weit gekommen zu sein. Ich rappelte mich auf, arbeitete an meinen Schwächen und versuchte eine bessere „Training-Life-Balance" zu haben. Mir wurde endlich bewusst, dass mein Leben nicht mit Judo angefangen hat und auch nicht mit Judo enden wird. Ich mich nicht nur über meine Erfolge identifiziere und alles was ich da tat nur ein Bonus in meinem Leben ist.

Heutzutage bin ich sehr dankbar für den Alltag mit dem Judo und weiß dieses Privileg zu schätzen. Zweifel sind normal und gehören dazu, um Dinge zu reflektieren und um die Marschroute zum Ziel zu justieren.

Welche deiner Eigenschaften hat Dir geholfen auf eigenen Beinen zu stehen?
Sturheit, Ausdauer, drang nach Unabhängigkeit.

Wurden dir mal Steine in den Weg gelegt?
Wenn ich zurückblicke, gab es immer Menschen, die mir gesagt haben: „Das kannst du nicht machen, dort kannst du noch nicht trainieren oder du bist nicht gut genug für die Sportschule oder das Sportinternat." Ich bin froh, dass ich einen ehrgeizigen Vater habe, der mich jedes Mal unterstützt hat, diese Steine aus dem Weg zu räumen. Mich selbst hat es sehr viel Überwindung gekostet, denn in den Anfängen meiner Judokarriere war ich alles andere als selbstbewusst.

Ich hatte große Freude daran meine Ziele zu erreichen und zu sehen, wie falsch diese Menschen lagen. Schlussfolgernd bin ich immer über Umwege an meine Ziele gekommen und genau diese Umwege haben meine Persönlichkeit gestärkt und geformt. Ich wusste es gibt nichts geschenkt und war deshalb nie leicht zu demotivieren.

Hast du einen Teil deines Studiums im Ausland gemacht?
Als 12-jährige habe ich bereits meinen ersten Schüleraustausch gemacht. Für eine Woche war ich in einer französischen Familie. Mit 14 folgten drei Wochen in Dublin, wo ich ein Schülerpraktikum absolvierte und mit 15 bin ich dann ein Auslandsjahr in den Staaten gewesen. Diese Auslandsaufenthalte haben mich sehr geprägt. Jedes Mal wurde ich selbstständiger, selbstbewusster, neugieriger und weltoffener. Ich kam nie als gleicher Mensch zurück. Jeder Austausch steigerte den Drang nach Selbständigkeit, Unabhängigkeit und dem Wunsch nach reisen – das Fremde zu erkunden.

Mittlerweile gehören die Auslandsaufenthalte in meiner Judokarriere zum „daily business". Mit der Nationalmannschaft trainieren wir regelmäßig im Ausland vor allem in Japan. Ich bin immer wieder fasziniert, wieviel ich daraus jedes Mal mitnehmen kann. Seien es judospezifische Skills, Motivation, weil ich sehe, wie andere Judoka trainieren, Inspiration, oder Dankbarkeit für meine Möglichkeiten in Deutschland.

Gefühlt sind es die Tapetenwechsel, Perspektiven Wechsel, Umgebungswechsel, die einen immer nochmal einen Schritt voranbringen. Oftmals bringen einen die gewohnten Routinen zu Hause nicht mehr voran. All diese Auslandsreisen sehe ich als eine Art Ausbildung an.

Was möchtest du deiner Tochter bzw. jungen Frauen raten?

1. Wenn Du für etwas brennst, lass dir von niemanden sagen du kannst es nicht schaffen.
2. Lass dich von Niederlagen nicht stoppen, sondern schau was du verbessern kannst und was du daraus lernen kannst.
3. Wenn du nach dem vierten Mal aufhörst, wirst du nie wissen ob du beim fünften Mal erfolgreich gewesen wärst.
4. Geh Deinen eigenen Weg und sei flexibel mit Deinen Plänen.
5. Schau nach links und rechts. Schau dir Sachen ab, aber sei mutig genug Sachen auch anders zu machen!
6. Erfolg ist oft mit Missgunst verbunden.
7. Sei dankbar und gib immer etwas zurück.

76

Feuerwehrfrau, Mutter und reise-liebende Abenteurerin: Marie-Christine Trappen

„Folge deinem Herzen!"

Social Media Managerin und Creator
Foto: Marie-Christine Trappen

Ich bin Marie, 39 Jahre jung, Mutter von zwei großen, tollen Kindern, Hundemama und Lebensgefährtin eines wundervollen Mannes. Mein Weg ging nie normal und ich würde sagen genau andersherum als bei den meisten anderen Menschen: Schule, Kinder, Ausbildung, Feuerwehr, Leidenschaften entwickeln, Persönlichkeit stärken und über sich hinauswachsen. So in der Art war mein Lebensweg.

Meine Kinder sind jetzt aus dem Haus, nun startet eine Selbstfindungsphase. Ich habe einen verstärkten inneren Drang meinem Herzen zu folgen, endlich die Dinge machen, nach denen mein Herz ruft und die mir guttun. Mein weiterer

Weg wird mich ab 2024 auf Weltreise führen, die Welt entdecken, traumhafte Landschaften sehen und viele inspirierende Menschen kennenlernen. Ich habe mein Hobby zum Beruf gemacht. Für Menschen Gutes tun und sie unterstützen und dabei reisen.

> **Fragen und Antworten**
>
> **Was bedeutet Erfolg für dich? Hat sich das über die Zeit verändert?**
> Erfolg ist eine Art Gefühl, welche für mich persönlich fest verbunden mit Zufriedenheit und glücklich sein ist. Erfolgreich ist, wenn ich mein Leben erfüllt und so leben kann wie ich es möchte. Erfolg messe ich nicht an Geld, sondern an ständigem Wachstum. Vermeintliche Probleme sehe ich als Herausforderung, welche mich niemals an meinem Erfolg zweifeln lassen, auch wenn es mal länger dauert und eine gewisse Geduld benötigt. Niemals stillstehen macht erfolgreich.
>
> **Wurden dir mal Steine in den Weg gelegt?**
> Ich habe relativ früh in meinem Leben lernen dürfen, dass man aus den im Weg liegenden Steinen etwas Gutes machen und daran wachsen kann. Aus diesen Steinen baue ich bildhaft gesehen tolle Dinge wie beispielsweise Straßen, auf denen ich reise und vorwärtskomme. In meinem Leben brauche ich Steine und ab und zu auch mal ganze Berge damit es nicht langweilig wird und ich mich stetig weiterentwickeln kann. Habe ich mal einen dieser Berge erklommen, schaue ich stolz auf das zurück was ich erreicht habe und blicke voller Zuversicht nach vorne, um meine Ziele niemals aus dem Blick zu verlieren.
>
> **Was möchtest du deiner Tochter bzw. jungen Frauen raten?**
> Es gibt so viele Dinge, die ich gerne weitergebe und auch weitergeben werde. Es ist wichtig sich selbst treu zu bleiben und seinen eigenen Weg zu gehen, auf diesem Weg aus gemachten Fehlern, seien es eigene oder die von anderen zu lernen. Finde heraus wer oder was dir guttut, leg dich nicht fest, sei flexibel aber verliere niemals deine Zielstrebigkeit und Fokussierung. Bereise die Welt, lerne die Menschen in den unterschiedlichsten Kulturen kennen, lerne von Ihnen und ziehe für deine eigene Persönlichkeit das Beste aus diesen Erfahrungen. Der wichtigste Tipp kommt zum Schluss: Folge deinem Herzen!

77

Expertin für Krisen und Neubeginne: Anastasia Umrik

„Erfolg ist das leise Kribbeln in den Fingern, die Schmetterlinge im Bauch und das Gefühl, auf dem richtigen Weg zu sein."

Autorin, Rednerin, Coachin
Foto: Julia Santoso

Als Autorin, Rednerin, Coachin und „Breathwork Teacher" widmet sich Anastasia Umrik dem Thema Krisen und Neubeginne. Sie kämpfte sich von der Sonderschule hoch bis an die Universität. Nach einer Ausbildung zur Groß- und Außenhandelskauffrau wurde Anastasia selbstständig und gründete das Modedesign Label „inkluWAS". Mit 29 Jahren entkommt sie dem Tod, hinterfragt daraufhin ihr Leben und räumt mit „Altlasten" auf.

Heute reicht Anastasia Menschen in Phasen der Trauer und des Wandels eine begleitende Hand und spricht über Mut und das Nichtwissen, was kommt. Sie ermutigt dazu, sich der Veränderung vollkommen hinzugeben und ein gutes Leben zu führen, das zu einem passt.

Fragen und Antworten

Was bedeutet Erfolg für dich? Hat sich das über die Zeit verändert?
Der Erfolg ist für mich etwas geworden, das für Andere oft nicht sichtbar ist. Es ist das leise Kribbeln in den Fingern, die Schmetterlinge im Bauch, wenn ich fühle: „Ich bin auf dem richtigen Weg!"

Wenn du dich überrumpelt oder überfordert fühlst, was tust du dagegen?
Ich klappe den Rechner zu und mache sofort nur das, was mir guttut. Denn Texte, die ich gestresst schreibe, werden eh nicht gut. Oder ich höre Musik, zünde mir eine Duftkerze an und lackiere mir die Nägel. Es macht keinen Sinn gegen die Überforderung anzuarbeiten.

Gab es Leute, die deine Ideen oder Karriereentscheidungen belächelt haben?
Ja, ich wurde immer für meine Träume belächelt. Inzwischen weiß ich, je mehr ich belächelt werde, desto besser ist die Idee. Menschen lachen Ideen aus, weil ihnen die Phantasie fehlt.

Wurden dir mal Steine in den Weg gelegt?
Ich habe die im Weg liegenden Steine genommen und mir daraus mein Palast gebaut.

Warst du damals besorgt, dass du Karriere, Familie und Freunde nicht kombinieren kannst?
Ja, ich hatte diese Sorge und ja, sie ist berechtigt gewesen. Man kann nicht alles schaffen und sich allem gleich widmen. Das muss man sich bewusstmachen und damit leben – mal geht die Arbeit vor, meistens jedoch die Familie.

Wie hast du versucht, einen guten ersten Eindruck im Vorstellungsgespräch zu hinterlassen?
Kleider machen Leute – ja, der Meinung bin ich. Dennoch würde ich eher allen raten in erster Linie man selbst zu sein und darauf zu achten authentisch zu sein! Denn was nützt dir ein schickes Outfit, wenn du dich darin verkleidet fühlst?

Was möchtest du deiner Tochter bzw. jungen Frauen raten?
Folge nur deinem Gefühl, suche dir Menschen, die dich unterstützen und kombiniere Dinge, von denen andere sagen, dass sie nicht zusammenpassen.

78

Bogenschützin: Lisa Unruh

„Lass dich niemals verunsichern, wenn du anders bist als Andere oder die Dinge anders machst als der Rest."

Spitzensportlerin bei der Bundespolizei
   Foto: Lisa Unruh
   Ich bin Lisa Unruh und die erfolgreichste Bogenschützin Deutschlands! Als ich im Jahr 2001 vom Leistungsschwimmen zum Bogenschießen wechselte ahnte ich noch nicht, dass das die beste Entscheidung meines Lebens sein würde.

Als ausgebildete Bundespolizistin habe ich einen Karrierepfad gefunden, der meine Interessen widerspiegelt und meine sportlichen Ambitionen nicht nur ermöglicht, sondern auch fördert. Seit 20 Jahren bin ich nun Bogenschützin, habe mit meiner Olympischen Silbermedaille aus Rio de Janeiro Sportgeschichte geschrieben, mit meinem Team Bronze bei den Olympischen Spielen in Tokyo gewonnen, bin 5-malige Weltmeisterin und bin die erste Deutsche die das Weltcup Finale gewonnen hat. Der Bogensport hat mir vieles gegeben, hat mir meinen Weg geebnet und ich freue mich diesen Sport in Deutschland präsentieren zu dürfen.

Fragen und Antworten

Was bedeutet Erfolg für dich? Hat sich das über die Zeit verändert?
Erfolg ist, sich selbst gerecht zu werden und über sich hinaus zu wachsen. Früher, als ich noch eine sehr junge Sportlerin war, wollte ich immer die Beste sein in dem was ich tat. Zuerst wollte ich im Leistungssport Schwimmen die Beste sein und später dann im Bogenschießen. Im Bogenschießen habe ich es weit gebracht und bin sehr stolz darauf das mein Name mit dem Bogensport in Verbindung gebracht wird.

Am Anfang meiner Karriere war ich bestrebt für andere die Beste zu sein. Die Leute erwarten von mir das ich gewinne. Aber letztendlich ist mir klargeworden, dass die Menschen, die mich lieben, mich immer gern haben werden, egal, wie erfolgreich ich bin. Es kommt auf den Menschen an, auf den Charakter und nicht, wie viele Medaillen im Schrank hängen. Als ich das überwunden hatte, wollte ich nur noch meiner Erwartung gerecht werden und das tat mir unheimlich gut. Ich kann mich am besten Einschätzen und weiß genau was ich kann, ich brauche keinen zusätzlichen Druck von außen.

Ich kann sagen, meine Definition von Erfolg hat sich über die Jahre hinweg verändert und rückblickend betrachtet, ist das auch gut so.

Hattest du früher Zweifel, ob du den richtigen Weg eingeschlagen hast?
Am Anfang hatte ich schon meine Zweifel, ob es das richtige ist, was ich tue. Nicht weil ich nicht wusste, was ich machen wollte, sondern weil mein Weg, den ich wählte, anders war, als die meiner Freunde und Familie. Alles anders zu machen, stößt oftmals auf Verständnislosigkeit oder Verwirrung anderer, aber letztendlich ist es doch wichtig das es für einen selbst passt. Ich war mir sicher, dass ich glücklich werde mit dem was ich mir Vorstellte und mein Bestreben eine Topathletin zu werden hat mich darin sehr unterstützt. Außerdem gab es auch positive Stimmen die mich dahingehend unterstützt haben, wie z. B. meine Eltern und meine Teamkollegen, die einen ähnlichen Weg gewählt hatten wie ich.

Wenn du dich überrumpelt oder überfordert fühlst, was tust du dagegen?
Wenn ich in eine Situation komme, die mir neu ist oder ich im ersten Moment nicht weiß was ich tun soll, versuche ich ruhig zu bleiben und schaue mir das Ganze nochmal an. Ich versuche zu verstehen um was es sich handelt, was von mir verlangt wird und bzw. was genau ich tun soll. Sollte mich das nicht wirklich weiterbringen, frage ich jemanden anderes den ich kenne um Rat und versuche gemeinsam mit Ihr/Ihm auf eine Lösung zu kommen. In der Regel bin ich damit immer weit gekommen, denn es hilft ja nichts in Panik zu verfallen, so wie ich das kennengelernt habe, verschlimmert es die Dinge nur.

Hast du eine bestimmte Methode mit negativen Erlebnissen umzugehen?
Negative Erlebnisse, in meinem Fall sind das verlorene Matches oder ich habe kein gutes Ergebnis erzielt, spornen mich an es das nächste Mal besser zu machen. Ich versuche daraus zu wachsen und mir von außen nochmal bewusst zu werden, warum das Ganze so gekommen ist. Meditation spielt in meinem Leben eine wichtige Rolle, da ich es jeden Tag mache und ich im Vergleich zu Früher deutlich ruhiger dadurch geworden bin. Ich mache verschiedene Atemübungen, autogenes Training, Ideomotorisches Training und reine Meditation.

Wenn ich mal einen dummen Kommentar zu meiner Sportart bekomme, und das ist wirklich schon sehr oft vorgekommen, lächle ich nur und lade denjenigen zum Training ein und biete Ihm/Ihr an es selbst einmal zu versuchen. Bisher mussten alle Personen zugeben das es doch nicht so leicht ist wie es aussieht.

Wieso hast du dich damals für dein Studium/deine Ausbildung entschieden und würdest du dich wieder so entscheiden?
Ich habe mich für meinen Weg entschieden, weil ich Profisportlerin und auch gleichzeitig irgendwann mal Polizistin werden wollte. Die Bundespolizei unterstützt Spitzensportler und hat eine eigene Abteilung Spitzensport erschaffen. Die Ausbildung ist auf vier Jahre gestreckt, vier Monate (bzw. im letzten Jahr sechs Monate) im Jahr findet Ausbildung statt und die restlichen acht Monate kann man trainieren und auf Wettkämpfe reisen. Es sind ausgewählte Sportler und kleine Klassen was das Lernen angenehm macht. Es war für mich die Perfekte Möglichkeit beides zu kombinieren. Solange ich eine erfolgreiche Athletin bin, bleibe ich in der Spitzensportförderung und darf mich meinem Sport widmen. Wenn ich irgendwann aus dem Programm ausscheide, warum auch immer, trete ich direkt in den Polizeiberuf ein. Dieses Konzept ist für mich als Sportlerin sehr attraktiv, weil ich nach meiner sportlichen Karriere nicht hinten runter Falle, sondern ich habe die Sicherheit eines Jobs und eines Einkommens.

Wer oder was hat dir damals maßgeblich bei der Orientierung geholfen, deinen eigenen Weg zu gehen?
Meine Mama war maßgeblich an meinem Weg beteiligt, ohne mich irgendwohin drücken zu wollen. Ich hatte letztendlich immer die Wahl. Des Weiteren hat mir mein Sportverband DSB (Deutscher Schützenbund) die Möglichkeiten der Spitzensportförderung in der Bundespolizei dargelegt und hat mich über andere wichtige Förderkonzepte aufgeklärt. Immer haben mich Personen, Trainer, Betreuer, Sportpsychologen, Physiotherapeuten, Freunde und Familie irgendwie positiv auf meinem Weg beeinflusst oder ihn geebnet oder eine andere Richtung aufgezeigt, die vielleicht auch eine Option gewesen wäre. Dafür bin ich sehr dankbar.

Was war der beste Ratschlag, den du in jungen Jahren erhalten hast?
Als ich mein Schülerpraktikum bei der Landespolizei durchführte, meinte mein „Bärenführer" (mein mich betreuender Polizist), ich solle unbedingt das Abitur machen, meine Chancen würden sich dadurch vielfach erhöhen. Tatsächlich war ich zu diesem Zeitpunkt nicht bestrebt mein Abitur zu machen und meine Kurse waren auch nicht darauf ausgelegt. Aber nach dieser Aussage habe ich alles gemanagt, um mein Abi zu machen und siehe da, geschafft. Dieser Person bin ich sehr dankbar. Er hat mit diesem einem Satz mein Leben verändert.

Was möchtest du deiner Tochter bzw. jungen Frauen raten?
Lass dich niemals verunsichern, wenn du anders bist als andere oder die Dinge anders machst als der Rest. Vielleicht sind die anderen einfach nur nicht kreativ genug, um zu verstehen, warum du es anders machst. Deshalb bleib am Ball und schlage Hilfe nicht allzu oft aus.

Was ich noch sagen möchte
Viele Ratschläge vergisst man und vieles passiert unterbewusst, wir schnappen eine Idee auf, wissen nicht genau wo es herkommt und arbeiten damit. Jeder der einem im Leben begegnet, ob im Vorbeigehen oder eng befreundet, beeinflusst einen, ob nun positiv oder negativ. Das macht uns aus und deshalb ist es wichtig sich mit tollen und freundlichen Menschen zu umgeben und viel zu lachen.

79

Frau(en) für die Energiewende: Katja van Doren

„Steh auf eigenen Füßen und sei finanziell unabhängig."

Vorständin für Finanzen, Personal, IT & Digitalisierung bei RWE Generation SE
Foto: Selina Pfrüner Fotografie

Katja van Doren hat an der Universität Köln und der HEC Paris studiert und einen Master of Business Administration. Berufseinstieg bei KPMG, davon vier Jahre im Pariser Büro. Berufsexamen als Wirtschaftsprüferin/Steuerberaterin. 1999 wechselt sie zur RWE, wo sie nach verschiedenen Finanzfunktionen aktuell Vorstandsmitglied ist. Zusätzlich hat sie externe Aufsichtsratsmandate. Sie ist verheiratet mit einem Franzosen und hat zwei Kinder. Diversity, Nachhaltigkeit und Innovation sind ihr wichtig – auch als Booster für die Energiewende.

Fragen und Antworten

Was bedeutet Erfolg für dich? Hat sich das über die Zeit verändert?
Unverändert: die intrinsische Motivation, das Beste aus den eigenen Anlagen und Fähigkeiten zu machen.

Hattest du früher Zweifel, ob du den richtigen Weg eingeschlagen hast?
Der Weg ist für mich der „rote Faden". Und der ist so flexibel, auch mal einen Umweg oder eine Abbiegung zu machen. In meinem Fall aber nie eine Kehrtwende.

Welche deiner Eigenschaften hat Dir geholfen auf eigenen Beinen zu stehen?
Kombination aus Neugier und Realismus, bzw. Selbstvertrauen und (gesundem) Selbstzweifel.

Musstest du als junger Mensch mal über deinen Schatten springen?
Wenn keiner auf Dich zukommt, musst Du selbst den ersten Schritt machen. (Oder: Vergiss den Prinzen auf dem Schimmel.)

Hast du eine bestimmte Methode mit negativen Erlebnissen umzugehen?
Finde jemanden zum Zuhören, lass den Frust raus, Feedback reflektieren, einmal drüber schlafen (hilft fast) immer.

Warst du damals besorgt, dass du Karriere, Familie und Freunde nicht kombinieren kannst?
Die Sorge ist normal. Entscheidend dafür, ob es klappt, ist Dein privates und berufliches Umfeld – und das suchst DU DIR aus!

Hast bzw. hattest du damals einen Mentor?
Ich hatte einige berufliche Mentoren. In ihrer Unterschiedlichkeit waren alle gewinnbringend für meine berufliche und persönliche Entwicklung.

Was macht aus deiner Sicht einen guten Mentor bzw. ein gutes Vorbild aus?
Guter Zuhörer (ohne Judgements), Interesse an Weiterentwicklung – die des Mentees, aber auch der eigenen.

Hast du schon einmal ein Netzwerk genutzt?
Ständig: beruflich – unternehmensintern und -extern, Familie, Freund:innen, Mütter der Freund:innen meiner Kinder, ...

Hast du einen Teil deines Studiums im Ausland gemacht?
Mehrmonatige/-jährige Aufenthalte in Südafrika und Frankreich: Offenheit für Menschen, Kulturen, Denkweisen (Private) Liebe zur Internationalität.

Wie hast du versucht, einen guten ersten Eindruck im Vorstellungsgespräch zu hinterlassen?
Damals wie heute:

1. Situation einordnen (Wer sitzt mir gegenüber?)
2. Worin fühle ich mich wohl? (Nicht bequem!)
3. Tief durchatmen und gerade sitzen. (Wegen des Stimmvolumens.)

Was möchtest du deiner Tochter bzw. jungen Frauen raten?
Steh auf eigenen Füßen und sei finanziell unabhängig.

Was ich noch sagen möchte
Suche Dir ein Umfeld, dass Dich unterstützt! Ansonsten suche weiter!

80

Expertin für digitale Kommunikation und Moderatorin: Linda van Rennings

„Mut und Selbstvertrauen bringen dich immer weiter, egal ob im Job oder privat."

Foto: Bitkom e.V.

Ich bin Kommunikationsexpertin mit einem großen Interesse an innovativen Technologien und digitaler Transformation. Nach meinem Schulabschluss habe ich Medienwissenschaften an der Universität Paderborn studiert. Außerdem habe ich mich ehrenamtlich in einer Studenteninitiative engagiert, um praktische Erfahrungen im Bereich Medien und Marketing zu sammeln, und unter anderem in einem Biosupermarkt gearbeitet.

Meinen beruflichen Lebensweg habe ich dann als Volontärin beim Digitalverband Bitkom begonnen, bei dem ich kurz nach meinem Volontariat bereits die Teamleitung der Online-Kommunikation im Bitkom übernehmen durfte. Jetzt leite ich als Chief of Staff und Spokesperson bei der Berliner WealthTech-Plattform Elinvar das Executive Office und das Kommunikationsteam.

Fragen und Antworten

Was bedeutet Erfolg für dich? Hat sich das über die Zeit verändert?
Während meines Studiums und auch während des Berufseinstiegs habe ich Erfolg mit dem Aufstieg der „Karriereleiter" gleichgesetzt. Das hat sich inzwischen geändert. Erfolgreich zu sein, bedeutet für mich zwar immer noch, dass ich in meinem Beruf große Ziele erreiche und an meinen Aufgaben wachse, es ist jedoch genauso ein Erfolg für mich, wenn ich eine große Runde Rennrad gefahren bin, Zeit mit meinem Lieben verbracht habe oder eine neue Fähigkeit erlernt habe.

Wusstest du schon immer, was du werden willst?
Ganz ehrlich? Ich weiß bis heute nicht, was ich mal werden will. ;-) Ich wusste relativ früh, dass mich alles rund um Kommunikation und Technologie interessiert, allerdings fiel es mir immer schwer (und fällt es bis heute), mich auf ein konkretes Berufsfeld festzulegen. Das muss man meiner Meinung nach heute aber auch gar nicht mehr machen, da unsere Arbeitswelt so stark im Wandel ist und wir vermutlich noch viele Jobtitel und Aufgabenbereiche kennenlernen werden, die es heute noch gar nicht gibt.

Hast du eine bestimmte Methode mit negativen Erlebnissen umzugehen?
Auch wenn es etwas abgedroschen klingt, versuche ich, auch negativen Erlebnissen etwas Positives abzugewinnen und zu schauen, welche Lehren ich daraus ziehen kann. Das klappt meist nicht direkt in einer solchen Situation, sondern mit etwas Abstand. Sport hilft mir dabei total. Außerdem hilft es mir, mich auf die Lösung zu konzentrieren, statt zu viel Zeit und Energie mit einem Problem zu verbringen.

Was macht aus deiner Sicht einen guten Mentor bzw. ein gutes Vorbild aus?
Statt eine:n feste:n Mentor:in zu haben, halte ich es für wichtiger, sich mit Menschen zu vernetzen, denen man vertraut und deren Kritik und Empfehlungen einen weiterbringen. Meiner Meinung nach bringt jede Lebensphase, jeder neue Job und jede weitere Veränderung neue Mentor:innen mit sich.

Was war der schlechteste Ratschlag, den du in jungen Jahren erhalten hast?
Während meines Studiums habe ich in einem Bio-Supermarkt an der Kasse gearbeitet und habe das total gerne gemacht. Oft wurde mir geraten, mir einen Nebenjob zu suchen, der mir mehr für meinen späteren Beruf bringt. Zum Glück habe ich diesen Rat nicht befolgt, denn meiner Erfahrung nach sollte ein Nebenjob vor allem mit dem Studium vereinbar sein, das Einkommen aufbessern und Spaß machen – denn egal bei welcher Tätigkeit, man lernt immer etwas dazu.

Was würdest du anders machen, wenn du nochmal beginnen könntest?
Ich würde mir mehr Zeit lassen, um Themen und Sachverhalte noch besser zu verstehen und mich weniger mit dem Gespenst der Regelstudienzeit rumschlagen.

Hast du mal ein Praktikum gemacht?
Ich habe bewusst sehr unterschiedliche Arbeitgeber für meine Praktika gewählt, mal war es eine Verwaltung, mal ein Unternehmen, mal ein Verband. Das hat mir dabei geholfen, einen umfangreichen Blick in die Arbeitswelt zu bekommen und besser zu verstehen, in welchem Umfeld ich mich sehe.

Was möchtest du deiner Tochter bzw. jungen Frauen raten?
Mut und Selbstvertrauen bringen dich immer weiter, egal ob im Job oder privat: Stelle Fragen, wenn du etwas nicht verstanden hast, stehe für dich und deine Meinung ein, bitte um Hilfe, wenn du sie brauchst und trau dich, deine Erfolge auch als solche zu benennen und zu feiern.

81

Headhunterin für Chefetagen: Christina Virzí

„Die wichtigste Entscheidung Deines Lebens ist der Partner an Deiner Seite – privat aber auch beruflich."

Managing Partner Christina Virzí GmbH und Virzí & Co. KMG
Foto: Ramon Haindl

Christina Virzí ist eine gefragte Headhunterin, die börsennotierten Unternehmen und großen Familiengesellschaften dabei hilft, die ersten und zweiten Führungsebenen sowie Aufsichtsratsmandate zu besetzen.

Sie war Mitgründerin von The Female Factor, einer Personalberatung für weibliche Management-Talente. Gestartet hat Ihre Karriere bei Peek & Cloppenburg. Virzí studierte Wirtschaftswissenschaften an der European Business School in London und lebte und arbeitete in Österreich, Ungarn, Mexiko und der Schweiz.

Fragen und Antworten

Wusstest du schon immer, was du werden willst?
In einer Hinsicht ja: Ich wollte immer innere Freiheit und finanzielle Unabhängigkeit. Für mich hat beides bis zu einem gewissen Grad zusammengehört.

Hattest du früher Zweifel, ob du den richtigen Weg eingeschlagen hast?
Sobald ich das Gefühl hatte, dass ein Weg nicht mehr stimmt, habe ich ihn korrigiert. Wichtig war, damit nicht zu warten. Wenn sich etwas falsch anfühlt, ist es falsch.

Gibt es eine Sache, die du rückblickend grundlegend anders machen würdest?
Nein.

Wer oder was war für dich damals besonders charakterprägend?
Mein Migrationshintergrund und die Erfahrung von großer Not. Ich habe gelernt, dass es essenziell ist zu verstehen, welche Motivationen Menschen antreiben. Und ich habe beschlossen, dass ich nie in einer wie auch immer gearteten Abhängigkeit von anderen sein möchte.

Warst du damals besorgt, dass du Karriere, Familie und Freunde nicht kombinieren kannst?
Nein, das war ich nie. Der Zeitpunkt für Kinder ist immer richtig. Man sollte vermeiden, seine grundlegenden Entscheidungen mit anderen zu viel zu diskutieren. Ich halte viel davon, andere davon zu informieren, sie mit einer Selbstverständlichkeit vor vollendete Tatsachen zu stellen und einfach das zu machen, was sich richtig anfühlt. Man wird überrascht sein, wie selbstverständlich das akzeptiert wird. Zeigt man Unsicherheit, lädt man unerwünschte Meinungen ein.

Hast du schon einmal ein Netzwerk genutzt?
Ich nutze mein Netzwerk täglich und baue es beständig aus. Es ist mehr als ein Sicherheitsnetz. Es hilft operativ weiter, verhilft zu Aufträgen, Jobs und schafft Wissen.

Hast du einen Teil deines Studiums im Ausland gemacht?
Ich habe mein gesamtes Studium im Ausland verbracht. Es war eine grandiose Zeit, denn sie hat mir gezeigt, dass Menschen ihr Leben ganz so zusammenstellen können, wie es ihnen gefällt. Es gibt keinen Grund, einer vorgestanzten Form zu folgen. Du kannst Dir Dein Leben und Deine Karriere in einer Vielfalt zusammenstellen.

Was möchtest du deiner Tochter bzw. jungen Frauen raten?
Es gibt so viele Ratschläge, die ich meiner Tochter raten würde und es als Mutter einer Tochter täglich tue. Die wichtigsten sind:

- Behalte immer Deine Unabhängigkeit, insbesondere finanziell.
- Strebe nach innerer Freiheit, das ist die Basis für Zufriedenheit und Glück im Privaten wie im Beruflichen.
- Die wichtigste Entscheidung Deines Lebens ist der Partner an Deiner Seite – privat, aber auch beruflich.
- Der Genpool Deines Kindes besteht nur zu 50 % aus Deinen Genen. Die andre Hälfte ist die des Vaters. Somit liegen Rechte WIE Pflichten hälftig bei beiden – Mutter und Vater. Dazu gehört das Waschmaschinenmachen genauso wie die Kinderbetreuung oder die Bezahlung dieser.
- Versuche immer das System als Ganzes und die Rolle des Einzelnen darin zu verstehen. Dann kannst Du antizipieren wer was warum macht und als nächstes machen wird.
- Suche Dir immer neben einem Mentor immer auch Sponsoren in einem Unternehmen. Während ein Mentor mit Dir spricht und Dir Leitung gibt, spricht ein Sponsor ÜBER Dich wenn es relevant wird und zwar wenn es um eine Beförderung geht.

82

Innovations- und Zukunftsforscherin aus Leidenschaft: Univ.-Prof. Dr. Marion A. Weissenberger-Eibl

„Wie kann ich meine, wie können wir unsere Zukunft aktiv gestalten? Über solche Fragen nachzudenken, reizt mich. Forschung muss für mich auf die Straße, in die Haushalte, Unternehmen und Büros."

Institutsleiterin Fraunhofer-Institut für System- und Innovationsforschung ISI und Inhaberin des Lehrstuhls Innovations- und TechnologieManagement iTM am Karlsruher Institut für Technologie KIT
 Foto: Rahel Täubert
 Univ.-Prof. Dr. Marion A. Weissenberger-Eibl ist Institutsleiterin des Fraunhofer-Instituts für System- und Innovationsforschung ISI in Karlsruhe

und ist Inhaberin des Lehrstuhls für Innovations- und TechnologieManagement am Institut für Entrepreneurship, Technologie-Management und Innovation am Karlsruher Institut für Technologie (KIT). Sie arbeitet zu Entstehungsbedingungen von Innovationen und deren Auswirkungen.

Wiederholt wurde sie als eine der 100 einflussreichsten Frauen der deutschen Wirtschaft ausgezeichnet. Die studierte Bekleidungsingenieurin sowie Betriebswirtschaftlerin promovierte und habilitierte sich an der Technischen Universität München. In Wirtschaft und Politik ist sie eine geschätzte Expertin in den Fokusthemen Innovation, Digitalisierung, Nachhaltigkeit und Zukunftsforschung.

Fragen und Antworten

Was bedeutet Erfolg für dich? Hat sich das über die Zeit verändert?
Erfolg bedeutet für mich, wenn es mir gelingt, Fortschritt auszulösen – bei anderen Organisationen oder einzelnen Individuen oder Personengruppen. Es begeistert mich, wenn ich neue Aspekte in Diskussionen und Fragestellungen einbringen kann und diese nicht nur diskutiert, sondern auch umgesetzt werden.

Dieses Grundprinzip des Erfolgs galt für mich schon früher und hat sich bis heute nicht verändert. Was sich verändert hat ist hingegen die Art und Weise, auf die ich Menschen erreiche, mein Wirkungskreis. Am Anfang stand beispielsweise meine Promotion, in der ich durch meine Forschung erlangte Erkenntnisse niedergeschrieben habe. Dann gibt es das private Umfeld, die Familie, Geschwister und Freunde, mit denen man Gedanken teilt. Mit 50+ hat sich dies noch ein wenig weiterentwickelt. Gibt es nun einen größeren Erfahrungsschatz, auf den ich zurückgreifen und den ich weitergeben kann.

Als Institutsleiterin und Universitätsprofessorin bin ich Mitglied in verschiedenen Gremien und habe dadurch Kontakt zu Menschen aus verschiedenen Disziplinen, aus der Politik, Wirtschaft und Forschung, aber auch verschiedenen Branchen – aus Industrie, Handwerk oder Kultur. Die Kontakte vergrößern meinen Erfahrungsschatz und geben mir neue Einblicke, erweitern aber auch meinen Wirkungskreis. Ich denke, dass meine Erfahrung dadurch an Bedeutung gewonnen hat und anderen dazu verhelfen kann, erfolgreich zu sein.

Wusstest du schon immer, was du werden willst?
Ich hatte schon immer konkrete Ziele, ja. Aber Universitätsprofessorin oder Leiterin eines Forschungsinstituts zu werden, ist womöglich kein klassischer Wunsch, den Kinder kommunizieren, wie es bspw. Baggerfahrer:in oder Polizist:in ist.

Als Kind hatte ich keinen konkreten Beruf im Kopf. Klar war mir aber, dass es ein Beruf sein sollte, in dem ich kreativ tätig sein und mit Menschen zusammenarbeiten kann. Wichtig war mir dabei immer, auch mit meinen Händen arbeiten zu können, etwas zu erschaffen, Neues auszuprobieren, dies aber stets mit anderen gemeinsam zu tun. Sich nur allein einer Sache zu widmen, das erfüllte mich nicht.

Bis heute hat sich daran nicht viel verändert. Die Themen sind geblieben und auch meine Vorstellung von einer erfüllenden Tätigkeit. Nach wie vor brenne ich für neue Ideen und auch dafür, diese in die Praxis und Anwendung zu bringen. Bei meiner Arbeit am Fraunhofer-Institut für System- und Innovationsforschung ISI, an meinem Lehrstuhl für Innovations- und TechnologieManagement am KIT oder beim Aufbau neuer Start-Ups mit dem Joint Innovation Hub am ISI, ist die Grundidee dieselbe. Ich beschäftige mich unter anderem mit den Themen Innovations- und Zukunftsforschung und kann mich so der Kreativität und dem Neuen widmen. Wichtig ist mir dabei, wie wir aus kreativen Ideen erfolgreiche Innovationen schöpfen können. Forschung muss für mich auf die Straße, in die Haushalte, Unternehmen und Büros. In die Bibliotheken zu ziehen, Literatur zu studieren, das reicht für mich nicht aus. Forschung muss Anwendung finden und eine sichtbare Wirkung für die Gesellschaft haben. Sie sollte unser Leben verbessern.

Dafür, und auch für mich ganz persönlich, ist der Austausch mit anderen Menschen wichtig. Wir brauchen die Erfahrung und das Fachwissen aus der Praxis und aus unterschiedlichen Perspektiven. Die Bedeutung der Auseinandersetzung mit der Zukunft versuche ich auch meinen Studierenden, Industriepartnern und dem breiten Publikum zu vermitteln. Gemeinsam lassen sich Ideen entwickeln, die einen wirklichen Mehrwert schaffen. Ich bin froh und dankbar, in meiner jetzigen Position unsere Zukunft aktiv mitgestalten zu können.

Welche deiner Eigenschaften hat Dir geholfen auf eigenen Beinen zu stehen?

Eine Eigenschaft, die ich schon mein gesamtes Leben in mir trage, ist die Faszination für das Neue. Was bringt die Zukunft? Welche Szenarien sind möglich? Wie kann ich meine, wir können wir unsere Zukunft aktiv gestalten? Über solche Fragen nachzudenken, reizt mich – und zeichnet mich aus.

Daneben waren es vor allem Eigenschaften wie Neugierde und Mut, die mir insbesondere in der Anfangszeit geholfen haben, auf eigenen Beinen zu stehen und auch gegen Widerstände anzukämpfen und mich von meinem Weg nicht abbringen zu lassen. Was mich darüber hinaus auch auszeichnet ist die Kreativität, die Offenheit gegenüber ungewohnten und disziplinübergreifenden Denkweisen; oder unkonventionelle Wege zu zulassen und über den Tellerrand zu schauen. Es fällt mir leicht, mich schnell auf unterschiedliche Perspektiven einzulassen, zu erkennen, wo ein potenzieller Mehrwert zu finden ist und welche Elemente zusammenzusetzen sind, um etwas erfolgreich in die Praxis umzusetzen.

Natürlich lief in meinem Leben aber auch nicht alles reibungslos. Mit Missgeschicken und Widerstand umgehen zu können und pragmatisch zu sein, ist eine wichtige Eigenschaft, die mir in meiner Entwicklung geholfen hat. Denn Scheitern gehört für mich zu jeder Entwicklung dazu. Jungen Menschen rate ich daher, sich nicht aus der Fassung bringen zu lassen, sondern systematisch daraus zu lernen. Ich sage immer: Okay, das passiert – was lerne ich daraus? Was mache ich in Zukunft anders? Warum ist das so gekommen? Warum hat mein Plan nicht funktioniert, wie ich mir das vorgestellt habe? Wir sollten nach den Gründen für das Scheitern suchen, aber auch offen für Chancen sein, die sich daraus ergeben können. Wenn etwas nicht funktioniert, dann probiere ich eben einen anderen Weg. Ich bin überzeugt von Dingen, die ich tue und gehe diese auch mit extremer Leidenschaft an.

Wer oder was war für dich damals besonders charakterprägend?
Schon sehr früh war es die Kunst und die Kreativität, die mich begeisterten und meinen Charakter geprägt haben. Im Gymnasium belegte ich deshalb auch den Kunst-Leistungskurs. Die Kunst vereint unterschiedliche Ebenen und Dimensionen. Sie wandelt Gedanken in etwas Greifbares und tut dies auf unterschiedlichste Weisen. Der Kunst sind fast keine Grenzen gesetzt. Sie verschmelzt Perspektiven, sie lässt Raum zur Entfaltung, sie ist provokativ, sie stiftet Freude, sie kann Vereinen und Vermitteln. Sie ist von und für den Menschen. All dies sind Dinge, die mich damals prägten und noch heute mich, mein Handeln und meine Fähigkeiten bestimmen.

Beispielsweise wenn ich eine Ausstellung zu „Konstruktion der Welt: Kunst und Ökonomie" besuche, dann frage ich mich, wie kann ich das dort Dargestellte übertragen für unser tägliches Leben? Wie kann ich dort gewonnene Einblicke für die Praxis nutzen beispielsweise im unternehmerischen Umfeld oder für die Forschung. Hier schaffe ich immer die Verbindung zwischen verschiedenen Ebenen und Bereichen.

Durch die Zeit meiner Ausbildung zur Bekleidungsschneiderin und späteren Laufbahn als stellvertretende Leiterin der Produktion und Leiterin der Produktionsentwicklung bei Escada, lernte ich die Gründer des Modeunternehmens, Margaretha und Wolfgang Ley als Persönlichkeiten kennen, die mich mit ihrer Arbeits- und Denkweise prägten. Von ihnen lernte ich, das Technische und Design mit dem Kaufmännischen zu verbinden.

Eine weitere wichtige Person, die meinen Charakter prägte, war mein Doktorvater, Universitätsprofessor Dr. mult. Horst Wildemann. Er lehrte mich während meiner Promotion, von gewohnten Pfaden abzuweichen und neue Wege zu gehen, auch wenn diese uneben sind und Hindernisse bergen. Gemeinsam haben wir verstärkt Industrie-Drittmittel für unsere

Forschung akquiriert, obwohl dieser Weg in der Forschung eines Universitätslehrstuhls damals (noch) nicht zum Standard gehörte.

Heute sind das Wandern und E-Biken in der Natur ein hervorragender Ausgleich zu meiner Arbeit. Hier schöpfe ich Kraft und werde inspiriert. Unberührte Naturlandschafen – Gebirge, Wüsten, Seen und Strände faszinieren mich.

Hier kann ich hervorragend abschalten, mich entspannen und Energie für den Alltag sammeln. Die Pausen helfen mir aber auch, zu neuen Ideen und Vision zu gelangen. Deshalb habe ich beispielsweise immer Zettel und Stift dabei, um mir aufkommende Gedanken und Ideen zu notieren.

Neues entdecke ich auch, indem mein Mann und ich unbekannte Regionen mit dem Motorrad erkunden. Wir bummeln gerne durch die Kunstgalerien unbekannter Orte und ich lasse mich inspirieren. Auch in der Innovations- und Zukunftsforschung können wir von Kreativität und Ästhetik dieser Künstler:innen eine Menge lernen. Unsere neuste Entdeckung ist jedoch ein Weinessiggut in der Pfalz. Der Inhaber hatte vor rund 40 Jahren die damals belächelte Idee, anstatt guter Weine erstklassige Edelweinessige zu produzieren. Dabei wurde mir wieder die Bedeutung hochqualitativer Handwerksarbeit und Innovation in einem Bereich, an den wir nicht sofort denken, erneut bewusst. Denn auch im Handwerk sind Innovationen möglich – und manchmal sogar nötig!

Wieso hast du dich damals für dein Studium/deine Ausbildung entschieden und würdest du dich wieder so entscheiden?
Zunächst absolvierte ich eine Lehre zur Bekleidungsschneiderin – bereits mit dem Blick, Bekleidungstechnik zu studieren und als Ingenieurin zu arbeiten. An der Mode- und Textilbranche fasziniert mich, dass sie einerseits kreativ, aber andererseits auch sehr strategisch ausgerichtet ist. Schließlich muss sie sich mindestens viermal im Jahr neu erfinden. Ich würde mich noch einmal für diesen Weg entscheiden, denn um als Führungskraft zu arbeiten, sollte man etwas von der Sache verstehen. Mit den eigenen Händen Wert zu schaffen, ist für mich sehr bedeutungsvoll und ich schätze die Handwerkskunst.

Durch das Studium der Bekleidungstechnik und die Berufserfahrung in der Modebranche konnte ich zwar meine technische Kompetenz festigen, stellte aber bald fest, dass mich mein Interesse an wirtschaftlichen Fragestellungen nicht losließ. Ich studierte also Betriebswirtschaftslehre an der Ludwig-Maximilians- Universität München und wechselte für meine Promotion an die Technische Universität München. Anschließend entschied ich mich an der dortigen Fakultät für Wirtschaftswissenschaften zu habilitieren.

Es war ein spannender und vielleicht auf den ersten Blick unkonventioneller Weg, den ich gegangen bin. Doch jede Station hatte ihren Sinn – von jeder Erfahrung konnte ich lernen. Mitgenommen habe ich in erster Linie mein großes Interesse an der Innovationsthematik und an strategischen Überlegungen. In diesem Zusammenhang wollte ich stets in die Materie eindringen und herausfinden, wann und warum Innovationen entstehen und welche Rahmenbedingungen dafür gegeben sein müssen. Schließlich geht es auch um die Frage, mit welchen Strategien Wirksamkeit in Wirtschaft, Wissenschaft, Gesellschaft und Politik erreicht werden kann.

Wer war dein damaliges Vorbild?
Auf meinem Weg hatte ich zahlreiche Vorbilder und Impulsgeber, die mich geprägt haben. Hier denke ich insbesondere an Margaretha und Wolfgang Ley, die Gründer des Modeunternehmens Escada. Sie haben mich mit ihrer Begeisterung für ihren Beruf, das Handwerk und ihrem unternehmerischen Geist beeindruckt.

Außerdem inspirierte mich Marie Curie als Forscherin in einem Umfeld, in dem es nicht gerade üblich war, sich als Frau zu bewegen und etwas zu erreichen. Sie war die erste Professorin der Pariser Universität Sorbonne und ist eine der wenigen Nobelpreisträgerinnen. Sie ist einen Weg gegangen, der für damalige Verhältnisse unüblich war. Aber dennoch hat sie sich nicht von ihrem Weg abbringen lassen und ist ihrer Leidenschaft gefolgt. Wie wir heute sehen, ist sie ihren Weg erfolgreich gegangen.

Heute beeindrucken mich immer noch Visionäre, die sich nicht von ihren Ideen und Zielen abbringen lassen. Ein gutes Beispiel ist Elon Musk. Egal, ob es um die Entwicklung von autonom fahrenden Elektroautos oder die menschliche Besiedlung des Mars geht – Elon Musk scheut keine Zukunftsvisionen. Darüber mag man vielleicht lächeln. Auch seine Methoden kann man kritisch hinterfragen. Doch mich beeindruckt die Ernsthaftigkeit, mit der dieser Mann seine Visionen verfolgt und viele Geldgeber inspiriert.

Hast bzw. hattest du damals einen Mentor?
Mein akademischer Lehrer, Univ.-Professor Dr. mult. Horst Wildemann, war für mich ein sehr wichtiger Mentor. Er begleitete mich zu Beginn meiner akademischen Laufbahn und zeigte große Wertschätzung für meine zuvor in der Wirtschaft gesammelten Praxiserfahrungen. Dafür bin ich ihm sehr dankbar. Zudem begleitete mich die geschätzte Universitätsprofessorin Ann-Kristin Achleitner als Co-Prüferin meiner Habilitation.

Diese Erfahrungen möchte ich nicht missen. Aus diesem Grund möchte ich auch etwas zurückgeben. Als Mentorin begleite ich mit großer Begeisterung Studierende und Promovierende der Technischen Universität München und der RWTH Aachen und versuche, sie in ihrer persönlichen Entwicklung zu fördern und ihnen als Ratgeberin zur Seite zu stehen. Hier entstehen sehr wertvolle und teilweise enge persönliche Verbindungen.

Auch heute treffe ich mich privat noch gelegentlich mit meinem Mentee aus München. Mein Mentee von der RWTH Aachen promoviert heute in den USA. Auch innerhalb der Fraunhofer-Gesellschaft nehme ich die Chance wahr, junge Persönlichkeiten auf ihrem Weg zu unterstützen. So konnte ich als Mentorin eine brasilianische Kollegin, die ihre Karriere in der Fraunhofer Zentrale in München begann, in ihrem Wunsch, international tätig zu sein, unterstützen. Heute arbeitet sie im Regional Business Development – Latin America der Fraunhofer Gesellschaft.

Was macht aus deiner Sicht einen guten Mentor bzw. ein gutes Vorbild aus?
Ich denke, dass Mentor:innen und Vorbilder überaus wichtig sind: Für die persönliche Entwicklung, aber auch für einen Innovationsstandort wie Deutschland. Sie geben uns die Möglichkeit, Fragen zu klären, die wir im alltäglichen Berufsalltag nicht stellen können, beispielsweise über das eigene Agieren im Beruf zu reflektieren. Wir kommen in unserem Leben alle an verschiedene Punkte, wo wir mehr oder weniger weittragende Entscheidungen treffen. Oftmals lassen uns mögliche Folgen eher langsam und zögerlich voranschreiten. Häufig erscheint uns vieles zurückblickend aber gar nicht mehr so schwierig oder beängstigend. Mentor:innen, die diese Phasen schon erlebt haben, können jungen Menschen Mut machen und auch Alternativen aufzeigen. Denn für unsere Entwicklung und für das Verfolgen unserer Ziele braucht es Mut, gerade wenn wir neue Wege einschlagen wollen.

Gute Mentor:innen sollten sich in meinen Augen offen den spezifischen und vielleicht auch kontroversen Fragen stellen, zuhören können, vertrauensvoll und selbstreflektierend sein.

Hast du schon einmal ein Netzwerk genutzt?
Netzwerke sind in meinen Augen wertvoll und hilfreich für die persönliche Entwicklung. Ich selbst bin heute noch in verschiedenen Gremien und leiste dort einen Beitrag für andere, ziehe aber auch selbst großen persönlichen Nutzen daraus. Hier möchte ich ein paar Beispiele nennen.

Die Wissenschaftsplattform Nachhaltigkeit 2030, in deren Lenkungskreis ich 2017 berufen wurde, ist ein zentraler Ort der Wissenschaft, an dem sie mit Politik, Wirtschaft, Gesellschaft und zuletzt vermehrt auch der jungen Generation drängende Fragen der Nachhaltigkeit reflektiert und Persönlichkeiten aus unterschiedlichen Disziplinen zusammenbringt. Im Strategiedialog Automobilwirtschaft Baden-Württemberg (SDA), den die Landesregierung im Jahr 2017 gestartet hat, beteilige ich mich gemeinsam mit Ministerin Bauer sehr aktiv als Leiterin der Kern AG Forschungs- und Innovationsumfeld. Im SDA kommen Hersteller, Zulieferer, Arbeitnehmervertreter, Wissenschaft und Zivilgesellschaft zusammen. Durch den interdisziplinären Austausch lerne ich verschiedene Perspektiven kennen und bekomme beispielsweise einen Einblick in die Bedürfnisse der verschiedenen Gruppen. Gleichzeitig kann ich meine Vorstellungen zu einer systemischen Sichtweise auf Fragen und Herausforderungen in die Gremien einbringen. Weitere Netzwerke sind beispielsweise das Gremium „Innovation und Wirtschaft", welches von Ministerpräsident Kretschmann ins Leben gerufen wurde, „Spitzenfrauen Baden-Württemberg" oder die Online-Plattform für Expertinnen unterschiedlicher Disziplinen, AcademiaNet, die als Suchportal zur Besetzung zukünftiger Führungspositionen genutzt werden kann.

Gespräche und Diskussionen innerhalb solcher Netzwerke und Gremien mit vielfältigen Perspektiven, Ansichten und Denkweisen haben für mich immer einen enormen Erkenntnisgewinn. Im beruflichen Leben müssen wir insbesondere für innovative Lösungen bereit sein, unser bekanntes Terrain zu verlassen und manchmal auch Antworten in ganz verschiedenen Fachbereichen zu finden. Der Austausch in unseren gewohnten und bequem gewordenen Netzwerken und Expert:innenkreisen, in denen wir uns so prima verstehen und in der eigenen Sprache fachsimpeln, ist in der heutigen komplexen Welt nicht mehr genug. Wir müssen Themen ganzheitlich angehen, das heißt beispielsweise ressortübergreifend in der Politik, interdisziplinär in der Wissenschaft und branchenübergreifend in der Wirtschaft. Daher sollte jede einzelne von uns ihr Netzwerk stetig und dynamisch erweitern. Wir brauchen Gelegenheiten, um uns über Disziplin-, Branchen- und Abteilungsgrenzen hinaus austauschen und gemeinsam Neues Denken zu können. Die Fähigkeit, sich gut vernetzen zu können, sehe ich im Übrigen auch als eine Grundkompetenz für Arbeitnehmende in der heutigen Arbeitswelt.

Doch effektives ‚Networking' ist in Zeiten der Corona-Pandemie nicht einfach. Mir fehlen die persönlichen Begegnungen auch. Ich bin z. B. auf der Plattform LinkedIn aktiv und freue mich immer über Reaktionen, Kommentare oder Nachrichten. Nicht selten haben sich daraus interessante Gespräche, spannende Projekte oder eine konkrete Zusammenarbeit ergeben.

Was möchtest du deiner Tochter bzw. jungen Frauen raten?
Ich rate jeder jungen Frau, Ziele zu haben. Wo möchte ich hin? Wo sehe ich mich in fünf oder zehn Jahren? Meine Ziele im Blick, wusste ich immer, warum ich mich für etwas entscheide, oder warum ich etwas nicht tue. Doch gleichzeitig lehrt einen das Leben, dass nicht alles planbar ist. Das Leben ist nicht geradlinig wie die Fahrbahnstreifen einer Autobahn. Stattdessen sind Kreuzungen, Gabelungen und Richtungswechsel möglich – und notwendig! So habe auch ich die eine oder andere Biegung genommen.

Ich denke, für junge Frauen ist es ein guter Weg, ihrer persönlichen Leidenschaft, ihrem persönlichen Interesse zu folgen und dann einen Schritt nach dem anderen zu setzen. Mein großes Interesse für die Kreativität und für das Neue habe ich mir mein Leben lang beibehalten und kann diese auch in meiner jetzigen Tätigkeit verfolgen und ausleben. Die Kreativität, verschiedene Themen und Dinge miteinander zu verknüpfen aber auch das Neue, die Nähe zu Menschen und der Austausch, all dies kann ich in meiner Arbeit verwirklichen. Mein Interesse hat mich letztlich zu dem gemacht, was ich heute bin. Und je mehr unsere Handlungen auch unserer Leidenschaft und unserem Interesse entsprechen, desto besser sind wir auch darin, und desto leichter fällt es uns, diese umzusetzen. Jungen Frauen empfehle ich daher, zu versuchen, ihre Entscheidungen an ihren Interessen auszurichten – für mich war dies ein guter Weg.

Dabei möchte ich jungen Frauen ebenfalls mit auf den Weg geben, stets die ihnen wichtigen Werte und Lebensentwürfe zu reflektieren und durchaus selbstbewusst zu kommunizieren. Denn die heute noch jungen Menschen werden die Art und Weise bestimmen, wie wir morgen leben. Für die Reflexion sollte ich mir immer bewusst sein, wofür ich konkret einstehe, welche Position ich vertrete. Es ist möglich, seine Position gefunden zu haben, diese aber auch immer wieder zu differenzieren, anzupassen oder zu erweitern. Dafür sollten junge Frauen ihre politische Teilhabe aktiv einfordern. Ich bin beispielsweise sehr beeindruckt, welchen Organisationsgrad junge Leute an den Tag legen, wenn sie ihre Ideen oder Interessen in Onlinegruppen und Onlineformaten teilen. Davon können die heutigen Entscheider lernen, weil die genannten Prozesse oft sehr demokratisch funktionieren. Ganz allgemein kann ich jungen Frauen raten, mit Menschen und Akteuren aller Ebenen und verschiedener Positionen noch stärker ins Gespräch zu kommen. Denn damit können sie und können wir die Zukunft gemeinsam gestalten – und nicht unabhängig voneinander und jeder für sich.

Für einen intensiven Austausch möchte ich jungen Frauen schließlich noch raten, das Netzwerken ganz besonders zu nutzen. Hier sehe ich noch enormen Handlungsbedarf. Ich habe die Erfahrung gemacht, dass viele Frauen oft zurückhaltend und leise sind, dass sie ihre Position nicht stark und sichtbar genug vertreten. Dabei bringen Frauen tolle Eigenschaften mit. Sie sollten keine Angst haben, anzuecken oder eine Meinung zu vertreten, die nicht sofort Unterstützung findet. Wertvolle Ideen können gerade dann entstehen, wenn sie außerhalb der Konventionen entwickelt werden. Kämpfen sie dafür und knüpfen sie dabei auch immer wieder an ihre Leidenschaft an! Ihre Leidenschaft ist individuell, da gibt es kein Richtig oder Falsch!

83

Governance-Expertin und Car Girl: Hiltrud Dorothea Werner

„Ergreife Gelegenheiten, die sich bieten."

Multi Aufsichtsrätin
Foto: Volkswagen AG

Ich wechselte 2016 als Leiterin der Konzernrevision zu Volkswagen und wurde 2017 als Vorständin für Integrität und Recht der Volkswagen AG berufen. In dieser Funktion leitete ich bis 2022 unter anderem die Compliance- und Integritätsteams, das Risiko Management und die Rechtsabteilung von Volkswagen. Ich war auch Mitglied des Aufsichtsrats der Audi AG, der Porsche AG, der Seat SA und der TRATON SE sowie der CARIAD SE. Aktuell engagiere ich mich in mehreren Aufsichtsräten und ehrenamtlichen Funktionen.

Meine Karriere begann 1991 bei der Beratungsfirma Softlab in München. 1996 kam der Wechsel zur BMW AG, wo ich verschiedene Revisionsabteilungen und zuletzt das der BMW Gruppe leitete. 2011 ging ich als Leiterin der Konzernrevision zur MAN SE und 2014 in gleicher Funktion.

Geboren bin ich 1966 in Bad Doberan und studierte „Mathematische Methoden und Datenverarbeitung in der Wirtschaft" an der Martin-Luther-Universität Halle-Wittenberg, mit einem Abschluss in Wirtschaftswissenschaften. Ich bin verheiratet und habe zwei erwachsene Kinder.

Fragen und Antworten

Was bedeutet Erfolg für dich? Hat sich das über die Zeit verändert?
Erfolg bedeutet für mich, meine Ziele zu erreichen. Und es gibt viele verschiedene Arten von Zielen. Grob gesagt, in den Kategorien „Haben", „Bewirken" und „Sein".

- Erfolg kann sein, sich das Häuschen im Grünen erarbeitet zu haben.
- Erfolg kann sein, wenn ich als Mentorin eine junge Mentee begleitet habe und sie den nächsten Karriereschritt gemacht hat, ich also etwas bewirkt habe.
- Bei Zielen im Bereich „Sein" muss jede junge Frau für sich selbst entscheiden, ob mit der Zeit und mit einer fortschreitenden Karriere der Faktor Macht als Möglichkeit, Entscheidungen in seiner Firma zu treffen und andere Mitarbeiterinnen und Mitarbeiter zu führen, wichtig für den eigenen Erfolg ist. Dabei darf man nie vergessen: „Macht" kommt von „Ermächtigung" und ist für mich etwas Positives. Da gibt es also Menschen, die einem zutrauen, dass man andere Menschen führt und das darf man nie vergessen und nie missbrauchen, denn es bedeutet eine große Verantwortung.

Bei mir hat Erfolg sich tatsächlich so verändert, dass ich mehr und mehr Erfolg genieße, wenn ich etwas bewirke, im Großen wie im Kleinen – und dabei Feedback von anderen, welchen Einfluss ich auf ihr Leben, ihre Karriere oder ihr Glück hatte, immer wichtiger wurde und noch ist.

Wusstest du schon immer, was du werden willst?
Berufswahl und Karriere hatten bei mir viel mit Zufall zu tun. Mein Vater war in der ehemaligen DDR im kirchlichen Dienst beschäftigt und damit war mir ein direkter Weg mit Abitur und Studium versperrt. Also bin ich, wie viele junge Frauen in meiner Heimatstadt „in die Wolle" gegangen, habe eine Berufsausbildung als Näherin gemacht und mein Abitur parallel nachgeholt.

Meine Freundinnen und Freunde haben immer gesagt, ich könnte gut Dinge erklären und Naturwissenschaften und Mathematik fand ich immer toll, deshalb wollte ich am Anfang Lehrerin werden, auch mal Juristin. Gelandet bin ich dann bei „Mathematische Methoden in der Datenverarbeitung" heute würde man sagen: Betriebswirtschaft mit Schwerpunkt auf Logistik und Datenverarbeitung.

Dann war ich einige Zeit in der Softwareberatung, danach dann in der „Internen Revision", einer Abteilung innerhalb einer Firma, die sich alle internen Prozesse und Abläufe anschaut und nach Verbesserungen schaut. Heute bin ich bei Volkswagen unter anderem auch zuständig für die Rechtsabteilung, obwohl ich keine Juristin bin.

Meine Karriere zeigt, dass Geduld und Flexibilität sich auszahlen.

Hattest du früher Zweifel, ob du den richtigen Weg eingeschlagen hast?
Unser Lebensweg verläuft nur selten geradlinig, öfters im Zickzack – und manchmal muss man auch mal einen Schritt zur Seite oder zurück machen, um dann wieder welche nach vorne machen zu können. Wenn sich ein Weg als Sackgasse erweist, hat man ja einen Rückwärtsgang oder ein Lenkrad zum Korrigieren. Man darf sich nicht dadurch unter Druck setzen, dass man immer alles richtig machen will. Das Perfekte ist manchmal der Feind des Guten, das war für mich eine wichtige Erkenntnis.

Gibt es eine Sache, die du rückblickend grundlegend anders machen würdest?
Ich denke, jeder hat in seinem Leben etwas zu bereuen. Heute würde ich mir wünschen, nach dem zweiten Kind doch ein volles Jahr zu Hause geblieben zu sein und einige Jahre einen Beruf gehabt zu haben mit weniger Dienstreisen. Aber meine Kinder danken es mir heute mit großer Selbständigkeit und Zielstrebigkeit, mein Sohn kann gut kochen und backen, vielleicht war doch nicht alles so falsch ...

Welche deiner Eigenschaften hat Dir geholfen auf eigenen Beinen zu stehen?
Am wichtigsten waren für mich meine Neugier und mein riesiges Lesepensum. Ganz gleich ob das Benutzerhandbuch eines IT-Systems oder die neueste Fachzeitschrift, Biografien bedeutender Menschen oder Firmengeschichte, ich habe alles „verschlungen" und es hat mir Breite und Tiefe an Kenntnissen und Zusammenhängen schon frühzeitig gegeben. Ich rate jungen Menschen, viel zu lesen, und damit meine ich nicht in Wikipedia oder Blinkist.

Gab es Leute, die deine Ideen oder Karriereentscheidungen belächelt haben?
Ja, als ich in die Revision gewechselt bin, eine Abteilung, die nicht immer geliebt wird, da sie auch unbequem sein kann, wurde ich belächelt. Aber ich habe diese meine Entscheidung nie bereut.

Wer war dein damaliges Vorbild?
Mein Vorbild war immer mein Vater. Er hat verschiedene kirchliche Sozialeinrichtungen und Altenheime geleitet. Beispielgebend für mich war sein respektvoller Umgang mit den Menschen, die ihm dort anvertraut waren.

Was macht aus deiner Sicht einen guten Mentor bzw. ein gutes Vorbild aus?
Als gute Mentorin möchte ich Hilfe zur Selbsthilfe geben. Ich führe über Fragen, so dass man die Antworten in sich selbst findet. Dabei müssen auch unbequeme Wahrheiten ausgesprochen werden und dabei geholfen werden, diese zu verarbeiten und daraus zu lernen.

Was war der beste Ratschlag, den du in jungen Jahren erhalten hast?
Glaube an dich und das, was du kannst. Dann glauben das bald auch andere von dir. Ansonsten kannst du auch mal ein Lob einfordern, wenn du denkst, es verdient zu haben, indem du selbstbewusst über deine erledigten Aufgaben sprichst oder bist einfach mal mit deiner eigenen Leistung zufrieden. Ein wenig Eigenlob ist durchaus erlaubt. Selbstbewusstsein finde ich wichtig, doch viele Mädchen neigen mehr als junge Männer dazu, an sich selbst zu zweifeln und sie suchen Fehler meist bei sich selbst. Das liegt daran, dass wir eher auf unser Gegenüber ausgerichtet sind und Anerkennung von außen erfahren wollen. Junge Männer sind da extrovertierter und machen auf sich und ihre Leistung offensiver aufmerksam. Man darf sich nicht mit Selbstzweifeln aufhalten.

Und habe Mut zur Veränderung, denn zum Erfolg gehören auch Tiefpunkte dazu, das ist ganz normal. Aber es kann auch passieren, dass es danach nicht mehr besser wird und man beruflich einfach keine Erfüllung finden kann. Dann ist es auch notwendig, den Mut zur Veränderung zu haben und sich neu zu orientieren. Etwas ganz anderes zu machen, die Firma zu wechseln, oder mal auszubrechen, zum Beispiel mit einem Sabbatical.

Was würdest du anders machen, wenn du nochmal beginnen könntest?
Ich würde noch mehr Zeit in das Erlernen von Fremdsprachen investieren.

Hast du einen Teil deines Studiums im Ausland gemacht?
Auslandsaufenthalte, egal ob im oder vor dem Studium oder auch wenn man schon im Beruf angefangen hat, sind ganz besonders wichtig. Sie eröffnen ganz neue Perspektiven, Einblicke in andere Kulturen und auch in eine andre Art zu arbeiten, zum Beispiel in einer anderen Diskussionskultur und wie dort Entscheidungen getroffen werden. Ich war mehrere Jahre im Ausland, während des Studiums in Russland, beruflich in den USA, in England und anderen europäischen Ländern. Diese Erfahrungen waren immer sehr hilfreich und haben mich weitergebracht, in meiner Persönlichkeit, aber auch im Beruf. Und die ganze Familie ist damit weltoffener geworden.

Was möchtest du deiner Tochter bzw. jungen Frauen raten?
Ich möchte jungen Mädchen und Frauen eine Sache ganz besonders ans Herz legen: Gib niemals auf! Wenn du für das einstehst, was dich antreibt und deine Träume verfolgst, egal, was andere dazu sagen, wirst du erfolgreich und glücklich werden. Denn am Ende ist dein Wohlbefinden doch das Wichtigste, worum es beim Erfolg geht. Du solltest dich in deinem Arbeitsumfeld wohlfühlen, Aufgaben erledigen, die dir Spaß machen und einen Beruf finden, der dich erfüllt.

Ganz wichtig ist auch, neugierig zu bleiben und immer Neues zu lernen. Die Arbeitswelt und auch das private Umfeld ändert sich so rasend schnell, da muss man am Ball bleiben, lesen, lernen, sich fortbilden, alle sich bietenden Gelegenheiten ergreifen, auch nach links und rechts schauen.

84

Sängerin und Songschreiberin: Alina Wichmann

„Scheitern gehört dazu. Danach wieder aufstehen zeichnet einen echten Gewinner aus."

Independent Musikerin
　Foto: Alina Wichmann
　Ich bin Musikerin und lebe in Berlin. Seit meiner Kindheit schreibe ich Songs und singe, daher lässt sich kaum sagen, wann mein Weg wirklich angefangen hat. Vielleicht mit der Entscheidung 2009 in Mannheim an der Popakademie zu studieren und drei Jahre später nach Berlin zu ziehen, um meine Visionen in die Tat umzusetzen.

2017 erschien mein erstes Album „Die Einzige" und wurde mit großen TV-Auftritten und Touren beworben. 2021 schrieb ich den Song „Die Erste deiner Art" für Helene Fischer. Im Moment bringe ich meine Musik selbst raus und veröffentliche 2022 eine EP.

Fragen und Antworten

Was bedeutet Erfolg für dich? Hat sich das über die Zeit verändert?
Leider klebt an dem Wort „Erfolg" so viel, was die Gesellschaft als solchen bezeichnet. Zb Wieviel Geld man verdient, wie man nach außen wirkt, welche Zahlen man schreibt etc. Für mich bedeutet Erfolg, mit dem was ich liebe arbeiten zu können und dabei möglichst frei und selbstbestimmt zu sein.

Wusstest du schon immer, was du werden willst?
Ich wusste tatsächlich schon ganz früh, dass ich Sängerin werden möchte.

Hattest du früher Zweifel, ob du den richtigen Weg eingeschlagen hast?
Ich hatte ganz oft heftige Zweifel und ehrlicherweise habe ich die immer noch ab und an. Ich glaube, das ist aber ganz normal. Zweifel bringen mich zum Nachdenken und fordern mich heraus. In gewisser Weise sind sie wie ein Motor, der mich immer wieder antreibt. Die Entscheidung Musik zum Beruf zu machen habe ich jedoch nie angezweifelt. Allerdings hat es bei mir auch ein paar Umwege gegeben, bis ich an den Punkt gekommen bin, mich zu 100 % für diesen Weg zu entscheiden. Ich hatte sicherlich Respekt davor und habe deswegen zuerst Geisteswissenschaften studiert und bin dann mit 23 an die Popakademie in Mannheim gegangen, um von da an nur noch Musik zu machen.

Gibt es eine Sache, die du rückblickend grundlegend anders machen würdest?
Ich glaube ich wäre gerne schon früher in einem künstlerischen Umfeld gewesen bzw. in einer großen Stadt. Wenn ich schon mit 16 in Berlin gewesen wäre, hätte ich so früh schon die Möglichkeit gehabt, meine Lieblingsbands live zu sehen, Teil der Kunstszene zu sein, ich wäre sicherlich früher mit sehr talentierten Leuten zusammengekommen und mit der Industrie in Kontakt gekommen. Manchmal denke ich darüber nach, ob und wie ich mich dann entwickelt hätte.

Welche deiner Eigenschaften hat Dir geholfen auf eigenen Beinen zu stehen?
Mein Gespür für Menschen hat mir sicherlich geholfen meinen ersten Musikvertrag zu bekommen. Auf der einen Seite steht das Talent, aber Karriere machst du nur mit Hilfe der richtigen Leute.

Wie hast du in jungen Jahren dein Talent bzw. deine Stärken herausgefunden?
Das Talent fürs Singen war bei mir schon immer da und für alle hörbar. Solange ich denken kann, haben Menschen extrem positiv auf meine Stimme reagiert. Natürlich haben mich diese Reaktionen motiviert, dranzubleiben. Aber Musik machen hat mir auch einfach immer unglaublich viel Spaß gemacht. Eine wahre Leidenschaft.

Ein bisschen anders war es mit dem Songs-Schreiben. Hier habe ich etliche Jahre gebraucht, bis mir klar wurde, dass ich dafür ein Talent habe. Einerseits lag es daran, dass es kaum weibliche Vorbilder gab. Die meisten bekannten Sängerinnen waren eher „Interpretinnen" oder wurden so in den Medien dargestellt. Obwohl ich schon in der Kindheit Gedichte geschrieben habe und mit 14 meine ersten Songs mit eigener Band performte, war mir das Konzept eine Songwriterin zu sein total fremd. Das habe ich schließlich erst an der Popakademie so richtig erkannt und zugelassen. Es gibt einen Spruch in der Musikszene der heißt: „Wer schreibt, der bleibt".

Zum einen ist es für mich schlichtweg erfüllend meine eigenen Lieder zu singen und zum anderen ist es ein Grund, warum ich immer drangeblieben bin. Meine Songs sind meine Ventile für alles was ich erlebe, fühle, bin. Es treibt mich an, mein Leben in Musik zu übersetzen. Aber es macht mich auch als Künstlerin selbstständig und unabhängiger vom System der Musikindustrie etc. Ich muss nicht darauf warten, dass mir jemand einen Song schreibt oder mir sagt, wer ich als Künstlerin sein soll. Ich bestimme das selbst und das gibt mir sehr viel Macht über meine Karriere. Mittlerweile schreibe ich auch für andere KünstlerINNEN und das hat meine Karriere um dieses Standbein erweitert.

Wenn du dich überrumpelt oder überfordert fühlst, was tust du dagegen?
Das ist für mich eine der größten Herausforderungen. Wie ich mit Überforderung in Stress Situationen umgehe. Mein Ziel ist es, irgendwann immer total gelassen zu bleiben aber bis dahin ist es noch ein bisschen Arbeit. Ich bin ein extrovertierter Mensch und trage meine Gedanken/Gefühle oft nach außen. In der Musikwelt geht es meistens chaotisch zu und man kann sicher davon ausgehen, dass es immer anders kommt, als man denkt. Daher braucht man starke Nerven und viel Flexibilität. Und auch sehr wichtig: Ein gutes Team. Es können immer Dinge in letzter Sekunde geändert werden z. B. bei großen TV-Auftritten, Video Drehs, Veröffentlichungen etc. Mir helfen Entspannungsübungen, Rückzug und Menschen, denen ich vertrauen und mit denen ich offen sprechen kann.

Hast du eine bestimmte Methode mit negativen Erlebnissen umzugehen?
Ich muss sehr viel reden. Es gibt 1-2 Menschen in meinem Leben, denen ich alles anvertrauen kann und das hilft mir sehr, Erlebnisse zu verarbeiten, zu sortieren und sinnvolle Schlüsse daraus zu ziehen. Coaching ist auch eine wunderbare Methode sich mit negativen Ereignissen zu konfrontieren. Ne-

gative Kommentare oder „Hate" im Internet tangieren mich heutzutage kaum noch. Ich habe begriffen, dass diese Menschen in erster Linie eigene Probleme haben, und es gar nicht so viel um mich geht. Es hilft mir auch sehr meine Künstlerpersönlichkeit von mir als Privatperson zu trennen. Somit kann ich besser zwischen Beruf und Privat unterscheiden. Ansonsten hilft mir auch immer etwas zu tun, was mir große Freude bereitet und mich entspannt. Ein gesunder Lebensstil und Sport helfen mir generell, um gesund zu bleiben.

Gab es Leute, die deine Ideen oder Karriereentscheidungen belächelt haben?
Es gibt bis heute Menschen, die meinen Weg nicht verstehen. Ich versuche mich immer wieder auf meine eigenen Gedanken/Visionen zu konzentrieren. Die Frage: Was will ich – steht dabei immer im Mittelpunkt. Mir ist auch klar, für meinen Weg gibt es kaum Vorbilder, daher sehe ich mich ein bisschen als Pionierin und kann verstehen, dass viele Leute meine Entscheidungen nicht nachvollziehen können. Einwände sind immer dann berechtigt, wenn sie was mit meinen Gefühlen machen. Es lohnt sich Rat anzunehmen, aber ich versuche trotzdem immer meinem Instinkt zu folgen.

Wurden dir mal Steine in den Weg gelegt?
Als Frau in der Musikbranche gibt es unendlich viele Steine. Ich habe ein paar davon mit viel Geduld, sehr viel Fleiß, guter Musik und Hilfe von tollen Menschen gemeistert. Einige liegen aber immer noch vor mir.

Bist du in jungen Jahren mal an etwas gescheitert?
Es gibt ein Lied von mir, das heißt „Titan". Darin beschreibe ich, dass es eigentlich nur darum geht nach einer Niederlage wieder aufzustehen. Das sogenannte „Scheitern" gehört einfach dazu. Ob man danach wieder aufsteht, macht einen echten Gewinner aus. Manchmal denke ich auch, das Leben prüft einen in der Sache, die man am meisten will, am härtesten.

Was möchtest du deiner Tochter bzw. jungen Frauen raten?
Ich würde meiner Tochter sagen, dass sie alles werden kann, wovon sie träumt. Sie muss sich nicht über ihr Äußeres definieren lassen und darf als Frau nach den Sternen greifen, ohne sich dafür rechtfertigen zu müssen. Sie ist genauso schlau, stark, mutig, genial, mächtig, wichtig, gleichgestellt wie Männer. Ich würde ihr sagen, dass sie ihrem Instinkt vertrauen soll. Sie darf ihre eigenen Entscheidungen treffen. Sie muss ihr Leben nicht danach gestalten, mir oder ihrem Vater, oder der Gesellschaft gefallen zu wollen. Sie kann Karriere machen und Mutter werden, wenn sie das will. Und ich würde ihr sagen, dass egal was sie macht, ich immer hinter ihr stehen werde und stolz auf sie bin.

85

Kampfjetpilotin, Ingenieurin, Mama und Strickkünstlerin: Nicola Winter

„Höre nicht auf Rat, um den du nicht gebeten hast."

Projektleiterin für Satellitenstarts des Deutschen Zentrums für Luft- und Raumfahrt
Foto: Nicola Winter

Nicola war Deutschlands zweite Kampfjetpilotin. Nebenbei studierte sie Luft- und Raumfahrttechnik, nahm an einem Astronautinnen-Schnupperprogramm teil, bekam eine Tochter, liebt Sport, Stricken und weiter zu lernen. Von Stereotypen und sich diesen anzupassen, hält sie gar nichts. In Nicolas Philosophie ist das Leben ein großes Abenteuer, das es zu entdecken gilt. Höhen und Tiefen, Herausforderungen, Anstrengungen, wunderbare Tage, Endgegner und große Siege inklusive!

Fragen und Antworten

Was bedeutet Erfolg für dich? Hat sich das über die Zeit verändert?
Erfolg ist, zu tun was Einem Spaß macht, Freude bereitet und womit man seine Existenz sichern kann. Alles andere ist nur Spielerei – wenn man möchte und es eine Freude macht, kann man die klassische „Karriere" machen und über verschiedene Positionen aufsteigen. Karriere und Erfolg sehen heutzutage aber auch ganz anders aus: in dem man zum Beispiel möglichst vielschichtige Positionen und Tätigkeiten ausübt, seinen Traum verfolgt vom eigenen Start-up, vom Reisen um die Welt oder von sozialer Arbeit. Alles ist erlaubt, solange es Freude macht!

Musstest du als junger Mensch mal über deinen Schatten springen?
Das ganze Leben muss man immer wieder über seinen Schatten springen, unangenehme, neue oder angsteinflößende Dinge tun. Die gute Nachricht: es wird mit der Zeit immer einfacher. Je mehr ich mich getraut habe, in unbekannte Situationen hineinzugehen, eine Ausbildung in einer neuen Stadt zu beginnen oder mich zu überwinden ein unangenehmes Telefonat zu führen (z. B. für eine Absage), desto einfacher wurde es mit der Zeit. Gleichzeitig wird auch die eigene Komfortzone immer größer und irgendwann bin ich auf der ganzen Welt in jeder Situation zuhause und gelassen. Es lohnt sich also! Der Trick ist, die eigene Fantasie zu zügeln- fast immer ist eine Situation viel weniger schlimm als man sie sich eingebildet hat.

Wie hast du in jungen Jahren dein Talent bzw. deine Stärken herausgefunden?
Ich hatte keine Ahnung was meine tatsächlichen Stärken und Schwächen sind, was mir im Leben wirklich Freude bereitet. Das habe ich erst im Laufe der Jahre durch viel Ausprobieren und mich selbst beobachten herausgefunden. Ich hätte mich schon viel früher gezielt fragen können:

- Was fällt mir leicht?
- Was mache ich einfach gerne? Wozu muss ich mich nie „zwingen" oder „aufraffen"?
- Worüber schaue ich gerne Dokus oder Filme an?

Das sind die Dinge, die einen interessieren und die einem Freude bereiten: diese sollte man unbedingt weiterverfolgen. Auch wenn man augenscheinlich in einem Bereich oder mit einer Fähigkeit nicht sonderlich viel Geld verdienen kann, lohnt es sich dranzubleiben. Denn wenn ich tue, was mir Freude macht, bin ich darin höchstwahrscheinlich gut und wenn ich etwas tue, in dem ich gut bin, gibt es auch einen Weg, wie ich damit erfolgreich sein kann! Die talentierte Frisörmeisterin mit eigenem Laden oder die Stand-Up-Comedian sind tausend Mal besser dran als der hundertste gelangweilte BWL-Student!

Außerdem wichtig: Man kann immer neue Fähigkeiten entdecken und entwickeln, Stärken schaffen und eigene Talent fördern, um damit neue Projekte anzugehen! Wofür ich mich mit 20 entscheide, prägt nicht unbedingt mein ganzes oder auch nur mein halbes Leben.

Hast du eine bestimmte Methode mit negativen Erlebnissen umzugehen?
Es ist wichtig, bewusst über diese Situationen nachzudenken. Denn der Mensch hat einen evolutionär bedingten „Negativity Bias", d. h. wir konzentrieren uns viel mehr auf die negativen Dinge in unserem Leben als auf die Positiven, weil das früher zum Überleben essenziell war. Als Beispiel: ich bekomme auf einen Social Media-Post zehn gute und einen schlechten Kommentar – auf welchen Post reagiere ich? Zehn Kollegen loben mich und eine Kollegin kritisiert mich – über wen denke ich nach?

Dieses Verhalten vermeide ich bewusst. Ich beantworte nur positive Reaktionen auf Social Media und denke darüber nach, warum ich gelobt wurde, was ich gut kann und wie ich das weiter ausbauen kann.

Wenn wirklich mal etwas richtig schiefgegangen ist, hilft Durchatmen, kurz Abstand gewinnen und dann versuchen noch das Beste aus einer Situation herauszuholen. Entgegen vielen Mythen gibt es immer mehr als eine Chance (z. B. für eine Prüfung oder eine Stelle) und immer mehr als einen Weg ans Ziel. Es ist nie alles oder nichts!

Gab es Leute, die deine Ideen oder Karriereentscheidungen belächelt haben?
Menschen, die nicht verstehen was ich tue und warum ich es tue, gibt es immer. Damit beschäftige ich mich gar nicht, und lege auch nie jemandem gegenüber Rechenschaft ab – weder meiner Familie noch Freunden noch Unbekannten gegenüber. Warum auch? Das ist meiner Meinung nach nur Zeitverschwendung und lenkt ab.

Meistens ist dieses „belächeln" eine viel größere Aussage darüber, wovor diese Person Angst hat als über das was man selbst tut. Ich habe zum Beispiel nach vielen Jahren bei der Bundeswehr gekündigt, um etwas anderes zu machen. Viele Kameraden haben mir von diesem Schritt abgeraten – einzig und allein, weil sie sich selbst nicht getraut haben. Von der zivilen Welt selbst hatten sie nämlich wenig Ahnung ...

Wenn mich etwas beschäftigt, frage ich aber natürlich gerne mal um Rat – dann aber immer echte Experten zum jeweiligen Thema!

Wurden dir mal Steine in den Weg gelegt?
Jedem Menschen werden mal Steine in den Weg gelegt – absichtlich und unabsichtlich. Sich darüber zu ärgern oder aufzuregen kostet nur Zeit und Energie, die man besser anders einsetzen kann. Ich habe es immer als Herausforderung an meine Flexibilität, Intelligenz und meine Willenskraft gesehen, den besten Weg um diese Steine herum zu finden. Stromschnellen zu durchqueren kann auch richtig Spaß machen!

Bist du in jungen Jahren mal an etwas gescheitert?
Scheitern gehört dazu und ist ganz wichtig – auch wenn es sich in dem Moment total schlecht anfühlt. Das darf es! Wichtig ist, daraus zu lernen: was hätte man anders und besser machen können? Wie stelle ich sicher, dass mir so etwas nicht nochmal passiert? Heutzutage bin ich fast immer sehr gut vorbereitet auf das was kommt und bringe genug Zeit für Unvorhergesehenes mit. Man lernt aber mit dem Scheitern auch, dass das Leben trotzdem weitergeht und meistens schon nach wenigen Tagen völlig uninteressant wird, was passiert ist. Also bevor man sich wirklich ärgert, immer einmal fragen: „Interessiert mich dieses Problem in einem Jahr noch?" Wenn nicht, move on!

Wieso hast du dich damals für dein Studium/deine Ausbildung entschieden und würdest du dich wieder so entscheiden?
Aus Abenteuerlust bin ich Pilotin bei der Bundeswehr geworden. Und auch seit her ist das meine einzige Leitlinie für Berufs- und Jobwahl: Habe ich Freude daran und Lust darauf? Wenn es mir irgendwann keine Freude mehr macht, ziehe ich weiter und mache etwas anderes. Das funktioniert aber nur, weil ich bereit bin auch immer wieder neue Dinge zu lernen und auszuprobieren.

Was macht aus deiner Sicht einen guten Mentor bzw. ein gutes Vorbild aus?
Ich glaube nicht daran, dass man sich gezielt Mentoren suchen kann. So etwas ergibt sich manchmal, weil man in der Ausbildung und Beruf jemanden trifft, der mehr Erfahrung hat und einem den Weg zeigen und erklären kann. Ich muss meine Mentorin kennen und sie meine Stärken und Schwächen, um wirklich vernünftig helfen zu können. Bei mir entstand so etwas immer natürlich, aus einer Freundschaft oder aus tiefem beruflichem Respekt heraus. Dann fragt man einfach um Rat. Fast alle Menschen lieben es gefragt zu werden und helfen gerne.

Wichtig: Man braucht keine Mentoren, um erfolgreich zu sein. Echte Pioniere und Vordenker sind per Definition immer die Ersten auf ihrem Gebiet!

Was war der beste Ratschlag, den du in jungen Jahren erhalten hast?
Mein Vater hat mal zu mir gesagt: „Schau doch einfach mal, wie weit du kommst, wenn du richtig Gas gibst!". Das ist seitdem mein Leitspruch für viele Projekte. Der Ratschlag drückt aus, dass der Weg zählt und die eige-

nen Mühen – nicht nur was am Ende wirklich dabei herauskommt. Das ist gerade in Situationen wichtig, in denen man große, übermächtig erscheinende Projekte angeht und keine Ahnung hat, was daraus mal wird. Dann hilft es mir sehr, in kleinen Schritten zu denken und mein Bestes zu geben. Selbst wenn ich es dann nicht ganz bis zum Ziel schaffe, kann ich mit gutem Gefühl meinen Weg weiter lenken.

Hast du schon einmal ein Netzwerk genutzt?
Ein Netzwerk ist wichtig und hilfreich, wenn man von einer Position zur nächsten kommen möchte, nach Gelegenheiten sucht. Das wichtige in einem Netzwerk ist aber, dass die Menschen darin eine echte Verbindung und Vertrauen zueinander haben – vor allem Vertrauen darin, dass sich das Netzwerk gegenseitig hilft. Denn Geben und Nehmen geht hier nicht hin und her sondern „im Kreis", also ich helfe z. B. Person A, die wiederum Person B eine Gelegenheit bietet, welche im Anschluss mit mir zusammen ein neues Projekt angehen kann. Dieses, auf Gemeinsamkeiten basierende Netzwerk kann ich mir gezielt schaffen über das Studium, die erste Stelle (als Alumni einer größeren Firma wie McKinsey oder der Bundeswehr) oder über den Sport. Da kommt es auch sehr darauf an, in welchem Bereich ich tätig sein möchte. Jeder Bereich formt Netzwerke anders!

Was möchtest du deiner Tochter bzw. jungen Frauen raten?
Die Welt ist sehr laut – online und offline hört man sehr viel Quatsch, auch gutgemeinten Quatsch. Aber gut gemeint ist nicht gut gemacht – weder, wenn wir hören „dass wir alles können" (Können wir natürlich – wieso muss es extra erwähnt werden?!), noch, wenn wir ständig von „Glass Ceilings" und „Vereinbarkeit von Familie und Beruf" reden. Natürlich ist es wichtig, mal über diese Themen zu sprechen – ansonsten muss man lernen, völlig unbeeindruckt von anderen einfach sein eigenes Ding zu machen. Künstlerin, Friseurin, Ingenieurin, Ärztin, Mutter ... das sind alles wunderbare Optionen und jede darf hier ihren eigenen Weg finden! Also höre nicht auf Rat, um den du nicht gebeten hast und lass dich nicht von ängstlichen Menschen entmutigen. Wenn man seinen eigenen Weg geht, egal wie besonders oder eigen er ist, werden einem mit der Zeit immer mehr Weggefährten begegnen.

Wähle die Menschen um dich herum mit Absicht und sorgfältig aus! Wir gleichen uns den Menschen in unserer Umgebung immer etwas an – also sind sie im Idealfall so, wie wir gerne sein wollen, z. B. sportlich, kreativ oder diszipliniert.

Was ich noch sagen möchte
Das Leben ist schön! Genieß es und nimm nur die ganz essenziellen Dinge ernst- alles andere ist Spielerei!

86

Hutmacherin: Laura Zieger

„Wenn man was gerne macht, dann macht man es auch gut."

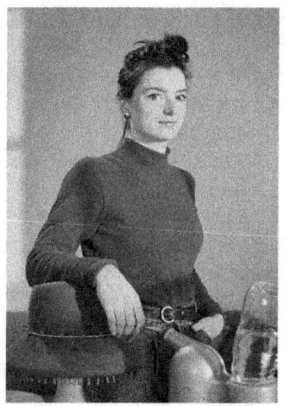

Selbstständige Modistin; Angestellte in „Der Hutladen"
  Foto: Alex Chepa

Laura Zieger gründete vor sechs Jahren ihr eigenes Label „HUTGEMACHT" und arbeitet zusätzlich in „Der Hutladen" in Würzburg, wo für sie die Reise in die Welt der Hüte begonnen hat. Mit zwölf Jahren machte sie dort ein fünftägiges Praktikum. Seitdem gehen ihr Hüte nicht mehr aus dem Kopf.

Nach dem Abitur packte sie ihre Koffer und ging für vier Monate nach Peru. Dort machte sie einen Freiwilligendienst und war fasziniert von der Tracht der peruanischen Frauen. In dieser Zeit wurde ihr Wunsch noch größer Modistin (Hutmacherin) zu werden. Wieder zurück in Deutschland setzte sie ihr Vorhaben in die Tat um, sie fand einen Ausbildungsplatz in Potsdam bei „maliné – das Potsdamer Hutatelier". Nach der Ausbildung ging sie für ein halbes Jahr nach London, um dort noch mehr über das Handwerk der Modistin zu lernen.

Nun ist sie mit ihrem Atelier in Würzburg und kann sich nichts Besseres vorstellen, als viele Menschen mit ihrem Handwerk zu behüten und glücklich zu machen.

Fragen und Antworten

Wie hast du in jungen Jahren dein Talent bzw. deine Stärken herausgefunden?
Schon als Kind war ich fasziniert von der Symbolik des Hutes, er spiegelte schon damals den Gesellschaftsstand einer Person wider, z. B. die Krone, der Zylinder als Zeichen der Industrialisierung, die Kappen der Arbeitergesellschaft. Wenn wir in der Schule freie Themenwahl hatten, habe ich mich immer mit dem Thema „Hut" beschäftigt. Ob ich ein Bild gemalt, ein Referat vorgetragen oder im Werkunterricht eine Mütze genäht habe. Dazu kommt natürlich das Handwerk. Ich wollte sehen was ich am Ende des Tages geschafft/ geschaffen habe. Das ist ein sehr gutes Gefühl und einfach greifbar in dieser schnelllebigen Zeit.

Wer oder was war für dich damals besonders charakterprägend?
Meine Mutter hatte schon damals Ihre Hüte in „Der Hutlanden" bei Frau Helsper gekauft, wo ich auch heute arbeite. Sie nahm mich oft mit in die Stadt und so lernte ich Frau Helsper und den Hutladen kennen.

Diese beiden Frauen haben mir diese Welt eröffnet und tuen es auch heute noch. Sie begleiten meine Hutleidenschaft seit meiner Kindheit und haben mich somit auch geprägt und mich unterstützt in meiner Entscheidung die Ausbildung zu machen. Dafür bin ich ihnen sehr dankbar.

Gab es Leute, die deine Ideen oder Karriereentscheidungen belächelt haben?
Als ich in meinem Umfeld erzählt habe, dass ich eine Ausbildung zur Modistin machen werde, haben das einige versucht mir auszureden. „Damit verdienst du kein Geld, aussterbender Beruf, keine Perspektive" etc.

Mich hat das nicht beeinflusst und ich habe auch nicht daran gezweifelt, ob es die richtige Entscheidung sei. Ich wollte das Handwerk lernen und Hüte machen. Das konnte mir niemand ausreden. Natürlich habe ich das Vertrauen und den Rückhalt meiner Familie gehabt, was einem viel Selbstbewusstsein gibt, wenn man jung ist und einen etwas exotischeren Beruf wählt.

Wieso hast du dich damals für dein Studium/deine Ausbildung entschieden und würdest du dich wieder so entscheiden?
Als ich mit zwölf Jahren das Praktikum machte, gingen mir Hüte nicht mehr aus dem Kopf. Trotzdem war ich mir nie ganz sicher, ob ich eine Ausbildung machen wollte. Ich dachte „jetzt hast du dein Abi, dann wird auch studiert". Aber so richtig habe ich für nichts gebrannt.

Die Reise nach Peru hat mir die letzten Zweifel genommen und ich war so überzeugt die Ausbildung zu machen, dass ich kein einziges Mal mit der Entscheidung gehadert habe. Es war so beruhigend, als ich wusste, was ich „werden" wollte. Ich habe die Entscheidung bis heute nicht bereut.

Seit meiner Ausbildung arbeite ich als Modistin, obwohl es ein exotischer Beruf ist, musste ich nie auf Alternativ-Berufe ausweichen. Ich konnte mich immer auf mein Können und das Handwerk verlassen, weil es das ist, wofür ich brenne. Denn wenn man was gerne macht, dann macht man es auch gut.

Hast bzw. hattest du damals einen Mentor?
Frau Helsper, meine jetzige Chefin war und ist meine Mentorin. Sie begleitet mich schon seit meiner Kindheit. Bei ihr habe ich das Praktikum gemacht, ein Fachreferat über die Geschichte des Hutes geschrieben, sie hat mich in meiner Entscheidung unterstützt die Ausbildung zu machen und steht mir bis heute mit Rat und Tat zur Seite.

Hast du einen Teil deines Studiums im Ausland gemacht?
Nach meiner Ausbildung war ich für ein halbes Jahr in London. Das war schon immer ein Traum von mir, in London ein Praktikum bei einer Modistin zu machen. Durch ein Stipendium wurde der Traum wahr und ich bekam gleich zwei Zusagen, bei Gina Foster und Jess Collett. Sie haben völlig unterschiedlich gearbeitet, das hat mir sehr gut gefallen. Dadurch habe ich einen sehr facettenreichen Einblick in die Londoner Hutwelt bekommen. Durch die Arbeit dort konnte ich über den handwerklichen Tellerrand hinausblicken und habe viele Arbeitsweisen und Techniken mitgenommen.

Es ist wichtig immer offen für Neues zu sein, bei einem Handwerk lernt man nie aus, sondern immer dazu. Der Austausch ist wichtig, ob mit Menschen vom Fach oder von einer ganz anderen Sparte. Man sollte immer neugierig bleiben und weitergehen.

Was möchtest du deiner Tochter bzw. jungen Frauen raten?
Um herauszufinden was man gerne macht, sollte man sich Zeit nehmen.

Geh' ins Ausland, lerne andere Kulturen kennen, lass Dich einfach mal treiben und höre in Dich hinein, was Dir wirklich Freude bereitet. Ich habe erst mit 21 Jahren meine Ausbildung angefangen. Später fragt Dich keiner mehr, wann du dein/e Studium/Ausbildung begonnen hast. Die Zeit, die Du dafür verwendest zu fühlen und zu suchen, was Du wirklich willst, ist die wichtigste Zeit in deinem Leben. Also nimm sie Dir und lass Dich nicht hetzen.

… Und lass Dir nichts ausreden, denn wenn man etwas gerne macht, dann macht man es auch gut!

GPSR Compliance

The European Union's (EU) General Product Safety Regulation (GPSR) is a set of rules that requires consumer products to be safe and our obligations to ensure this.

If you have any concerns about our products, you can contact us on

ProductSafety@springernature.com

In case Publisher is established outside the EU, the EU authorized representative is:

Springer Nature Customer Service Center GmbH
Europaplatz 3
69115 Heidelberg, Germany

www.ingramcontent.com/pod-product-compliance
Lightning Source LLC
LaVergne TN
LVHW020339260326
834688LV00045B/1444